Uso Privativo de Bem Público por Particular

Maria Sylvia Zanella Di Pietro

Uso Privativo de Bem Público por Particular

3ª Edição

SÃO PAULO
EDITORA ATLAS S.A. – 2014

© 2010 by Editora Atlas S.A.
1. ed. (Revista dos Tribunais) 1983; 2. ed. 2010; 3. ed. 2014

Capa: Leonardo Hermano
Composição: Entexto – Diagramação de textos

Dados Internacionais de Catalogação na Publicação (CIP)
(Câmara Brasileira do Livro, SP, Brasil)

Di Pietro, Maria Sylvia Zanella
Uso privativo de bem público por particular/
Maria Sylvia Zanella Di Pietro. – 3. ed.
São Paulo: Atlas, 2014.

Bibliografia.
ISBN 978-85-224-8804-9

1. Bens públicos – Brasil 2. Concessões administrativas – Brasil
I. Título.

10-04445
CDU-347.258:347.218.2(81)

Índice para catálogo sistemático:

1. Brasil: Bens Públicos: Uso Privativo: Direito civil
347.258:347.218.2(81)
2. Brasil: Uso Privativo: Bens Públicos: Direito civil
347.258:347.218.2(81)

TODOS OS DIREITOS RESERVADOS – É proibida a reprodução total ou parcial, de qualquer forma ou por qualquer meio. A violação dos direitos de autor (Lei nº 9.610/98) é crime estabelecido pelo artigo 184 do Código Penal.

Depósito legal na Biblioteca Nacional conforme Lei nº 10.994, de 14 de dezembro de 2004.

Impresso no Brasil/*Printed in Brazil*

Editora Atlas S.A.
Rua Conselheiro Nébias, 1384
Campos Elísios
01203 904 São Paulo SP
011 3357 9144
atlas.com.br

Ao Walter, meu marido, amigo e companheiro, pelo apoio e incentivo que vêm de mais de quarenta anos de vida em comum.

OBRAS DA AUTORA

Livros

1. *Servidão administrativa.* São Paulo: Revista dos Tribunais, 1978.
2. *Uso privativo de bem público por particular.* 3. ed. São Paulo: Atlas, 2014.
3. *Do direito privado na administração pública.* São Paulo: Atlas, 1989.
4. *Direito administrativo.* 27. ed. São Paulo: Atlas, 2014.
5. *Discricionariedade administrativa na Constituição de 1988.* 3. ed. São Paulo: Atlas, 2012.
6. *Temas polêmicos sobre licitações e contratos.* 5. ed. São Paulo: Malheiros, 2001 (em coautoria).
7. *Parcerias na administração pública: concessão, permissão, franquia, terceirização e outras formas.* 7. ed. São Paulo: Atlas, 2009.
8. *Direito regulatório. Temas polêmicos* (Org.). 2. ed. Belo Horizonte: Fórum, 2004.
9. *Supremacia do interesse público e outros temas relevantes do direito administrativo.* (Coord., juntamente com Carlos Vinícius Alves Ribeiro). São Paulo: Atlas, 2010.
10. *Servidores públicos na Constituição de 1988.* São Paulo: Atlas, 2011 (em coautoria com Fabrício Motta e Luciano de Araújo Ferraz).
11. *Direito privado administrativo* (Org.). São Paulo: Atlas, 2013.

Artigos e Pareceres

1. Cremação de cadáveres. *Revista da Procuradoria Geral do Estado*, São Paulo, v. 7, p. 213-302, dez. 1975.
2. Autarquias. Regime de dedicação exclusiva. Ilegalidade. *Revista da Procuradoria Geral do Estado*, São Paulo, v. 11, p. 535-543, dez. 1977.
3. Tribunal de Contas. Fundações públicas. *Revista da Procuradoria Geral do Estado*, São Paulo, v. 12, p. 619-629, jun. 1978.
4. As competências no Estado Federal. *Revista da Procuradoria Geral do Estado*, v. 13/15, p. 237-262, dez. 1978-1979.
5. Isenção de tarifas relativas às travessias por balsas. Preço público. *Boletim da Procuradoria Geral do Estado*, São Paulo, v. 3, p. 659-661, ago. 1979.
6. Natureza dos bens das empresas estatais. *Revista da Procuradoria Geral do Estado*, São Paulo, v. 30, p. 173-186.
7. Fundações públicas. *Revista de Informação Legislativa*, ano 26, nº 101, p. 173-182, jun./mar. 1989.
8. Conceito e princípios da licitação. *Boletim de Licitação e Contratos*, p. 73-80, dez. 1988.
9. A gestão do patrimônio imobiliário do Estado. *Cadernos Fundap*, ano 9, nº 17, p. 55-65, dez. 1989.
10. Concurso público. Natureza jurídica da importância paga para fins de inscrição. *Boletim da Procuradoria Geral do Estado*, v. 12, p. 198-200, jun. 1988.
11. Da exigência de concurso público na Administração Indireta. *RDP* nº 93, p. 129-132.
12. Sociedade de economia mista. Incorporação. Necessidade de autorização legislativa. *Boletim de Direito Administrativo*, ano 6, nº 11, p. 599-603, nov. 1990.
13. Contratação de professores estrangeiros perante a Constituição Federal de 1988. *RDP* nº 97, p. 76-80, 1991.
14. Fundação. Personalidade de direito privado. Admissão de pessoal. *Boletim de Direito Administrativo*, ano 7, nº 10, p. 561-564, out. 1991.
15. Funcionário público. Acumulação de cargos e funções. Proventos. *Boletim de Direito Administrativo*, nº 10, p. 561-564, out. 1991.
16. Polícia do meio ambiente. *Revista Forense*, v. 317, p. 179-187, 1992.
17. Participação popular na Administração Pública. *Revista Trimestral de Direito Público*, v. 1, p. 127-139.
18. Processo administrativo. Garantia do administrado. *Revista de Direito Tributário*, nº 58, p. 113-139, out./dez. 1991.
19. Servidor público. Incompetência da Justiça do Trabalho para julgar dissídios de servidores públicos estatutários. Comentários a acórdão do STF. *Revista de Direito do Trabalho*, nº 4, p. 379-385, abr. 1993.
20. Responsabilidade administrativa do servidor público. *Revista de Direito Administrativo Aplicado*, v. 4, p. 29-36, mar. 1995.

21. Fundação governamental. Personalidade de direito privado. *Revista de Direito Administrativo Aplicado*, v. 3/784-794, mar. 1994.
22. Da franquia na Administração Pública. *Boletim de Direito Administrativo*, nº 3, p. 131-151, mar. 1995, e *Revista de Direito Administrativo*, v. 199, p. 131-140, jan./mar. 1995.
23. Responsabilidade do Estado por ato jurisdicional. *Revista de Direito Administrativo*, v. 198, p. 85-96, out./dez. 1994.
24. Mandado de segurança: ato coator e autoridade coatora. In: GONÇALVES, Aroldo Pínio (Coord.). *Mandado de Segurança*. Belo Horizonte: Livraria Del Rey Editora, 1996.
25. Coisa julgada. Aplicabilidade a decisões do Tribunal de Contas da União. *Revista do Tribunal de Contas da União*, v. 27, nº 70, p. 23-36, out./dez. 1996.
26. As carreiras jurídicas e o controle da Administração Pública. *Revista Jurídica de Osasco*, v. 3, p. 59-68, 1996.
27. Contratos de gestão. Contratualização do controle administrativo sobre a administração indireta e sobre as organizações sociais. *Revista da Procuradoria Geral do Estado de São Paulo*, v. 45-46, p. 173-194, jan./dez. 1996.
28. Advocacia pública. *Revista Jurídica da Procuradoria Geral do Município de São Paulo*, v. 3, p. 11-30, dez. 1996.
29. Necessidade de motivação do ato de dispensa de servidor celetista. *Revista Trimestral de Direito Público*, v. 13, p. 74-76, 1996.
30. O sistema de parceria entre os setores público e privado. *Boletim de Direito Administrativo*, São Paulo: NDJ, nº 9, p. 586-590, set. 1997.
31. A Reforma Administrativa e os contratos de gestão. *Revista Licitar*, ano 1, nº 4, p. 10-19, out. 1997.
32. O que muda na remuneração dos servidores? (subsídios). *Boletim de Direito Administrativo*, São Paulo: NDJ, nº 7, p. 421-428, jul. 1998.
33. A defesa do cidadão e da res publica. *Revista do Serviço Público,* Fundação Nacional Escola Nacional de Administração Pública, ano 49, nº 2, p. 127-132, abr./jun. 1998.
34. 500 anos de direito administrativo. *Cadernos de Direito e Cidadania II* – Instituto de Estudos de Direito e Cidadania. São Paulo: Artchip, 2000. p. 39-69.
35. *Reforma administrativa*. ANAIS DA XVII CONFERÊNCIA NACIONAL DA OAB. Rio de Janeiro, v. 1, p. 579-587.
36. Teto salarial posterior à Emenda Constitucional nº 19/98. *Boletim de Direito Administrativo*, São Paulo: NDJ, nº 12, p. 893-903, dez. 2000.
37. Previdência Social do servidor público. *Revista Trimestral de Direito Público*, São Paulo, v. 26, p. 168-185, 1999.
38. Agências executivas, agências reguladoras e organizações sociais. *Boletim de Direito Municipal*, São Paulo: NDJ, nº 12, p. 745-767, dez. 2000.
39. Atos administrativos. Elementos. Poder discricionário face ao princípio da legalidade. *Boletim de Direito Municipal*, São Paulo: NDJ, nº 11, p. 669-691, 2000.
40. *Comentários à Lei de Responsabilidade Fiscal* (arts. 18 a 28). In: MARTINS, Ives Gandra da Silva; NASCIMENTO, Carlos Valder do (Org.). São Paulo: Saraiva, 2001. p. 128-137.
41. As inovações constitucionais no regime previdenciário do servidor público. *Fórum Administrativo*, Belo Horizonte, ano 1, nº 2, p. 163-175, abr. 2001.
42. As novas regras para os servidores públicos. In: *Cadernos FUNDAP/Fundação do Desenvolvimento Administrativo*. São Paulo: FUNDAP, 2002, nº 22. Reforma Administrativa.
43. Compartilhamento de infraestrutura por concessionárias de serviços públicos. *Fórum Administrativo – Direito Público*, Belo Horizonte: Editora Fórum, ano 2, nº 11, p. 43-52, jan. 2002.
44. Aspectos jurídicos envolvendo o uso de bens públicos para implantação e instalação do serviço de telefonia. *Fórum de Contratação e Gestão Pública*, Belo Horizonte: Editora Fórum, ano 1, nº 1, p. 38-48, jan. 2002.
45. Concessão de uso especial para fins de moradia (Medida Provisória nº 2.220, de 4-9-2001). *Estatuto da cidade*: comentários à Lei Federal 10.257/2001. São Paulo: Malheiros, 2002. p. 152-170.
46. Direito de superfície. *Estatuto da cidade*: comentários à Lei Federal 10.257/2002. São Paulo: Malheiros, 2002. p. 172-190.
47. Terceirização municipal em face da Lei de Responsabilidade Fiscal. *Revista de Direito Municipal*. Belo Horizonte: Fórum, nº 1, ano 4, nº 7, p. 40-50, jan./fev./mar. 2003.

48. Limites da função reguladora das agências diante do princípio da legalidade. *Direito Regulatório. Temas Polêmicos*. Belo Horizonte: Fórum, 2003. p. 27-60.
49. O equilíbrio econômico-financeiro e o controle das agências reguladoras. *O controle externo da regulação de serviços públicos*. Brasília: Tribunal de Contas da União, 2002. p. 55-65.
50. Transporte alternativo de passageiros por "perueiros". Poder de polícia do Município. *Direito Público Moderno*. Org. por Luciano Ferraz e Fabrício Motta. Belo Horizonte: Del Rey, 2003. p. 3.
51. Função social da propriedade pública. *Direito Público*. Estudos em homenagem ao Prof. Adilson Abreu Dallari. Org. por Luiz Guilherme da Costa Wagner Júnior. Belo Horizonte: Del Rey, 2004.
52. Inovações no direito administrativo brasileiro. In: *Revista Interesse Público*. Porto Alegre: Notadez, ano 6, nº 30, 2005, p. 39-55.
53. Regulação, poder estatal e controle social. In: *Revista de Direito Público da Economia*. Belo Horizonte: Fórum, nº 11, jul./set. 2005, p. 163-172.
54. Bens públicos e trespasse de uso. In: *Boletim de Direito Administrativo*. São Paulo: NDJ, nº 4, abr. 2005, p. 403-412.
55. Concessões de serviços públicos. In: *Boletim de Licitações e Contratos*. São Paulo: NDJ, nº 3, mar. 2006, p. 210-219.
56. Discricionariedade técnica e discricionariedade administrativa. *Estudos de direito público em homenagem a Celso Antônio Bandeira de Mello*. São Paulo: Malheiros, 2006. p. 480-504.
57. Omissões na atividade regulatória do Estado e responsabilidade civil das agências reguladoras. In: FREITAS, Juarez (Org.). *Responsabilidade civil do Estado*. São Paulo: Malheiros, 2006. p. 249-267.
58. O consórcio público na Lei nº 11.107, de 6-4-05. In: *Boletim de Direito Administrativo*. São Paulo: NDJ, nº 11, nov. 2005, p. 1220-1228.
59. Os princípios da proteção à confiança, da segurança jurídica e da boa-fé na anulação do ato administrativo. In: MOTTA, Fabrício (Org.). *Estudos em homenagem ao Professor Nélson Figueiredo*. Belo Horizonte: Fórum, 2008. p. 295-315.
60. O princípio da supremacia do interesse público: sobrevivência diante dos ideais do neoliberalismo. In: *Revista Trimestral de Direito Público*. São Paulo: Malheiros, v. 48, p. 63-76, 2004; e *Jam-Jurídica*, ano XIII, nº 9, set. 2008, p. 32-45.
61. Parecer sobre a exclusividade das atribuições da carreira de Advogado da União. In: *Revista de Direito dos Advogados da União*, ano 7, nº 7, out. 2008, p. 11-35.
62. Direito adquirido: comentário a acórdão do STF. *Fórum Administrativo – Direito Público*. Belo Horizonte: Fórum, 2007, nº 81, ano 6, p. 7-16.
63. Alcance do princípio da publicidade das funções públicas: publicidade e sigilo. In: MORAES, Alexandre de (Coordenador). *Os 20 anos da Constituição da República Federativa do Brasil*. São Paulo: Atlas, 2009. p. 201-215.
64. Servidores temporários. Lei nº 500/1974. Inclusão no regime próprio de Previdência do Servidor Público. *Revista da Procuradoria Geral do Estado de São Paulo*, nº 69-70, jan./dez. 2009. p. 221-237.
65. Transformações da organização administrativa. Diretrizes, relevância e amplitude do anteprojeto. In: MODESTO, Paulo (Org.). *Nova Organização Administrativa Brasileira*. Belo Horizonte: Fórum, 2009. p.19-31.
66. Das entidades paraestatais e das entidades de colaboração. In: MODESTO, Paulo (Org.). *Nova organização administrativa brasileira*. Belo Horizonte: Fórum, 2009. p. 227-243.
67. Gestão de florestas públicas por meio de contratos de concessão. *Revista do Advogado*, São Paulo: AASP, XXIX, dez. 2009, nº 107, p. 140-149.
68. O Ministério Público como função essencial à justiça. In: *Ministério Público – Reflexões sobre princípios e funções institucionais*. Org. por Carlos Vinícius Alves Ribeiro. São Paulo: Atlas, 2010. p. 3-12.
69. Servidores temporários. Lei nº 500/1974. Inclusão no regime próprio de previdência do servidor público. In: *Revista da Procuradoria Geral do Estado de São Paulo*, nº 69-70, jan./dez. 2009, p. 221-237.
70. Transformações da organização administrativa. Diretrizes, relevância e amplitude do anteprojeto. In: MODESTO, Paulo (Coord.). *Nova organização administrativa brasileira*. 2. ed. Belo Horizonte: Fórum, 2010. p. 21-33.
71. Das entidades paraestatais e das entidades de colaboração. In: MODESTO, Paulo (Coord.). *Nova organização administrativa brasileira*. 2. ed. Belo Horizonte: Fórum, 2010. p. 239-255.
72. Existe um novo direito administrativo? In: DI PIETRO, Maria Sylvia Zanella; RIBEIRO, Carlos Vinícius Alves (Coord.). *Supremacia do interesse público e outros temas relevantes do direito administrativo*. São Paulo: Atlas, 2010. p. 1-9.

73. O princípio da supremacia do interesse público: sobrevivência diante dos ideais do neoliberalismo. In: DI PIETRO, Maria Sylvia Zanella; RIBEIRO, Carlos Vinícius Alves (Coord.). *Supremacia do interesse público e outros temas relevantes do direito administrativo*. São Paulo: Atlas, 2010. p. 85-102.
74. Da constitucionalização do direito administrativo: reflexos sobre o princípio da legalidade e a discricionariedade administrativa. In: DI PIETRO, Maria Sylvia Zanella; RIBEIRO, Carlos Vinícius Alves (Coord.). *Supremacia do interesse público e outros temas relevantes do direito administrativo*. São Paulo: Atlas, 2010. p. 175-196; e *Atualidades jurídicas – Revista do Conselho Federal da Ordem dos Advogados do Brasil*, ano 1, nº 1, jul./dez. 2011, Belo Horizonte: Fórum, 2011, p. 83-106.
75. Ainda existem os contratos administrativos? In: DI PIETRO, Maria Sylvia Zanella; RIBEIRO, Carlos Vinícius Alves (Coord.). *Supremacia do interesse público e outros temas relevantes do direito administrativo*. São Paulo: Atlas, 2010. p. 398-410.
76. Responsabilidade civil das entidades paraestatais. In: GUERRA, Alexandre Dartanhan de Mello; PIRES, Luis Manuel Fonseca; BENACCHIO, Marcelo (Org.). *Responsabilidade civil do Estado*: desafios contemporâneos. São Paulo: Quartier Latin, 2010. p. 824-842.
77. A lei de processo administrativo federal: sua ideia matriz e âmbito de aplicação. In: NOHARA, Irene Patricia; MORAES FILHO, Marco Antonio Praxedes de (Org.). *Processo administrativo*. Temas polêmicos da Lei nº 9.784/99. São Paulo: Atlas, 2011. p. 185-201.
78. Princípio da segurança jurídica no direito administrativo. In: BOTTINO, Marco Túlio (Org.). *Segurança jurídica no Brasil*. São Paulo: RG, 2012. p. 159-188.
79. Terceirização municipal em face da lei de responsabilidade fiscal (com adendo: inovações em matéria de terceirização na Administração Pública). In: FORTINI, Cristiana (Coord.). *Terceirização na Administração Pública*. Estudos em homenagem ao Professor Pedro Paulo de Almeida Dutra. 2. ed. Belo Horizonte: Fórum, 2012. p. 71-87.
80. Serviços públicos. In: DALLARI, Adilson Abreu; NASCIMENTO, Carlos Valder do; MARTINS, Ives Gandra da Silva. *Tratado de direito administrativo*. São Paulo: Saraiva, 2013. v. 2, p. 292-317.
81. Direito fundamental à intimidade e publicação da remuneração dos agentes públicos. In: *Revista de Direito Administrativo Contemporâneo*. São Paulo: RT, ano 1, nº 1, jul./ago. 2013, p. 15-26.
82. Direito administrativo e dignidade da pessoa humana. In: *Revista de Direito Administrativo & Constitucional*. Belo Horizonte, Fórum, Ano 13, nº 52, abr./jul. 2013, p. 13-33.
83. Do direito privado na Administração Pública. In: DI PIETRO, Maria Sylvia Zanella. *Direito privado administrativo*. São Paulo: Atlas, 2013. p. 1-20.
84. Limites da utilização de princípios do processo judicial no processo administrativo. In: *Fórum Administrativo*. ano 13, nº 147, maio 2013. Belo Horizonte: Fórum, p. 44-60.
85. Parecer: Cobrança de tarifa independentemente da conclusão do mecanismo de tratamento do esgoto. Exame dos aspectos de constitucionalidade e legalidade. In: *Revista de Direito Administrativo & Constitucional*. Belo Horizonte: Fórum, ano 13, nº 53, jul./set. 2013. p. 233-263.

Sumário

Nota à 3ª edição, xv

Nota à 2ª edição, xvii

Introdução, 1

1 Uso de bem público por particular, 5
    1.1 Classificação dos bens públicos no Código Civil, 5
    1.2 Regime jurídico dos bens públicos, 8
    1.3 Competência legislativa, 12
    1.4 Formas de utilização de bens públicos por particulares, 15
    1.5 Uso comum e uso privativo, 18
    1.6 Uso comum ordinário e uso comum extraordinário, 21
    1.7 Uso comum remunerado, 23
    1.8 Uso normal e uso anormal, 24

2 Uso privativo, 27
    2.1 Terminologia, 27
    2.2 Conceito, 29
    2.3 Exclusividade de uso, 30
    2.4 Títulos jurídicos de outorga, 30
    2.5 Precariedade, 35

2.6 Regime jurídico, 39
2.7 Natureza jurídica, 41
2.8 Tutela do uso privativo, 52
    2.8.1 Tutela em face da Administração, 52
    2.8.2 Tutela em face de terceiros, 56
    2.8.3 Defesa do uso privativo pela via possessória, 56
2.9 Uso privativo gratuito ou remunerado, 62
2.10 Uso gratuito das vias públicas e faixas de domínio das rodovias pelas concessionárias de serviços públicos, 67
2.11 Uso gratuito das faixas de domínio de rodovias e de vias públicas por concessionárias de energia elétrica, 74

3 Da autorização de uso, 79
3.1 Autorização administrativa, 79
3.2 Autorização administrativa no direito brasileiro, 80
3.3 Autorização de uso de bem público, 84
3.4 Autorização de uso comum extraordinário, 84
3.5 Autorização de uso privativo, 86
3.6 Conceito e natureza jurídica, 89
3.7 Autorização simples e qualificada, 91
3.8 Autorização, licença e admissão, 91

4 Da permissão de uso, 94
4.1 Permissão administrativa, 94
4.2 Permissão de uso de bem público, 96
4.3 Permissão de estacionamento e permissão de uso, 99
4.4 Permissão simples e qualificada, 103

5 Da concessão de uso, 105
5.1 Concessão administrativa, 105
5.2 Concessão de uso de bem público, 110
5.3 Modalidades de concessão de uso, 114
5.4 Institutos afins do direito privado, 115

6 Da utilização privativa de bens de uso comum e de uso especial no direito positivo brasileiro, 117
6.1 Critérios teóricos para escolha entre concessão, permissão ou autorização, 117
6.2 Permissão de uso para instalação de bancas de jornal, 119
6.3 Permissão de uso das vias e logradouros públicos para o exercício do comércio e a prestação de serviços ambulantes, 120

6.4 Permissão de uso de vias e logradouros públicos para realização de feiras livres, 121
6.5 Permissão de uso nos mercados públicos, 122
6.6 Permissão de uso para estacionamento de táxis, 125
6.7 Uso de águas públicas, 126
    6.7.1 Competência legislativa, 126
    6.7.2 Domínio das águas, 127
    6.7.3 Do uso das águas, 129
    6.7.4 Do uso privativo, 130
6.8 Concessão de terreno em cemitério público, 135
6.9 Concessão de uso de áreas aeroportuárias, 137
6.10 Autorização, arrendamento e concessão de uso em áreas portuárias, 138
    6.10.1 Direito positivo, 138
    6.10.2 Período da Lei nº 8.630/93, 140
        6.10.2.1 Do arrendamento e da autorização na Lei nº 8.630/93, 141
        6.10.2.2 Do uso público e do uso privativo, 144
    6.10.3 Da concessão, permissão e autorização na Lei nº 10.233/01, 146
    6.10.4 Da concessão, do arrendamento e da autorização na Lei nº 12.815/13, 147
    6.10.5 Da licitação, 151

7 **Da utilização privativa de bens dominicais no direito positivo brasileiro, 155**
7.1 Títulos jurídicos de outorga do uso privativo, 155
7.2 Restrições ao uso privativo de terras públicas, 159
7.3 Uso privativo de bens imóveis da União, 164
    7.3.1 Locação e arrendamento, 168
    7.3.2 A locação de bens dos Estados e Municípios, 171
    7.3.3 Aforamento ou enfiteuse, 172
        7.3.3.1 Origem, 172
        7.3.3.2 Direito brasileiro, 175
    7.3.4 Cessão de uso, 179
    7.3.5 Permissão de uso, 183
    7.3.6 Regularização de ocupação, 184
        7.3.6.1 Origem e evolução do regime de ocupação de terras públicas, 184
        7.3.6.2 Ocupação, 188
        7.3.6.3 Licença de ocupação para legitimação de posse, 192
        7.3.6.4 Regularização de ocupações na Amazônia Legal, 196
7.4 Concessão de direito real de uso, 201

7.5 Concessão de uso especial para fins de moradia, 204
    7.5.1 Fundamento constitucional, 204
    7.5.2 Competência para legislar, 205
    7.5.3 Características, 207
    7.5.4 Conceito e natureza jurídica, 210
    7.5.5 Autorização de uso para fins comerciais na Medida Provisória 2.220/01, 213

7.6 Direito de superfície, 214

7.7 Regime de uso e exploração das florestas públicas, 218
    7.7.1 Florestas públicas e particulares: regime especial de proteção, 218
    7.7.2 Gestão das florestas públicas: conciliação de interesses contrapostos, 221
    7.7.3 Florestas públicas em áreas de propriedade privada, 222
    7.7.4 Gestão de florestas públicas para produção sustentável, 224
        7.7.4.1 Gestão direta, 224
        7.7.4.2 Destinação às comunidades locais: concessão de uso e concessão de direito real de uso, 225
    7.7.5 As florestas públicas como bens públicos de uso especial, 227
    7.7.6 Concessão florestal, 227
        7.7.6.1 Conceito legal e objeto, 227
        7.7.6.2 Natureza jurídica da concessão florestal, 228
        7.7.6.3 Exigência de prévia aprovação legislativa, 231

Conclusão, 235

Apêndices, 241

Apêndice 1 – Função social da propriedade pública, 243

Apêndice 2 – Patrimônio público e social. Conceito e abrangência, 256

Apêndice 3 – Regime jurídico de exploração dos portos organizados e dos terminais portuários. Uso público e uso privativo, 265

Apêndice 4 – Da cobrança de taxa ou preço público pela ocupação e uso do solo urbano e das faixas de domínio de rodovias para instalação de rede de energia elétrica, 291

Bibliografia, 317

Nota à 3ª edição

Como realçado na Nota à 2ª edição, este livro, em sua redação original, correspondeu à tese de doutorado por mim defendida em 1982, na Faculdade de Direito da Universidade de São Paulo.

Na segunda edição, publicada em 2010, foram feitas maiores alterações, tendo em vista o longo tempo decorrido desde a publicação da primeira edição, em 1983. Inclusive, foram inseridos alguns institutos novos, como a concessão de uso especial para fins de moradia, a concessão florestal e o direito de superfície. Também foram incluídos alguns textos na parte final, como apêndices da obra.

Nesta terceira edição, foi feita revisão de toda a legislação citada, bem como da própria redação, que se procurou aperfeiçoar.

A principal alteração foi feita no Capítulo 6, na parte que trata da autorização, arrendamento e concessão de uso em áreas portuárias, tendo em vista a revogação da antiga Lei de Portos (Lei nº 8.630/93) e a promulgação da nova Lei de Portos (Lei nº 12.815/13). Em cinco itens do Capítulo 6, foi comentado o novo regime jurídico da utilização de áreas portuárias.

Nota à 2ª edição

O tema relativo aos bens públicos sempre me seduziu e apaixonou, talvez pela antiguidade de sua legislação e doutrina, que se ligam à própria história do Brasil, desde o período colonial até os dias atuais. Por isso escrevi a minha tese de doutorado sobre o uso privativo de bens públicos por particular. Ela foi defendida em 1982, na Faculdade de Direito da Universidade de São Paulo, perante banca examinadora composta pelos professores José Cretella Júnior, Dalmo de Abreu Dallari, Amauri Mascaro Nascimento, Alcides Jorge Costa e Odete Medauar. Tive como inspiração o livro sobre *Bens públicos*, de autoria de José Cretella Júnior, tantas vezes citado neste trabalho. Ele foi o meu orientador.

A tese foi idealizada e escrita há 28 anos. No entanto, o tema não perdeu sua atualidade, porque trata de institutos utilizados a todo momento pela Administração Pública na gestão do patrimônio público. Por isso mesmo, o cerne da tese, sobre os conceitos e a natureza jurídica dos institutos utilizados para tal fim, especialmente autorização, permissão e concessão de uso, os temas da precariedade, do regime jurídico da utilização privativa, o da tutela do uso privativo, não se alteraram nesta nova edição. Foi mantida a doutrina nacional e estrangeira em que se fundamentou a tese. Isso foi intencional. O intuito foi o de preservar, na medida do possível, o trabalho original com o qual obtive o título de doutor.

No entanto, para garantir a atualidade da obra, foram acrescentados posicionamentos de novos autores que vêm se consagrando no direito brasileiro.

No Capítulo 1 foi atualizado o tema da classificação e regime jurídico dos bens públicos, em decorrência da entrada em vigor do novo Código Civil. Foi introduzido um item sobre a competência legislativa em matéria de bens públicos, a respeito da qual não existe uma regra única. Às vezes a competência é privativa da União, como ocorre em matéria de águas, jazidas e minas; outras vezes é concorrente, hipótese em que à União cabe estabelecer as normas gerais, como ocorre em relação às florestas; outras vezes, a competência é privativa de cada ente da federação, quando não haja reserva de competência privativa para a União ou não se trate de matéria de competência concorrente entre União e Estados.

Também foram analisados alguns aspectos com maior profundidade, como o concernente à remuneração ou gratuidade do uso de bens públicos, especialmente o exercido por concessionárias de serviços públicos. Trata-se de tema que se tornou relevante pelo recrudescimento das concessões de serviços públicos a partir da década de 90 (com a promulgação da Lei nº 8.987, de 13.2.95), provocando questionamentos, nas vias administrativa e judicial, sobre a viabilidade de ser instituído algum tipo de remuneração pelo uso de vias públicas e faixas de domínio para prestação de serviços públicos pelas concessionárias.

O que necessitou de maior revisão foram os Capítulos 6 e 7, que tratam dos institutos empregados no direito brasileiro para outorga, a particulares, do uso privativo de bens públicos. Institutos antigos continuam a existir, com maiores ou menores alterações legislativas. É o que ocorre com as concessões e autorizações de uso de águas públicas, as autorizações e concessões de uso de áreas portuárias, a locação e o arrendamento, as ocupações de terras públicas e respectiva regularização, as concessões de direito real de uso. Todas essas modalidades de uso e os respectivos títulos jurídicos de outorga foram revisados e atualizados em termos de legislação e doutrina. O Decreto-lei nº 9.760, de 5.9.46, que por tantos anos vem disciplinando o uso dos bens imóveis da União, sofreu várias alterações a partir da Lei nº 9.636, de 15.5.98. O Código de Águas, aprovado pelo Decreto nº 24.643, de 10.7.34, passou por alterações tácitas em decorrência da promulgação da Lei nº 9.433, de 8.1.97 (Lei de Águas). A matéria de exploração de portos foi analisada à vista da Lei nº 8.630, de 25.2.93 (conhecida como Lei de Portos) e das inovações introduzidas pela Lei nº 10.233, de 5.6.01.

Alguns institutos novos foram instituídos, como a concessão especial para fins de moradia (disciplinada pela Medida Provisória nº 2.220, de 4.9.01) e o direito de superfície (ambos previstos no Estatuto da Cidade) e a concessão florestal (prevista e disciplinada pela Lei nº 11.284, de 2.3.06), todos eles incluídos nesta 2ª edição.

Finalmente, alguns textos foram inseridos na parte final, como apêndices da obra, por corresponderem a artigos, palestras ou pareceres, alguns já publicados anteriormente. A sua inserção neste livro justifica-se por tratarem de temas com ele relacionados e desenvolvidos pela própria autora.

Introdução

O *uso privativo de bem público por particular* é tema que se insere no âmbito do Direito Administrativo e envolve a análise de princípios e institutos regidos por normas de direito público, que refogem às regras do direito comum.

Seu estudo esbarra em inúmeras dificuldades: a matéria não está sistematizada em lei; a terminologia empregada pelos doutrinadores não é uniforme; cada categoria de bem público está sujeita a regime jurídico diverso e a múltiplas formas de utilização, cuja outorga ao particular se faz por títulos jurídicos de diferentes modalidades.

Os bens dominicais, por não serem destinados ao uso comum do povo nem ao uso especial da Administração Pública, são utilizados para as mais diversas finalidades públicas; podem ser objeto de alienação ou de exploração para obtenção de renda; podem ser cedidos gratuita ou onerosamente para fins educacionais, esportivos, culturais, artísticos ou industriais; podem ser utilizados como instrumento de fixação do homem no campo; podem ser objeto de exploração agrícola, de cultivo, de urbanização, de industrialização e de tantos outros usos de interesse social.

Os bens de uso especial e os de uso comum do povo têm afetação pública e são excluídos do comércio jurídico de direito privado precisamente para que possam servir a essa afetação; os de uso especial não podem ser utilizados por particulares a não ser por exceção e segundo normas de direito público, porque estão destinados ao uso da Administração Pública ou outros fins de interesse público; os de uso comum do povo sofrem a mesma restrição, para que possam tornar-se acessíveis a todos. Por isso mesmo, veda-se a incidência, sobre essas duas categorias, de qualquer vínculo que os subtraia à utilização geral.

Nas três modalidades ressalta o aspecto da *função social da propriedade pública*. A esse propósito, lembra Jambrenghi que "a função social é geralmente reconhecida pela doutrina como intrínseca na propriedade pública; esta, à diferença da propriedade privada, é e não *tem* função social" (*Premesse per uma teoria dell'uso dei beni pubblici*, 1979, p. 6-7, nota 7).

Em razão disso, os bens públicos devem ser disciplinados de tal forma que permitam proporcionar o máximo de benefícios à coletividade, podendo desdobrar-se em tantas modalidades de uso quantas forem compatíveis com a destinação e com a conservação do bem.

Existem determinados bens que comportam inúmeras formas de utilização, conjugando-se o uso comum do povo com usos privativos exercidos por particulares para diferentes finalidades.

Ruas, praias, praças, estradas, estão afetadas ao uso comum do povo, o que significa o reconhecimento, em cada pessoa, da liberdade de circular ou de estacionar, segundo regras ditadas pelo poder de polícia do Estado; porém, se a ampliação dessa liberdade em relação a algumas pessoas, mediante outorga de maiores poderes sobre os mesmos bens, trouxer também alguma utilidade para a população, sem prejudicar o seu direito de uso comum, não há por que negar-se à Administração que detém a gestão do domínio público o poder de consentir nessa utilização, fixando as condições em que se exercerá. Concilia-se com o uso comum do povo o uso das vias públicas para realização de feiras-livres, de exposições de arte, de venda de combustíveis, de distribuição de jornais, de comércio de flores e frutas.

Do mesmo modo, as águas públicas podem atender a inúmeros objetivos, alguns de uso comum, como a navegação, outros de uso privativo, como a derivação para fins agrícolas ou industriais, ou para execução de serviço público, como a produção de energia elétrica e o abastecimento da população, como também podem atender simplesmente às primeiras necessidades da vida.

Nos cemitérios, conjuga-se o uso comum do povo que circula por suas alamedas, com o uso especial de inumação de cadáveres em valas comuns e com o uso privativo de sepulturas concedidas pelo Poder Público.

Os mercados públicos exigem duas modalidades de utilização: a *privativa*, exercida pelos usuários dos boxes destinados ao comércio, e a *comum*, aberta a todos quantos queiram ali circular.

Incumbe ao Poder Público conciliar as múltiplas formas de uso, compatibilizando-as com o fim principal a que o bem está afetado. O *interesse público* constitui a baliza que orienta suas decisões; outorgará e extinguirá, discricionariamente, os usos privativos, bem como imprimir-lhes-á maior ou menor precariedade, na medida em que atendam ao interesse da coletividade.

Nas relações jurídicas que se instauram com vistas a essa utilização, três aspectos ressaltam: relativamente ao *bem público,* a ideia de sua vinculação à realização de determinados objetivos e a consequente extracomerciabilidade que lhe é inerente e impede seja objeto de relações jurídicas regidas pelo direito privado, ressalva feita aos bens dominicais; quanto à *pessoa jurídica de direito público* que consente na utilização, a sua posição de supremacia sobre o particular, a discricionariedade de suas decisões e o poder de polícia que exerce sobre o bem e sobre a atuação dos usuários, sempre com o objetivo de compatibilizar as várias modalidades de uso que o bem comporta com a finalidade a que está afetado; no que diz respeito ao *particular* que obtém o consentimento da Administração, a ideia de direito subjetivo de natureza pública, sua extensão, limites e tutela. Tudo isso sob a égide dos princípios da legalidade e da predominância do interesse público sobre o particular.

Cada um desses aspectos comporta inúmeras indagações, cuja resposta constitui o objetivo deste trabalho.

Quanto ao primeiro, cabe indagar: quais as várias modalidades de bens públicos? Qual o regime jurídico a que se sujeitam? Quais as formas de uso que os particulares podem exercer sobre os mesmos? Quais os instrumentos estatais de outorga mais adequados para cada categoria de bem público?

Quanto ao segundo: quais os poderes que a Administração exerce sobre o bem de que é titular? Qual a sua posição frente ao particular? Quais os limites de sua discricionariedade?

Quanto ao terceiro: aquele que almeja utilizar-se privativamente de bem público tem direito subjetivo público de exigir da Administração que lhe seja expedido o título de outorga? Obtida a anuência, quais os direitos do usuário frente à Administração e a terceiros? Qual o regime jurídico a que se submete? Como se exerce a tutela de seus direitos?

1

Uso de bem público por particular

1.1 Classificação dos bens públicos no Código Civil

O Código Civil de 1916 distinguia os bens públicos dos bens particulares segundo o critério da titularidade. O Código atual manteve a mesma distinção. No artigo 98 repete a redação do artigo 65 do Código anterior, ao determinar que "são públicos os bens do domínio nacional pertencentes às pessoas jurídicas de direito público interno; todos os outros são particulares, seja qual for a pessoa a que pertencerem".

Pessoas jurídicas de direito público interno são as referidas no artigo 41 do mesmo Código, com a redação dada pelo artigo 16 da Lei nº 11.107, de 6.4.05 (que dispõe sobre contratação de consórcios públicos), a saber: União, Estados, Distrito Federal, Territórios, Municípios, autarquias, inclusive as associações públicas, e demais entidades de caráter público criadas por lei.

O critério da titularidade é inadequado tendo em vista que existem pessoas jurídicas de direito privado que, por prestarem serviço público delegado pelo Estado, possuem bens que, pelo regime jurídico, são considerados públicos. É o que acontece com bens de empresas públicas, sociedades de economia mista, concessionárias e permissionárias de serviços públicos. Como se verá adiante, essas entidades possuem bens que, por estarem afetados à prestação de serviços públicos, são dotados das mesmas características dos bens públicos pertencentes às pessoas jurídicas de direito público.

A primeira classificação de bens públicos no direito brasileiro foi feita pelo Código Civil de 1916, sendo pobre, antes disso, a doutrina a respeito do assunto. O Código Civil adotou terminologia própria, peculiar ao direito brasileiro, não seguindo o modelo estrangeiro, onde é mais comum a bipartição dos bens públicos, conforme o regime jurídico adotado. No direito francês, por exemplo, em que o direito administrativo brasileiro foi buscar grande parte de seus institutos, fala-se em *bens do domínio público* e *bens do domínio privado do Estado*.

No artigo 66, o Código de 1916 fazia uma divisão tripartite, distinguindo:

I – os *bens de uso comum do povo*, tais como mares, rios, estradas, ruas e praças;

II – os de *uso especial*, tais como edifícios ou terrenos aplicados a serviço ou estabelecimento federal, estadual ou municipal;

III – os *dominicais*, isto é, os que constituem o patrimônio da União, dos Estados ou dos Municípios, como objeto de direito pessoal ou real de cada uma dessas entidades.

O Regulamento do Código de Contabilidade Pública da União, aprovado pelo Decreto nº 15.783, de 8.11.22 (revogado por Decreto de 25.4.91), embora empregando, no artigo 803, a mesma terminologia utilizada no artigo 66 do Código Civil então vigente, faz melhor distinção no artigo 807, chamando os bens de uso especial de *patrimoniais indisponíveis*, e os dominicais, de *patrimoniais disponíveis*. Essa terminologia aproxima-se da utilizada no direito italiano, onde se distingue o *demanio* (domínio público), que corresponde aos bens de uso comum do povo, e os *bens patrimoniais*, que se subdividem em *bens do patrimônio disponível* e *bens do patrimônio indisponível*, com isso realçando a alienabilidade dos primeiros e a inalienabilidade dos últimos. Por outras palavras, a classificação do Regulamento do Código de Contabilidade Pública, que segue o modelo do direito italiano, baseia-se no critério da natureza, patrimonial ou não, do bem. Os de uso comum não são suscetíveis de valoração patrimonial, de avaliação econômica; os demais têm um valor patrimonial; só que uns (os de uso especial ou do *patrimônio indisponível*) são inalienáveis, por terem afetação pública; os outros (dominicais ou do *patrimônio disponível*) são alienáveis, por não terem igual afetação.

O Código Civil de 2002 mantém a mesma classificação tripartite do Código anterior, porém deixando claro que se incluem entre os bens públicos os pertencentes às pessoas jurídicas de direito público. É o que estabelece o artigo 99, em cujos termos, são públicos:

I – os de uso comum do povo, tais como rios, mares, estradas, ruas e praças;

II – os de uso especial, tais como edifícios ou terrenos destinados a serviço ou estabelecimento da administração federal, estadual, territorial ou municipal, inclusive os de suas autarquias;

III – os dominicais, que constituem o patrimônio das pessoas jurídicas de direito público, como objeto de direito pessoal, ou real de cada uma dessas entidades.

O critério dessa classificação é o da *destinação* ou *afetação* dos bens: os da primeira categoria são destinados, por natureza ou por lei, ao uso coletivo; os da segunda, ao uso da Administração, para consecução de seus objetivos, como os imóveis onde estão instaladas as repartições públicas, os bens móveis utilizados na prestação dos serviços públicos (veículos oficiais, materiais de consumo, navios de guerra), as terras dos silvícolas, os mercados municipais, os teatros públicos, os cemitérios públicos; os da terceira não têm destinação pública definida, razão pela qual podem ser utilizados pelo Poder Público para obtenção de renda ou outro fim de interesse público ou mesmo de interesse de particulares; é o caso das terras devolutas, dos terrenos de marinha, dos imóveis não utilizados pela Administração, dos bens móveis que se tornem inservíveis.

Pelo parágrafo único do artigo 99 do Código Civil, "não dispondo a lei em contrário, consideram-se dominicais os bens pertencentes às pessoas jurídicas de direito público a que se tenha dado estrutura de direito privado". É provável que o dispositivo faça referência às fundações instituídas pelo poder público com personalidade de direito público, pois estas mantêm estrutura de direito privado. Com essa norma, o Código volta ao critério da titularidade, já que a redação do dispositivo permite concluir que, nesse caso, a destinação do bem é irrelevante; qualquer que seja ela, o bem se inclui como dominical só pelo fato de pertencer a pessoa jurídica de direito público a que se tenha dado estrutura de direito privado, a menos que a lei disponha em sentido contrário. Vale dizer que a lei instituidora da pessoa jurídica pode estabelecer a categoria dos bens, consoante a sua destinação.

Pelos termos do artigo 99, verifica-se que existe um ponto comum – a *destinação pública* – nas duas primeiras modalidades (bens de uso comum do povo e bens de uso especial), e que as diferencia da terceira. Por essa razão, no Capítulo 16 do livro *Direito Administrativo*,[1] consideramos, sob o aspecto do *regime jurídico*, duas modalidades de bens públicos:

1. os do *domínio público do Estado*, abrangendo os de uso comum do povo e os de uso especial;

2. os do *domínio privado do Estado*, abrangendo os bens dominicais.

Isso significa que, embora o Código Civil tenha adotado classificação tripartite, que permite enquadrar os bens públicos pelo critério da destinação, na realidade, sob o ponto de vista do regime jurídico, existem apenas duas modalidades.

---

[1] Maria Sylvia Zanella Di Pietro. *Direito administrativo,* 26. ed., 2009, p. 732-733.

1.2 Regime jurídico dos bens públicos

Não existe regime jurídico uniforme a abranger a totalidade dos bens públicos, uma vez que são divididos em três categorias.

Como visto no item anterior, alguns são, por natureza ou por determinação legal, destinados à utilização coletiva, sendo, por isso mesmo, denominados de *bens de uso comum do povo*.

Os demais, ou estão afetados à realização de serviços públicos – os *bens de uso especial* – ou constituem patrimônio das pessoas jurídicas de direito público interno, como objeto de direito pessoal ou real de cada uma dessas entidades – os *bens dominicais*. Ambos integram a categoria dos bens patrimoniais, indisponíveis, os primeiros, em decorrência de sua afetação, e disponíveis, os segundos, por não estarem afetados diretamente a qualquer fim de utilidade pública.

Consoante Ruy Cirne Lima,[2] "respeito às duas últimas classes de bens, a denominação atende mais às consequências de sua condição jurídica do que à condição mesma. Daí devermos preferir chamar-lhes 'bens do patrimônio administrativo' aos bens patrimoniais indisponíveis, os quais somente por estarem aplicados a serviço ou estabelecimento administrativo, é que se tornam indisponíveis; e 'bens do patrimônio fiscal' aos bens patrimoniais disponíveis, os quais, também, somente por estarem destinados a serem vendidos, permutados ou explorados economicamente pelas autoridades fiscais, no interesse de administração, é que são declarados disponíveis".

Os bens dominicais ou bens do patrimônio fiscal ou bens do patrimônio disponível regulam-se por normas de direito privado, com derrogações impostas por normas publicísticas. No silêncio da lei, seu regime jurídico é de direito privado.

Na realidade, o legislador brasileiro aproximou bastante o regime jurídico das três categorias de bens. As principais características diferenciadoras dizem respeito à *alienabilidade* (somente possível em relação aos bens dominicais) e aos *títulos jurídicos de outorga de uso privativo*, como se verá. Outras características, como a imprescritibilidade, a impossibilidade de oneração e a impenhorabilidade, são comuns às três modalidades de bens públicos.

Com efeito, pelo artigo 101 do Código Civil, os bens públicos dominicais podem ser alienados, observadas as exigências da lei. Tais exigências constam do artigo 17 da Lei nº 8.666, de 21.6.93: interesse público, prévia avaliação, autorização legislativa (para os bens imóveis) e licitação.

Além disso, o artigo 102 do mesmo Código determina que os bens públicos não estão sujeitos a usucapião. Como o dispositivo não faz distinção quanto à

---

[2] *Princípios de direito administrativo*, 1939, p. 61.

modalidade de bem, entende-se que a regra abrange as três categorias. Também a Constituição, nos artigos 183, § 3º, e 191, parágrafo único, proíbe o usucapião de imóveis públicos. Com tais normas, deixou de existir, no direito brasileiro, o denominado *usucapião pro labore* (previsto nas Constituições de 1934, 1937 e 1946) e o *usucapião especial* (previsto na Lei nº 6.969, de 10.12.81), que beneficiavam as pessoas que moravam na terra e a cultivavam com o próprio trabalho e o de sua família.

A impossibilidade de instituição de direitos reais, como penhor e hipoteca, sobre os bens dominicais, constitui decorrência da regra do artigo 100 da Constituição, que estabelece processo especial de execução contra a Fazenda Pública, excluindo, implicitamente, a penhora sobre qualquer tipo de bem público pertencente às pessoas jurídicas de direito público. Não podendo ser penhorados, os bens públicos também não podem ser dados em garantia, porque, no momento da execução, tem que ser utilizado obrigatoriamente o processo dos precatórios estabelecido pelo dispositivo constitucional. Fica derrogado, em consequência, com relação aos bens públicos dominicais, o artigo 1.420 do Código Civil, segundo o qual "somente aquele que pode alienar poderá empenhar, hipotecar ou dar em anticrese; só os bens que se podem alienar poderão ser dados em penhor, anticrese ou hipoteca". Desse modo, embora os bens dominicais possam ser alienados, não podem ser dados em penhor, anticrese ou hipoteca.

As duas outras espécies de bens públicos (bens do domínio público ou de uso comum do povo e bens do patrimônio indisponível ou do patrimônio administrativo ou de uso especial) subordinam-se a regime jurídico próprio, informado por princípios publicísticos, derrogatórios e exorbitantes do direito comum. No silêncio da lei, regem-se por normas de direito público. Como diz Pontes de Miranda,[3] na falta de regras jurídicas sobre os bens dominicais, incidem as de direito privado, ao passo que, na falta de regras jurídicas sobre bens públicos *stricto sensu* (os de uso comum e os de uso especial), é de atender-se aos princípios gerais de direito público.

É em decorrência de sua afetação que os bens de uso comum e os de uso especial não se submetem à órbita de aplicação das normas de direito privado, neles aparecendo sensivelmente modificadas as faculdades de uso, gozo e disposição, inerentes ao conceito de propriedade.

Dessa forma, o *uso* do bem público, condicionado à consecução de fim predefinido, é exercido pelo povo ou pela própria pessoa jurídica de direito público a que pertence, mas em benefício de toda a coletividade.

---

[3] *Tratado de direito privado*, 1954, Parte Geral, t. II, p. 136.

Quanto à *fruição*, como ensina Marcello Caetano,[4] "nuns casos confunde-se com o uso (é o rendimento em utilidade pública), noutros casos é independente dele e consiste na faculdade de cobrar taxas pela utilização dos bens, ou na colheita dos seus frutos naturais".

Finalmente, estando esses bens afetados, por natureza ou destinação legal, a fim de utilidade pública, a entidade a que pertencem não possui a sua livre *disposição*. Para aliená-los, depende de prévia desafetação, ou, nas palavras de José Cretella Júnior,[5] de "fato ou manifestação de vontade do Poder Público mediante a qual o bem do domínio público é subtraído à dominialidade pública para ser incorporado ao domínio privado, do Estado ou do particular". Nos termos do artigo 100 do Código Civil, "os bens públicos de uso comum do povo e os de uso especial são inalienáveis, enquanto conservarem a sua qualificação, na forma que a lei determinar". Por outras palavras, para serem alienados, têm que ser previamente desafetados e, posteriormente, submetidos às regras do artigo 17 da Lei nº 8.666, de 21.6.93.

Pela mesma razão de sua afetação a fins públicos, não podem incidir, sobre os bens de uso comum do povo e sobre os bens de uso especial, direitos reais de natureza privada, passíveis que são de alterar-lhes a destinação; não podem também, esses bens, ser objeto de hipoteca, servidão, embargos, nem de posse *ad usucapionem*.

Às faculdades de uso, gozo e disponibilidade, exercidas, no direito público, pela forma assinalada, acrescentam-se os poderes de gestão e de polícia que a Administração Pública exerce sobre os bens de que é titular, cabendo-lhe, com base no princípio da autotutela administrativa, a faculdade de defendê-los por meio de atos administrativos executórios que, para serem impostos, independem de título fornecido pelo Poder Judiciário.

As mesmas características de inalienabilidade, impenhorabilidade, imprescritibilidade e impossibilidade de oneração existem quanto aos bens que, embora integrando o patrimônio de pessoas jurídicas de direito privado, como empresas públicas, sociedades de economia mista, fundações governamentais de direito privado, concessionárias e permissionárias de serviços públicos, estão fora do comércio jurídico de direito privado, enquanto estiverem afetados à prestação de serviços públicos. Embora não sejam bens públicos quanto ao critério da titularidade adotado pelo Código Civil, são bens públicos no que diz respeito ao regime jurídico. Isso se justifica tendo em vista que qualquer medida que subtraia os bens dos fins aos quais estão vinculados levaria à paralisação do serviço público, contrariando o princípio da continuidade do serviço público, obrigatório para quem

---

[4] *Manual de direito administrativo*, 1969, t. II, p. 829.
[5] *Bens públicos*, 1975, p. 129.

quer que preste esse tipo de atividade, independentemente da natureza jurídica da entidade. Os bens dessas entidades são de *uso especial*, sujeitando-se, portanto, ao mesmo regime jurídico aplicável aos bens de uso especial referidos no artigo 99, II, do Código Civil.

Essas características, peculiares ao regime jurídico dos bens públicos, não lhes retira a comerciabilidade jurídica, entendida segundo princípios informativos do direito público.

Nesse sentido é a lição de Marcello Caetano[6] ao afirmar que "quando se diz que uma coisa está no *comércio jurídico* ou *é juridicamente comerciável* quer-se exprimir a suscetibilidade dessa coisa ser objeto de direitos individuais. As coisas fora do comércio não podem, por sua natureza ou por disposição legal, ser objeto de direitos individuais nem, consequentemente, de prestações: não podem ser reduzidas a propriedade ou ser objeto de posse, nem sobre elas se podem fazer quaisquer contratos". Acrescenta que "*as coisas públicas estão fora do comércio jurídico privado*, o que significa serem insuscetíveis de redução à propriedade particular, inalienáveis, imprescritíveis, impenhoráveis e não oneráveis pelos modos de direito privado, enquanto coisas públicas". Mas, continua o autor, "considerando agora a situação das coisas públicas à luz das normas do direito público vemos que podem ser objeto de direito de propriedade por parte das pessoas coletivas administrativas (*propriedade pública*) e transferidas entre elas (*transferência de domínio* ou *mutações dominiais*); e admitem a criação de direitos reais administrativos e de direitos administrativos de natureza obrigacional em benefício dos particulares (concessões) transmissíveis de uns a outros na forma de lei".

Outro não é o pensamento de Otto Mayer,[7] quando ensina: "*A propriedade pública se submete ao direito público*. Na esfera do direito público estas coisas estão dentro do comércio. Podem alienar-se conforme as regras desse direito; toleram encargos de toda espécie em benefício de terceiros assim como as restrições que lhes são próprias." Cita vários exemplos para ilustrar seu pensamento, como a transferência de um bem público, de uma para outra pessoa jurídica de direito público, a imposição de servidões administrativas sobre bens públicos, os *direitos de gozo concedidos aos particulares, como o uso de todos, a permissão especial, a concessão de uso*.

Conclui-se, portanto, que, dentre as três modalidades de bens públicos, uma está no *comércio jurídico privado*: trata-se dos bens dominicais, que podem ser objeto de relações próprias do direito comum, o que não afasta, em determinadas circunstâncias, a necessidade de lhes serem estendidas normas publicísticas; as

---

[6] *Manual de direito administrativo*, 1969, t. II, p. 825.
[7] *Derecho administrativo alemán*, 1951, t. III, p. 154 ss.

outras duas modalidades – bens de uso comum e de uso especial – estão no *comércio jurídico de direito público* e as relações que sobre eles incidem regem-se por normas de direito público, pela necessidade de assegurar fiel observância dos fins a que esses bens estão destinados. O mesmo ocorre com os bens das entidades de direito privado que estejam vinculados à prestação de serviço público.

Um dos aspectos da comerciabilidade dos bens públicos é precisamente o que concerne à sua utilização privativa por particulares, já que esta os faz objeto de relações individuais regidas pelo direito público.

1.3 Competência legislativa

Na Constituição Federal, é prevista, no artigo 48, V, a competência do Congresso Nacional para, com a sanção do Presidente da República, legislar sobre espaço aéreo e marítimo e bens do domínio da União. Nada estabelece sobre a competência dos Estados e Municípios, do que se deduz que cada ente federativo tem competência própria para legislar sobre os bens que integram o seu patrimônio.

No Estado de São Paulo, o artigo 19, VII, igualmente, atribui competência à Assembleia Legislativa para, com a sanção do Governador, dispor sobre os bens do domínio do Estado; e os incisos IV e V preveem a competência para dispor, respectivamente, sobre "autorização para a alienação de bens imóveis do Estado ou a cessão de direitos reais a eles relativos, bem como o recebimento, pelo Estado, de doações com encargo, não se considerando como tal a simples destinação específica do bem" e sobre "autorização para cessão ou para concessão de uso de bens imóveis do Estado para particulares, dispensado o consentimento nos casos de permissão e autorização de uso, outorgada a título precário, para atendimento de sua destinação específica".

Cada Município poderá, em sua lei orgânica, atribuir igual competência à Câmara de Vereadores.

No entanto, com relação a algumas modalidades de bens, a Constituição estabeleceu norma expressa, seja para definir a titularidade sobre o bem, seja para reservar à União a competência para legislar sobre determinadas matérias atinentes a bens públicos (como águas, jazidas, minas e outros recursos minerais, conforme art. 22, IV e XII). Outras vezes, a Constituição outorgou competência concorrente à União e aos Estados para legislar sobre algumas modalidades de bens, como florestas, nos termos do inciso VI do artigo 24, hipótese em que aos Municípios cabe suplementar a legislação federal e a estadual, no que couber (conforme art. 30, II).

Em decorrência disso, não é possível afirmar aprioristicamente quem é competente para estabelecer normas sobre determinado bem público ou suas formas de utilização. Essa competência pode variar conforme a *titularidade* do bem e o *tipo de atividade sobre ele exercida*. Pode ocorrer ainda que o bem, embora seja do domínio de um ente federativo, esteja sujeito também ao poder de polícia de outro. É o caso das praias marítimas (incluídas entre os bens da União pelo art. 20, IV, da Constituição), mas que, sob alguns aspectos, podem estar sujeitas ao poder de polícia municipal, que também envolve competência legislativa; é o que ocorre, por exemplo, com o exercício, nas praias marítimas, de atividade de comércio ambulante, instalação de barracas, prática de esportes; por tratar-se de atividades de interesse local, a sua disciplina legal incumbe ao Município, observada a legislação federal pertinente àquele bem.

No que diz respeito à *titularidade*, a Constituição indicou, no artigo 20, os bens da União e, no artigo 26, os bens dos Estados. Não indicou os bens municipais. Mas essa previsão constitucional completa-se com outra: algumas matérias são de competência federal ou municipal independentemente da titularidade do bem. É o caso das águas, cuja competência legislativa é da União (conforme art. 22, IV), mesmo que elas possam ser do domínio da União (art. 20, III) ou dos Estados (art. 26, I). Além disso, o parágrafo único do mesmo dispositivo estabelece que "lei complementar poderá autorizar os Estados a legislar sobre questões específicas das matérias relacionadas neste artigo".

Outro critério para definição da competência legislativa decorre do próprio Código Civil, especialmente do artigo 99, que define as modalidades de bens públicos. Se forem levados em consideração os bens de uso comum do povo mencionados no inciso I daquele dispositivo, verifica-se que as suas ruas e praças são, em regra, de domínio municipal e a regulamentação de seu uso privativo por particulares compete, pela mesma razão, aos Municípios. É o caso da utilização para instalação de bancas de jornal, para o funcionamento de feiras livres, para o exercício de comércio ambulante. Nesse caso, a cada Município cabe legislar sobre a matéria, por se tratar de assuntos de interesse local, conforme artigo 30, I, da Constituição Federal.

Outros bens de uso comum do povo, mencionados no mesmo dispositivo, como os rios, podem ser federais ou estaduais, hipótese em que a esfera de governo que tem o respectivo domínio estabelecerá as formas de utilização cabíveis. Da mesma forma, as estradas podem ser federais, estaduais ou municipais, dependendo do ente federativo que as construiu e fez a devida afetação.

A mesma diferença de titularidade pode ocorrer em relação aos bens de uso especial. O seu uso por particulares é disciplinado pelo ente que fez a afetação do bem a serviço ou estabelecimento da Administração Pública. Os portos e aeroportos são utilizados para a prestação do serviço de navegação marítima ou aérea, respectivamente, que são de competência da União, conforme artigo 21, XII, "c" e "d", da Constituição. A lei federal disciplinará as hipóteses em que é possível a utilização desses bens para outros fins.

Do mesmo modo, museus e bibliotecas públicas são bens de uso especial de titularidade do ente que os destinou a essa finalidade. Cada qual tem competência para legislar sobre a sua utilização.

Os bens dominicais também existem nas três esferas de governo, ressalvados aqueles que, por força de normas constitucionais, são de propriedade da União ou dos Estados (conforme arts. 20 e 26, já referidos). É o que ocorre, por exemplo, com as terras devolutas, que podem ser federais ou estaduais, nos termos desses dispositivos.

Além do Código Civil, existem leis esparsas que tratam de bens públicos específicos, como o Código de Águas, o Código Florestal, a Lei de Portos, dentre outras.

Diante dessa diversidade de competência legislativa que decorre do ordenamento jurídico, o regime jurídico a que se submetem determinados bens depende do exame da legislação específica.

No que se refere ao uso privativo de bem público – que mais interessa ao tema desta obra –, é relevante também a legislação sobre *licitações e contratos administrativos*, tendo em vista que a outorga se efetiva por *atos administrativos unilaterais* (como autorização, permissão, licença, admissão) ou por *contratos administrativos* (como a concessão de uso, locação, arrendamento, enfiteuse), sujeitos, em regra, à prévia licitação. Quanto a esse aspecto, depara-se o intérprete, mais uma vez, com normas esparsas sobre a matéria.

Sabe-se que o artigo 22, XXVII, da Constituição Federal atribuiu à União competência privativa para dispor sobre normas gerais de licitação e contratação, para as administrações públicas diretas, autárquicas e fundacionais da União, Estados, Distrito Federal e Municípios. Isso significa que aos Estados, Distrito Federal e Municípios ficou reservada a competência para estabelecer normas específicas sobre a mesma matéria; por outras palavras, cada qual pode ter a sua própria lei de licitações e contratos, desde que observadas as normas gerais constantes da legislação federal. Com fundamento nesse dispositivo, a União promulgou a Lei nº 8.666, de 21.6.93.

Seria muito fácil concluir que os atos de outorga de bens públicos estariam sujeitos à norma dessa lei, inclusive quanto às modalidades de licitação cabíveis, se seu artigo 121, parágrafo único, não estabelecesse que "os contratos relativos a imóveis do patrimônio da União continuam a reger-se pelas disposições do Decreto-lei 9.760, de 5 de setembro de 1946, com suas alterações...".

Esse Decreto-lei, por sua vez, somente trata dos bens imóveis da União, conforme consta da ementa. No título II, trata especificamente da utilização dos bens imóveis da União, prevendo, como atos de outorga a terceiros, a locação, o arrendamento, o aforamento e a cessão, inclusive estabelecendo normas sobre licitação. Do mesmo modo, a Lei nº 9.636, de 13.5.98, também estabelece normas de âmbito apenas federal, ao dispor sobre a regularização, administração, aforamento e alienação de bens imóveis do domínio da União e alterar leis anteriores, inclusive o Decreto-lei nº 9.760/46.

Diante dessa legislação, tem-se o seguinte quadro:

a) usando de sua competência para legislar sobre licitações e contratos, a União baixou a Lei nº 8.666/93, de âmbito nacional no que diz respeito às normas gerais nela contidas;

b) usando de sua competência privativa para legislar sobre os bens públicos de sua titularidade, baixou o Decreto-lei nº 9.760/46, alterado pela Lei nº 9.636/98, que é de âmbito federal apenas;

c) combinando as duas competências e tendo em vista que a competência para legislar sobre licitações e contratos abrange apenas as normas gerais e não poderia invadir matérias de competência privativa (como é a relativa a bens públicos, conforme art. 48, V, da Constituição), a União, na Lei nº 8.666/93, excluiu de sua abrangência os contratos relativos a imóveis do patrimônio da União, que continuam a reger-se pelas disposições do Decreto-lei nº 9.760/46 e alterações posteriores.[8]

Em consequência, pode-se concluir que cada Estado, cada Município e o Distrito Federal têm competência própria para legislar sobre os contratos relativos a imóveis de seu patrimônio, não estando sujeitos, nessa matéria, às normas da Lei nº 8.666/93.

Apenas cabe fazer uma observação: se Estados, Municípios e Distrito Federal quiserem utilizar institutos de direito privado, como locação, arrendamento, enfiteuse, comodato, poderão aplicar, no que couber, as normas da Lei nº 8.666/93, com fundamento em seu artigo 62, § 3º.[9]

1.4 Formas de utilização de bens públicos por particulares

Inúmeras são as circunstâncias em que pode dar-se a utilização de bens públicos por particulares.

---

[8] Não foi por outra razão que o STF, na ADIn 927-3, suspendeu liminarmente parte das alíneas *b*, *c* e *e* do inciso I do artigo 17 da Lei nº 8.666/93: entendeu-se que tais dispositivos estabeleciam restrições à doação, permuta e venda de bens públicos, invadindo competência legislativa dos outros entes da Federação.

[9] V. item 7.3.1.

Muitas vezes, essa utilização constitui a finalidade mesma do bem público: é o caso dos bens de uso comum do povo, como ruas, praças, praias, estradas; e também de determinadas modalidades de bens de uso especial, como mercados públicos, cemitérios, bibliotecas, museus.

Em outras hipóteses, o uso pretendido pelo particular destoa do destino principal do bem, mas pode ser consentido pelo Poder Público, quando compatível com aquela destinação; exemplo disso é a realização de festejos em praça pública ou a utilização das águas do rio navegável para fins de aproveitamento agrícola ou industrial.

Pode ocorrer que o uso seja aberto a todos, indistintamente, sem necessidade de qualquer manifestação por parte do Poder Público, como no caso da circulação de pedestres pelas ruas; mas também pode ocorrer que, embora aberto a todos, o uso seja condicionado ao preenchimento de determinados requisitos, como contribuições pecuniárias ou obtenção de autorização administrativa, a exemplo do que se verifica com a cobrança de pedágio nas estradas ou com a exigência de autorização para circular com veículos de altura ou peso acima do legalmente permitido; finalmente, também pode ocorrer que a utilização seja consentida privativamente a pessoa ou grupo de pessoas determinadas, às quais é garantido o direito de extrair da coisa algumas utilidades não consentidas genericamente a todos os cidadãos, como se verifica na hipótese de instalação de bares nas praias ou de bancas de jornal nas vias públicas.

Cada uma dessas modalidades de utilização está submetida a regimes jurídicos diversos; cada categoria de bem público pode sujeitar-se, ao mesmo tempo, a mais de uma forma de utilização. Às vezes, a própria legislação já prevê, para determinados bens, várias finalidades, uma principal e outras secundárias; é o que se dá no caso das águas públicas, cuja finalidade principal pode ser a navegação, mas que pode também atender a outros objetivos, como o abastecimento da população e o aproveitamento agrícola ou industrial.

Em outros casos, essas finalidades acessórias não estão legalmente previstas, mas podem ser consentidas, discricionariamente, pela Administração Pública, que apreciará, em cada caso, a compatibilidade da utilização com o destino principal do bem.

Ainda outra distinção: às vezes, o uso privativo está disciplinado em lei, de modo que todo aquele a quem seja consentido sujeitar-se-á automaticamente a essa disciplina; outras vezes, essa regulamentação não existe e os termos em que o uso se exercerá terão que constar do ato administrativo de outorga.

Essa multiplicidade de formas de uso de bem público por particular dá lugar a diferentes classificações. O estudo comparativo dessas classificações no direito estrangeiro revela não haver identidade de pensamento entre os doutrinadores a respeito do assunto, nem terminologia uniforme para qualificar as várias modalidades de uso. No direito brasileiro também se verifica a mesma diversidade de entendimento entre os estudiosos do direito administrativo.

Sem adentrar no exame de todas essas classificações, que escapam ao tema específico do trabalho, mas levando em consideração as lições extraídas do estudo comparado, na medida em que permitam a colocação de conceitos e princípios básicos, comuns nos vários sistemas, o assunto será desenvolvido a partir da fixação de dois critérios fundamentais.

O primeiro é o da *exclusividade* ou *não exclusividade* do uso, combinado com o da necessidade ou não de *título jurídico* para o seu exercício. Sob esse aspecto, o uso de bens públicos por particulares compreende duas modalidades:

a) uso comum; e

b) uso privativo.

O segundo critério é o da *conformidade ou não conformidade* do uso com o destino principal do bem, permitindo também classificar o uso em duas modalidades:

a) uso normal; e

b) uso anormal.

A primeira classificação não corresponde à distinção entre bens de uso comum e bens de uso especial, contida no artigo 99, I e II, do Código Civil; neste, a classificação baseia-se no fim a que os bens estão afetados, por natureza ou destinação legal. Naquela, considera-se a forma de utilização – exclusiva ou não – dos bens públicos de qualquer modalidade, podendo tanto o uso comum como o privativo incidir sobre qualquer espécie de bem público.

A esse respeito, ensina José Cretella Júnior[10] que "a utilização dos bens públicos, ou é feita por *quivis de populo*, que pode transitar livremente pelos de *uso comum*, como também por várias dependências dos de *uso especial* e por várias modalidades dos dominicais. É a utilização *uti universi*, não privativa, pelo cidadão anônimo, que passa pelas vias públicas (bem de uso comum), que tem livre trânsito nos edifícios e repartições públicas, para tratar de seus interesses ou por simples passeio (bem de uso especial), ou, ainda, em terrenos de marinha ou terras devolutas (bem dominical). A utilização dos bens públicos, em suas três modalidades, é também feita por particulares, individualmente considerados, cidadãos que saem da massa anônima e exercem atividades sobre dependências do domínio público (*uti singuli*), excluindo, durante o tempo de uso, todos os outros cidadãos".

Significa isso que uma única espécie de bem pode comportar mais de uma modalidade de uso. Por exemplo: a rua destina-se ao uso comum (destinação prin-

---

[10] Regime jurídico das permissões de uso no Brasil, in *RDA* 101/24-43.

cipal), mas também pode ser objeto, paralelamente, de uso privativo, em determinada parcela, para instalação de banca de jornal; o mercado público (bem de uso especial) destina-se simultaneamente ao uso privativo dos usuários dos *boxes* e ao uso comum de todos quantos queiram ali transitar para tratar de seus interesses.

Havendo simultaneidade do uso comum e do privativo, cada qual se sujeitará a regime jurídico próprio, respeitada, em qualquer hipótese, a destinação principal do bem; por outras palavras, o uso, seja ele comum ou privativo, deve sempre ser exercido sem prejudicar ou impedir a consecução do fim principal a que o bem está afetado. Dessa forma, pode o particular, munido de título jurídico, utilizar-se privativamente de trecho de rua para instalar banca de jornal; mas esse uso, que incide sobre pequena parcela do bem dominial, só pode ser consentido na medida em que não impeça ou dificulte a livre circulação, já que tal é o fim precípuo a que se destina esse bem de uso comum do povo. Do mesmo modo, um prédio onde funcione repartição pública pode estar aberto à circulação de quantos queiram ali tratar de seus interesses, mas esse uso geral não pode prejudicar o funcionamento do serviço a que está afetado o bem de uso especial. Em resumo, o uso principal a que o bem está destinado sempre predomina sobre outras formas acessórias de utilização: quando em conflito, estas cedem lugar àquela.

1.5 Uso comum e uso privativo

Uso privativo é o que se exerce, com exclusividade, por pessoas determinadas, mediante título jurídico conferido individualmente pela Administração. Seu estudo – tema deste livro – será desenvolvido nos capítulos subsequentes.

Uso comum é o que se exerce, em igualdade de condições, por todos os membros da coletividade, sem necessidade de consentimento individualizado por parte da Administração.

Trata-se, segundo Miguel S. Marienhoff,[11] "de um poder que pode ser exercido por todos os homens, por sua só condição de homem – *quivis de populo* – sem distinção entre nacionais e estrangeiros, e em cujo exercício o usuário permanece sempre anônimo, indeterminado, não individualizado".

"No uso comum do povo – ensina Hely Lopes Meirelles[12] – os usuários são anônimos, indeterminados, e os bens utilizados o são por todos os membros da coletividade – *uti universi* –, razão pela qual ninguém tem direito ao uso exclusivo ou a privilégios na utilização do bem: o direito de cada indivíduo limita-se à igual-

---

[11] *Domínio público*: protección jurídica del usuario, 1955, p. 62.
[12] *Direito administrativo brasileiro*, 2009, p. 530.

dade com os demais na fruição do bem ou no suportar os ônus dele resultantes. Pode-se dizer que todos são iguais perante os bens de uso comum do povo".

O uso comum apresenta, fundamentalmente, as seguintes características:

a) é aberto a todos ou a uma coletividade de pessoas, para ser exercido anonimamente, em igualdade de condições, sem necessidade de consentimento expresso e individualizado por parte da Administração;

b) é, em geral, gratuito, mas pode, excepcionalmente, ser remunerado, sem que isto desnature o uso comum; este não perde, pelo fato da retribuição, a característica de utilização anônima, *uti universi*, igual para todos e independente de consentimento da Administração; embora não seja pacífico, esse entendimento é incontestável no direito brasileiro, diante do artigo 103 do Código Civil, que expressamente permite que o uso comum dos bens públicos seja gratuito ou retribuído, conforme for estabelecido legalmente pela entidade a cuja administração pertencerem;[13]

c) está sujeito ao poder de polícia do Estado, que compreende a *regulamentação* do uso, a *fiscalização* e a aplicação de *medidas coercitivas*, tudo com o duplo objetivo de *conservação da coisa pública* (coibindo e punindo qualquer espécie de ação danosa por parte dos administrados) e de proteção do *usuário* (garantindo-lhe a fruição do bem público de acordo com a sua destinação); no exercício desse encargo, que constitui verdadeiro poder-dever do Estado, a Administração não precisa necessariamente recorrer ao Poder Judiciário, pois dispõe de meios próprios de defesa do domínio público, que lhe permitem atuar diretamente; é o privilégio da Administração que se denomina de *autotutela administrativa*;[14]

d) o uso comum não tem, em regra, natureza de direito subjetivo; constitui "o exercício natural de uma faculdade que faz parte integrante da esfera de liberdade humana, que o homem tem como homem, não apenas como habitante de um determinado lugar";[15] podem exercê-lo todas as pessoas, nacionais e estrangeiras, sem distinção.

O uso comum de bem público tem, nas palavras de Guido Zanobini,[16] caráter de interesse coletivo: é reconhecido igualmente a todas as pessoas, como um bem de todos, sem individualizar-se em algum sujeito determinado. Os particulares,

---

[13] Com relação às águas públicas, o art. 36, § 2º, do Código de Águas (Dec. 24.643, de 10.7.54) também determina que o seu uso comum pode ser gratuito ou retribuído, conforme as leis e regulamentos das circunscrições administrativas a que pertencerem.

[14] A esse respeito, v. José Cretella Júnior, Da autotutela administrativa, in *RDA* 100/57.

[15] José Cretella Júnior, *Bens públicos*, 2. ed., 1975, p. 83.

[16] *Corso di diritto amministrativo*, v. IV, p. 27.

como participantes do interesse coletivo, não têm nenhum meio para sua atuação: não se trata, por isso, nem mesmo de um interesse ocasionalmente protegido. Somente no caso em que determinada pessoa acrescente ao interesse que pode ter, como membro da coletividade, um outro interesse pessoal e direto, pode surgir a figura do interesse legítimo. Cita o autor o exemplo de uma estrada que venha a ser fechada ao público; nesse caso, os particulares, em geral, não têm nenhum interesse direto tutelável por qualquer meio para fazer remover o obstáculo; porém, aqueles que devem servir-se da estrada, necessariamente, para ter acesso às suas próprias residências, acrescentam ao interesse de todos um interesse próprio e direto, certamente tutelável mediante recursos simples e jurisdicionais, segundo princípios da justiça administrativa (ou justiça comum, no direito brasileiro, onde não existe a dualidade de jurisdições).

O administrado, frente ao bem afetado ao uso comum do povo, pode estar em duas posições:

a) como membro da coletividade, participa do *interesse coletivo* na preservação do uso comum;

b) individualmente considerado, como usuário em concreto do bem de uso comum, ele pode ser titular de *direito subjetivo público*, defensável nas vias administrativa e judicial, quando sofrer cerceamento no livre exercício do uso comum, em decorrência de ato de terceiro ou da própria Administração.

Com vistas à *proteção do uso comum*, podem existir simultaneamente *interesses* e *direitos*. Como membros da coletividade, todas as pessoas participam do interesse coletivo na defesa da afetação da coisa pública. Mas esse interesse não tem a natureza de direito subjetivo, porque seus titulares não dispõem da faculdade de compelir quem o contraria a cessar a prática do ato danoso. Isso porque, nas palavras de Ada Pellegrini Grinover,[17] "a estrutura clássica do processo civil corresponde a um modelo concebido e realizado para acudir fundamentalmente à situação de conflito entre interesses individuais".

No entanto, o interesse coletivo na proteção do uso comum não é desprotegido pela ordem jurídica; a sua tutela constitui encargo da pessoa jurídica em cujo domínio se compreende o bem. Mas o particular não tem meios para exigir que o Poder Público exercite o seu mister; ele apenas pode denunciar o ato danoso, por meio do direito de petição ou de representação (com fulcro no art. 5º, XXXIV, da Constituição Federal).

---

[17] A tutela jurisdicional dos interesses difusos, in *Revista da Procuradoria Geral do Estado de São Paulo*, v. 12, p. 111-114.

Além disso, o direito positivo brasileiro prevê, como instituto de defesa do patrimônio público, a *ação popular*, que tem fundamento no artigo 5º, LXXIII, da Constituição, e está disciplinada pela Lei nº 4.717, de 29.6.65. Contudo, ela somente pode ser utilizada para proteção do uso comum, quando o cerceamento resultar de ato lesivo praticado pelo poder público. Não cabe quando o ato for atribuído a particulares. Com o mesmo objetivo, é prevista na Constituição (art. 129, III e § 1º) a *ação civil pública*, regulamentada pela Lei nº 7.347, de 24.7.85. Ambas as ações podem ser utilizadas para a proteção do uso comum de bens públicos.

Diversa é a situação dos membros da coletividade que, em decorrência de ato de terceiros ou da Administração, venham a ser diretamente impedidos ou prejudicados no livre exercício do uso de bem público. Tomando como exemplo a hipótese de fechamento de praia para utilização privativa, as pessoas que forem afetadas pelo ato de cerceamento serão titulares de verdadeiro direito subjetivo, tutelável por meio de ações judiciais, inclusive com vistas à indenização por perdas e danos. O direito do particular pode ser assegurado, também, por meio de *mandado de segurança* quando o óbice à utilização do bem decorrer de ato ilegal ou omissão imputáveis ao poder público.[18]

Se o cerceamento ao uso comum decorrer de ato da Administração, a proteção judicial só é cabível se esse ato for ilegal ou praticado com abuso de poder. Em inúmeros casos, o cerceamento pela Administração atende a um interesse público, como, por exemplo, à necessidade de realização de obras públicas ou de adoção de medidas de segurança; em outros casos, decorre licitamente da desafetação de bem de uso comum para incluí-lo na categoria dos bens dominicais. Contra tais atos não pode insurgir-se o administrado.

1.6 Uso comum ordinário e uso comum extraordinário

Existem determinados casos de utilização de bem público por particular que, por sua peculiaridade, dão margem a controvérsias quanto à sua inclusão em uma ou outra modalidade de uso, havendo quem os inclua em terceira categoria, como

---

[18] O Tribunal de Justiça de São Paulo já decidiu que "todo aquele que satisfizer as exigências legítimas da Administração, tem direito a utilizar-se dos bens de uso comum do povo e dos bens de uso especial destinados ao público. Indevidamente obstado nesse propósito, poderá recorrer às vias ordinárias para consegui-lo, sendo o mandado de segurança remédio hábil para efetivação desse direito" (*RDP* 15/212).

Enrico Guicciardi[19] e Diogo de Figueiredo Moreira Neto,[20] que a denominam de *utilização especial*.

Trata-se de utilizações que não se exercem *com exclusividade* (não podendo, por isso, ser consideradas *privativas*), mas que dependem de determinados requisitos, como o pagamento de prestação pecuniária ou de manifestação de vontade da Administração, expressa por meio de ato de polícia, sob a forma de *licença* (ato vinculado) ou de *autorização* (ato discricionário). O uso é exercido em comum (sem exclusividade), mas remunerado ou dependente de título jurídico expedido pelo Poder Público.

Tome-se como exemplo o caso de determinados veículos que, por serem de altura elevada ou peso excessivo, dependem, para circular nas estradas, de consentimento do Poder Público; ou ainda a hipótese de realização de desfiles, comícios, festejos, nas ruas e praças públicas, que também dependem de outorga administrativa; finalmente, o exemplo das estradas abertas à circulação de todos, porém sujeitas a pagamento de pedágio.

Essas exigências constituem limitações ao exercício do direito de uso, impostas pela lei, com base no poder de polícia do Estado, sem desnaturar o uso comum e sem transformá-lo em uso privativo; uma vez cumpridas as imposições legais, ficam afastados os obstáculos que impediam a utilização. Tem-se, nesse caso, *uso comum* – já que a utilização é exercida sem o caráter de exclusividade que caracteriza o uso privativo –, porém sujeito à remuneração ou ao consentimento da Administração. Essa modalidade é a que Diogo de Figueiredo Moreira Neto denomina de *uso especial* e que preferimos chamar de *uso comum extraordinário*, acompanhando a terminologia adotada por Diogo Freitas do Amaral.[21]

Parte ele do pressuposto de que o uso comum está sujeito a determinadas regras: a *generalidade* (porque pode ser exercido por todos); a *igualdade* (porque deve ser garantido a todos em igualdade de condições); a *liberdade* (porque dispensa autorização); e a *gratuidade* (porque dispensa pagamento de qualquer prestação pecuniária). Quando exercido em conformidade com essas regras, o uso comum é *ordinário*. Porém, cada uma dessas regras comporta exceções, subordinadas a regimes diversos; a cada uma dessas exceções corresponde uma modalidade de *uso comum extraordinário*. Não existe uma espécie única de uso comum extraordinário,

---

[19] *Il Demanio*, 1934, p. 264.

[20] *Curso de Direito Administrativo*, 2006, p. 262-263; o autor fala em três modalidades de uso de bem público: em *utilização privativa* (em favor de um particular ou de outro ente administrativo), *utilização especial* (em que a universalidade de utilização de um bem público pode ser restringida, por depender da emissão de uma outorga prévia a quem a haja solicitado e demonstrado satisfazer determinados requisitos legais vinculados ou discricionários) e *utilização comum* (franqueada a todos, livre e indistintamente).

[21] *A utilização do domínio público pelos particulares*, 1972, p. 108.

mas diversos tipos autônomos, todos eles constituindo exceções aos princípios gerais que dominam o uso ordinário.

O *uso comum ordinário* é aberto a todos, indistintamente, sem exigência de instrumento administrativo de outorga e sem retribuição de natureza pecuniária.

O *uso comum extraordinário* está sujeito a maiores restrições impostas pelo poder de polícia do Estado, ou porque limitado a determinada categoria de usuários, ou porque sujeito a remuneração, ou porque dependente de outorga administrativa.

1.7 Uso comum remunerado

Em princípio, nada obsta o uso remunerado de bem público por particular. Mesmo em relação aos bens de uso comum do povo essa possibilidade existe, até porque o próprio Código Civil a prevê no artigo 103, em cujos termos "o uso comum dos bens públicos pode ser gratuito ou retribuído, conforme for estabelecido legalmente pela entidade a cuja administração pertencerem".

Uso comum, no dispositivo, é aquele que se exerce por toda a coletividade, podendo enquadrar-se como uso comum extraordinário, já que dependente de retribuição pecuniária. O uso comum pode incidir sobre qualquer das três modalidades de bem público: ele incide necessariamente sobre os bens de uso comum do povo, porque essa característica faz parte da própria natureza dessa modalidade; mas pode incidir também, por exemplo, sobre bens de uso especial, como um cemitério, um aeroporto, um museu, por onde circulam as pessoas, e sobre bens dominicais, como as terras devolutas.

Isso significa que a expressão *uso comum* contida no artigo 103 do Código Civil tem um sentido mais amplo do que a contida na expressão *bem de uso comum do povo*, que se refere a uma das modalidades de bens previstas no artigo 99.

O uso comum de que usufrui a coletividade pode ser gratuito ou remunerado. Por exemplo, a circulação pelas estradas, a entrada em um museu, a visita a um balneário podem ser gratuitas ou remuneradas, dependendo do que dispuser a legislação sobre a administração desses bens.

O artigo 103 tem sido invocado para justificar a cobrança de remuneração das concessionárias de serviços públicos, pelo uso das vias públicas e das faixas de domínio de rodovias. No entanto, esse uso não é *comum* e sim *privativo*, porque exercido com exclusividade (ressalvadas as hipóteses de compartilhamento de infraestrutura previstas em lei). Por isso mesmo, o tema será mais bem desenvolvido no Capítulo 2, no item pertinente ao uso privativo gratuito e remunerado.

1.8 Uso normal e uso anormal

O uso de bem público por particular nem sempre tem por objeto o mesmo fim a que ele se destina, embora deva ser sempre com ele compatível.

Daí resulta outra distinção, aceita por alguns autores, entre uso normal e uso anormal.

Para Zanobini,[22] na primeira modalidade, o uso é conforme à principal destinação do bem e correspondente àqueles fins que constituem a causa de sua destinação ao domínio público; na segunda, atende a finalidades diversas e secundárias, não raro em contraste com a principal. Para exemplificar, ele cita o caso das estradas, cujo uso normal é constituído pela circulação de veículos e pedestres, e o anormal pela ocupação do solo para instalação de bancas de jornal.

Semelhante é a classificação adotada por Laubadère,[23] que menciona, de um lado, o uso comum e a utilização privativa e, de outro o *uso normal*, conforme a destinação própria da dependência dominial (como a circulação sobre as vias públicas, a sepultura em cemitério) e as *utilizações anormais*, que podem ser admitidas, se bem que não conformes à destinação do domínio, quando forem compatíveis com essa destinação (canalizações, terraços de café). Diz ele que "essas duas classificações se combinam em função da destinação própria de cada dependência dominial: certas dependências são, com efeito, destinadas a serem utilizadas coletivamente (vias públicas, rios, praias do mar), enquanto outras requerem ocupações privativas (mercados, cemitérios); para os primeiros, é o uso comum que é normal, enquanto para os segundos o uso normal é constituído por ocupações privativas".

Diogo Freitas do Amaral[24] não nega que a utilização possa ser normal ou anormal, segundo seja ou não conforme à afetação da coisa; mas entende que o uso comum é sempre normal e o uso privativo é que comporta a distinção.

O exame de alguns casos concretos demonstra, contudo, que tanto o uso comum como o privativo admitem a distinção entre uso normal e anormal. Se uma rua está aberta à circulação, tem-se *uso comum normal*; supondo-se que essa mesma rua seja utilizada, em período determinado, para realização de festejos, comemorações, desfiles, comícios, tem-se *uso comum anormal*, pois esses não são os fins a que normalmente se destinam tais bens. Por outro lado, quando uma pessoa obtém permissão para ocupar determinado *box* em mercado público, tem-se *uso privativo normal*, já que essa é a finalidade precípua desse bem; no entanto, se

---

[22] *Corso di diritto amministrativo*, 1958, v. IV, p. 31.
[23] *Traité elémentaire de droit administratif*, 5. ed., 1970, p. 176.
[24] *A utilização do domínio público pelos particulares*, 1972, p. 47.

a permissão visa à instalação de terraço de café sobre a calçada, o uso privativo passa a ser *anormal*.

Do exposto se conclui que uso normal é o que se exerce de conformidade com a destinação principal do bem e uso anormal é o que atende a finalidades diversas ou acessórias, às vezes em contraste com aquela destinação.

As utilizações anormais só podem ser consentidas na medida em que sejam compatíveis com o fim precípuo a que o bem está afetado, ou seja, desde que não impeçam nem prejudiquem o uso normal do bem. Seu exercício depende, em geral, de manifestação discricionária do Poder Público, podendo o ato de outorga ser a qualquer momento revogado, uma vez verificada a sua incompatibilidade com a utilização normal. Os títulos jurídicos mais adequados para esse tipo de uso privativo são a *autorização de uso* e a *permissão de uso*, em virtude da discricionariedade e precariedade que as caracterizam.

O uso privativo normal, que incide, em geral, sobre bens afetados a essa forma de utilização, como mercados e cemitérios, tem disciplina legal uniforme para todos os usuários, de modo que sua outorga se faz àqueles que preencham os requisitos legais, sendo a *concessão de uso* o título jurídico mais adequado.

Na doutrina mais recente encontra-se formulação um pouco diferente com relação à "anormalidade" ou "excepcionalidade" do uso. Jambrenghi,[25] por exemplo, realça a transformação da noção tradicional do uso chamado "geral", "comum" e "normal", *conforme à destinação do bem*, demonstrando que a evolução, decorrente de exigências de natureza econômica, resumidas na fórmula da *exploitation du domaine public* (exploração do domínio público), se processa no sentido da substituição da ideia de "normalidade-conformidade" pela de "normalidade-compatibilidade", com a consequente ampliação das possibilidades e das modalidades de participação do particular no gozo do bem. Citando Denoyer, diz ele que isto se dá a fim de que "cada parcela dominial receba o máximo de usos, seja valorizada do modo mais racional, no interesse geral", de tal modo que a noção de *melhor utilização* tende a substituir sempre aquela de utilização normal.

Cassese[26] critica a concepção tradicional de "excepcionalidade" ou "anormalidade" do uso, dizendo que contra ela se poderia perguntar "por que é qualificado ainda de excepcional o uso de água pública para o fim de produção de energia elétrica em relação à navegação, quando o desenvolvimento da técnica demonstrou que os cursos d'água são mais utilmente e mais frequentemente utilizados para fins de produção de energia do que para fins de navegação". Para ele, o critério de excepcionalidade do uso não pode ser *objetivo* (considerado em relação à destinação

---

[25] *Premesse per una teoria dell'uso dei beni pubblici*, 1979, p. 216.
[26] *I beni pubblici*, 1969, p. 207.

do bem), mas sim subjetivo, ou seja, em relação ao usuário. *Excepcional* é aquele uso exercido em via exclusiva pelo particular, com a possibilidade de exclusão de terceiros.

Não se pode, no entanto, afirmar seja totalmente destituída de importância a distinção entre uso normal (conforme à destinação do bem) e uso anormal (em contraste com essa destinação). O que se verifica, principalmente em relação aos bens de uso comum, é uma grande variedade de formas de utilização, todas elas admissíveis, na medida em que sejam compatíveis com a utilização geral, mesmo porque na quase totalidade de casos de outorga de uso privativo, o poder do usuário, embora exercido com exclusividade sobre determinada parcela dominial, na realidade objetiva o desempenho de atividade que trará algum benefício para toda a coletividade; é um uso privativo de interesse público.

Diante dessa multiplicidade de formas de uso incidentes sobre um bem público, cabe à autoridade administrativa que exerce a respectiva gestão optar por aquelas que maiores utilidades proporcionem à população, imprimindo-lhes maior estabilidade na medida em que se revelem mais compatíveis com o uso comum do povo.

O próprio Jambrenghi[27] reconhece que os poderes de gestão do bem público não podem ser exercidos pela Administração Pública de modo contrastante com o assim chamado uso normal, ou *a fortiori*, com o fundamental dever de conservação da integridade do bem. O que ocorre, a seu ver, é que a noção jurídica de uso normal tornou-se objeto de uma interpretação sempre mais ampla no sentido da natural possibilidade de uma pluralidade de usos sobre o mesmo bem, todos conformes à sua destinação, e da concomitante dificuldade de determinação legislativa relativamente à forma de utilização a que se possa atribuir a crisma de uma "normalidade".

---

[27] *Premesse per una teoria dell'uso dei beni pubblici*, 1979, p. 224.

2

Uso privativo

2.1 Terminologia

Não existe, nem no direito brasileiro nem no direito estrangeiro, terminologia uniforme para designar as modalidades de uso privativo de bens públicos por particulares. A confusão terminológica existe na doutrina e no direito positivo e alcança também os títulos jurídicos de outorga, como se verá adiante (item 2.4). Isso, contudo, não pode constituir obstáculo aos doutrinadores para a sistematização da matéria.

Zanobini[1] denomina o uso privativo de *uso excepcional*; Manuel Maria Diez[2] e Rafael Bielsa[3] falam em *uso especial*; Marcelo Caetano[4] e Diogo Freitas do Amaral[5] referem-se a *uso privativo*.

No direito brasileiro, José Cretella Júnior[6] fala em *uso privativo*; Hely Lopes Meirelles emprega a expressão *uso especial*, definindo-o como "todo aquele que, por um título individual, a Administração atribui a determinada pessoa para

---

[1] *Corso di diritto amministrativo*, 1958, v. IV, p. 36.
[2] *Domínio público*, 1940, p. 315.
[3] *Derecho administrativo*, 1964, t. III, p. 501.
[4] *Manual de direito administrativo*, 1969, t. III, p. 501.
[5] *A utilização do domínio público pelos particulares*, 1972, p. 159.
[6] *Do ato administrativo*, 1972, p. 89; e *Bens públicos*, 1975, p. 55-56.

fruir de um bem público com exclusividade, nas condições convencionadas". E acrescenta que "é também *uso especial*[7] aquele a que a Administração impõe restrições ou para o qual exige pagamento, bem como o que ela mesma faz de seus bens para execução dos serviços públicos, como é o caso dos edifícios, veículos e equipamentos utilizados por suas repartições".

Alguns autores, porém, reservam a designação de *uso especial* para terceira modalidade de utilização de bens públicos por particulares. É o caso de Diogo de Figueiredo Moreira Neto,[8] que admite três espécies de utilização – comum, privativa e especial – constituindo esta última uma restrição à universalidade de utilização de um bem público, uma vez que "exigida a emissão de uma outorga prévia a quem a haja solicitado e demonstrado satisfazer determinados requisitos legais, vinculados ou discricionários". Os atos vinculados seriam o *reconhecimento* (quando o pretendente à utilização goza de um *status* que o intitula à utilização especial, como no caso de um guarda florestal que, em razão de sua função, tem o direito de utilizar-se das instalações de um parque nacional) e a *licença*, "declaratória de um direito subjetivo à utilização especial, a quem preencha os suficientes requisitos legais", como no caso do motorista que necessita de uma licença para trafegar em certas vias ou com determinadas cargas. O ato discricionário seria a *autorização*, como "uma tolerância à utilização especial, precariamente e sob considerações discricionárias, para constituir um direito instável ao uso de um bem público", como ocorre na utilização de uma praia considerada bem de uso especial, pelo fato de localizar-se dentro de um estabelecimento militar, mas que, mediante autorização, tem seu uso estendido a banhistas particulares que o solicitem, mediante o atendimento de certas condições legais mínimas e a juízo discricionário da autoridade competente, por meio de autorização.

A mesma terminologia é utilizada por Celso Antônio Bandeira de Mello,[9] que também fala em *usos especiais*, porém com sentido mais amplo do que o utilizado por Diogo de Figueiredo Moreira Neto. Para ele, a expressão designa aqueles usos que diferem do uso comum, "por implicarem *sobrecarga* do bem, *transtorno* ou *impedimento para a concorrente e igualitária utilização de terceiros* ou ainda por demandarem até mesmo o desfrute de uma *exclusividade* no uso sobre parte do bem". Seriam hipóteses de usos especiais: (a) aquela em que se exige a prévia manifestação administrativa concordante (autorização de uso ou permissão de uso), (b) aquela em que é necessário "dar prévia ciência à Administração de que se pretende fazer determinada utilização de um certo bem público de uso comum, para que o Poder Público possa *vetá-la*, se for o caso".

---

[7] *Direito administrativo brasileiro*, 2009, p. 530.
[8] *Curso de direito administrativo*, 2006, p. 349-350.
[9] *Curso de direito administrativo*, 26. ed., 2009, p. 917.

Além das divergências doutrinárias em torno de seu conceito, a expressão *uso especial* deve ser evitada para designar a utilização privativa, por ter, no direito positivo brasileiro, outro significado que decorre do artigo 99, II, do Código Civil, onde é empregada para qualificar os bens aplicados a serviço ou estabelecimento da administração federal, estadual, territorial ou municipal, inclusive os de suas autarquias. Abrange, portanto, a utilização feita pela própria entidade pública em cuja dominialidade se integra o bem, e em consonância com a sua afetação.

Em razão disso, a denominação de *uso privativo* revela-se mais adequada para designar essa modalidade de utilização do domínio público por particular, além de que o vocábulo *privativo* tem sentido próprio[10] do qual já deflui o traço de exclusividade que caracteriza o instituto.

2.2 Conceito

Uso privativo é o que a Administração Pública confere, mediante título jurídico individual, a pessoa ou grupo de pessoas determinadas, para que o exerçam, com exclusividade, sobre parcela de bem público.

Pode ser outorgado a pessoas físicas ou jurídicas, públicas ou privadas, pois nada impede que um ente público consinta que outro se utilize privativamente de bem público integrado em seu patrimônio.

O conteúdo do uso privativo é variável. Nas palavras de Marcello Caetano,[11] "nuns casos comporta meras faculdades de ocupação (instalação de uma esplanada no passeio), noutros inclui já poderes de transformação (construção de um hotel na orla marítima) e noutros, enfim, abrange mesmo o direito de disposição de uma quantidade da matéria da coisa pública de que se permite o desvio e a apropriação para fins particulares (o aproveitamento da água de um rio para rega, das areias de uma duna para construção, etc.)".

Em qualquer hipótese, o usuário tem *exclusividade* na utilização da parcela dominial, para a finalidade consentida; e depende, para exercício desse poder, da expedição, pela autoridade competente, de *título jurídico individual*, em que se definam as condições da utilização.

Não se incluem no conceito de uso privativo aquelas formas de utilização que, embora em contraste com a destinação do bem, são toleradas pela Administração, sem outorga de título formal. Nesses casos, não se pode falar em exclusividade de uso.

---

[10] "Privativo" significa *peculiar, próprio, particular* (*Novo Dicionário da Língua Portuguesa*, de Aurélio Buarque de Holanda Ferreira).

[11] *Manual de direito administrativo*, 1969, t. II, p. 871.

Para que exista o uso privativo, é mister que seja consentido com *exclusividade* e mediante *título jurídico individual*.

2.3 Exclusividade de uso

Em regra, a utilização de bens públicos por particulares caracteriza-se pelo traço da *generalidade*; é direito que pode ser exercido por todos, em igualdade de condições, observadas as limitações impostas pelo Poder Público em benefício do interesse geral. Tais as características do *uso comum* que, no dizer de Cretella Júnior,[12] é "decorrente do exercício natural de uma faculdade integrante da própria esfera da liberdade humana, que o homem tem como homem, não apenas como habitante de um determinado lugar".

Porém, excepcionalmente, a utilização pode ser exercida, com exclusividade, por pessoas determinadas, detentoras de título jurídico individual concedido pela Administração. Com base nesse título, o particular irá extrair do bem público algumas utilidades não conferidas, em caráter genérico, aos demais usuários, cabendo-lhes o poder de privar outras pessoas do direito de exercer igual utilização sobre a mesma parcela do domínio público.

Trata-se de um dos traços essenciais que distingue o uso privativo do uso comum. A lei pode exigir obtenção de anuência da autoridade administrativa para a circulação de veículos com peso excessivo por determinadas estradas; o uso não é privativo, porque não existe, aí, exclusividade; existe uso comum extraordinário, limitado com base no poder de polícia do Estado. Ao contrário, o uso torna-se privativo, se, com a outorga administrativa, nasce o poder de utilizar, com exclusividade, parcela da via pública para instalação de banca de jornal.

A exclusividade somente atinge a parcela dominial objeto da outorga administrativa e só pode ser consentida pela Administração se for compatível com a destinação do bem, ou seja, com o uso comum ou com o uso especial a que o bem se destina.

2.4 Títulos jurídicos de outorga

O uso privativo pode ser exercido de acordo com a própria destinação legal do bem, como no caso do uso de *box* em mercado público. É a utilização que se diz *normal*, porque conforme ao fim a que o bem está afetado.

---

[12] Regime jurídico das permissões de uso no Brasil, in *RDA* 101/28.

Mas o uso privativo também pode ser *anormal*, no sentido de que não se exerce em consonância com o principal destino a que o bem está afetado; ao contrário, atende a finalidades diversas ou secundárias, muitas vezes em contraste com a principal. É o caso da captação de água de um rio navegável para fins de aproveitamento agrícola (destinação secundária); ou da utilização de calçada para construção de uma esplanada (em contraste com a destinação principal, que é a circulação de pedestres).

Em qualquer hipótese, seja normal ou anormal, o uso privativo depende de consentimento da Administração, manifestado por meio de *ato administrativo unilateral* ou mediante *contrato,* nos quais são estabelecidas as condições em que a utilização será exercida, entre as quais a finalidade, o prazo, a remuneração, os direitos e deveres do usuário e as formas de extinção.

Em geral, quando a utilização se faz de acordo com a própria destinação do bem (uso normal) como no caso de concessão de uso de sepultura em cemitério, as condições de utilização são estabelecidas em lei, de modo uniforme para todos que dela queiram beneficiar-se; cabe à Administração tão somente verificar, em cada caso concreto, se estão atendidos os requisitos legais e, em hipótese afirmativa, emitir o título de utilização; em tais circunstâncias, o âmbito de atuação discricionária da Administração fica bastante restringido, limitando-se, no mais das vezes, à possibilidade de assinalar o local de utilização e de recusar a utilização quando todos os espaços já estejam ocupados.

Quando a finalidade pretendida com a utilização não coincide com o fim principal a que o bem está afetado (uso anormal), a autoridade administrativa competente terá que verificar, em cada caso, se o uso privativo é compatível com sua destinação legal, ou seja, se pode ser exercido sem prejuízo dessa destinação. Nessas hipóteses, maior é a esfera de atuação discricionária, abrangendo, essa discricionariedade, a possibilidade de consentir ou negar a utilização, estabelecer o fim a que se destina e fixar as condições em que o uso privativo se exercerá.

A utilização privativa do domínio público pode recair sobre bens de qualquer natureza: de uso comum, de uso especial e dominical. A rigor, os instrumentos de que a Administração se utiliza para outorgar o uso privativo são os mesmos para qualquer tipo de bem público, regidos, todos eles, por normas publicísticas.

No entanto, com relação aos bens dominicais, tem-se admitido, na doutrina e no direito positivo, utilização pelos moldes de direito privado com base em títulos como locação, arrendamento, comodato e aforamento, embora, em todos esses casos, o regime jurídico privatístico, a que se sujeitam esses institutos, apareça sensivelmente modificado por normas de direito público.

Os bens de uso comum e os de uso especial só podem ser objeto de uso privativo consentido por títulos jurídicos de direito público. Assim é porque, estando eles afetados a finalidade pública, a sua vinculação a título jurídico de direito privado, que coloca o particular em igualdade de condições com a Administração, viria em prejuízo do interesse geral, pois retiraria a esta a possibilidade de apreciar a qualquer momento a conveniência da utilização privativa consentida e de extingui-la quando prejudicial à finalidade precípua a que o bem se destina. Todas as relações jurídicas que têm por objeto os bens de uso comum e os de uso especial sujeitam-se a regime jurídico de direito público; daí as razões de afirmar-se que os bens dessa natureza estão fora do comércio jurídico de direito privado.

Com referência às várias modalidades de títulos publicísticos, verifica-se, mais uma vez, a falta de uniformidade na terminologia adotada, a dificultar a sistematização da matéria e, principalmente, a aplicação do método do direito comparado. As diferenças, contudo, são mais aparentes do que de conteúdo; a terminologia é diversa, mas não afeta a natureza do uso privativo, em suas diferentes modalidades.

Constitui peculiaridade do direito brasileiro a classificação dos títulos constitutivos do uso privativo em três categorias diversas: *autorização, permissão e concessão*. No direito estrangeiro, a classificação abrange, em regra, duas modalidades e, em alguns casos, apenas uma.

No direito italiano, o uso privativo é outorgado apenas por concessão. Fala-se, também, em permissão, porém, como instrumento de outorga do uso que denominamos de uso comum extraordinário e que Zanobini[13] denomina de uso especial. Segundo ele, a permissão ou licença corresponde à figura da autorização em sentido técnico, ou seja, ao "ato administrativo que remove um limite ao exercício de uma atividade por si mesma compreendida na esfera jurídica individual". A mesma terminologia é empregada por outros autores italianos, como Oreste Ranelletti[14] e Renato Alessi.[15]

No direito francês, ao contrário, o uso privativo é consentido mediante permissão ou concessão. Laubadère[16] refere-se à autorização como gênero de que a permissão e a concessão constituem espécies. Para Louis Trotabas,[17] também, existem apenas a permissão (de estacionamento e de *voirie*) e a concessão.

Otto Mayer,[18] no direito alemão, refere-se à permissão e à concessão. Ernst Forthoff[19] confere à permissão sentido genérico, que abrange a licença e a concessão.

---

[13] *Corso di diritto amministrativo*, 1958, v. IV, p. 35.
[14] *Teoria degli atti amministrativi Speciali*, 1945, p. 21.
[15] *Instituciones de derecho administrativo*, 1970, t. II, p. 414-415.
[16] *Traité élémentaire de droit administratif*, 1970, p. 187.
[17] *Manuel de droit public e administratif*, 1948, p. 142.
[18] *Derecho administrativo alemán*, 1951, t. III, p. 225-226.
[19] *Tratado de derecho administrativo*, 1958, p. 506.

No direito argentino, Bielsa[20] fala em permissão de ocupação e concessão de uso.

No direito português, Diogo Freitas do Amaral[21] divide os títulos constitutivos dos usos privativos em unilaterais (licença e concessão) e bilaterais (concessão e arrendamento). Marcello Caetano[22] fala apenas em licença e concessão.

No direito brasileiro, as expressões que mais comumente se empregam, na doutrina e na jurisprudência, são *permissão de uso* e *concessão de uso*, para designar, respectivamente, o ato unilateral e o contrato, constitutivos do uso privativo de bem público. Mas é inegável que a *autorização* está consagrada na legislação, embora poucos doutrinadores a ela se refiram. Admite-se, ainda, a *concessão de direito real de uso*, a *locação*, o *arrendamento*, o *aforamento* (só aplicáveis aos bens dominicais), a *admissão* e a *licença*.

A sistematização da matéria é tarefa árdua, que esbarra em dificuldades diversas; em primeiro lugar, porque o emprego da autorização, como instrumento de outorga do uso privativo, torna difícil estabelecer distinção precisa entre esse instituto e a permissão de uso, já que ambos se apresentam como atos unilaterais e discricionários; em segundo lugar, porque no direito brasileiro, de regime federativo, cada esfera de governo tem competência própria para legislar sobre a matéria: a União, com base no artigo 165, § 9º, II, da Constituição Federal que prevê lei complementar dispondo sobre gestão financeira e patrimonial para a administração direta e indireta; os Estados-membros têm competência supletiva em relação à gestão patrimonial e financeira, com base no artigo 24, I, e §§ 1º a 4º, além da competência residual prevista no artigo 25 da Constituição; e os Municípios, por gozarem de autonomia administrativa, têm competência para legislar sobre assunto de interesse local, além da competência para suplementar a legislação federal e a estadual, no que couber, conforme artigo 30, I e II, também da Constituição.

Em consequência, a disciplina legal da matéria não é uniforme, pois varia de um para outro ente público e também conforme a modalidade de bem público de que se cuide. Nem por isso se pode abandonar os institutos existentes e a respectiva terminologia. Thiago Marrara,[23] depois de ressaltar a confusão terminológica na doutrina e na legislação, sugere que a doutrina dedique "menos esforços aos tipos de outorga de uso (permissão, autorização, licença etc.) e confira mais destaque ao conteúdo das outorgas em uma ou outra situação". O autor fundamenta o seu entendimento na lição de Eros Roberto Grau, Edmir Netto de Araújo, Diógenes

---

[20] *Derecho administrativo*, 1964, t. III, p. 506.
[21] *A utilização do domínio público pelos particulares*, 1972, p. 166-169.
[22] *Manual de direito administrativo*, 1969, t. II, p. 866.
[23] *Bens públicos: domínio urbano – Infraestruturas*, 2007, p. 138.

Gasparini e Carlos Ari Sundfeld. Ele prefere substituir a sistematização tradicional (que considera fundamentalmente a concessão, permissão e autorização de uso) por outra em que "a outorga do uso dos bens do domínio público apresenta-se de três modos: 1. legalmente, hipótese em que a própria lei atribui o uso de um bem para determinada pessoa física ou jurídica, cabendo à Administração o reconhecimento desse direito; 2. unilateralmente, nos casos em que a outorga é viabilizada por atos discricionários, como a autorização, cessão ou permissão de uso, ou por atos vinculados, como a licença de uso; 3. contratualmente, quando o uso for negociado e outorgado por um contrato de concessão de uso, concessão de direito real de uso, ou quando a outorga estiver embutida em outros contratos administrativos em sentido amplo, como os convênios, concessões de serviços públicos, termos de parceria e contratos de gestão".[24]

Contudo, tem-se que ter presente que a sistematização dos institutos constitui tarefa da doutrina. Feita de modo adequado, ela pode, com o tempo, influenciar o legislador. A confusão maior parece existir com relação à permissão, autorização e licença, que não têm recebido tratamento uniforme pelo legislador. Com relação à concessão, é, em regra, referida como contrato administrativo. Essa confusão terminológica verificada no direito positivo explica-se, provavelmente, em razão de serem muito antigas as leis sobre bens públicos, como é o caso do Código de Águas (que é de 1934) e do próprio Decreto-lei nº 9.760, de 5.9.46 (que, além de somente ser aplicável à União, não trata de todas as modalidades de bens públicos e carece de maior sistematização). Na doutrina, são poucas as obras específicas sobre bens públicos, no direito brasileiro.

Tais circunstâncias não justificam e não podem justificar o abandono de uma sistematização adequada da matéria. É muito precisa a lição de Miguel Reale que, embora referida à autorização, permissão e concessão de serviço público, aplica-se, sem qualquer dúvida, à autorização, permissão e concessão de uso de bens públicos.[25] Comentando a confusão terminológica existente no Decreto estadual nº 36.780, de 17.6.60, que dispõe sobre exploração dos serviços de transportes rodoviários, observa que "é de boa doutrina que o legislador não empregue palavras inúteis ou redundantes. O pleonasmo é uma figura de retórica que não se compadece com a técnica legislativa. Quando a lei contém três verbos sucessivos para determinar um âmbito de atividades, deve-se entender que a cada um deles corresponde um sentido distinto e próprio". Para ele, o legislador estabeleceu uma "gradação entre a autorização, a permissão e a concessão de serviço público, segundo o índice de participação ou de controle do Poder Público no concernente

---

[24] Thiago Marrara, ob. cit., p. 139.
[25] Natureza jurídica da permissão e da autorização. Parecer in *Direito administrativo: estudos e pareceres*, 1969, p. 152-155.

aos bens e aos serviços". E acrescenta que "a permissão se constitui como se fora autorização e é exercida como se fora concessão, o que explica que os nossos legisladores ora empreguem um vocábulo, ora outro, ou os dois, indiferentemente, demonstrando a falta de clara determinação conceitual".

Por isso mesmo, é importante a fixação de conceitos e características dos títulos jurídicos constitutivos do uso privativo. Essa é a tarefa do doutrinador. No entanto, o uso indiscriminado dos vocábulos no âmbito do direito positivo exige também o estudo casuístico, dentro do direito positivo brasileiro, a fim de ressaltar as peculiaridades de que se reveste essa utilização relativamente a determinados tipos de bens. Por isso, nos capítulos subsequentes, serão tratados os conceitos e a natureza jurídica dos instrumentos jurídicos de outorga de uso privativo de bens públicos; porém, também serão analisadas algumas hipóteses concretas, tratadas no direito positivo, em que nem sempre o instituto é disciplinado pela forma mais adequada; nem por isso, podem deixar de ser observados em sua aplicação prática.

2.5 Precariedade

Uma das questões mais complexas ligadas ao tema do uso privativo de bem público é a que concerne à precariedade, de um lado pela própria imprecisão do vocábulo e, de outro, porque essa precariedade se apresenta com intensidade variável, conforme se trate de uma ou outra modalidade de uso.

Precário, do latim *precarius*, significa, em suas origens, aquilo que é alcançado com rogos, por mera liberalidade de quem o concede; aquilo que é concedido por empréstimo. O vocábulo *precarium*, por sua vez, deriva de *prex, precis*, que significa pedido, súplica, prece.

Juridicamente, *precarium* era, no Direito Romano, o instituto pelo qual "o concedente, a título gratuito, dava ao concessionário (precarista) a posse e o gozo duma coisa, em geral duma gleba de terra, solicitada pelo beneficiário, mas o contrato era revogável pela simples vontade do *dominus*. Se o concessionário precarista não quisesse restituir a coisa, o concedente entrava com o *interdito possessório restitutório 'de precario'*.[26] Teve, de início, caráter unilateral, assumindo forma contratual no período do Baixo Império".[27]

"Extensivamente, em acepção vulgar, é o adjetivo usado para distinguir a condição ou a qualidade do que é feito *sem estabilidade* ou para *pouca duração*, donde sua equivalência ao sentido de *passageiro* ou *transitório*, em oposição a efetivo e permanente. Nesta significação, é aplicado na linguagem comum do Direito, para

---

[26] José Cretella Júnior, *Curso de direito romano*, 1973, p. 173.
[27] José Cretella Júnior, ob. cit., p. 251-252.

exprimir o que não se mostra em caráter efetivo ou permanente, mas é feito, dado, concedido ou promovido em caráter transitório revogável. É *o que não é nosso, e se possui por mercê, empréstimo ou por determinação do dono.*"[28]

Precariedade é, portanto, palavra de múltiplos sentidos, já que pode significar instabilidade, transitoriedade, revogabilidade, inexistência de prazo.

José Cretella Júnior,[29] a propósito do uso privativo, aponta dois sentidos que pode reunir o vocábulo *precariedade*: "a) *revogável a qualquer tempo*, por iniciativa da Administração, com ou sem indenização, e, nesse caso, tanto as *permissões* como as *concessões* são sempre precárias; b) *outorga para utilização privativa do bem público sem prazo fixo*, revogável, pois, sem indenização".

Em se tratando de bem público, a precariedade que está presente em todas as modalidades de uso privativo corresponde àquele primeiro sentido, ou seja, *possibilidade de revogação,* a qualquer momento, do ato administrativo unilateral ou do contrato, pelo qual o Poder Público outorgou ao particular esse direito de utilização.

Mesmo nas hipóteses em que o uso é consentido com prazo certo, a revogação é sempre possível, por estar o interesse do particular subordinado ao interesse público. O uso comum constitui a regra geral; o uso privativo é exceção e por isso mesmo cede lugar quando, em relação àquele, se revela inconveniente. Mas essa possibilidade de revogação não é suficiente para caracterizar o uso privativo como precário, pois, como ensina Marienhoff,[30] quando o interesse público o exija, cedem todos os direitos e não só o emergente de uma concessão de uso; inclusive cede o direito de propriedade privada, sem prejuízo da indenização que corresponda pelo prejuízo patrimonial que isso implica. E acrescenta que, se a possibilidade de revogação implicasse precariedade, todos os direitos de que o homem pode se utilizar seriam "precários", o que certamente desvirtuaria a noção técnica de precariedade.

Existe outro sentido, no entanto, em que o vocábulo "precário" é empregado e que não está presente em todas as modalidades de uso privativo: é o precário que corresponde a *instável, sem prazo estabelecido*. Nesse sentido o *uso privativo precário* opõe-se ao *uso privativo estável*. No primeiro caso, a precariedade do uso encontra-se já na origem do ato de outorga; a Administração, ao consentir, por ato formal, a utilização privativa, já o faz com a nota da precariedade; o particular que recebe o consentimento já sabe que ele é dado a título precário, sem prazo estabelecido, e que, por isso mesmo, pode ser retirado, a qualquer momento, pela Administração, sem direito a reparação pecuniária. Nessa hipótese, o fundamento

---

[28] De Plácido e Silva, *Vocabulário Jurídico*.
[29] *Do ato administrativo*, 1972, p. 106.
[30] *Domínio público*, 1955, p. 95-96.

da possibilidade de revogação por ato unilateral é a própria precariedade inerente ao ato formal de permissão.

No segundo caso, relativo ao uso privativo estável, a precariedade não existe no ato de outorga; a natureza do uso pretendido e sua finalidade essencialmente pública aconselham, em determinadas circunstâncias, a Administração a optar por uma forma de utilização mais prolongada, mais estável para o usuário. Para esse fim, ela fixa um prazo que constitui, para o particular, uma *garantia*, pois significa que o uso consentido não poderá ser revogado antes do prazo estabelecido, sob pena de sujeitar-se, a Administração, à indenização por perdas e danos. A fixação de prazo cria para o particular uma expectativa de estabilidade, a justificar os maiores encargos que assumirá em decorrência do uso consentido; frustrada, pela revogação unilateral extemporânea, essa expectativa que o Poder Público espontaneamente criou, tem o particular direito a compensação de natureza pecuniária. A revogação, nesse caso, encontra fundamento no princípio da predominância do interesse público sobre o particular.

A rigor, a permissão de uso é precária e a concessão, estável. Mas esse critério não é absoluto para distinguir as duas modalidades. Na prática administrativa, tem-se admitido permissão de uso (e também autorização) com prazo estabelecido, o que confere ao permissionário a mesma estabilidade que decorre da concessão. Além disso, a precariedade não se apresenta com a mesma intensidade em todas as formas de uso privativo. Isso ocorre, em parte, em decorrência da já referida confusão terminológica e, em parte, para fugir a formalidades maiores que a lei impõe para os usos estáveis, hipótese em que é necessário levar em conta mais o conteúdo do que a forma. É comum outorgar-se permissão com todas as características da concessão.

O Poder Público, ao conferir ao particular o direito de usar com exclusividade parcela de bem público, de modo que ultrapassa o direito de uso comum reconhecido a todos, atende em alguns casos, predominantemente, ao interesse privado do beneficiário (como ocorre comumente nas autorizações de uso sem prazo ou curtíssimo prazo de duração); ou tem em vista o exercício de atividade que, embora privada, é de utilidade pública (como se verifica, por exemplo, na permissão para instalação de banca de jornal na via pública); ou, finalmente, objetiva a exploração econômica de bem público, para fins de utilidade geral (de que constituem exemplos a concessão para exploração de rodovias ou de vias férreas e a concessão para derivação de águas públicas).

Na medida em que os fatores relacionados com o interesse público predominam na avaliação discricionária da Administração, ao conferir o uso privativo, decresce a instabilidade ou a precariedade da utilização, pois, se o uso for de interesse público relevante, a sua revogação só poderá ocorrer, motivadamente, em razão de outro interesse público que àquele se sobreponha. Nas hipóteses em que o interesse particular predomina na outorga do uso, o ato de consentimento da Administração encerra, implicitamente, a ideia de instabilidade e transitoriedade.

No direito brasileiro a autorização de uso é, em regra, a forma mais precária de utilização privativa de bem público, por ser outorgada para atender ao interesse predominante do particular; e a concessão é a mais estável, porque outorgada para que o uso se exerça em consonância com a finalidade do bem ou para que sobre ele o concessionário preste serviço público ou exerça atividade de utilidade pública. A permissão é a modalidade intermediária, admitindo, por sua vez, diferentes graus na precariedade, que vão desde a transitoriedade e instabilidade que a aproximam dos atos de mera tolerância, até a estabilidade que a aproxima da concessão de uso. Com efeito, em muitos casos, embora a Administração outorgue o seu consentimento mediante permissão precária, o uso se reveste de estabilidade relativa, quer pela natureza da atividade a ser desempenhada (serviço de utilidade pública), quer pelo custo elevado das instalações que o uso consentido acarreta para o particular, hipóteses em que normalmente se fixam determinadas condições para que a revogação unilateral possa efetivar-se, reduzindo-se, desse modo, a discricionariedade administrativa e, consequentemente, a precariedade do uso.

Finalmente, assinale-se que "precariedade" não é sinônimo de arbítrio. Esse aspecto é salientado por Diogo Freitas do Amaral,[31] quando afirma que "não deve, com efeito, ceder-se à fácil tentação de supor que os atos precários constituem, em direito administrativo, o expoente requintado do arbítrio do Poder ou que por meio deles como que se reserva um instrumento manejável de harmonia com os caprichos da Administração. Não é assim. O ato precário é um ato sério, ditado por fortes motivos de interesse público, pelo qual a Administração confere poderes jurídicos autênticos ao particular, que só podem extinguir-se mediante a prática de outro ato administrativo – a revogação –, sujeito, como qualquer ato discricionário, ao recurso por desvio de poder. O que se acaba de dizer leva a concluir, portanto, que ao permitir um uso privativo mediante licença precária a Administração não quer significar de modo nenhum que não haja probabilidades de a licença se prolongar no tempo: esse será mesmo o resultado mais provável, desde que o interesse público não reclame coisa diversa".

O que se há de atentar, a esse respeito, é, de um lado, que os bens públicos estão afetados a determinado fim; de outro, que a mesma modalidade de bem pode atender a diversos objetivos de natureza pública, todos eles compatíveis com a destinação principal do bem. As vias públicas destinam-se precipuamente ao uso comum do povo, em especial à circulação de pedestres e de veículos; mas podem ser utilizadas para outros fins, como funcionamento de feiras livres ou instalação de bancas de jornal; trata-se também de utilização com finalidade pública, ligada

---

[31] *A utilização do domínio público pelos particulares*, 1972, p. 213.

à ideia atualmente incontestável de que é de interesse geral extrair das coisas públicas o máximo de utilidade. De modo que a Administração, ao outorgar o uso privativo, o faz atenta ao interesse público; enquanto este perdurar, pela compatibilidade da ocupação com o destino principal a que o bem está afetado, não há por que revogá-la, ainda que outorgada precariamente. Donde se conclui que mesmo nos usos privativos precários é sempre o interesse público que deve motivar tanto o ato de outorga como sua revogação.

Precariedade também não significa, necessariamente, *transitoriedade*, pois, muitas vezes, o ato precário tem longa duração, como ocorre nas permissões para instalação de banca de jornal nas vias públicas. Por outro lado, o ato estável (não precário) pode ter curta duração, como ocorre na autorização de uso privativo, prevista na Lei Orgânica do Município de São Paulo, de 4.4.90, em que o prazo máximo previsto é de 90 dias, exceto quando se tratar de formar canteiro de obra pública, caso em que o prazo corresponderá ao da duração da obra (art. 114, § 5º).

Da distinção entre uso precário e uso estável decorrem importantes consequências, como se verá ao tratar dos temas relativos à natureza jurídica e à tutela do uso privativo.

2.6 Regime jurídico

O regime jurídico do uso privativo de *bens de uso comum do povo* e de *bens de uso especial* é necessariamente de direito público e se faz por meio de autorização de uso, permissão de uso ou concessão de uso. Isso porque, conforme visto, tais bens estão fora do comércio jurídico de direito privado.

Quando o uso privativo tem por objeto *bens dominicais*, o poder público pode outorgá-lo por meio dos mesmos institutos da autorização, permissão ou concessão, ou pode outorgá-lo por meio de institutos do direito privado, como *locação*, *arrendamento*, *aforamento*, embora os mesmos estejam sujeitos, na esfera federal, a legislação própria (Decreto-lei nº 9.760, de 5.9.46, Lei nº 9.636, de 15.5.98, e Lei nº 11.314, de 3.7.06), que derroga de tal forma o direito privado, que praticamente os transforma em contratos administrativos, sujeitando-os a normas de direito público; existe, ainda, a *concessão de direito real de uso* (disciplinada pelo Decreto-lei nº 271, de 28.2.67), a concessão florestal (disciplinada pela Lei nº 11.284, de 2.3.06) e a *concessão de uso especial para fins de moradia* (prevista e regulamentada na Medida Provisória nº 2.220, de 4.9.01). Além disso, outros institutos do direito privado podem ser eventualmente utilizados, como a *superfície* e o *comodato*. Todos esses institutos serão objeto de análise no Capítulo 7.

O uso privativo, consentido com base em títulos jurídicos publicísticos, como autorização, permissão e concessão, subordina-se a *regime jurídico de direito público, derrogatório e exorbitante do direito comum*.

Esse regime reveste-se de características próprias, que decorrem da posição de supremacia em que o Poder Público se coloca em relação ao particular, justificável pela necessidade de atender aos fins públicos.

A sujeição ao regime de direito público revela-se na *constituição* do uso privativo, no seu *exercício* e na sua *extinção*. A utilização privativa de bem público se *constitui* por meio de ato administrativo ou de contrato administrativo, em que a Administração manifesta a sua vontade usando do poder de apreciar discricionariamente o uso pretendido pelo particular levando em conta a multiplicidade de formas de uso dos bens públicos (dentro da ideia de *função social da propriedade pública*), a necessidade de conciliar os vários interesses em jogo e a necessidade de fixar as condições em que a utilização se exercerá.

Consentido o uso privativo, o seu exercício fica sujeito à fiscalização por parte da autoridade administrativa competente que, com base no poder de polícia do Estado, terá a prerrogativa de verificar, a todo momento, se a utilização se faz de acordo com os termos em que foi outorgada, se não causa danos aos bens sobre que incide, se não prejudica a destinação principal a que o bem está afetado, ou se por qualquer forma não conflita com o interesse público. Pelo mesmo fundamento pode a Administração alterar unilateralmente as condições de uso, como localização, remuneração e prazo.

As formas de extinção abrangem: (a) o *término do prazo;* (b) a *caducidade* (em caso de não utilização do bem público por determinado período de tempo), (c) a *rescisão* (quando o uso for consentido por contrato), (d) a *revogação* (quando o uso for consentido por autorização ou permissão), (e) a *anulação* do contrato ou do ato unilateral, por vício de ilegalidade; além de outras formas previstas em lei.

A *rescisão* é hipótese de extinção do contrato de concessão e admite, como todos os contratos administrativos, a rescisão por acordo entre as partes, a rescisão unilateral pela Administração (por inadimplemento das obrigações contratuais, por motivo de interesse público, por motivo de força maior) e a rescisão judicial.

A *revogação* é hipótese de extinção de atos unilaterais (no caso, a autorização ou a permissão) e é possível ainda que haja prazo estabelecido, pois o interesse do particular não pode sobrepor-se ao interesse geral; em consequência, fica o usuário impedido de opor-se a essa deliberação do Poder Público, a menos que ela seja ilegal, por vícios de competência, de forma, de finalidade (desvio de poder), de motivo (falsidade ou inexistência do pressuposto de fato ou de direito). Se a revogação for lícita e devidamente motivada, o usuário não pode opor-se validamente a ela, só lhe cabendo o direito de pleitear indenização por perdas e danos, na hipótese em que ela seja admissível, o que ocorre quando a revogação do ato se dê antes do termo fixado.

Em razão do princípio da motivação que hoje informa toda a atividade da Administração Pública, a extinção do uso privativo, por qualquer das formas referidas, tem que ser adequadamente motivada, com indicação dos fatos e dos fundamentos jurídicos que levaram a essa decisão; aliás, essa exigência consta expressamente da Lei nº 9.784, de 29.1.99, cujo artigo 50, ao indicar alguns casos em que a motivação é obrigatória, inclui aqueles que "importem anulação, revogação, suspensão ou convalidação de ato administrativo".

Há forte tendência atualmente no sentido de entender-se que a revogação dos atos administrativos, se bem que tenha a natureza de ato discricionário, só é possível se, entre a prática do ato e o seu desfazimento, ocorrer fato novo, contrário ao interesse público, que justifique a medida; isto porque, se nada de novo ocorreu, tem-se que concluir que, quando a Administração praticou o ato original, ele já era contrário ao interesse público e, portanto, ilegal, porque praticado com desvio de poder. Nesse caso, não se trata de revogação (que produz efeitos *ex nunc*) e sim de *anulação*, com efeitos retroativos à data em que o ato foi praticado (efeitos *ex tunc*).

Ao mesmo tempo em que o Poder Público detém a prerrogativa de extinguir o uso privativo, está também sujeito a *restrições* que deve observar, sob pena de nulidade do ato e, em alguns casos, até mesmo de responsabilização da autoridade que o editou.

São exemplos de restrições os princípios da finalidade pública (cujo descumprimento implica desvio de poder), da moralidade administrativa, da legalidade, da obrigatoriedade de dar publicidade aos atos administrativos e de realizar licitação, quando a lei o exigir. Domina nessa matéria, como em todo o direito público, o princípio da indisponibilidade do interesse público.

2.7 Natureza jurídica

O tema envolve resposta às seguintes indagações:

1ª) O interesse na obtenção de anuência da Administração, para utilização privativa de bem público, tem natureza de direito subjetivo público?

2ª) O uso privativo consentido pela Administração investe o particular em direito público subjetivo?

3ª) Sendo direito, é de natureza real ou pessoal?

A resposta à primeira indagação não envolve maiores dificuldades.

O particular que almeja utilizar-se privativamente de parcela de bem público não dispõe de meios para exigir que a Administração outorgue o seu consentimento, emitindo o título jurídico hábil para esse fim, uma vez que se trata de matéria de mérito, que se inscreve na órbita de atuação discricionária do Poder Público. Não pode, pois, ser considerado titular de direito subjetivo.

Mas seu interesse não é inteiramente desprotegido pelo ordenamento jurídico. O uso privativo, em suas várias modalidades, como o de mercado público para utilização de boxes, o das vias públicas para instalação de bancas de jornal ou para realização de feiras livres, tem, muitas vezes, seu regime jurídico estabelecido em lei, na qual são definidos o processo de outorga, as condições de uso e as formas de extinção.

Assim sendo, a discricionariedade da Administração Pública está na possibilidade de opção entre consentir ou não consentir, em avaliar a conveniência e a oportunidade do uso pretendido, para melhor atender ao interesse público. Porém, desde que opte pela outorga do consentimento, o processo da escolha do usuário e a forma do instrumento jurídico deverão observar os requisitos legais, pois se trata de elementos vinculados de todo ato administrativo, do mesmo modo que o são a competência e a finalidade. Desrespeitados esses requisitos, o particular que tiver seu interesse prejudicado pode impugnar, administrativa ou judicialmente, o ato ilegal. Por exemplo, o vencedor de licitação realizada previamente à concessão de uso de bem público pode pleitear anulação do contrato, se for preterido pelo Poder Público no momento da contratação; igualmente, verificada ilegalidade no processo de licitação, qualquer dos licitantes se investirá no direito subjetivo à legalidade do ato administrativo, como decorre, aliás, expressamente, do artigo 4º da Lei nº 8.666, de 21.6.93.

Contudo, essa é uma proteção parcial do interesse do particular, pois não lhe assegurará obtenção da prestação direta – emissão do ato estatal de outorga – mas apenas anulação do ato ilegal, com eventuais direitos à indenização por perdas e danos.

Precisamente por se tratar de tutela parcial é que os doutrinadores italianos incluem esse tipo de interesse na categoria dos *interesses legítimos*. A proteção que o ordenamento jurídico a eles dispensa é decorrência da necessidade de observância do princípio da legalidade. Não assumem, eles, a feição de direito subjetivo, uma vez que o particular não pode obter, judicialmente, título jurídico constitutivo do uso pretendido. Sendo essa outorga um ato discricionário da Administração, não pode o Poder Judiciário obrigá-la a emiti-lo, tendo que se limitar a exercer o controle da legalidade, quando este seja provocado por quem tenha legítimo interesse para esse fim.

Eventualmente, podem existir hipóteses em que o ato de outorga é vinculado e não discricionário; isso ocorre quando a lei descreve os requisitos a serem preenchidos pelo interessado, de tal forma que, atendidas as exigências legais, a Administração fica obrigada a emitir o ato de outorga ou a celebrar o contrato. É o que ocorre, por exemplo, na concessão de sepultura e ainda nas outorgas precedidas de licitação: o vencedor tem direito à adjudicação com a consequente celebração do contrato de concessão de uso.

A segunda indagação proposta é a que diz respeito à existência de direito público subjetivo em favor do particular que já obteve a anuência da Administração para utilizar privativamente o bem público.

No direito estrangeiro, existe tendência para separar, de um lado, a permissão de uso, como ato precário, e, de outro, a concessão de uso, como ato estável, reconhecendo-se ao usuário direito subjetivo de natureza pública apenas na segunda hipótese.

Álvarez-Gendin[32] faz uma distinção: a permissão de uso é mera tolerância de polícia que cria para o permissionário uma situação de fato; pode ele invocar essa permissão perante a autoridade policial para que esta não impeça a atividade permitida e o proteja perante terceiro. Ao contrário, a concessão de uso gera direito subjetivo que confere ao seu titular um verdadeiro poder jurídico sobre o domínio público.

Esse é também o pensamento de Otto Mayer.[33] Para ele, as diferenças básicas são as seguintes: o permissionário utiliza a coisa sem conflitar com o direito do proprietário: "sua liberdade legal – que se achava restringida com referência à coisa – recebe a faculdade de estender-se sobre ela na medida da permissão e graças a ela. O verdadeiro alcance jurídico dessa permissão é uma *ampliação parcial da liberdade*; isto não é, em si, um direito, porém a permissão deve ser respeitada dentro de seus limites e estar ao abrigo de todo ataque e de toda repressão". Acrescenta que o efeito da permissão é essencialmente *negativo*, significando que o uso permitido não deve ser impedido.

Já a concessão tem por efeito criar um direito subjetivo, que tem por objeto a posse da coisa pública; manifesta-se pela obrigação, por parte das autoridades, de mantê-lo, e pelo poder do indivíduo de dispor dele livremente, isto é, transferir a terceiros o seu direito de uso, a menos que haja restrição expressa a esse respeito.

Para Marienhoff,[34] a natureza jurídica do uso privativo, que ele denomina de "uso especial", depende da forma ou meio em que foi adquirido: será *interesse legítimo* se sua aquisição se fez por permissão; e constituirá *direito subjetivo* se foi adquirido mediante concessão.

Examinados os institutos da autorização, permissão e concessão de uso no direito brasileiro, verifica-se que, nas três modalidades, existem alguns pontos

---

[32] *Tratado general de derecho administrativo*, t. I, p. 467-469; *El dominio público:* sua naturaleza jurídica, 1956, p. 59-61.
[33] *Derecho administrativo alemán*, 1951, t. III, p. 235-256 e 253-254.
[34] *Dominio público*: protección jurídica del usuário, 1955, p. 99-100.

comuns, pois o uso privativo sempre confere ao usuário determinados poderes: (a) o de usar, com exclusividade, um bem público ou parcela do mesmo; (b) o de defender seu uso contra terceiros; (c) o de defendê-lo contra a Administração, em casos de ilegalidade por ela praticada, como, por exemplo, nas hipóteses de desvio ou de excesso de poder.

O primeiro desses poderes se exerce, nos termos e para os fins em que foi consentido pela Administração.

Quanto ao segundo, é dado aos usuários, em qualquer hipótese, excluir terceiros do exercício de igual uso sobre a mesma parcela dominial, podendo, para esse fim, recorrer ao Judiciário ou requerer à Administração que lhe garanta, com meios próprios, o uso consentido. Sem essa *oponibilidade a terceiros*, o uso não seria privativo.

Além disso, conforme ensinamento de Diogo Freitas do Amaral,[35] a defesa do uso privativo também pode ser feita contra a própria Administração, mediante "impugnação dos atos administrativos que hajam provocado, constituído ou sancionado uma ofensa da sua situação – quer por não cumprimento das disposições legais aplicáveis ou das cláusulas do título constitutivo, quer por declaração de caducidade fora dos casos em que é consentida, quer por revogação com desvio de poder ou por fundamentos diversos dos que vinculam o exercício dessa competência".

O que não existe, em qualquer das três modalidades de uso privativo – autorizado, permitido ou concedido – é a possibilidade de opor-se, o usuário, à revogação legítima do ato quando a utilização revelar-se contrária ao interesse público. Já ficou dito no parágrafo precedente, ao cuidar-se da precariedade, que, mesmo nas hipóteses em que o uso é permitido ou concedido com prazo certo, a revogação é sempre possível, por estar o interesse do particular subordinado ao interesse público.

É neste ponto que se torna relevante a distinção entre *uso privativo estável* e *uso privativo precário*, que no direito brasileiro não corresponde, com precisão, aos institutos da concessão e da permissão.

Nos países em que se admitem esses dois tipos de atos para outorga do uso privativo, a concessão se faz por contrato e gera direitos públicos subjetivos para o particular, imprimindo estabilidade ao uso privativo, e a permissão se faz por ato unilateral e precário, não investindo o particular em direito subjetivo.

No Brasil, parece haver uma tendência para ampliar o emprego da permissão de uso, em detrimento da concessão, possivelmente por serem menores as formalidades exigidas para aquele fim e também em decorrência da própria precariedade que a doutrina comumente aponta como inerente ao ato de permissão.

---

[35] *A utilização do domínio público pelos particulares*, 1972, p. 246-247.

Disso resulta que muitos usos privativos que poderiam ser consentidos mediante concessão acabam sendo objeto de permissão. A precariedade, no sentido de outorga sem prazo estabelecido, não se justifica em determinados casos, como, por exemplo, aqueles em que o uso se destina ao exercício de serviço de utilidade pública (como a distribuição de combustível à população), ou aqueles em que o uso privativo por particulares constitui a própria finalidade do bem (como ocorre no uso de boxes em mercados públicos), pois nessas hipóteses é muito pequeno o contraste entre o uso privativo e o interesse geral, de modo que nada impediria fosse imprimida estabilidade a essas modalidades de utilização, mediante concessão de uso. No entanto, a Administração prefere *permitir* o uso, assegurando, muitas vezes, estabilidade relativa ao usuário, o que ocorre quando condicionamentos são estabelecidos à faculdade de revogação do ato.

Em outras hipóteses, o custo das instalações recomenda se fixe determinado prazo para a utilização privativa, a fim de proporcionar um mínimo de garantia para o permissionário. A estabilidade resultante da fixação de prazo justificaria o emprego do instituto da concessão. Porém, o Poder Público prefere *permitir* o uso com prazo predeterminado.

Daí afirmar-se que a precariedade, na permissão de uso, apresenta diferentes graus, podendo gerar um uso estável semelhante ao da concessão, com direitos e obrigações recíprocos para ambas as partes. Se a Administração *permite* o uso por ato unilateral, mas o sujeita à ocorrência de determinadas condições para que possa revogá-lo, ela investe o particular em direito público subjetivo, do mesmo modo como ocorre na concessão. Nesses casos, o uso privativo se *constitui* por ato unilateral, como a permissão, porém o seu exercício é semelhante ao da concessão. Nas utilizações desse tipo, normalmente, a discricionariedade administrativa é menor, porque as hipóteses de revogação vêm delimitadas na lei ou no ato de outorga, de modo que a Administração não é livre na escolha dos motivos; ela se obriga a manter o uso enquanto não ocorrer uma das hipóteses de revogação expressamente previstas; em contrapartida, pode o titular do uso privativo, em caso de revogação ou rescisão por motivo de interesse público, exigir que seu direito, assim sacrificado, seja compensado pecuniariamente.

Em consequência, para fins de fixação da natureza jurídica do uso privativo no direito brasileiro, não importa distinguir a permissão da concessão, mas, isto sim, o uso precário do uso estável.

Considerando-se, pois, de um lado, o uso precário e, de outro, o uso estável, a diferença básica, no que concerne à sua natureza jurídica, está em que apenas este último aparece, frente à Administração, como direito subjetivo público.

No uso precário, o usuário privativo não pode opor seu direito à Administração, porque esta, ao mesmo tempo em que o confere ao particular, reserva para si, expressamente, o poder de revogá-lo a qualquer momento. O direito ao uso e o poder de revogação vêm expressos no mesmo ato de outorga. E a Administração sequer pode renunciar a esse poder, tendo em vista que a compatibilidade do uso com o interesse público não deve existir apenas no momento em que o ato é praticado, mas estar presente por todo o tempo em que perdurar o uso.[36] Cessada, a qualquer momento, essa compatibilidade, impõe-se a revogação, como poder--dever da Administração Pública.

Essa a razão pela qual alguns autores, como Renato Alessi,[37] negam ao uso privativo decorrente de ato precário a natureza de direito perfeito e o incluem na categoria dos *direitos debilitados* pelo poder discricionário de revogação ou rescisão, de que dispõe a Administração Pública, justificável pelo fato de que os usos que o autor chama de *especiais* ou *excepcionais* hão de considerar-se sempre condicionados à possibilidade de exercício do uso comum do bem por parte de todos.

Esses direitos debilitados, também chamados de *direitos menores* ou *direitos fracos*, recebem proteção parcial da lei, uma vez que o Poder Público pode respeitá--los ou sacrificá-los na medida em que sejam compatíveis com o interesse público. Desde que a revogação se faça por meios legítimos, não pode o particular opor seu direito à Administração. Poderá, eventualmente, o usuário privativo impugnar o ato ilegal ou praticado com abuso de poder, hipótese em que os prejuízos dele decorrentes poderão ser compensados pecuniariamente.

No uso privativo estável, a Administração obriga-se a não perturbar o usuário no exercício de seu direito por determinado período de tempo ou até que ocorram determinados motivos previamente estabelecidos. É verdade que podem surgir, posteriormente ao ato de outorga, razões de interesse público que tornem necessária a revogação do vínculo antes de terminado o prazo ou por outros motivos de interesse público, não previstos originariamente. A revogação, nesse caso, aparece como poder, em tese, da Administração, inerente ao princípio da predominância do interesse público sobre o particular, de tal forma que este, quando em conflito com aquele, deve ser sacrificado. Porém, não aparece como possibilidade concreta prevista, expressamente, no momento da constituição do ato.

Em decorrência disso, o direito do usuário privativo surge como direito perfeito; se a possibilidade de revogação se impuser posteriormente, esse direito poderá ser sacrificado em benefício do interesse público, porém terá que ser devidamente compensado. Com isso, a revogação converte o direito ao uso privativo em direito à reparação pecuniária.

Renato Alessi,[38] ao cuidar do tema da revogação, no direito administrativo, coloca, com precisão, a diferença entre a revogação como possibilidade *normal*,

---

[36] Cf. Raffaele Resta, *La revoca degli atti amministrativi*, 1939, p. 136.
[37] *Instituciones de derecho administrativo*, 1970, t. II, p. 414-415.
[38] *Instituciones de derecho administrativo*, 1970, t. I, p. 354.

como ocorre nos negócios a título precário, e a revogação como possibilidade *anormal*, como se verifica nas estipulações com prazo estabelecido. Diz ele que "no primeiro caso (revogação como possibilidade normal), a possibilidade de revogação vem a inserir-se como estruturalmente conatural ao negócio, constituindo uma fonte imanente de precariedade da própria relação, uma falha, por assim dizer, no sistema de proteção do interesse do titular, ainda que sua ação não esteja destinada a produzir-se senão posterior e eventualmente, razão pela qual, em consequência, o particular titular de dito interesse poderá considerar-se titular de um direito subjetivo em sentido lato, porém nunca de um direito *perfeito*, mas sim de um direito *debilitado,* já que para uma das partes a tutela é estruturalmente deficitária, posto que em presença de determinadas exigências de interesse público, o interesse do particular está estruturalmente destinado a subordinar-se ao interesse público".

Acrescenta o autor que isto "não ocorre na segunda hipótese (revogação como possibilidade *anormal*), em que o sistema de tutela do interesse se apresenta como estruturalmente perfeito e completo, uma vez que a possibilidade de revogação não se inserirá como estruturalmente conatural na relação, mero fenômeno patológico em vez de fisiológico, com o resultado de poder-se considerar como existente um direito *perfeito* a favor do particular, ainda que sujeito à eventual e anormal possibilidade de uma debilitação em caso de exercício concreto do poder de revogação, do mesmo modo que, por exemplo, a possibilidade de expropriação por utilidade pública não incide sobre a natureza de direito perfeito do direito de propriedade, ainda estando este sujeito à anormal possibilidade de debilitação em caso de concreto exercício do poder expropriatório".

Esse caráter de "direito debilitado", próprio do uso precário, só existe quando se analisa o vínculo que se estabelece entre o titular do uso privativo e a pessoa jurídica de direito público que o outorgou. Frente a terceiros, o direito aparenta ser "perfeito" e pode ser defendido como tal, sendo irrelevante a circunstância de tratar-se de uso precário ou estável.

Em resumo, o uso privativo estável investe o usuário em direito público subjetivo, oponível à Administração e a terceiros; só não pode opor-se à pessoa jurídica que emitiu o título constitutivo, na hipótese de revogação legítima, baseada em motivo de interesse público; neste caso, o direito ao uso privativo converte-se em direito à reparação pecuniária.

O uso privativo precário, outorgado sem prazo estabelecido, instável, revogável *ad nutum*, não investe o usuário em direito público subjetivo, cabendo-lhe tão somente indenização por perdas e danos no caso de ser prejudicado por ato ilegal, como é o caso do ato praticado com excesso ou desvio de poder, pela Administração Pública. Poderá ter também a sua situação protegida contra atos de terceiros, não apenas porque em relação a estes é irrelevante o traço da precariedade, como pela necessidade de dar proteção às situações oriundas de ato legítimo do Poder Público.

Finalmente, a terceira e última indagação diz respeito à natureza *real* ou *obrigacional do uso privativo*.

Entre os administrativistas, existem opiniões em ambos os sentidos.

Segundo Jesús Gonzalez Pérez,[39] foi Hauriou que deu pela primeira vez uma formulação precisa à *"teoria dos direitos reais administrativos"*, depois desenvolvida por Rigaud, em monografia sob esse título. Entre os adeptos da teoria, ele cita Pequignot, Forsthoff, Forti, Zanobini, Ranelletti, Álvarez Gendin, Villegas Basalvilbaso, Sarría, Spota, Diez e Marienhoff; e entre os que a ela se opuseram, Duguit, Berthélemy, Bonnard, Laubadère, Francisco de Velasco, Gabino Fraga e Chigliani.

Para os adeptos da teoria dos direitos reais administrativos, aqueles a quem a Administração confere o poder de utilizar um bem público, privativamente, são titulares de direito real regido por normas de direito público. Daí falarem em *direito real administrativo*, que se distingue do direito real civil, em razão de sua inoponibilidade à Administração.

Para os opositores, essa teoria é inaceitável porque a inalienabilidade dos bens públicos é incompatível com a instituição de direitos que tenham eficácia *erga omnes*; além disso, a afetação a fins públicos exige que esses bens permaneçam livres de quaisquer ônus que contrariem aquela finalidade.

Na lição de Laubadère, a *precariedade* ou *inoponibilidade à administração proprietária*, inerente aos direitos de uso de bens públicos, constitui a objeção mais séria e, a seu ver, decisiva, que se pode fazer à teoria dos direitos reais administrativos porque, despojando esse direito de sua eficácia e de sua proteção mais importante, ela conduz não somente a uma transposição, mas a um *desnaturamento* da noção de direito real.

A esses argumentos respondem os defensores da teoria dos direitos reais administrativos que a inalienabilidade dos bens públicos somente os retira do comércio jurídico privado, impedindo que sobre eles incidam direitos reais dessa natureza; mas não os retira do comércio jurídico de direito público, em cujos limites é possível a constituição de direitos reais regidos por normas publicísticas. Além do mais, a afetação a determinado fim público não impede a utilização do bem, mediante constituição de direito para outras finalidades também de natureza pública.

Quanto à precariedade, que impede a eficácia *erga omnes* do chamado direito real administrativo, alega Jesús Gonzales Pérez[40] que, embora possa a Administração concedente declarar extinto o uso mesmo antes do prazo estabelecido, enquanto essa extinção não se processa legitimamente, o direito real de uso de bem

---

[39] *Los derechos reales administrativos*, 1975, p. 52-53.
[40] *Los derechos reales administrativos*, 1975, p. 52-53.

público tem eficácia *erga omnes*, inclusive contra a Administração, em relação à qual cabem até os interditos possessórios.

Marcello Caetano[41] que, conforme ele mesmo afirma, defendeu inicialmente a tese de ser o uso privativo direito de natureza real, passou, posteriormente, a adotar a tese oposta, acolhida no direito português por Diogo Freitas do Amaral.[42] Começa este autor por afirmar que a qualificação do uso privativo como *direito pessoal* ou *direito real* há de ser eminentemente nacional ou, por outras palavras, só pode validamente realizar-se a partir da regulamentação jurídica que à situação do utente privativo for dada pelo direito administrativo português. Faz, em seguida, a seguinte distinção: "se nas relações entre o proprietário e o utente privativo, o poder que este tem de gozar a coisa é um poder imediato, a sua natureza é real; se é mediato, no sentido de que o gozo da coisa só é possível através de uma prestação do proprietário, a sua natureza é obrigacional".

Acrescenta, depois, que, sendo as coisas públicas incomerciáveis, não podem ser objeto de posse nem merecer tutela possessória pelos meios civis. Em consequência, o utente privativo apenas dispõe de *defesa indireta* da sua situação contra terceiros; o seu direito não é oponível *erga omnes*, pois o particular tem que se dirigir à Administração para que esta, através dos poderes de polícia, assegure os seus direitos. Por tais motivos, o jurista português inclui o uso privativo de bem público entre os direitos obrigacionais.

No direito brasileiro, não se encontra assinalada, entre a maioria dos administrativistas, preferência por uma ou outra dessas teorias. Raimundo Nonato Fernandes,[43] em trabalho sobre concessão de uso, entende mais adequada a concepção do direito subjetivo público de natureza real, ou direito real administrativo, resolúvel e resgatável, porque da concessão resulta um poder de gozo sobre a coisa pública.

A fixação da natureza jurídica de institutos de direito administrativo torna-se mais difícil na medida em que se procura enquadrá-los segundo princípios do direito comum. Se fosse possível aplicar-se, na utilização de bens públicos, as formas de direito privado, bastaria recorrer-se a um dos direitos reais ou obrigacionais previstos no Código Civil, como usufruto, uso, locação ou comodato.

Isso, porém, não é admissível, diante do regime jurídico diverso que informa, de um lado, os bens particulares e, de outro, os do domínio público.

Essa diferença começa pelo próprio conteúdo do direito que as pessoas jurídicas de direito público exercem sobre os bens de seu domínio: em relação aos dominicais

---

[41] *Manual de direito administrativo*, 1969, t. II, p. 874-875.
[42] *A utilização do domínio público pelos particulares*, 1972, p. 255-268.
[43] Da concessão de uso de bens públicos, in *RDA* 118-1-11.

(bens do patrimônio disponível do Estado), *direito de propriedade privada*, com aplicação subsidiária de algumas normas publicísticas, como, por exemplo, a que impede sua aquisição por usucapião; em relação aos bens de uso comum do povo e uso especial (bens do patrimônio indisponível do Estado), *direito de propriedade pública*, cujos poderes são sempre limitados pela ideia de *afetação* dos bens a fins públicos.

Precisamente em decorrência dessa afetação, os bens de uso comum e de uso especial refogem à órbita de aplicação das normas de direito privado, neles aparecendo sensivelmente modificadas as faculdades de uso, gozo e disposição. O *uso*, condicionado à consecução de finalidade predefinida, é exercido pelo povo ou pela própria pessoa jurídica de direito público a que pertence, mas em benefício de todos; quanto à fruição, implica a faculdade de cobrar remuneração pela utilização de bens, como a de colher seus frutos naturais; a *livre disposição* dos bens públicos inexiste para as pessoas jurídicas de direito público nos termos em que ocorre no direito privado, pois sua alienação depende de prévia desafetação, ou seja, de "fato ou manifestação de vontade do Poder Público mediante a qual o bem do domínio público é subtraído à dominialidade pública para ser incorporado ao domínio privado do Estado ou do particular".[44]

Como direito real de natureza pública, o direito de propriedade de que é titular o Estado compreende o *ius alios excludendi*, ou seja, o poder de defender os bens do domínio público contra terceiros que ameacem ou prejudiquem a sua afetação, o que pode ser feito por meio de ações judiciais ou de atos administrativos executórios, cuja imposição independe de título fornecido pelo Poder Judiciário, em virtude do princípio da autotutela administrativa, que informa todo o direito administrativo.

Por serem incompatíveis com a afetação ao uso comum do povo ou ao uso especial de serviço ou estabelecimento da Administração Pública, não podem incidir, sobre os bens públicos, *direitos reais de natureza privada*, cuja oponibilidade *erga omnes* impediria a consecução do fim a que o bem está destinado. Isso, contudo, não impede a existência de direitos reais de natureza pública, como a servidão administrativa, que pode incidir em favor de uma pessoa jurídica pública sobre bens de outra pessoa jurídica da mesma natureza.

Na hipótese de utilização privativa de bem público, o particular pode exercer sobre a parcela dominial direito real, porém direito real de natureza pública, que assim se caracteriza: seu conteúdo é o *direito de uso*,[45] que pode coincidir ou não

---

[44] José Cretella Júnior, *Bens públicos*, 1975, p. 129.

[45] O direito real de uso privativo não se confunde com o direito real de uso disciplinado pelos artigos 1.412 e 1.413 do Código Civil; no primeiro, a finalidade é pública e no segundo é do interesse particular do usuário, destinando-se a atender às necessidades pessoais suas e de sua família;

com o fim a que o bem está afetado; esse direito cria uma relação entre seu titular e a coisa, podendo ser exercido e defendido independentemente da intermediação do Poder Público; adere à coisa e é transmissível aos sucessores; é oponível a terceiros e até mesmo à Administração quando esta atue com ilegalidade ou abuso de poder; é resolúvel, no sentido de que a Administração pode revogá-lo quando o uso privativo se revelar incompatível ou prejudicial ao destino principal do bem; sua tutela é feita por meio de ações judiciais, inclusive a possessória.

No direito brasileiro, não se pode afirmar seja de natureza real ou obrigacional o uso privativo de bem público, pois este pode ser de uma ou outra modalidade, dependendo do exame das características que lhe forem atribuídas em cada caso. No entanto, certo é que o direito real de uso administrativo só pode ser instituído por força de lei, uma vez que o traço, que lhe é inerente, da oponibilidade a terceiros, independentemente da intermediação do Poder Público, conflita, no caso dos bens do patrimônio indisponível do Estado, com a finalidade a que estão afetados, de servirem ao uso comum do povo ou ao uso especial das repartições públicas. Por outras palavras, estando esses bens afetados a determinado fim público, conforme artigo 99, I e II, do Código Civil, qualquer ato que implique restrição a essa afetação terá que ser autorizado por lei, não podendo decorrer de ato ou contrato administrativo.

Além disso, só se pode falar em direito real administrativo, quando o uso seja estável, o que afasta a sua aplicabilidade em relação ao uso precário, para cuja defesa o usuário depende de intermediação do Poder Público, sendo-lhe vedado o emprego dos interditos possessórios, como se verá ao cuidar-se do tema da tutela dos usos privativos.

Exemplo de uso privativo a que a lei expressamente atribui natureza de direito real é o da concessão de derivação de águas públicas para fins de aplicação na agricultura, indústria e higiene; o Código de Águas, no artigo 50, preceitua que "o uso da derivação é real; alienando-se o prédio ou o engenho a que ela serve passa o mesmo ao novo proprietário". Além disso, admite a sua defesa direta contra terceiros, sem intermediação do Poder Público, excluída a defesa possessória contra a Administração (art. 60). É o caso também da concessão de direito real de uso, disciplinada pelo Decreto-lei nº 271, de 28.2.67, que tem a natureza de direito real resolúvel; e de outros institutos em que, mesmo no silêncio da lei, se presume a natureza de direito real, como ocorre com a concessão de uso especial para fins de moradia, disciplinada pela Medida Provisória nº 2.220, de 4.9.01, e o aforamento de que tratam o Decreto-lei nº 9.760, de 5.9.46, e a Lei nº 9.636, de

---

o primeiro investe o particular em direito subjetivo público, e o segundo, em direito subjetivo privado; o primeiro rege-se por normas de direito público e o segundo por normas de direito comum.

15.5.98. Só que, nestes três últimos exemplos, o direito real se constitui somente sobre bens dominicais.

A maioria das formas de utilização privativa, no direito brasileiro, não tem a natureza de direito real, mesmo porque a modalidade preferida é a permissão de uso, outorgada a título precário, sem conferir direito subjetivo ao permissionário.

2.8 Tutela do uso privativo

A tutela ou proteção do uso privativo de bem público envolve dois aspectos: a proteção perante a própria pessoa jurídica de direito público que emitiu o título constitutivo de uso e a proteção contra terceiros, merecendo exame à parte o problema da defesa possessória do uso privativo.

2.8.1 Tutela em face da Administração

Com relação a esse primeiro aspecto, o ponto fundamental é o que diz respeito à vinculação da Administração Pública ao princípio da legalidade (*legem patere quam fecisti*, suporta a lei que tu mesmo fizeste),[46] que significa estar toda a atividade administrativa sujeita à observância da lei; é nas normas legais que a autoridade administrativa encontra traçados os limites de sua atuação, sob os aspectos da competência, finalidade, forma, objeto e motivo. Quando todos esses elementos se encontram definidos, com precisão, pelo legislador, sem qualquer margem de liberdade de atuação para a autoridade a quem cabe praticá-lo, o ato é vinculado; quando apenas alguns desses elementos são definidos pelo legislador, deixando-se à Administração a escolha dos motivos, do conteúdo (objeto), da forma, ou mesmo de todos esses elementos, diz-se que o ato é discricionário. Mesmo os atos dessa natureza estão parcialmente vinculados, em especial no que concerne à competência e à finalidade; a própria discricionariedade pode ser mais ou menos ampla, pois pode abranger só o motivo, ou só o objeto, ou um e outro ao mesmo tempo, além de ter seus limites traçados, também, pelo legislador. Também os atos normativos do Poder Executivo e de órgãos e entidades administrativos aos quais a lei confere função normativa estabelecem limites à atuação administrativa.

Além do princípio da legalidade, em sentido estrito, a Administração está sujeita a inúmeros outros princípios, alguns de natureza constitucional, como os da moralidade, impessoalidade, publicidade, eficiência (previstos no art. 37 da

---

[46] Conforme José Cretella Júnior, Princípios informativos do direito administrativo, in *Revista da Faculdade de Direito da USP*, ano LXIII, 1968, p. 163-185; e *Tratado de direito administrativo*, 1966, v. I, p. 17.

Constituição), outros de natureza infraconstitucional, como os da razoabilidade, segurança jurídica, interesse público, motivação, ampla defesa e contraditório (previstos no art. 2º da Lei nº 9.784, de 29.1.99, e em leis esparsas), além de outros de elaboração doutrinária ou jurisprudencial, não expressamente mencionados no direito positivo, como os da tutela, autotutela, proteção à confiança e tantos outros. Todos esses princípios integram a legalidade em sentido amplo; seu descumprimento implica vício de legalidade.[47]

Em se tratando de uso privativo de bem público, a Administração pratica vários atos, que visam à *constituição* do uso, à *fiscalização do seu exercício*, por meio de atos de polícia, e à *extinção*, mediante declaração de caducidade, anulação, rescisão ou revogação por descumprimento das condições impostas para utilização ou por motivo de interesse público.

Verificada ilegalidade na prática de qualquer desses atos, o particular que por eles for prejudicado pode pleitear sua anulação, dispondo, para esse fim, de duas vias: a administrativa e a judicial. No primeiro caso, ele provoca a revisão do ato pela própria pessoa jurídica de direito público que o emitiu, já que ela detém o poder de anulá-lo, com fundamento no princípio da autotutela administrativa.[48]

No segundo caso, ele impugnará o ato perante o Poder Judiciário, de cuja apreciação não pode ser excluída nenhuma lesão ou ameaça a direito, nos termos do artigo 5º, inciso XXXV, da Constituição Federal.

Os doutrinadores italianos, como Zanobini, Sandulli, Alessi,[49] separam os interesses individuais, para fins de sua proteção, em três categorias: *interesses simples* ou *de fato*, que não recebem proteção da lei; *interesses legítimos*, que são indireta ou parcialmente protegidos pela lei; e *direitos subjetivos*, que correspondem a interesses direta e completamente protegidos pela lei.

Na categoria dos interesses legítimos entram os interesses que são *ocasionalmente protegidos*, em decorrência da tutela concedida a um interesse geral; e os chamados *direitos debilitados* ou *direitos menores*, que correspondem aos interesses condicionados pelo poder discricionário da Administração Pública, que os protege enquanto compatíveis com o interesse público. No primeiro caso, a tutela é indireta, pois ocorrerá quando o interesse individual coincida com o interesse geral, de modo que, protegido este, aquele resulta também protegido por via reflexa;

---

[47] Sobre o tema da discricionariedade e seus limites, tratamos no livro *Discricionariedade administrativa na Constituição de 1988*, 3. ed., 2012.

[48] V. Súmulas 346 e 473, do STF, que reconhecem à Administração Pública o poder de declarar a nulidade dos seus próprios atos.

[49] Guido Zanobini, *Corso di diritto amministrativo*. 6. ed. 1950, v. I, p. 167 ss.; Aldo Sandulli, *Manuale di diritto amministrativo*, Nápoles, 1952, p. 43; Renato Alessi, *Instituciones de derecho amministrativo*, 1970, v. II, p. 444 ss.

no segundo caso, a proteção é parcial, porque só concedida enquanto o interesse individual se revelar compatível com o interesse público, cabendo à Administração a possibilidade de sacrificá-lo, a qualquer momento, desde que, pela sua apreciação discricionária, verifique haver cessado aquela compatibilidade.

Sempre que o ato decorrer do poder discricionário da Administração, ele confere ao beneficiário um interesse legítimo; quando resultar de poder vinculado, investe o interessado em direito subjetivo.

Dentro desse contexto, o interesse na anulação do ato ilegal entra na categoria dos *interesses legítimos*, porque corresponde ao interesse geral na legitimidade da atuação administrativa. Anulado o ato ilegal, o interessado poderá, eventualmente, ter assegurado seu interesse à prestação direta (uso privativo de bem público), o que equivale a uma proteção indireta ou por via reflexa.

A distinção tem importância no direito italiano, pois o controle jurisdicional sobre a Administração Pública se faz pelos tribunais da jurisdição comum ou pelos tribunais administrativos conforme se trate de ofensa a direito subjetivo ou a interesses legítimos, respectivamente.

Em consequência, o uso privativo decorrente de ato precário, sendo *direito debilitado* (em virtude da possibilidade de revogação do vínculo pelo Poder Público, por motivo de mérito) seria de competência dos tribunais administrativos; a proteção a eles dispensada é parcial, uma vez que só existe enquanto compatíveis com o interesse público. Em contrapartida, o uso decorrente de concessão, investindo seu titular em direito subjetivo perfeito, seria de competência dos órgãos da jurisdição comum.

No direito brasileiro, nenhuma ofensa ou ameaça a direito individual pode ser subtraída à apreciação do Poder Judiciário (art. 5º, XXXV, da Constituição), uma vez que não existe o sistema de dualidade de jurisdição. Além disso, partindo-se do pressuposto de que o direito subjetivo só existe quando à *pretensão* corresponda uma *garantia* e de que não há direito sem ação que o proteja, o interesse geral só receberá proteção, por via jurisdicional, quando corresponda a interesse individual, diretamente atingido pelo ato ilegítimo, ou quando possa ser defendido por ação popular, ação civil pública ou mandado de segurança coletivo, com fundamento, respectivamente, nos artigos 5º, LXXIII, 129, III combinado com § 1º, e 5º, LXX, da Constituição. Em todas essas ações o objetivo é proteger o interesse público, seja ele difuso ou coletivo.

Quanto aos atos discricionários – que, no direito italiano, são apreciados pelos tribunais administrativos –, no direito brasileiro têm sua validade sujeita ao controle do Poder Judiciário, sob o aspecto da legalidade (em sentido amplo, que abrange os princípios e valores), excluída a apreciação do mérito, entendido como o aspecto discricionário, que abrange fundamentalmente a oportunidade e a conveniência. O conceito de mérito, atualmente, está consideravelmente reduzido, tendo em vista que a discricionariedade administrativa vem sofrendo cada vez mais limitações, seja pela aplicação dos princípios a que se submete a Administração Pública, seja pelo exame de conceitos jurídicos indeterminados pelo Poder Judiciário. Com isso, o aspecto da legalidade ganhou maior amplitude, com a consequente ampliação do controle judicial sobre os atos administrativos.

Aplicando-se essas ideias preliminares ao tema do uso privativo de bem público, a conclusão que se impõe é a de que, no direito brasileiro, os instrumentos estatais de outorga (autorização, permissão e concessão de uso), ainda que decorrentes do poder discricionário da Administração, estão sujeitos ao controle jurisdicional, no que diz respeito à legalidade, considerada no sentido amplo, de modo a abranger valores e princípios consagrados no ordenamento jurídico. Do mesmo modo, os atos de extinção (caducidade, rescisão, anulação e revogação) submetem-se a esse controle; em alguns casos, como atos de natureza vinculada, podem ser apreciados pelo Judiciário em todos os seus elementos, como ocorre nas hipóteses de não utilização do bem público por determinado período de tempo (que acarreta a caducidade) e de rescisão por descumprimento das condições impostas pela Administração. Outros casos de extinção, por terem a natureza de atos discricionários, só podem ser apreciados pelo Judiciário quanto aos aspectos vinculados do ato, mas não quanto ao mérito, porque este, dizendo respeito ao *conteúdo* em conexão com o *motivo* do ato, se insere na esfera de apreciação discricionária reservada à Administração; é o que ocorre com a rescisão por motivo de interesse público e com a revogação, desde que devidamente motivadas.

Desse modo, o titular do uso privativo que se sentir lesado pela extinção ilegítima do seu direito de uso pode impugnar o ato perante a própria Administração ou perante o Poder Judiciário, utilizando-se do mandado de segurança, da ação popular ou de ações ordinárias.

Pode ocorrer, por exemplo, que a rescisão do contrato ou a revogação do ato, embora feitas discricionariamente, por motivo de interesse público, sejam efetuadas por autoridade incompetente ou com desvio de poder ou com inobservância dos requisitos de forma ou que, ao invés de utilizar-se das vias jurídicas para extinção do vínculo, a autoridade administrativa recorra às *vias de fato* para atingir o seu objetivo, ou seja, utiliza-se de "meio exorbitante, imoderado, que se afasta dos princípios que informam a ordem jurídica".[50]

Em todas essas hipóteses, a rescisão ou a revogação, embora tenham a natureza de atos discricionários, tornam-se suscetíveis de invalidação pelo Poder Judiciário, restabelecendo o uso privativo ilegalmente extinto ou, se isto não for possível, reparando os prejuízos sofridos pelo usuário, em decorrência do ato lesivo.

---

[50] José Cretella Júnior, A via de fato em direito administrativo, in *RDA* 76/10-14; *Bens públicos*, 1975, p. 214-216; *Tratado de direito administrativo*, 1966, v. II, p. 75-80.

À extinção ilegítima pode opor-se tanto o titular do uso privativo estável como o titular do uso privativo precário. Isso porque, embora o uso precário seja consentido já com a nota de precariedade assinalada no ato formal de outorga, sua revogação, que pode ocorrer a qualquer momento, tem que atender a determinados requisitos legais, como os relativos à forma, à competência, à finalidade.

No entanto, a tutela do uso estável é mais ampla do que a do uso precário. Já foi esclarecido que, em caso de extinção ilegítima, a distinção entre as duas formas de uso é irrelevante; o usuário, em qualquer dos casos, tem direito de exigir que a revogação se faça de forma legítima. Só que o usuário privativo terá proteção mais ampla se for titular de uso estável, consentido para ser exercido por prazo determinado. Certo é que, editado o ato de extinção com observância de todos os requisitos legais, não pode o usuário opor-se, em nenhuma hipótese, a essa revogação; porém, se o uso for estável, fará jus à indenização por perdas e danos sofridos como consequência da revogação extemporânea. Se o uso for precário, nenhum direito lhe assiste, de natureza pecuniária. Essa é a conclusão que se impõe, necessariamente, como decorrência do que foi dito no parágrafo anterior, concernente à natureza jurídica do uso privativo.

2.8.2 Tutela em face de terceiros

Pode ocorrer, ainda, que o uso privativo seja perturbado por ato de terceiros, assim considerados não apenas os particulares, como também as pessoas jurídicas de direito público diversas daquela que fez a outorga.

Nesse caso, também dispõe o usuário privativo de duas vias: a administrativa e a judicial. Poderá, com efeito, requerer à própria Administração Pública que lhe garanta o uso consentido, fazendo cessar os atos lesivos; a autoridade competente, com base no poder de polícia do Estado, poderá adotar e executar medidas de polícia administrativa que, tendo a natureza de atos autoexecutórios, dispensam prévia obtenção de título executivo junto ao Poder Judiciário. Não sendo possível a adoção dessas medidas ou revelando-se as mesmas inadequadas para o fim pretendido, recorrerá a Administração às vias judiciais.

Mas o usuário privativo pode, ao invés de pleitear a defesa de seus direitos na esfera administrativa, impugnar os atos lesivos de terceiros diretamente perante o Poder Judiciário, objetivando a proteção do uso ou indenização por perdas e danos.

2.8.3 Defesa do uso privativo pela via possessória

A questão mais complexa que envolve o tema da tutela do uso privativo é a que diz respeito à possibilidade de emprego de ações possessórias para defesa do uso privativo. Alguns admitem, outros rejeitam essa possibilidade.

Para Marcello Caetano,[51] estando as coisas públicas fora do comércio privado, elas são insuscetíveis de posse civil por particulares e, em consequência, não podem ser defendidas pelas vias possessórias civis. Idêntica conclusão, pelos mesmos fundamentos, é adotada por Diogo Freitas do Amaral.[52]

Para Bielsa,[53] os bens cujo uso é coletivo ou geral não são suscetíveis de posse particular, não só pela coexistência ou simultaneidade de vários usos, mas também porque esse uso exclui o *animus domini*. Nem mesmo quando se dá um direito diferencial (concessão de uso), pode-se criar posse, já que a natureza jurídica do bem não a admite, e ademais o concessionário não pode modificar o título da chamada posse em certas concessões ou permissões.

Em sentido oposto, no direito argentino, é o pensamento de Marienhoff,[54] que admite as ações possessórias mesmo na hipótese de permissões de uso precárias, pois a precariedade não existe perante terceiros. Para ele, em se tratando de concessão de uso, pode o concessionário deduzir ações possessórias até mesmo contra o concedente, uma vez que, enquanto não seja extinto por uma causa jurídica e um procedimento também jurídico, o direito público subjetivo emergente da concessão de uso conserva toda sua plenitude e valor, devendo, em consequência, ser reconhecido e integralmente protegido.

No direito francês, enquanto a permissão não é revogada, o ocupante beneficia-se por uma dupla proteção: frente a terceiros, a Corte de Cassação admite o exercício das ações possessórias; frente à Administração, o Conselho de Estado reconhece o direito à indenização pelos prejuízos resultantes de obras públicas, mas com a condição de que esses trabalhos não tenham sido realizados no interesse da própria *voirie*.[55]

No direito italiano, conforme lição de Zanobini,[56] os direitos de uso privativo são reconhecidos como direitos reais pela doutrina e pela jurisprudência; a eles se refere o artigo 823 do Código Civil italiano; e o artigo 1.145 admite a sua posse e a tutela pela via possessória. Acrescenta, no entanto, o autor, que esse direito faz parte da categoria dos *direitos condicionados*, uma vez que, embora se apresente como verdadeiro direito com referência a terceiros e às vezes mesmo contra a administração concedente, em alguns casos assume perante esta última a natureza de

---

[51] *Manual de direito administrativo*, 4. ed., t. I, p. 579.
[52] *A utilização do domínio público pelos particulares*, 1972, p. 264-268.
[53] *Derecho administrativo*, 1964, t. III, p. 485.
[54] *Domínio público*, 1955, p. 101 ss.
[55] Lucien Jansse, *Les traits principaux du regime des biens du domaine public*, 1938, p. 296 e 305; André de Laubadère, *Traité élémentaire de droit administratif*, 1955, p. 786-787; Paul Duez e Guy Debeyre, *Traité de droit administratif*, 1952, p. 796.
[56] *Corso di diritto amministrativo*, 1945, v. IV, p. 29.

interesse legítimo; isto ocorre quando o interesse público – seja aquele atinente ao uso comum da coisa, seja aquele outro que atenda melhor a sua utilização – exige o sacrifício do direito do concessionário.

No direito brasileiro, Cretella Júnior[57] e Hely Lopes Meirelles[58] admitem a defesa possessória do uso privativo.

A principal objeção levantada pelos autores que negam a possibilidade de emprego da ação possessória para defesa do uso privativo é o fato de estarem os bens públicos fora do comércio jurídico.

Examinando-se o assunto no direito positivo brasileiro, verifica-se que o artigo 520, III, do Código Civil de 1916 determinava a perda da posse em caso de ser a coisa posta fora do comércio; por sua vez, o artigo 69 determinava serem coisas fora do comércio as insuscetíveis de apropriação e as legalmente inalienáveis. Sendo os bens públicos considerados inalienáveis pelo artigo 67 daquele Código, só perdendo essa condição nos casos e formas que a lei prescrever, concluía-se que não podiam ser objeto de posse nos moldes do direito privado.

O atual Código Civil não repete essas normas nos mesmos termos. O artigo 1.223 determina a perda da posse "quando cessa, embora contra a vontade do possuidor, o poder sobre o bem, ao qual se refere o art. 1.196", não repetindo a norma do artigo 520 do Código de 1916. Por sua vez, o artigo 1.196 determina que se considera "possuidor todo aquele que tem de fato exercício, pleno ou não, de algum dos poderes inerentes à propriedade".

No entanto, o atual Código tem algumas normas que permitem chegar à mesma conclusão adotada na vigência do Código Civil de 1916. O artigo 100 determina que "os bens públicos de uso comum do povo e os de uso especial são inalienáveis, enquanto conservarem a sua qualificação, na forma que a lei determinar". Vale dizer que essas duas modalidades de bens públicos estão fora do comércio jurídico de direito privado, não podendo incidir sobre os mesmos nenhuma relação jurídica regida pelo direito privado.

Por sua vez, o artigo 102 estabelece que "os bens públicos não estão sujeitos a usucapião", proibição essa que decorre também dos artigos 183, § 3º, e 191, parágrafo único, da Constituição. Com isso, fica afastada a posse *ad usucapionem* dos bens públicos.

Contudo, o fato de tratar-se de bens *extra commercium* não impede o emprego de ação possessória.[59] Merece ser lembrada a esse respeito a lição de Carvalho

---

[57] *Bens públicos*, 1975, p. 214.
[58] *Direito administrativo brasileiro*, 2009, p. 533.
[59] Nesse sentido, J. Guimarães Menegale, *Direito administrativo e ciência da administração*, 1957, p. 255, e Francisco Campos, *Direito administrativo*, 1958, p. 263-264.

Santos[60] que, embora defendida na vigência do Código Civil de 1916, ainda tem inteira aplicação. Diz ele que "seria deslocar a questão encará-la no sentido de não admitir qualquer posse para os bens que se acham fora do comércio. Pelo menos seria confundi-la, diante de nossa legislação, certo como é que, pela nossa legislação, são bens fora do comércio não somente os insuscetíveis de apropriação, mas igualmente aqueles que como tal forem considerados pela lei. Somente quanto aos primeiros é que se poderá dizer que são insuscetíveis de posse, mas não quanto aos segundos, porque a determinação da lei não pode ter a virtude de alterar a susbstância da coisa, tornando-a inapta a qualquer ato de posse. Os bens, por exemplo, gravados com a cláusula de inalienabilidade são, sem dúvida, bens considerados como fora do comércio e, no entretanto, estão e continuam a estar na posse de seu proprietário ou de outrem que sobre eles tenha adquirido qualquer direito que lhes confira a posse, como, por exemplo, se forem alugados".

Especificamente quanto aos bens de uso comum do povo, diz ele que "a regra é esta: a posse não é excluída senão para as coisas fora do comércio, de sorte que a ação possessória não é repudiada e afastada senão na medida mesma desta exceção, vale dizer, tão somente enquanto entra em conflito e põe em dúvida a destinação da propriedade pública; nos limites em que é compatível com esta destinação, a ação possessória tem cabimento". Se assim não fosse, não poderia o Estado defender os bens públicos contra terceiros, utilizando esse procedimento. A extracomerciabilidade exclui a posse *ad usucapionem* (porque incompatível com a inalienabilidade dos bens públicos), porém admite a posse *ad interdicta* na medida em que seja necessária para proteger a pública destinação dos bens.

Acresce que a posse, no âmbito do direito público, tem conotações próprias. Em primeiro lugar, incidindo sobre coisa fora do comércio, ela não gera o usucapião, nem mesmo em relação aos bens dominicais, ao contrário do que admitiram as Constituições de 1934, 1937 e 1946 (que previam o usucapião *pro labore*) e a Lei nº 6.969, de 10.12.81 (que previu o usucapião especial de terras devolutas situadas na zona rural). Hoje, não existe mais a possibilidade de posse *ad usucapionem* de bens públicos, nem mesmo dos bens dominicais.

Washington de Barros Monteiro,[61] louvando-se em ensinamento de Pontes de Miranda, lembra a distinção entre *possuidor* (termo técnico empregado pela lei civil) e *posseiro*, linguagem ordinariamente utilizada pelas leis de direito público. E acrescenta que "o conceito de *posseiro* diz respeito a bens públicos e sobre os quais se pode obter título de propriedade, através de negócio jurídico celebrado entre o posseiro e o Estado. No sentido publicístico, posse vem a ser elemento fático de

---

[60] *Código civil brasileiro interpretado*, 1944, v. II, p. 157-159.

[61] A defesa possessória do patrimônio imobiliário do Estado. In *Revista da Procuradoria Geral do Estado de São Paulo,* 12/433-444.

aquisição do *jus proprietatis* por ato negocial do Estado. Não pode ser confundida com posse no sentido privatístico, elemento de suporte fático da aquisição da propriedade pelo usucapião".

Outra peculiaridade da posse no direito público concerne aos bens de uso comum do povo. Afirma-se não poderem ser objeto de posse exclusiva por particulares. E realmente assim é, desde que se considere a posse tal como estruturada pelo direito privado. Estando esses bens afetados ao *uso de todos*, em igualdade de condições, seria inadmissível pudesse alguém exercer posse privada, decorrente de direito real ou obrigacional, com prejuízo do direito dos outros.

Porém, nada impede que o particular exerça sobre esses bens (ressalvados aqueles que são inapropriáveis por sua própria natureza) posse decorrente de título publicístico, que estabeleça os limites em que o direito será exercido. Será a posse, nesse caso, condicionada à existência de compatibilidade com o uso comum ao qual o bem está afetado, quer no momento em que é consentida, quer durante todo o tempo em que for exercida.

Como diz Guimarães Menegale,[62] "o direito de uso do domínio público é, teoricamente, ilimitado; na prática, em vez disso, condiciona-se ao interesse geral, ou seja, o *uti singuli* é subordinado ao *uti universi*. Naquilo que o *uso por todos* puder lucrar com a reserva ao *uso individual*, é justo que a reserva se estabeleça".

Em se tratando de uso privativo de bem de uso comum do povo, afirma ele que "o que aí se verifica é a composição do direito de uso comum com o direito de uso particular, circunstancialmente conferido a um indivíduo. O uso em natureza permanece público, em referência ao efeito econômico da coisa: a utilidade que dela se produz, é destinada a todos". É o que ocorre na utilização das vias públicas para instalação de bombas de gasolina, de bancas de jornal, de barraca de flores e frutas e tantas outras hipóteses em que uma parcela de bem público é conferida, com exclusividade, a um particular ou a uma empresa, porém para ser utilizada no interesse geral.

Em decorrência disso, nada impede seja a posse, assim exercida com base em título de direito público, protegida por meio de interditos possessórios. Protege-se o direito de uso nos limites em que foi consentido.

A posse, no caso, pode derivar de um direito real administrativo ou de uma relação obrigacional, também de direito administrativo, como ocorre na maioria dos casos de utilização privativa no direito brasileiro.

Em uma e outra hipótese, a ação possessória só é oponível contra terceiros; não cabe, em princípio, contra a pessoa jurídica de direito público que emitiu o título constitutivo, pois esta dispõe do poder de retirar ao usuário o direito de

---

[62] *Direito administrativo e ciência da administração*, 1957, p. 275.

uso, por razões de interesse público. Contudo, enquanto não extinto, licitamente, o uso privativo, a ação possessória pode ser proposta mesmo contra a pessoa jurídica que a outorgou.

Contra terceiros é cabível ação possessória, a não ser que se trate de uso precário, revogável *ad nutum*, pela Administração, porque isto conflitaria com a regra do artigo 1.208 do Código Civil, em cujos termos "não induzem posse os atos de mera permissão ou tolerância".

Em que medida se aplica esse preceito à utilização de bem público consentida a título precário?

Inexiste, *como decorrência de simples tolerância* da Administração, uso privativo de bem público, assim entendido aquele que dá ao usuário o poder de excluir terceiros de igual uso sobre a mesma parcela dominial; a tolerância corresponde a uma situação de passividade, incompatível com a oponibilidade a terceiros, inerente ao uso privativo; esse direito somente se exerce mediante outorga de título constitutivo e nos limites nele traçados.

A dúvida existe com referência à identidade, ou não, da permissão de uso com a "mera permissão" a que se refere o dispositivo do Código Civil.

Existe "mera permissão" quando o proprietário da coisa, por ato expresso, consente que determinada pessoa se utilize da mesma, sem que haja nisso renúncia da posse ou transferência de qualquer direito ao permissionário; este recebe mera faculdade, revogável a qualquer momento, quando o permitente assim julgue oportuno ou conveniente. Na lição de Tito Fulgêncio,[63] em comentário a dispositivo igual contido no artigo 497 do Código Civil de 1916, "estes atos tolerados ou meramente permitidos constituem outras formas de *precariedade* no sentido romano de *concessão benévola e revogável* e não induzem posse, como adverte Paulo, por faltar no exercitante a *affectio tenendi* da posse *ad interdicta*, e o *animus domini*, acrescentamos, da posse *ad usucapionem*, uma vez que ele implicitamente reconhece que não tem direito próprio sobre a coisa".

No que se refere à utilização de bens públicos, a precariedade pode apresentar diferentes graus, sendo mais ou menos intensa conforme a natureza do bem (uso comum, uso especial ou dominical), ou segundo se trate de utilização com o sem "empresa", ou conforme a predominância maior ou menor do interesse público na utilização ou, ainda, a natureza da atividade a ser exercida. É precaríssima, por exemplo, a situação do engraxate, do bilheteiro, do vendedor de frutas, que obtêm permissão para instalar sua banca na via pública. Menos precária é a situação dos permissionários que exercem uso privativo sobre bem afetado especificamente a essa destinação, como é o caso dos boxes nos mercados públicos; ou dos que obtêm

---

[63] *Da posse e das ações possessórias*, 1959, v. I, p. 15.

anuência para utilização privativa com o objetivo de exercer serviço de utilidade pública, como o fornecimento de combustível aos usuários de veículos automotores ou a instalação de bancas de jornais e revistas; mais estável é a posição do usuário beneficiado com a fixação de prazo para exercício de seus direitos.

A Administração, muitas vezes, torna expresso no ato administrativo que a anuência é dada a título precário, mas no mesmo ato insere determinadas condições que reduzem a precariedade por restringirem a liberdade na escolha dos motivos da revogação. De um lado, a declaração da precariedade do ato, de outro, o estabelecimento de condições ao exercício da faculdade de sua revogação, como ocorre no uso privativo sujeito à observância de prazo predeterminado.

Em tais hipóteses, o permissionário adquire direito público subjetivo à utilização do bem, até que ocorra o motivo de revogação previsto na lei ou no ato de outorga; trata-se da chamada permissão qualificada, que não se confunde com a "mera permissão" passível de impedir a posse, com fundamento no artigo 1.208 do Código Civil.

Não é a nota da "precariedade" que exclui a posse, mas a intenção de quem permite e de quem recebe o consentimento. No caso do uso privativo de bens públicos, essa intenção resulta das disposições legais que disciplinam as condições de uso de determinados bens ou dos próprios termos do ato de outorga.

Não há como negar, em tais circunstâncias, a possibilidade de recurso aos interditos possessórios em caso de turbação ou esbulho por ato de terceiros; o usuário não estará defendendo a posse exclusiva, tal como entendida no âmbito do direito privado, mas o direito de uso nos termos limitados em que foi consentido pela Administração.

2.9 Uso privativo gratuito ou remunerado

Conforme visto no Capítulo 1, ao lado do uso comum, existe o chamado *uso privativo*, que se caracteriza pela *exclusividade de uso* garantida a um usuário e pela necessidade de título jurídico de outorga pelo poder público. É o caso da outorga para a instalação de bancas de jornal, realização de feiras livres, exposições, desfiles, exploração de atividade comercial etc. Ele também pode incidir sobre qualquer modalidade de bem público: uma pessoa pode obter o consentimento para uso privativo de parcela definida de bem de uso comum do povo, como ocorre com as bancas de jornal; pode incidir sobre um bem de uso especial, como é o caso dos postos bancários, livrarias, lanchonetes, instalados em repartições públicas; pode incidir sobre um bem dominical, como é o caso de um terreno para fins de urbanização, industrialização, cultivo etc.

O uso privativo de bem público, em especial aquele exercido em contraste com a destinação principal do bem, assegura ao usuário poder maior do que o usufruído pela generalidade dos indivíduos. Por isso mesmo, nada impede seja imposta retribuição de natureza pecuniária ao particular que obtém esse poder.

Dois aspectos constituem, normalmente, objeto de divergências doutrinárias: a possibilidade ou não de atribuir caráter oneroso ao uso privativo e a natureza jurídica dessa retribuição.

Para Marcello Caetano,[64] "o uso privativo, ao contrário do uso comum, nunca é gratuito; os particulares são sempre obrigados ao pagamento de *taxas*, calculadas em função da área a ocupar e do valor das utilidades proporcionadas".

Duez e Debeyre[65] distinguem a utilização *normal* (em consonância com a destinação do bem) e a *anormal* (em contraste com aquela destinação); no primeiro caso, o uso pode ser gratuito ou remunerado e "em virtude do princípio da igualdade dos usuários, a contribuição deve ser fixada segundo uma tarifa, de natureza regulamentar, que imporá as mesmas condições para cada categoria de usuário"; no segundo caso, "a utilização não pode ser gratuita, pois a vantagem suplementar que o usuário retira de uma ocupação anormal deve ser equitativamente paga".

Laubadère[66] atribui a essa contribuição a natureza de *tarifa fiscal*, que é pré-estabelecida por ato unilateral, devendo ser igual para todos os ocupantes.

Para Hauriou,[67] a retribuição decorrente do uso privativo tem a natureza de uma *renda igual à que se obtém com a locação*.

Segundo Bielsa,[68] o uso privativo, que ele denomina de uso especial, se retribui mediante *taxa* ou *contribuição especial*, pois supõe uma *vantagem diferencial* em benefício daquele em cujo favor se constituiu.

No direito brasileiro, esse aspecto, até bem recentemente, foi pouco considerado pelos doutrinadores, merecendo ser lembrada a opinião de Cotrim Neto,[69] para quem "nem sempre o ônus atribuído ao uso privado corresponderá a uma taxa, uniforme para todos os casos". Citando um exemplo de Waline, diz ele que "numa outorga de uso de áreas em mercado público o preço exigido do concessionário tem natureza de preço de locação, embora subordinado a regime de direito público".

---

[64] *Manual de direito administrativo*, 1969, t. II, p. 872.
[65] *Traité de droit administratif*, 1952, p. 796-797.
[66] *Traité élémentaire de droit administratif*, 1953, p. 786.
[67] *Précis de droit administratif et de droit public*, 1919, p. 790.
[68] *Derecho administrativo*, 1964, t. III, p. 507.
[69] Da utilização privativa dos bens públicos de uso comum, in *RDA* 90/470-476.

O assunto foi também analisado por Eduardo Viana Mota,[70] que atribui a essa retribuição o caráter de *tarifa fiscal*. Ele afasta a natureza de *taxa*, por não se destinar a receita assim obtida ao custeio de nenhum serviço, não ter caráter de coercibilidade e representar mera frutificação do domínio.

J. Guimarães Menegale[71] nega também às rendas decorrentes da utilização privativa do domínio público a natureza de imposto ou taxa. Diz ele que "não há aí um arrendamento, na acepção ordinária, tendo-se em vista os princípios a que se submete a concessão, diversos dos que regulam o arrendamento ou aluguel no direito privado. A inspiração econômica, porém, é idêntica".

A preocupação com o tema intensificou-se pelo fato de a Lei nº 8.987, de 13.2.95 (Lei de Concessões e Permissões de Serviços Públicos), permitir ao concessionário, no artigo 11, a possibilidade de obter outras fontes provenientes de receitas alternativas, complementares, acessórias, ou de projetos associados, com ou sem exclusividade, com vistas a favorecer a modicidade das tarifas. Com isso, os contratos de concessão, em especial os de rodovia, passaram a prever a cobrança de remuneração de outras pessoas, inclusive concessionárias (de energia elétrica, telecomunicações, gás etc.) que se utilizem das faixas de domínio para fazer as instalações necessárias à prestação do serviço concedido.

Além disso, muitos Estados e Municípios, preocupados em aumentar as suas receitas, também passaram a promulgar leis instituindo algum tipo de contribuição pecuniária, seja a título de remuneração pelo uso, seja a título de taxa, das concessionárias que se utilizem das vias públicas com o mesmo objetivo de fazer as instalações necessárias à prestação de serviço público.

Daí a preocupação com o tema que hoje vem sendo discutido no âmbito doutrinário e jurisprudencial. Voltar-se-á a essa matéria no item subsequente, pois merece tratamento diferenciado, tendo em vista que o uso privativo, no caso, não se destina a prestação de atividade de natureza privada, mas sim à execução de serviço público.

Estudando-se o tema à luz do direito positivo brasileiro, verifica-se que, de conformidade com o artigo 145, II, da Constituição, duas modalidades de taxas podem ser instituídas: (a) em razão do exercício do poder de polícia; ou (b) pela utilização, efetiva ou potencial, de serviços públicos específicos e divisíveis, prestados ao contribuinte ou postos a sua disposição.

No caso de outorga de uso privativo, a Administração não presta ao particular um serviço público, mas apenas lhe confere o poder de uso de parcela de domínio

---

[70] A ocupação de bem de uso comum, in *RDA* 65/393-398.
[71] *Direito administrativo e ciência da administração*, 1957, p. 278.

público, para fim predeterminado, de modo que não ocorrerá a incidência de taxa naquela segunda modalidade.

Contudo, outorgado o uso, o usuário pode ficar sujeito à fiscalização do Poder Público, exercida quer no interesse da conservação da coisa, quer para assegurar que o uso se exerça pela forma em que foi deferido, quer para evitar que o mesmo se torne prejudicial ao interesse público. Em decorrência do exercício dessa fiscalização, inerente ao poder de polícia do Estado, pode a lei instituir taxa que venha a incidir sobre o uso privativo. Muitas vezes, a taxa é imposta em razão da atividade a ser exercida pelo usuário, como, por exemplo, no caso de autorização para fazer publicidade na via pública. A atividade está sujeita à fiscalização e, portanto, ao poder de polícia do Estado.

Mas essa taxa não se destina a retribuir o *uso* consentido, tanto assim que, independentemente de sua cobrança, pode o usuário ficar sujeito ao pagamento de importância correspondente ao uso da coisa pública.

Para concluir-se que a remuneração do uso privativo não corresponde a taxa nem a qualquer outra forma de tributo, basta lembrar que o *quantum* dessa remuneração é, em grande parte dos casos, estabelecido no próprio ato administrativo de outorga ou no contrato celebrado entre a Administração e o particular, o que não seria possível em se tratando de tributo, em decorrência do princípio da legalidade tributária, previsto no artigo 150, I, da Constituição.

No caso de concessão e de permissão de uso, a natureza tributária da retribuição paga pelo usuário fica mais facilmente afastada, quando o pagamento é fixado no contrato ou ato administrativo, conforme o que ficar definido no procedimento da licitação. A dúvida surge mais comumente quando a importância a ser paga vem fixada em lei. Isso ocorre com referência a determinadas modalidades de uso que beneficiam a muitos usuários, de modo que a fixação legal do preço objetiva assegurar igualdade de tratamento de todos os ocupantes.

Algumas vezes, a legislação fala em *tarifa*, caso em que o vocábulo deve ser entendido no sentido genérico de tabela na qual são fixados os valores a serem pagos por todos os que se encontrem em igualdade de condições.[72]

Na realidade, a renda resultante da utilização privativa enquadra-se, não como receita *derivada* (decorrente da manifestação do *jus imperium* do Estado), mas como receita *originária* (resultante da exploração econômica do patrimônio

---

[72] De Plácido e Silva, em seu *Vocabulário Jurídico*, demonstra que o termo *tarifa*, do italiano *tariffa*, de origem árabe *tar'if* (fazer constar, anunciar) compreende, de modo genérico, toda *tabela* ou *relação* de preços, de direitos, de impostos, ou de taxas que se deve pagar por alguma coisa. Nesse aspecto, a tarifa tem a significação de *pauta*, por onde se fixa ou se determina a exata *quantia* a ser cobrada, em razão de um tributo, de um preço, ou de uma taxa. O vocábulo costuma ser empregado também como sinônimo de preço público.

público). Não corresponde a qualquer vantagem existente no âmbito do direito privado, assemelhando-se, em especial no caso de concessão de uso, ao preço ou aluguel pago pelo locatário, na locação de coisas, no sentido de que é ajustada para *remunerar o uso* de uma coisa infungível. Não se trata de tributo e sim de preço público, como tal considerada, no caso, a contribuição pecuniária não compulsória, contraprestacional, exigida em decorrência do uso privativo de bem público. Ela é *não compulsória* (e nisto se distingue fundamentalmente da taxa), porque somente imposta aos que efetivamente se utilizam, com exclusividade, de bem público, mediante título jurídico emitido pela Administração.

Merece ser lembrado, por sua precisão, o acórdão proferido pelo antigo Tribunal Federal de Recursos no MS 437, do Distrito Federal, impetrado pelo Sindicato Nacional das Empresas Aeroviárias contra ato do Ministro da Aeronáutica, que fixou, por portaria, o valor das "taxas aeroportuárias" instituídas pelo Decreto-lei nº 9.792, de 6.9.46, a serem recolhidas pelas empresas de aviação.

Nesse acórdão,[73] mantido pelo mesmo Tribunal em julgamento de embargos[74] e pelo Supremo Tribunal Federal,[75] em grau de recurso extraordinário, ficou decidido que as chamadas taxas aeroportuárias não constituem tributo na conceituação técnico-jurídica do vocábulo, não exigindo, por isso, lei especial para sua criação ou fixação, que é de competência do Poder Executivo. O Ministro Orosimbo Nonato, ao proferir o seu voto, observa que "o Estado pode vender, alugar ou dispor dos bens ou utilidades de sua propriedade como se fosse um particular. O preço respectivo não corresponde a um tributo; não decorre do poder fiscal, de soberania, mas de simples exercício do direito de propriedade". E acrescenta que "não é a denominação que exprime a substância de um ato jurídico como não é a forma que define a essência do conteúdo. Se a lei denomina taxa a um *preço privado, quase-privado, ou público*, a denominação não tira a esses fenômenos de ordem econômica e jurídica a sua verdadeira natureza ou substância, nem é possível deixar de encará-los como tais".

Distinguindo a taxa dos preços públicos ou tarifas, diz ele que "a primeira empresta o caráter de verdadeiro tributo, emanação que é do poder soberano do Estado. As últimas não têm caráter regulamentar, constituindo a remuneração de um serviço de utilidade pública, quer executado diretamente pela Administração, quer mediante concessão. São rendas do Estado, sem esse caráter, *decorrentes de utilização de bens e serviços* industriais e comerciais do mesmo Estado. *Não têm feição compulsória*; são cobradas somente dos que se utilizam dos mesmos serviços e bens".

---

[73] RDA 25/170.
[74] RDA 29/273.
[75] RDA 37/195.

Isso, que foi dito com relação ao uso de áreas nos aeroportos oficiais, aplica-se, pelos mesmos fundamentos, à utilização de outras modalidades de bens públicos. A renda auferida pelo Estado em decorrência da exploração econômica de seu patrimônio constitui preço público e, como tal, escapa ao princípio da legalidade tributária, bem como a toda a disciplina constitucional referente a tributos, de cuja natureza não participa. Sua fixação independe, portanto, de lei.

Do exposto se conclui que o uso privativo de bem público pode ser gratuito ou remunerado. O usuário pode estar sujeito ao pagamento de taxa, como ocorre com qualquer particular que exercite atividade fiscalizada pelo Poder Público. Mas essa taxa não tem por fato gerador o uso privativo de bem público e sim o exercício do poder de polícia do Estado. A taxa não remunera o *uso*; a contraprestação deste constitui *preço público*, estabelecido mediante contrato (concessão) ou ato administrativo negocial (permissão ou autorização).

Em alguns casos, a Administração Pública cede o uso privativo de bens públicos mediante títulos jurídicos que muito se assemelham aos do Código Civil, embora com derrogações impostas pelo direito público. É o caso da locação, arrendamento e aforamento, previstos, para os bens imóveis da União, no Decreto-lei nº 9.760, de 5.9.46. Nesses casos (que serão analisados adiante), fala-se em *aluguel* (para a locação e arrendamento) e em *foro* ou *pensão* (no caso do aforamento). Ainda assim, não se trata de taxa, mas de preço público.

2.10 Uso gratuito das vias públicas e faixas de domínio das rodovias pelas concessionárias de serviços públicos

As vias públicas constituem bens públicos de uso comum do povo, em decorrência do artigo 99, I, do Código Civil. Esse dispositivo inclui entre os bens públicos "*os de uso comum do povo, tais como rios, mares, estradas, ruas e praças*".

Quanto às faixas de domínio das rodovias, são definidas, no Anexo I a que se refere o artigo 4º do Código de Trânsito Brasileiro (Lei nº 9.503, de 23.9.97), como a "superfície lindeira às vias rurais, delimitada por lei específica e sob responsabilidade do órgão ou entidade de trânsito competente com circunscrição sobre a via".

O mesmo Anexo define *rodovia* como "via rural pavimentada", significando, em decorrência, que a faixa de domínio não integra a rodovia. No entanto, sua existência se justifica em razão da necessidade de imprimir segurança ao uso da rodovia.

As faixas de domínio constituem parte do sistema rodoviário da entidade (União, Estado ou Município) titular da rodovia. Quando a exploração da rodovia é delegada por meio de contratos de concessão, ela passa a integrar o sistema rodoviário administrado pelas concessionárias.

As faixas de domínio não integram necessariamente o patrimônio público, dependendo da legislação de cada ente político. É possível que o poder público inclua nos decretos de desapropriação para construção de rodovias não só a área destinada à rodovia, como também a área destinada às faixas de domínio; e também é possível que essas áreas permaneçam na propriedade privada, porém oneradas com servidões administrativas ou, como preferem alguns, simples limitações administrativas incidindo sobre bens particulares.

Nos contratos de concessão para exploração de rodovias normalmente as faixas de domínio são transferidas para a concessionária, revertendo ao patrimônio público ao término da concessão.

Sendo do patrimônio público, não há dúvida de que as faixas de domínio são bens públicos, não sendo pacífica a doutrina sobre a sua inclusão na categoria de bens de uso comum do povo ou de uso especial. Na realidade, trata-se de *bens de uso comum do povo*, da mesma forma que as rodovias, em relação às quais constituem parte acessória. O fato de estarem as estradas sob administração de empresa privada e o seu uso estar sujeito a preço público não altera a natureza do bem, já que ele continua aberto ao uso coletivo, na modalidade prevista no inciso I do artigo 99 do Código Civil.

Mesmo que se entendesse que as faixas de domínio são bens de uso especial, o regime jurídico a que se submete é o mesmo aplicável aos bens de uso comum do povo, pelo fato de estarem ambos afetados a fins públicos: os de uso comum do povo estão destinados ao uso coletivo; e os de uso especial são os aplicados a "*serviço ou estabelecimento da administração federal, estadual, territorial ou municipal, inclusive o de suas autarquias*" (art. 99, I e II, do Código Civil).

Precisamente pelo fato de estarem afetados a fins públicos, ambas as modalidades de bens são inalienáveis, conforme determina o artigo 100 do Código Civil e, portanto, são coisas fora do comércio, significando que não podem ser objeto de quaisquer relações jurídicas regidas pelo direito privado. Por outras palavras, todas as relações jurídicas que incidam sobre os bens de uso comum do povo e sobre os bens de uso especial são regidas pelo direito público.

As concessionárias de serviços públicos (de energia elétrica, de saneamento, de telecomunicações etc.) não exercem sobre os bens públicos o chamado *uso comum* a que se refere o artigo 103 do Código Civil, mas o *uso privativo*, exercido com exclusividade (ressalvadas as hipóteses de compartilhamento de infraestrutura previstas em lei). E não é um uso que possa ficar dependendo de decisão discricionária do titular do bem, seja este um particular, seja uma pessoa jurídica pública. Se esta criar embaraços, a concessionária pode (e deve) instituir servidão para esse fim. Nesse caso, a empresa concessionária passa a ser titular de um direito real que, pela lei, pode ser temporário ou permanente, regido por normas de direito público e não pelo Código Civil.

Trata-se de *uso privativo*, porque na área sobre a qual se institui a servidão incidirão restrições ao uso de bens por terceiros, inclusive para entes políticos diversos do titular do serviço público. Ao uso privativo não se aplica o artigo 103 do Código Civil.

O tema do uso privativo por concessionárias, para fins de instalação de infraestrutura necessária à prestação de serviço público, vem sendo objeto de cogitação especificamente quanto à possibilidade de cobrança de remuneração. Na realidade, as empresas concessionárias vêm sendo oneradas pela cobrança de contribuição pecuniária, a título de taxa ou preço público, pela ocupação e uso do solo urbano e das faixas de rodovias para instalação de sua infraestrutura.

Em relação às faixas de domínio das rodovias, aponta-se como fundamento o artigo 11 da Lei nº 8.987, de 13.2.95 (Lei de Concessões e Permissões de Serviços Públicos), que autoriza o poder concedente a prever, em favor da concessionária, outras fontes provenientes de receitas alternativas, complementares, acessórias ou de projetos associados, com ou sem exclusividade, com vistas a favorecer a modicidade das tarifas.

Em alguns Estados, existe lei prevendo a cobrança pelo uso ou ocupação da faixa de domínio das rodovias. Em Minas Gerais, por exemplo, a Lei nº 14.938, de 29.12.03, fala em *taxa de licenciamento*. No Ceará, a Lei nº 13.327, de 15.7.03, fala em *remuneração anual*. No Rio Grande do Sul, a Lei nº 12.238, de 14.1.05, fala em exploração da utilização e comercialização, a título oneroso, das faixas de domínio e das áreas adjacentes às rodovias estaduais e federais delegadas ao Estado, deixando para o Executivo a regulamentação da matéria; dando cumprimento à lei, o Decreto nº 43.787, de 12.5.05, fala em *remuneração anual*. No Município de São Paulo, a Lei nº 14.054, de 20.9.05, autoriza o Poder Executivo a fixar e cobrar preço público pela ocupação de rede de energia elétrica e de iluminação pública, de propriedade da concessionária de energia elétrica que os utiliza.

Para fins de concluir pela possibilidade ou não de remuneração do uso privativo, não há como deixar de distinguir o uso de bens públicos por particulares que usufruem o bem em seu próprio benefício ou mesmo para prestar atividade de utilidade pública, do uso de bens públicos por entidades públicas ou mesmo por entidades privadas que prestem serviços públicos por delegação do poder público.

Quando o particular utiliza privativamente um bem público em seu próprio benefício, é justo que remunere o poder público pelo uso desse bem, já que usufrui de benefício maior que os demais membros da coletividade. Mesmo assim, em grande quantidade de casos, o poder público cede gratuitamente o uso de bens públicos a particulares, por autorização, permissão ou mesmo concessão de uso.

No caso das faixas de domínio das rodovias ou dos bens de uso comum do povo sob administração dos Municípios (ruas, praças, logradouros públicos de qualquer espécie), quando utilizados por concessionárias de serviços públicos, as instalações incidem sobre um bem público em benefício de todos os que se utilizam desses serviços. Todos se beneficiam e a utilização se insere entre os fins a que o bem se destina. Os bens de uso comum do povo, como as ruas, praças, estradas, faixas de domínio de rodovias, estão abertos ao uso comum de todos; porém, também servem ao fim de instalação de infraestrutura indispensável para a prestação de serviços públicos essenciais à coletividade. Não se poderia conceber a prestação dos serviços de fornecimento de água, gás, telefone, energia elétrica, sem a utilização dos bens públicos de uso comum do povo.

Essas instalações, quando feitas em faixas de domínio de rodovias ou no solo urbano municipal, em princípio, não geram qualquer despesa, custo ou dano para as concessionárias de rodovias nem para o Município. E, se implicarem danos, aí sim haverá a reposição correspondente aos custos ou prejuízos causados.

É inerente à própria natureza dos bens do domínio público (bens de uso comum do povo e bens de uso especial) servir a finalidades públicas diversas, quantas sejam possíveis e necessárias para ampliar as utilidades oferecidas à coletividade. Cada bem público atende a inúmeros fins.

Conforme visto, tais bens, por sua própria natureza ou por destinação legal, são destinados a fins públicos. Pode-se dizer que desempenham, em decorrência de sua afetação, uma *função social* que lhes é inerente.

Precisamente pela função social que desempenham, devem ser disciplinados de tal forma que permitam proporcionar o máximo de benefícios à coletividade, podendo desdobrar-se em tantas modalidades de uso quantas forem compatíveis com a destinação e com a conservação do bem. Existem determinados bens que comportam inúmeras formas de utilização, conjugando-se o uso comum do povo com usos privativos exercidos por particulares ou pelo próprio poder público para diferentes finalidades.

Se é possível ampliar a utilidade do bem em benefício de particulares que desempenhem atividades privadas, com muito mais razão essa possibilidade (ou obrigatoriedade) existe com relação a entidades prestadoras de serviços públicos. Se, no primeiro caso, a remuneração pode ser exigida, pelo fato de o particular usufruir de benefício maior do que o garantido à coletividade em geral, no segundo, a remuneração exclui-se pelo fato de o uso ser usufruído por toda a coletividade.

Certamente não é por outra razão que a Lei nº 9.636, de 15.5.98, que dispõe sobre a regularização administrativa, aforamento e alienação de bens imóveis do domínio da União, permite, no artigo 18, sejam os mesmos cedidos, *gratuitamente*, a Estados, Distrito Federal, Municípios e entidades sem fins lucrativos das áreas da educação, cultura, assistência social ou saúde, bem como a pessoas físicas ou jurídicas, em se tratando de interesse público ou social ou de aproveitamento econômico de interesse nacional. É a utilidade pública proporcionada pelo uso privativo o inspirador da gratuidade.

Também não é por outra razão que o Decreto federal nº 84.398, de 16.10.80, que dispõe sobre a ocupação de faixas de domínio de rodovias e de terrenos de domínio público e a travessia de hidrovias, rodovias e ferrovias, por linhas de transmissão, subtransmissão e distribuição de energia elétrica, expressamente estabelece, em seu artigo 2º, que "atendidas as exigências legais e regulamentares referentes aos respectivos projetos, as autorizações serão por prazo indeterminado e *sem ônus para os concessionários de serviços públicos de energia elétrica*".

Poder-se-ia invocar, para justificar a remuneração do uso privativo pelas concessionárias, o já referido artigo 11 da Lei nº 8.987, de 13.2.95 (Lei de Concessões e Permissões de Serviços Públicos), que assim estabelece:

> "*Artigo 11. No atendimento às peculiaridades de cada serviço público, poderá o poder concedente prever, em favor da concessionária, no edital de licitação, a possibilidade de outras fontes provenientes de receitas alternativas, complementares, acessórias ou de projetos associados, com ou sem exclusividade, com vistas a favorecer a modicidade das tarifas, observado o disposto no artigo 17.*
>
> *Parágrafo único. As fontes de receita previstas neste artigo serão obrigatoriamente consideradas para a aferição do inicial equilíbrio econômico-financeiro do contrato.*"

No entanto, a norma limita-se a permitir a remuneração da concessionária por outras fontes de receitas, além da tarifa, sem especificar as modalidades possíveis. Há que se entender que essas fontes de receitas têm que se ajustar ao direito positivo vigente. Assim, não há qualquer impedimento a que as concessionárias de rodovias cobrem de particulares que se instalem na faixa de rodovia para exploração de atividades comerciais ou outros fins compatíveis. Aí sim tem aplicação o artigo 11 da Lei nº 8.987/95. Mas não há fundamento para cobrar pelo uso exercido por outras concessionárias de serviços públicos. As mesmas razões que justificavam a gratuidade antes da privatização das empresas estatais que prestavam serviços públicos permanecem agora quando os mesmos serviços são assumidos por empresas privadas que agem por delegação do poder público e recebem prerrogativas públicas semelhantes às do poder concedente.

Além disso, seria irrazoável que as fontes de receitas previstas no artigo 11 para permitir a modicidade da tarifa, viessem a provocar o aumento da tarifa de outras concessionárias públicas. Com efeito, a remuneração instituída pelo simples uso do solo para instalação de infraestrutura necessária à prestação de serviços públicos vai, com certeza, provocar o desequilíbrio econômico-financeiro do contrato de concessão correspondente. A Lei nº 8.666, de 21.6.93, aplicável subsidiariamente às concessões de serviços públicos (conforme art. 124) dá o fundamento legal para o pedido de revisão das cláusulas financeiras para restabelecer o equilíbrio econômico-financeiro do contrato, ao estabelecer que *"quaisquer tributos ou encargos legais criados, alterados ou extintos, bem como a superveniência de disposições legais, quando ocorridas após a data da apresentação da proposta, de comprovada repercussão nos preços contratados, implicarão a revisão destes para mais ou para menos, conforme o caso"* (art. 65, § 5º).

Trata-se de aplicação da *teoria da imprevisão*, que corresponde a um acontecimento externo ao contrato, estranho à vontade das partes, imprevisível e inevitável, que causa um desequilíbrio muito grande, tornando a execução do contrato excessivamente onerosa para o contratado. Baseia-se na cláusula *rebus sic stantibus*, significando que o contrato não permanece em vigor, nas mesmas condições originariamente estabelecidas, se as coisas não permanecerem como eram no momento da celebração. No caso de encargo criado por lei, a teoria seria a do fato do príncipe, se a lei fosse do mesmo nível e governo daquele que firmou o contrato. De qualquer forma, seja por uma ou por outra teoria, o fato é que o preço público instituído pelo poder público, repercutindo comprovadamente sobre o contrato, poderá dar direito à revisão da tarifa.

Também a Lei nº 8.987/95, no artigo 9º, dá fundamento ao pedido de revisão das cláusulas financeiras, ao determinar que *"a tarifa do serviço público concedido será fixada pelo preço da proposta vencedora da licitação e preservada pelas regras de revisão previstas nesta Lei, no edital e no contrato"*. E o § 3º do mesmo dispositivo contém norma semelhante à da lei de licitações, ao determinar que *"ressalvados os impostos sobre a renda, a criação, alteração ou extinção de quaisquer tributos ou encargos legais, após a apresentação da proposta, quando comprovado seu impacto, implicará a revisão da tarifa, para mais ou para menos, conforme o caso"*.

Por outras palavras, o usuário do serviço público é que vai pagar pela remuneração decorrente do uso e ocupação do solo pelas concessionárias.

Pelas razões expostas, não tem fundamento legal a instituição de remuneração, a título de preço público, pelo uso de bem público por concessionárias de serviços públicos.

O que é possível é a instituição de taxa pelo exercício do poder de polícia, embora essa possibilidade exista, no caso, para a União.

O artigo 155, § 3º, da Constituição Federal, com a redação dada pela Emenda Constitucional nº 3/93, determinava que "à exceção dos impostos de que tratam o inciso II do *caput* deste artigo e o artigo 153, I e II, nenhum outro *tributo* poderá incidir sobre operações relativas a energia elétrica, serviços de telecomunicações, derivados de petróleo, combustíveis e minerais do País".

A norma constitucional era muito sábia, na medida em que limitava a instituição de tributos que incidissem sobre os serviços públicos nela referidos. Com isso, impedia a excessiva onerosidade para os usuários, com a instituição de outros impostos senão os expressamente autorizados ou de taxas pelo exercício do poder de polícia.

Ocorre que a Emenda Constitucional nº 33, de 11.12.01, alterou a redação do dispositivo, nos seguintes termos: "À exceção dos impostos de que tratam o inciso II do *caput* deste artigo e o artigo 153, I e II, nenhum outro *imposto* poderá incidir sobre operações relativas a energia elétrica, serviços de telecomunicações, derivados de petróleo, combustíveis e minerais do País."

Vale dizer que, enquanto na redação anterior, era vedada a instituição de qualquer outro *tributo* (abrangendo a taxa, portanto), a nova redação proíbe a incidência de qualquer *imposto*. Não há proibição para a instituição de taxa.

Com toda certeza a abertura para a instituição de taxa ocorreu para dar validade jurídico-constitucional às taxas de fiscalização sobre serviços públicos previstas nas leis instituidoras de agências reguladoras, com o objetivo de garantir-lhes certa margem de autonomia financeira. Normalmente as leis instituidoras de agências reguladoras preveem a instituição de taxa de fiscalização sobre serviços de sua competência. No entanto, essa instituição só pode ser feita pelo ente político titular do serviço. Se o serviço é de titularidade da União, os Estados e Municípios não podem instituir taxa.

Pelo artigo 145, II, da Constituição, as taxas só podem ser instituídas "em razão do exercício do *poder de polícia* ou pela utilização, efetiva ou potencial, de *serviços públicos* específicos e divisíveis, prestados ao contribuinte ou postos a sua disposição".

Com relação à taxa de serviço público, cada ente político pode institui-la em relação aos serviços que lhe são privativos (e aqui a opinião representa alteração de entendimento em relação ao que consta de parecer publicado no livro *Parcerias na administração pública*).[76]

Não é demais salientar que não cabe a instituição de taxa que tenha por fato gerador o uso de bem público. Essa modalidade não se enquadra nas hipóteses previstas no artigo 145, II, da Constituição. O ente político que cede o uso do solo para instalações necessárias à prestação de serviço público não está prestando qualquer tipo de serviço público, nem está exercendo fiscalização sobre o mesmo.

---

[76] 2005:411.

Além disso, os argumentos utilizados para negar a possibilidade de cobrança de preço público aplicam-se também à instituição de taxa: ela vai refletir sobre o equilíbrio econômico-financeiro dos contratos de concessão, provocando a elevação das tarifas; vai interferir com a política tarifária de serviços sujeitos à regulação, controle e fiscalização de outro ente político; vai infringir os princípios da modicidade das tarifas e do interesse público; vai ferir o princípio da razoabilidade das leis; e, principalmente, vai ferir o artigo 145, II, da Constituição, uma vez que no caso de uso de bem público pelas concessionárias não existe nenhum dos fatos geradores previstos no dispositivo constitucional.

2.11 Uso gratuito das faixas de domínio de rodovias e de vias públicas por concessionárias de energia elétrica[77]

O que foi dito no item anterior aplica-se também às concessionárias de energia elétrica. Porém, neste caso, o tema merece ser tratado à parte, tendo em vista a existência de normas legais e regulamentares a respeito.

Conforme ressaltado, as concessionárias (dentre elas as de energia elétrica) que utilizam bens públicos para instalação da infraestrutura necessária à prestação do serviço público não exercem sobre tais bens o chamado *uso comum* a que se refere o artigo 103 do Código Civil, mas o uso *privativo*, exercido com exclusividade (ressalvadas as hipóteses de compartilhamento de infraestrutura previstas em lei). E não é um uso que possa ficar dependendo de decisão discricionária do titular do bem, seja este um particular ou uma pessoa jurídica pública. Se esta criar embaraços, a concessionária pode instituir servidão para esse fim.

No caso da energia elétrica, esse poder está previsto no artigo 151 do Código de Águas (aprovado pelo Decreto nº 24.643, de 10.7.34), assim redigido:

> *"Artigo 151. Para executar os trabalhos definidos no contrato, bem como para explorar a concessão, o concessionário terá, além das regalias e favores constantes das leis fiscais e especiais, os seguintes direitos:*
>
> *a) utilizar os terrenos de domínio público e estabelecer as servidões nos mesmos e através das estradas, caminhos e vias públicas, com sujeição aos regulamentos administrativos;*
>
> *b).................*
>
> *c) estabelecer as servidões permanentes ou temporárias exigidas para as obras hidráulicas e para o transporte e distribuição da energia elétrica;*

---

[77] Para maior desenvolvimento do tema, v. parecer publicado no Apêndice 4.

d) construir estradas de ferro, rodovias, linhas telefônicas ou telegráficas, sem prejuízo de terceiros, para uso exclusivo da exploração;

e) estabelecer linhas de transmissão e de distribuição."

O Código de Águas, embora aprovado em 1934, continua em vigor, tendo sido recepcionado pelas Constituições que o sucederam, salvo com relação aos dispositivos que foram sendo tácita ou expressamente revogados por legislação posterior. O fato de a energia elétrica constituir hoje matéria de lei (art. 22, IV, da Constituição) em nada altera a conclusão, pois já se firmou o entendimento de que as novas exigências constitucionais quanto às espécies normativas não afetam a legislação anterior. Se assim não fosse, criar-se-ia um vazio legislativo em matérias relevantes, até que as mesmas fossem novamente objeto de normatização. Foi o entendimento que levou à aceitação do Código Tributário Nacional como lei complementar, embora tivesse sido promulgado como lei ordinária. Pela mesma razão, as matérias referentes a tombamento e desapropriação estão disciplinadas respectivamente pelos Decretos-leis nºs 25, de 30.11.37, e 3.365, de 21.6.41, ainda em vigor, embora não mais exista a figura do decreto-lei na Constituição. É o caso também do Decreto nº 20.910, de 6.1.32, que regula a prescrição contra a Fazenda Pública, também em vigor.

Aliás, mesmo que se considerasse o Código de Águas como revogado, isto seria irrelevante em relação à possibilidade de instituição de *servidão administrativa* para a prestação de serviços públicos concedidos, pois ela está prevista também no artigo 40 do Decreto-lei nº 3.365/41 (sobre desapropriação) e no artigo 31, VI, da Lei nº 8.987/95 (Lei de concessões e permissões de serviços públicos). O primeiro estabelece que "*o expropriante poderá constituir servidões, mediante indenização na forma desta lei*", norma que nada mais é do que aplicação do princípio de que quem pode o mais, que é desapropriar, pode o menos, que é instituir servidão. O segundo dispositivo outorga às concessionárias o poder de "*promover as desapropriações e constituir servidões autorizadas pelo poder concedente, conforme previsto no edital e no contrato*".

Desse modo, não há razão para considerar revogado o artigo 151 do Código de Águas nem os decretos que o regulamentaram, dentre os quais se insere o de nº 84.398, de 16.1.80, que trata da servidão instituída sobre bens públicos.

Diante do poder outorgado às concessionárias para constituição de servidão administrativa sobre bens públicos, o uso privativo para fins de prestação de energia elétrica (ou outro serviço concedido) pode ser consentido pelo titular do bem ou, na falta de consentimento, vai ser compulsoriamente imposto por meio de instituição de servidão administrativa. A empresa concessionária passa a ser titular de um direito real que, pela lei, pode ser temporário ou permanente, regido por normas de direito público e não pelo Código Civil.

Trata-se de *uso privativo* porque na área sobre a qual se institui a servidão incidirão restrições ao uso de bens por terceiros, inclusive para Estados e Municípios, já que se trata de serviço público privativo da União. Atendendo ao interesse nacional, não pode ser impedido ou restringido por normas estaduais ou municipais. Ao uso privativo não se aplica o artigo 103 do Código Civil, que prevê a possibilidade de ser o uso comum exercido mediante remuneração.

No que diz respeito à gratuidade ou onerosidade da servidão, para fins de energia elétrica, existem duas normas diferentes que regulamentam o artigo 151 do Código de Águas:

a) o Decreto nº 35.851, de 16.7.54, regulamenta a alínea "c" do referido dispositivo, que trata das servidões instituídas sobre propriedades privadas, conclusão a que se chega pelo fato de estarem, as servidões sobre o domínio público, referidas na alínea "a" do artigo 151; essas servidões dão ao proprietário o direito a "indenização correspondente à justa reparação dos prejuízos a eles causados pelo uso público das mesmas e pelas restrições estabelecidas ao seu gozo" (art. 6º);

b) o Decreto nº 84.398, de 16-1-80, alterado pelo Decreto nº 86.859, de 19.1.82, regulamenta a alínea "a" do artigo 151, que trata especificamente da utilização dos terrenos de domínio público e das servidões instituídas sobre os mesmos; essa ocupação se faz *sem ônus* para as concessionárias, conforme está expresso no artigo 2º do aludido decreto.

A diferença de tratamento é inteiramente justificável. Quando a servidão incide sobre propriedade particular, o proprietário sofre uma restrição no seu direito em benefício da coletividade; impõe-se a indenização pela mesma justificativa que existe na desapropriação e na responsabilidade civil do Estado por danos causados ao particular: aquele que sofre restrição em seu direito para beneficiar a coletividade deve receber a indenização correspondente para ser compensado pelo prejuízo sofrido em benefício do interesse da coletividade; trata-se de aplicação do princípio da repartição dos ônus e encargos sociais.

Quando a servidão incide sobre bem público que, por sua própria natureza, atende ao interesse público, não há justificativa para a indenização, porque o ônus beneficia a própria coletividade. Não há restrição a ser objeto de compensação pecuniária. Existe, na realidade, uma ampliação de benefícios. Aliás, se instituída a remuneração, é sobre o usuário do serviço público que ela recairá, já que o seu valor acabará por refletir no montante da tarifa. O titular do bem não sofre qualquer restrição no exercício do seu direito de propriedade (que é de natureza pública e não privada); e a coletividade que exerce o direito de uso comum sobre o bem não vai sofrer qualquer tipo de limitação; pelo contrário, ela se beneficiará com a ampliação de utilidades a serem prestadas pela concessionária de serviço público.

Note-se que o Decreto fala em *autorização* do titular do bem, a ser dada no prazo de 30 dias, pelo órgão ou entidade competente, sob cuja jurisdição estiver a área a ser ocupada ou atravessada; ultrapassado o prazo de 30 dias, prorrogável por mais 30, a não manifestação do órgão ou entidade competente implicará a outorga tácita da autorização pretendida, para execução da obra (art. 3º).

De acordo com o Decreto nº 84.398/80, a autorização é dada pelo órgão federal, estadual ou municipal ou entidade sob cuja jurisdição estiver a área a ser ocupada (art. 1º); as autorizações são dadas por prazo indeterminado e *sem ônus para as concessionárias de serviços públicos* (art. 2º); o órgão ou entidade competente deve manifestar-se sobre os projetos, restringindo-se, na apreciação, ao trecho de ocupação da área sob sua jurisdição (art. 3º); no ato de autorização compreendem-se os deveres do concessionário de *manter* e *conservar* as linhas, custear ou reparar os danos causados e as modificações de linha (art. 5º); cabe ao órgão ou entidade competente custear as modificações de linhas já existentes, sempre que estas se tornem exigíveis em decorrência de extensão, duplicação e implantação de nova rodovia, ferrovia ou hidrovia, bem como os danos causados à linha de energia elétrica que tenha sido afetada por obras de sua responsabilidade (art. 6º); vale dizer que se a mudança da linha tiver que ser feita em decorrência de obra realizada por outra concessionária ou por outro ente político, a estes últimos incumbe responder pelo ônus correspondente.

Se a legislação federal em vigor não permite a remuneração para a instalação de transmissão e distribuição de energia elétrica, resta verificar se é possível aos Estados e Municípios instituí-la, a título de preço público, seja em seu próprio benefício, seja em benefício das concessionárias de rodovias. A resposta é negativa por várias razões.

Em primeiro lugar, embora cada ente da federação tenha competência para legislar sobre os bens de seu patrimônio, no caso de que se trata tem que prevalecer a competência da União, porque, tratando-se de serviço público exclusivo da União, todos os valores a serem embutidos no valor da tarifa têm que ser definidos pelo poder concedente, para garantir a observância do princípio da isonomia. O serviço é prestado no nível federal. A fixação da tarifa tem que obedecer a critérios uniformes. Não é possível que cada ente da federação institua cobranças pelo uso de seus bens para fins de instalação das linhas de transmissão de energia elétrica, cada qual segundo seus próprios critérios, refletindo inclusive sobre o equilíbrio econômico-financeiro do contrato (conforme demonstrado no item anterior).

Isso sem falar que os entes políticos que instituírem a cobrança terão receita não usufruída pelos demais. Por outro lado, a remuneração instituída por um ou alguns Estados e Municípios vai repercutir no valor da tarifa de todos os usuários.

Outro argumento, já analisado no item anterior, é o que diz respeito à função social dos bens do patrimônio público; por outras palavras, é inerente à própria natureza dos bens do domínio público (bens de uso comum do povo e bens de uso especial) servir a finalidades públicas diversas, quantas sejam possíveis e necessárias para ampliar as utilidades oferecidas à coletividade. Cada bem público pode atender a inúmeros fins. Quando utilizados por concessionárias de serviços públicos, as instalações são feitas em benefício de todos os que se utilizam desses serviços. Todos se beneficiam e a utilização se insere entre os fins a que o bem se destina.

3

Da autorização de uso

3.1 Autorização administrativa

Foi no direito italiano que o estudo da autorização teve mais amplo desenvolvimento, não especificamente dentro do tema da utilização do domínio público, mas como modalidade de ato administrativo unilateral e discricionário, editado pela Administração sempre que sua manifestação se faça necessária para afastar os obstáculos que impeçam a prática de determinados atos ou atividades.

Segundo a doutrina italiana, a autorização não cria direito novo, mas apenas afasta os obstáculos que impediam o exercício de um direito preexistente.

Ranelletti[1] inclui as autorizações entre os atos que produzem uma alteração no estado jurídico existente a favor de determinado sujeito de direito e as define como atos que em casos concretos particulares permitem a determinadas pessoas o exercício ou a aquisição de um direito. Cita vários exemplos, afirmando que em todos eles "a lei, ao tutelar o interesse público e também o de terceiros, proíbe ao sujeito o exercício de um direito na consecução de um ato ou de uma atividade ou a aquisição de um direito, até que haja obtido a permissão (autorização) da autoridade administrativa. Esta, por isso, concedendo a autorização, *remove o limite* que a lei coloca *condicionalmente* ao exercício ou à aquisição do direito".

---

[1] *Teoria degli atti amministrativi speciali*, 1945, p. 21-22.

Teoria semelhante foi adotada por outros autores. Vignocchi[2] sustenta ser a autorização "um ato autônomo, uma manifestação jurídica de vontade com função não constitutiva de um direito novo, mas consistente na remoção de limites ao exercício de um direito preexistente". E acrescenta que a autorização é um controle preventivo não só em sentido estritamente jurídico, mas também de fato, diversamente, portanto, da aprovação. A sua função de controle atua através de um exame sintético da posição de direito e de fato do sujeito controlado; por tais razões, deve normalmente preceder o ato de autorizar; deve ser, além disso, concedida caso por caso.

Da mesma forma, Umberto Fragola[3] entende que a autorização administrativa é o ato com o qual o ente público remove os obstáculos ao exercício de direito preexistente no patrimônio do requerente.

Renato Alessi,[4] embora atribuindo à autorização, à concessão e à admissão a natureza de atos constitutivos de direito em favor do particular, observa que "a autorização apresenta, em confronto com as outras duas espécies, a nota característica de que a constitutividade do efeito concerne, mais que à titularidade do direito em favor do particular, à possibilidade jurídica do seu exercício".

Como sintetiza Cretella Júnior,[5] "de um modo geral, a doutrina italiana vê, no instituto da autorização administrativa: (a) uma apreciação discricionária da Administração, que, apreciando (b) a conveniência ou oportunidade da outorga, procede à (c) remoção de obstáculo criado por norma legal proibitiva, para que o particular solicitante possa ter (d) o exercício de direito subjetivo (e) ou de interesse, (f) já preexistente no patrimônio do requerente, (g) revelando-se a atividade como operação material, poder ou ato jurídico".

3.2 Autorização administrativa no direito brasileiro

No direito brasileiro, a autorização administrativa tem várias acepções.

Num primeiro sentido, corresponde ao conceito adotado no direito italiano, com alguma variação no que concerne aos seus efeitos.

Além disso, é utilizada como instrumento de transferência da execução de serviço público ao particular e de outorga da utilização de bem público.

---

[2] *La natura giuridica dell'autorizzazione amministrativa*, 1944, p. 13.

[3] *Gli atti amministrativi*, 1952, p. 94. No mesmo sentido, ainda, Cino Vitta, *Diritto amministrativo*, 1948, v. I, p. 332; Guido Zanobini, *Corso di diritto amministrativo*, 1945, v. I, p. 241; Aldo Bozzi, *Istituzione di diritto pubblico*, 1966, p. 324.

[4] *Sistema istituzionale del diritto amministrativo italiano*, 1957, p. 57-58.

[5] Definição da autorização administrativa, in *RT* 486/15.

Criou-se uma gradação entre os institutos da autorização, permissão e concessão, tanto em matéria de delegação da execução de serviços públicos a particulares como em matéria de outorga de consentimento ao particular para utilização privativa de bem público. Fala-se, de um lado, em autorização, permissão e concessão de serviço público e, de outro, em autorização, permissão e concessão de uso de bem público.

Em qualquer dessas acepções, a autorização possui a natureza de ato *unilateral*, que se perfaz com a exclusiva manifestação de vontade da Administração; *precário*, porque pode ser revogado a qualquer momento pelo Poder Público, uma vez constatada a incompatibilidade do ato consentido com o interesse geral que lhe cabe tutelar; e *discricionário*, porque sua outorga envolve a apreciação de aspectos concernentes à oportunidade e conveniência.

O objeto da autorização é que pode variar, pois abrange três hipóteses:

a) o desempenho de atividade ou a prática de atos que não seriam possíveis sem o consentimento da Administração, por existir norma legal proibitiva;

b) a exploração de serviço público;

c) o uso de bem público por particular.

Na Constituição Federal, ainda se emprega o vocábulo *autorização* no sentido de consentimento de um Poder a outro para a prática de determinado ato; é o caso previsto no artigo 49, II e III, que dá competência ao Congresso Nacional para autorizar o Presidente da República a declarar guerra, a celebrar a paz, a permitir que forças estrangeiras transitem pelo território nacional ou nele permaneçam temporariamente, ressalvados os casos previstos em lei complementar, bem como para autorizar o Presidente e o Vice-Presidente da República a se ausentarem do País, quando a ausência exceder a 15 dias; no artigo 52, V, é prevista competência do Senado Federal para autorizar operações externas de natureza financeira, de interesse da União, dos Estados, do Distrito Federal, dos Territórios e dos Municípios. Tais autorizações podem ser consideradas atos administrativos *em sentido material* (quanto ao conteúdo), pois equivalem, também, a um consentimento manifestado por pessoa jurídica de direito público para que outra pessoa da mesma natureza pratique ato que não seria válido sem essa formalidade. Sob o aspecto *formal*, não se trata de ato administrativo, mas de ato legislativo, que se edita sob a forma de decretos-legislativos ou de resoluções, conforme artigo 59, VI e VII, da Constituição. Pode-se dizer que, nesses casos, a autorização constitui instrumento de controle político do Legislativo sobre o Executivo.

No âmbito administrativo, define-se autorização, em uma primeira acepção, como *ato administrativo unilateral e discricionário pelo qual a Administração faculta ao particular o desempenho de atividade material ou a prática de ato que, sem esse consentimento, seriam legalmente proibidos*. Nesse caso, a autorização tem a típica natureza de ato de polícia, ao lado da licença. Distinguem-se ambas porque a autorização tem, em regra, a natureza *discricionária*, e a licença, natureza *vinculada*, embora o legislador nem sempre observe tal distinção, utilizando um vocábulo pelo outro.

Exemplo dessa hipótese de autorização como ato de polícia encontra-se na Constituição brasileira, quando atribui à União competência para autorizar e fiscalizar a produção e o comércio de material bélico (art. 21, VI) e para autorizar a pesquisa e lavra de recursos naturais (art. 176, § 1º); outro exemplo é o da autorização para porte de arma, que a Lei de Contravenções Penais denomina impropriamente de licença (art. 19).

Nesse sentido, a autorização abrange todas as hipóteses em que o exercício da atividade ou a prática de ato são vedados por lei ao particular, por razões de interesse público, relativas à segurança, à saúde, à economia ou outros motivos concernentes à tutela do bem comum. Contudo, fica reservada à Administração a faculdade de, com base no poder de polícia do Estado, afastar a proibição, em determinados casos concretos, quando entender que o desempenho da atividade ou a prática do ato não se apresenta nocivo ao interesse da coletividade. Precisamente por estar condicionada à compatibilidade com o interesse público que se tem em vista proteger, a autorização pode ser revogada a qualquer momento, desde que essa compatibilidade deixe de existir.

No direito brasileiro, não encontra guarida a doutrina italiana, no que diz respeito ao efeito declaratório da autorização. Os doutrinadores pátrios preocuparam-se em apontar a contradição entre a natureza discricionária que se atribuía à autorização e a afirmação de que o direito preexiste a ela.

Com efeito, admitindo-se, por hipótese, a existência de direito subjetivo no patrimônio do requerente, antes de obter a autorização, caberia à autoridade administrativa competente para outorgá-la verificar apenas o preenchimento dos requisitos legais exigidos, ficando afastada a possibilidade, inerente aos atos discricionários, de apreciar o mérito da medida – oportunidade e conveniência.

Apercebendo-se dessa contradição, os juristas brasileiros afastaram-se da doutrina esposada no direito italiano, ou para atribuir à autorização a natureza de ato vinculado ou para negar a existência de direito antes da edição do ato pela Administração.

A primeira orientação foi adotada por Guimarães Menegale,[6] que acolheu a doutrina italiana ao qualificar a autorização como "a remoção de óbice jurídico e a restauração da liberdade material do indivíduo, cujo exercício em cada caso, a norma legal adstrinja"; mas afastou-se dela quando atribuiu à autorização a

---

[6] *Direito administrativo e ciência da administração*, 1957, p. 57-58.

natureza de *ato vinculado*, que obriga a Administração desde que o interessado satisfaça os requisitos legais.

A Lei Geral de Telecomunicações (Lei nº 9.472, de 16.7.97), no artigo 131, § 1º, define a "autorização de serviço de telecomunicações" como "ato administrativo *vinculado* que faculta a exploração, no regime privado, de modalidade de serviço de telecomunicações, quando preenchidas as condições objetivas e subjetivas necessárias". No entanto, a norma não se afeiçoa ao conceito doutrinário hoje adotado pela quase totalidade dos juristas.[7]

Com efeito, o entendimento que desde longa data tem prevalecido na doutrina[8] é o que, de um lado, reconhece a natureza discricionária da autorização, cuja outorga envolve a apreciação de aspectos concernentes à oportunidade e conveniência; e, de outro, nega o seu efeito meramente declaratório, pois o que a autorização faz é afastar, no caso concreto, a incidência de norma legal proibitiva. Nas palavras de Oswaldo Aranha Bandeira de Mello,[9] "quem pretende a autorização tem apenas possibilidade jurídica de obtê-la, jamais direito preexistente. Ela amplia as suas faculdades jurídicas, simplesmente".

Em uma segunda acepção – *autorização de serviço público* –, a autorização administrativa se define como *ato administrativo unilateral e discricionário pelo qual o Poder Público faculta ao particular a exploração de serviço público, a título precário*.

Com esse significado, a autorização está prevista, por exemplo, no artigo 21, XI e XII, da Constituição do Brasil, que confere à União competência privativa para explorar, diretamente ou mediante autorização, concessão ou permissão, os serviços de telecomunicações; radiodifusão sonora e de sons e imagens; serviços e instalações de energia elétrica e o aproveitamento energético dos cursos de água, em articulação com os Estados onde se situam os potenciais hidroenergéticos;

---

[7] No livro *Parcerias na administração pública*, 2008, p. 137-141, defendemos o entendimento de que o vocábulo *autorização*, na Lei Geral de Telecomunicações, como ato vinculado, foi impropriamente utilizado para atender à norma do artigo 21, XI, da Constituição, que fala em concessão, permissão e *autorização* dos serviços de telecomunicações. Esse dispositivo, a toda evidência, deu à União a competência discricionária para decidir se executa o serviço de telecomunicações diretamente ou se o faz mediante concessão, permissão ou autorização. Vale dizer que, na Constituição, o vocábulo *autorização* foi utilizado com sua tradicional natureza jurídica de ato discricionário; na lei ordinária é que houve um desvirtuamento ao tratar a autorização como ato vinculado. O que se pretendeu foi *dar a impressão* de que a Constituição estava sendo observada, quando, na realidade, não estava.

[8] José Cretella Júnior. Definição de autorização administrativa, in *RT* 486/11-21; Oswaldo Aranha Bandeira de Mello, *Princípios gerais de direito administrativo*, 2007, p. 560-561; Hely Lopes Meirelles, *Direito administrativo brasileiro*, 2009, p. 190; Pontes de Miranda, *Comentários à Constituição de 1946*, 1953, v. I, p. 282; José Matos de Vasconcelos, *Direito administrativo*, 1937, v. II, p. 155; Mário Masagão, *Curso de direito administrativo*, 1968, p. 140-141; Ruy Cirne Lima, *Princípios de direito administrativo*, 1964, p. 91; Diogo de Figueiredo Moreira Neto, 2009, p. 432; Edmir Netto de Araújo, 2009, p. 1118; Celso Antônio Bandeira de Mello, 2009, p. 432.

[9] *Princípios gerais de direito administrativo*, 2007, v. I, p. 562.

navegação aérea, aeroespacial e a infraestrutura aeroportuária; serviços de transporte ferroviário e aquaviário entre portos brasileiros e fronteiras nacionais, ou que transponham os limites de Estado ou Território; serviços de transporte rodoviário interestadual e internacional de passageiros; os portos marítimos, fluviais e lacustres.

Finalmente, em terceira acepção – *autorização de uso de bem público* – a autorização administrativa define-se como *ato administrativo unilateral e discricionário, pelo qual o Poder Público faculta ao particular o uso privativo de bem público, a título precário*. Nessa terceira acepção é que a autorização será desenvolvida nos parágrafos subsequentes.

Levando-se em consideração o tríplice objeto da autorização administrativa, pode-se defini-la, em sentido amplo, como o *ato administrativo unilateral e discricionário, pelo qual a Administração faculta ao particular a execução de serviço público, o uso privativo de bem público, ou o desempenho de atividade material ou a prática de ato que, sem esse consentimento, seriam legalmente proibidos.*

Não é demais ressaltar, mais uma vez, que muitas vezes o legislador trata a autorização por forma diversa, que não se enquadra nesse conceito. Por vezes, ela aparece como ato vinculado e, até mesmo, com todas as características de contrato; em algumas leis confunde-se com a permissão, sendo os vocábulos utilizados indiferentemente. Por isso mesmo, é preciso, ao analisar o instituto, levar em consideração, em cada caso, o que estabelece o direito positivo, pois é este que tem que prevalecer, a menos que esteja em desacordo com normas de hierarquia superior.

3.3 Autorização de uso de bem público

De que forma o instituto da autorização administrativa se aplica ao tema da utilização de bens públicos por particulares?

A autorização constitui-se em título jurídico hábil para consentir o uso de bem público por particular, em duas situações diferentes: (a) quando se trata do chamado *uso comum extraordinário*; neste caso, a autorização constitui-se em ato de polícia, com aquele primeiro sentido assinalado, ou seja, de ato administrativo que remove obstáculo legal proibitivo de determinada atividade ou ato; (b) quando se trata de *uso privativo*.

3.4 Autorização de uso comum extraordinário

Existe determinada modalidade de uso de bem público por particular que, embora sujeita ao consentimento da Administração, não se confunde com o uso privativo, porque exercida sem o caráter de exclusividade que o caracteriza. É o chamado *uso comum extraordinário*.

O uso comum caracteriza-se, essencialmente, por estar aberto a todos, a *quivis de populo*, independentemente da obtenção de título jurídico para que possa ser usufruído; constitui, nas palavras de Cretella Júnior,[10] "o exercício natural de uma faculdade que faz parte integrante da esfera de liberdade humana, que o homem tem como homem, não apenas como habitante de um determinado lugar".

Todavia, o uso comum não é ilimitado; a essa faculdade do homem contrapõe-se o poder de polícia que o Estado exerce sobre as coisas do domínio público e que lhe confere a faculdade discricionária de restringir a liberdade individual em benefício do interesse coletivo. Com base nesse poder, cujo fundamento é o princípio da supremacia do interesse público sobre o particular, a Administração regulamenta o uso de bem público, estabelece restrições ao exercício de determinadas faculdades, vedando algumas e sujeitando outras ao seu prévio consentimento ou ao pagamento de prestação pecuniária, fiscaliza e impõe sanções.

Nos casos em que a utilização depende do consentimento da Administração, este será expresso por meio de *autorização* (como ato discricionário) ou, eventualmente, de *licença* (como ato vinculado).

É, portanto, do poder de polícia do Estado que decorre a autorização administrativa, com todas as características antes apontadas: ato administrativo unilateral, discricionário e precário, que tem por objetivo afastar, em determinados casos concretos e mediante provocação do interessado, a incidência de norma legal proibitiva ou restritiva do uso comum. A liberdade individual de usufruir da coisa pública, antes restringida por uma proibição legal, é restabelecida com a autorização de uso outorgada pela Administração.

Esse condicionamento do uso comum à obtenção de prévia autorização administrativa justifica-se pela necessidade de proteger determinados interesses que, segundo Diogo Freitas do Amaral,[11] podem ser reduzidos a duas espécies: "uns, ligados à necessidade de disciplinar a compatibilidade e hierarquia dos usos múltiplos de uma coisa dominial; outros, presos à necessidade de conservação material da própria coisa". E o autor exemplifica: quando a lei faz depender de autorização a realização de festas, cortejos, provas desportivas, nas vias públicas, tem em vista, certamente, preservar os usos primordiais a que esse bem de uso comum do povo se destina. Quando, porém, a lei exige autorização para que veículos de determinado porte ou altura transitem por algumas estradas, o objetivo é o de conservação do bem.

---

[10] *Bens públicos*, 1975, p. 83.
[11] *A utilização de bens públicos por particulares*, 1972, p. 91.

Além disso, muitas vezes, o interesse protegido concerne, não ao bem público, mas aos próprios usuários, principalmente no que diz respeito à sua segurança e ao seu direito de uso normal da coisa, sem sofrer embaraços ou prejuízos por parte dos demais.

Por exemplo, o artigo 101 do Código Nacional de Trânsito (Lei nº 9.503, de 23.9.97) exige autorização especial de trânsito, com prazo certo, válida para cada viagem, quando o veículo transportar carga que não se enquadre nos limites de peso e dimensões estabelecidos pelo CONTRAN. O objetivo precípuo é o de conservação da via pública, mas a medida tem em vista também proteger interesses de terceiros. É o que se depreende do § 2º do mesmo dispositivo, pelo qual a autorização não exime o beneficiário da responsabilidade por eventuais danos que o veículo ou a combinação de veículos causar à via ou a terceiros.

Em todos os casos referidos, a autorização não tem por objeto o uso privativo – já que não confere exclusividade ao usuário – porém, *uso comum* limitado pela administração com base no poder de polícia do Estado. Daí falar-se em *autorização de uso comum extraordinário*, como *ato administrativo unilateral e discricionário pelo qual a Administração remove os obstáculos legais impeditivos do uso de bem público por particular*. Trata-se de típico ato de polícia.

3.5 Autorização de uso privativo

No direito estrangeiro, a autorização administrativa não costuma ser incluída entre os títulos jurídicos constitutivos do uso privativo de bem público.

Fala-se comumente em permissão e concessão de uso, como é o caso de Bielsa,[12] no direito argentino.

No direito francês, Laubadère[13] apresenta a autorização como gênero de que constituem espécies a permissão de *voirie* (ato unilateral) e a concessão de *voirie* (contrato); a mesma terminologia é empregada por Trotabas.[14]

No direito português, Diogo Freitas do Amaral[15] e Marcello Caetano[16] falam em licença e concessão, dando a esta o caráter ora de ato unilateral, ora de contrato.

No direito brasileiro, alguns doutrinadores já incluem a autorização, ao lado da permissão e da concessão, entre os títulos constitutivos do uso privativo de

---

[12] *Derecho administrativo*, 1964, t. III, p. 505-504.
[13] *Traité élémentaire de droit administratif*, 1970, p. 187.
[14] *Manuel de droit public et administratif*, 1948, p. 141-142.
[15] *A utilização do domínio público pelos particulares*, 1972, p. 166 ss.
[16] *Manual de direito administrativo*, 1969, t. II, p. 866-867.

bens públicos. E não poderia ser de outra forma, já que as três modalidades estão previstas no direito positivo.

José Cretella Júnior[17] indica os vários significados do termo *autorização*, sendo um deles o de "ato administrativo unilateral e discricionário, mediante o qual a Administração faculta ao particular a utilização privativa de bem público".

Igual orientação foi adotada por Hely Lopes Meirelles,[18] que define a autorização de uso como "o ato unilateral, discricionário e precário pelo qual a Administração consente na prática de determinada atividade individual incidente sobre um bem público". Também Ruy Cirne Lima[19] refere-se à autorização sobre o domínio público.

Na realidade, tratando-se de instituto consagrado no direito positivo, não poderiam os doutrinadores deixar de incluí-lo entre os títulos jurídicos hábeis para outorga do direito de uso privativo de bem público, fixando-lhe os traços característicos que permitam a sua diferenciação das demais modalidades.

A dificuldade surge, contudo, quando se cuida de distingui-lo da permissão de uso que, como a autorização, reveste as mesmas características de ato unilateral e discricionário pelo qual a Administração faculta ao particular, a título precário, a utilização privativa de bem público. Pode-se mesmo afirmar que não existem diferenças de fundo ou de forma entre a autorização e a permissão de uso privativo. Em alguns casos, é fácil depreender-se a confusão no emprego dos vocábulos. É o que ocorre, por exemplo, no Código de Águas, que, ao disciplinar a derivação de águas públicas para fins de aplicação na agricultura, indústria e higiene, prevê a autorização como título hábil para esse fim (art. 43), porém refere-se ao permissionário (art. 52).

Na Lei Orgânica do Município de São Paulo ficou consagrada, no direito positivo, com relação ao município, uma distinção, sob o aspecto formal, entre permissão e autorização, já que a primeira se faz por *decreto*, e a autorização, por *portaria*. Seu artigo 114 determina, no § 4º, que "a permissão, que pode incidir sobre qualquer bem público, será sempre por tempo indeterminado e a título precário, formalizada através de decreto"; e, no § 5º, determina que "a autorização, que poderá incidir sobre qualquer bem público, será feita por portaria, para atividades ou usos específicos e transitórios, pelo prazo máximo de 90 (noventa) dias, exceto quando se tratar de formar canteiro de obra pública, caso em que o prazo corresponderá ao da duração da obra". O mesmo dispositivo permite inferir que a autorização é outorgada quando se trata de uso privativo consentido por

---

[17] Definição da autorização administrativa, in *RT* 486/20.
[18] *Direito administrativo brasileiro*, 2009, p. 532.
[19] *Princípios de direito administrativo*, 1964, p. 91.

curto período de tempo, pois o prazo máximo permitido é de 90 dias, sendo outorgada por outra autoridade que não o Chefe do Poder Executivo, já que este decide por meio de decreto; já a permissão é outorgada nas hipóteses de utilização por tempo superior a esse, sempre a título precário, sendo de competência do Prefeito, já que a lei exige *decreto*.

Hely Lopes Meirelles[20] adota a melhor distinção entre os institutos, ao afirmar que a autorização "não tem forma nem requisitos especiais para a sua efetivação, pois visa apenas a atividades transitórias e irrelevantes para o Poder Público, bastando que se consubstancie em ato escrito, revogável sumariamente a qualquer tempo e sem ônus para a Administração. Essas autorizações são comuns para a ocupação de terrenos baldios, para a retirada de água em fontes não abertas ao uso comum do povo e para outras utilizações de interesse de certos particulares, desde que não prejudiquem a comunidade nem embaracem o serviço público". E a permissão, que pode incidir sobre qualquer bem público, é possível "desde que a utilização seja também de interesse da coletividade que irá fruir certas vantagens desse uso, que se assemelha a um serviço de utilidade pública, tal como ocorre com as bancas de jornais, os vestiários em praias e outras instalações particulares convenientes em logradouros públicos". O autor ressalta o interesse particular, na autorização, e o interesse público, na permissão. E acrescenta: "Se não houver interesse para a comunidade, mas tão somente para o particular, o uso especial não deve ser *permitido* nem *concedido*, mas simplesmente *autorizado*, em caráter precaríssimo. Vê-se, portanto, que a *permissão de uso* é um meio-termo entre a informal *autorização* e a contratual *concessão*, pois é menos precária que aquela, sem atingir a estabilidade desta".

Às diferenças apontadas pode-se acrescentar outras: a autorização, sendo outorgada no interesse do particular, apenas lhe confere uma *faculdade*, ao passo que a permissão e a concessão, por visarem ao interesse público, conferem um *dever* de utilização, sob pena de caducidade do ato de outorga.

A autorização é da competência do órgão a quem incumbe a administração do bem.[21]

---

[20] *Direito administrativo brasileiro*, 2009, p. 532-533.

[21] No Estado de São Paulo, a autorização pode assumir diferentes formas, conforme a autoridade que a outorgue, nos termos da Lei nº 10.177, de 30.12.98 (que regula o processo administrativo no âmbito da Administração Pública Estadual). Pelo art. 12, "são atos administrativos: I – de competência privativa: a) do Governador do Estado, o Decreto; b) dos Secretários de Estado, do Procurador Geral do Estado e dos Reitores das Universidades, a Resolução; c) dos órgãos colegiados, a Deliberação; II – de competência comum: a) a todas as autoridades, até o nível de Diretor de Serviço; às autoridades policiais; aos dirigentes das entidades descentralizadas, bem como, quando estabelecido em norma legal específica, a outras autoridades administrativas, a Portaria; b) a todas autoridades ou agentes da Administração, os demais atos administrativos, tais como Ofícios, Ordens de Serviço, Instruções e outros".

3.6 Conceito e natureza jurídica

Apesar da imprecisão conceitual da autorização diante da permissão de uso, é preciso apontar os seus traços característicos, mesmo porque, pelo menos em alguns casos, como se verá, ela aparece como instrumento autônomo de outorga da utilização.

Autorização de uso privativo é o ato administrativo unilateral e discricionário pelo qual a Administração Pública consente, a título precário, que o particular se utilize de bem público com exclusividade.[22]

Como toda autorização administrativa, a de uso privativo é ato *unilateral*, porque, não obstante outorgada mediante provocação do particular, se perfaz com a exclusiva manifestação de vontade do Poder Público; *discricionário*, uma vez que o consentimento pode ser dado ou negado, segundo considerações de oportunidade e conveniência, a cargo da Administração; *precário*, no sentido de que pode ser revogado a qualquer momento, quando o uso se revelar contrário ao interesse público. Pode ser gratuito ou oneroso. Seu efeito é constitutivo, porque outorga ao particular uma faculdade que ele não poderia exercer sem a edição desse ato, ou seja, confere-lhe o poder de utilizar privativamente um bem público ou parcela dele, com exclusão de terceiros. Entra na categoria dos *atos negociais*, porque não possui o atributo da imperatividade, sendo de interesse de ambas as partes.

A utilização não é conferida com vistas à utilidade pública, mas no interesse privado do usuário, que não poderá utilizar-se do bem para fim diverso daquele que motivou a outorga. Aliás, esse é um dos traços que pode ser apontado para distinguir, de um lado, a autorização e, de outro, a permissão e a concessão de uso, as quais são consentidas para fins de utilidade pública, inclusive para a prestação de serviço público. Exemplo significativo dessa diferenciação encontra-se no Código de Águas que, ao disciplinar, no artigo 43, a derivação de águas públicas para aplicações da agricultura, da indústria e da higiene, exige concessão ou autorização administrativa, conforme se trate ou não de atividade executada para fins de utilidade pública. Se a derivação for de interesse particular do usuário, a forma adequada é a autorização, que não confere delegação de poder ao seu titular, conforme norma expressa contida no § 1º do mesmo dispositivo.

---

[22] Embora a doutrina em geral considere a autorização como ato unilateral, em determinadas leis ela é prevista com natureza contratual. É o que acontece na Lei de Portos (Lei nº 12.815, de 5.6.13), cujo artigo 8º, § 1º, determina que a autorização será formalizada por meio de contrato de adesão. Isso não retira a natureza unilateral da decisão; a Administração decide unilateralmente, mas a outorga se formaliza por meio de contrato de adesão. A mesma confusão foi feita pelo legislador na Lei nº 8.987, de 13.2.95 (Lei de Concessões), quando, no artigo 40, estabelece que a permissão de serviço público será formalizada mediante contrato de adesão.

Do fato de tratar-se de utilização exercida no interesse particular do beneficiário decorrem importantes efeitos: (a) a autorização reveste-se de maior precariedade do que a permissão e a concessão de uso; (b) é outorgada, em geral, em caráter transitório; (c) confere menores poderes e garantias ao usuário; (d) dispensa licitação (salvo a hipótese de outros possíveis interessados, a exigir competição) e autorização legislativa; (e) não cria para o usuário um *dever de utilização*, mas simples *faculdade*.

Esses aspectos são realçados por Diogo Freitas do Amaral,[23] ao distinguir o regime da licença do regime da concessão, devendo-se atentar para a diferença de terminologia adotada pelo jurista português, já que ele fala em *licença* onde, no Brasil, se fala em *autorização*. Diz ele que "se o uso privativo pouco ou nada contribui para a satisfação de necessidades coletivas e/ou apresenta perigo para o uso comum da mesma parcela dominial, a sua relevância do ponto de vista do interesse público é menor e isso explica que o regime aplicável seja o da licença – grau inferior da entidade competente para consenti-lo, simplicidade do processo, prazo curto, precariedade dos poderes de uso, inexistência de um dever de utilização efetiva, menores direitos e garantias, qualificação de interesse privado. Se pelo contrário o uso privativo contribui apreciavelmente para a satisfação de necessidades coletivas, a sua relevância do ponto de vista do interesse público é maior e isso explica que o regime aplicável seja o da concessão – grau superior da entidade competente para permiti-lo, maior número de formalidades do processo, prazo médio ou longo, estabilidade da situação obtida, dever de utilização efetiva ou proveitosa da coisa dominial, mais direitos e garantias, possível qualificação como concessão de interesse público".

Cabe aqui uma distinção fundamental entre a autorização de uso extraordinário e a autorização de uso privativo. Na primeira, a autorização só pode ser dada se houver previsão legal expressa; por outras palavras, a lei que regulamenta a utilização do bem público (como, por exemplo, as estradas) contém normas proibitivas de determinadas formas de uso (como a circulação de veículos excessivamente pesados), mas, ao mesmo tempo, prevê a possibilidade de que essa proibição seja levantada em casos concretos, a critério da Administração. Se entender que essa utilização extraordinária não prejudicará o uso ordinário a que o bem se destina, o poder público dará a autorização prevista em lei. A autorização de uso privativo, ao contrário, não depende, necessariamente, de previsão legal. Em alguns casos, essa previsão existe, como na hipótese de autorização para derivação de águas públicas. Mas, em geral, a possibilidade de autorizar a utilização privativa insere-se no poder de gestão que a Administração exerce sobre os bens públicos.

---

[23] *A utilização do domínio público pelos particulares*, 1972, p. 242.

3.7 Autorização simples e qualificada

A autorização, conforme ressaltado, é o título constitutivo de uso privativo preferível nos casos em que a outorga tem em vista atender a interesses particulares, revestindo-se, por isso mesmo, de caráter transitório e precaríssimo.

Apesar disso, o legislador brasileiro tem previsto a possibilidade de fixação de prazo, como ocorre com a derivação de águas, no interesse do particular, com fundamento no artigo 43 do Código de Águas. Nessa hipótese, a lei não *faculta* e sim *obriga* o estabelecimento de prazo, pois o § 2º do mesmo dispositivo determina que toda concessão ou *autorização* se fará por tempo fixo e nunca excedente de 30 anos. Evidentemente, nesse caso, a autorização não tem a natureza de ato precário.

Na Lei Orgânica do Município de São Paulo (de 4.4.90), apesar de ser prevista natureza transitória da autorização, o artigo 114, § 5º, permite a fixação de prazo, até o máximo de 90 dias.

Diante, pois, do direito positivo brasileiro, a autorização de uso privativo pode, inegavelmente, ser conferida *com ou sem prazo*, dando margem à classificação, adotada por José Cretella Júnior,[24] entre autorização *qualificada* e autorização *simples*. A primeira é a que se outorga com prazo assinalado e, a segunda, sem qualquer prazo.

A fixação de prazo, em muitos casos, tira à autorização o caráter de precariedade que permite à Administração utilizar-se da faculdade de revogação, *ad nutum*, do ato de outorga. Na autorização qualificada, confere-se ao uso privativo certo grau de estabilidade, uma vez que se vincula a Administração à obediência do prazo por ela mesma estabelecido, e cria-se, para o particular, direito público subjetivo ao exercício da utilização até o termo final previamente fixado; em consequência, se razões de interesse público impuserem a revogação extemporânea – o que é possível, com fundamento no princípio da supremacia do interesse público sobre o particular – ficará o Poder Público sujeito ao pagamento de importância correspondente à diminuição patrimonial sofrida pelo usuário, em decorrência do sacrifício de seu direito.

3.8 Autorização, licença e admissão

A licença e a admissão são modalidades de atos administrativos unilaterais que vêm previstos ora na lei, ora na doutrina, entre os instrumentos estatais de outorga do uso privativo de bem público, razão pela qual importa distingui-los entre si e com referência à autorização.

---

[24] Definição da autorização administrativa, in *RT* 486/20; *Do ato administrativo*, 1972, p. 116.

Um primeiro traço distintivo é a discricionariedade, que constitui característica da autorização, mas não existe na admissão e na licença.

Admissão é ato unilateral e vinculado pelo qual a Administração reconhece ao particular direito de usufruir de um serviço público ou de utilizar um bem público. É ato vinculado, tendo em vista que os requisitos para outorga da prestação administrativa são previamente definidos, de modo que todos os que os satisfaçam têm direito de obter o benefício.

Mário Masagão[25] indica os seguintes exemplos da admissão: "as relativas a estabelecimentos públicos de instrução e educação, e a hospitais e escolas; as que se referem à prestação de medicamentos, alimentos e serviços médicos pela assistência pública; as que ocorrem na entrega de terreno do patrimônio público ao uso de miseráveis, ou flagelados por calamidades, como entre nós já se verificou em casos de seca prolongada nas regiões nordestinas".

O último exemplo configura hipótese de admissão à utilização de bem público, porém não de *uso privativo*, pois lhe falta a característica de exclusividade e, em consequência, a oponibilidade a terceiros. O terreno público é aberto a todos os flagelados, sem lhes assegurar a possibilidade de impedir que terceiros, que se encontrem em idêntica situação, exerçam igual direito sobre o mesmo bem. O uso beneficia toda uma categoria de pessoas.

A diferença entre autorização e licença, acentua Cretella Júnior,[26] é nítida, "porque o primeiro desses institutos envolve interesses, caracterizando-se como ato discricionário, ao passo que a licença envolve direitos, caracterizando-se como ato vinculado". Na autorização, o Poder Público aprecia, discricionariamente, a pretensão do particular, em face do interesse público, para outorgar ou não a autorização, como ocorre no caso de consentimento administrativo para porte de arma; na licença, cabe à autoridade tão somente verificar, em cada caso concreto, se foram preenchidos os requisitos legais exigidos para determinada outorga administrativa e, em caso afirmativo, expedir o ato, sem possibilidade de recusa; é o que se verifica na licença para construir.

Em se tratando de utilização privativa de bem público, a outorga é discricionária, de modo que dificilmente surge a possibilidade de emprego do instituto da *licença* para esse fim.

Às vezes, encontra-se na legislação referência à licença de uso; nessas hipóteses, o vocábulo é quase sempre inadequadamente empregado, correspondendo à autorização ou à permissão de uso.

---

[25] *Natureza jurídica da concessão de serviço público*, 1933, p. 12.
[26] Definição de autorização administrativa, in *RT* 486/18.

Exemplo disso se encontrava no artigo 133 do Decreto-lei nº 9.760, de 5.9.46 (que dispõe sobre os bens imóveis da União), em virtude do qual podia ser concedida *licença de ocupação* de terras devolutas situadas nos Territórios Federais, até dois mil hectares, a pessoa física ou jurídica que se comprometesse utilizá-las em fins agrícolas ou pastoris. Não se tratava de licença, mas de autorização de uso, pois o dispositivo outorgava uma *faculdade* ao Poder Público para que este a exercesse ou não, baseando a sua decisão em razões exclusivamente de mérito, sem que correspondesse ao particular, interessado em obter o consentimento administrativo, direito subjetivo à outorga. Esse dispositivo foi revogado pela Lei nº 9.636, de 15.5.98 (art. 53), que não mais fala em licença de ocupação, mas em *cessão de uso* onerosa, com a natureza de contrato (art. 17), como se analisará adiante.

4

Da permissão de uso

4.1 Permissão administrativa

Na primeira edição deste livro, a *permissão* foi definida, em sentido amplo, de modo a abranger a permissão de serviço público e a permissão de uso privativo de bem público. Acompanhando a lição da doutrina, ela foi definida como o ato administrativo unilateral, discricionário e precário, gratuito ou oneroso, pelo qual a Administração Pública faculta ao particular a execução de serviço público ou a utilização privativa de bem público.

Com efeito, a distinção que se fazia entre concessão e permissão de serviço público decorria da sua natureza jurídica: a concessão era contrato, enquanto a permissão constituía ato unilateral. Conforme ensinamento de Oswaldo Aranha Bandeira de Mello,[1] a permissão "não se confunde com a concessão, seja de uso excepcional de bem público, de execução de obra ou de serviço público, ou de prática de ato jurídico de ofício público, porquanto é dada a título precário, sem que envolva, em princípio, portanto, qualquer direito do particular contra a Administração Pública, salvo disposição legal em contrário. Mesmo quando isso ocorra, é de pequena extensão, pois do contrário se terá a figura jurídica de concessão com a denominação imprópria de permissão. Contudo, ela é constitutiva de direito em face de terceiro. Corresponde aos chamados direitos imperfeitos".

---

[1] *Princípios gerais de direito administrativo*, v. I, 2007, p. 559-560.

Desse modo, a concessão, outorgada com prazo estabelecido, dá maior estabilidade ao concessionário, pois, em caso de rescisão extemporânea, ele faz jus à compensação pecuniária por prejuízos comprovados. A permissão, sendo ato unilateral e precário, só é possível em casos de delegação de serviços públicos que não exigem grandes investimentos por parte do permissionário ou em situações transitórias, tendo em vista que a revogação do ato não dá direito à compensação pecuniária.

Diante dessa sistemática, é possível definir a permissão, em sentido amplo, como o ato unilateral, discricionário e precário pelo qual o Poder Público delega a execução de serviço público ou outorga o uso privativo de bem público. O conceito abrange a *permissão de serviço público* e a *permissão de uso de bem público*.

Relativamente à permissão de serviço público, as suas características assim se resumem:

a) é ato unilateral, discricionário, precário, *intuitu personae*, podendo ser gratuito ou oneroso;

b) seu objeto é a execução de serviço público;

c) o serviço é executado em nome do permissionário, por sua conta e risco;

d) o permissionário sujeita-se às condições estabelecidas pela Administração e à sua fiscalização;

e) como ato precário, pode ser alterado ou revogado a qualquer momento pela Administração, por motivo de interesse público;

f) não obstante seja, em regra, outorgado sem prazo estabelecido (em consonância com seu caráter precário), tem-se admitido a possibilidade de fixação de prazo, hipótese em que a revogação antes do termo estabelecido dará ao permissionário direito à indenização por perdas e danos. É o que Hely Lopes Meirelles[2] chama de permissão condicionada e José Cretella Júnior,[3] de *permissão qualificada*.

A partir da Constituição de 1988, passou-se a considerar a permissão de serviço público como contrato, em virtude da redação do artigo 175, que faz referência à concessão e à permissão de serviço público como contratos. Também foram ambos os institutos tratados como contratos na Lei nº 8.987, de 13.2.95, que dispõe sobre o regime de concessão e permissão da prestação de serviços públicos previsto no referido dispositivo constitucional. Essa lei referiu-se à permissão de serviço público em apenas dois dispositivos (no art. 2º, IV, e no art. 40) pelos quais se

---

[2] *Direito administrativo brasileiro*, 2009, p. 191.
[3] *Do ato administrativo*, 1972, p. 112-113.

verifica que a permissão foi definida como *contrato de adesão, precário e revogável*[4] *unilateralmente pelo poder concedente*. Não obstante a natureza contratual atribuída à permissão, o traço da precariedade continua presente, impedindo o uso do instituto da permissão de serviço público em hipóteses em que essa precariedade não se justifique.

Paralelamente, algumas leis continuam a referir-se à permissão de serviço público como ato administrativo unilateral; é o caso do artigo 118, parágrafo único, da Lei Geral de Telecomunicações (Lei nº 9.472, de 26.12.96), e do artigo 2º, IV, da Lei Paulista nº 7.835, de 8.5.92, que dispõe sobre o regime de concessão de obras públicas, de concessão e permissão de serviços públicos no Estado de São Paulo.

Em consequência do exposto, o conceito de permissão, em sentido amplo, adotado neste item, limita-se às hipóteses em que a permissão de serviço público constitui ato unilateral.

4.2 Permissão de uso de bem público

Permissão de uso é o ato administrativo unilateral, discricionário e precário, gratuito ou remunerado, pelo qual a Administração Pública faculta ao particular a utilização privativa de bem público.

É *unilateral*, porque se perfaz com a exclusiva manifestação de vontade do Poder Público; *discricionário*, uma vez que depende do exame, em cada caso, da compatibilidade do uso privativo com o fim precípuo a que o bem está afetado; e *precário*, tendo em vista que pode ser revogado pela Administração, a qualquer momento, por considerações concernentes ao interesse público.

A permissão pode recair sobre bens públicos de qualquer espécie (de uso comum, de uso especial e dominical). Seu regime jurídico é de direito público, derrogatório e exorbitante do direito comum; sua *constituição* decorre de ato administrativo emitido, mediante provocação do interessado, pela Administração, com o poder discricionário que lhe permite apreciar o mérito da medida, para outorgá-la ou não, bem como fixar unilateralmente as condições de uso; o *exercício* da utilização permitida fica sujeito à fiscalização por parte da autoridade administrativa, a quem cabe verificar se o uso obedece às condições estabelecidas e se não se tornou incompatível com a afetação normal do bem; a *extinção* também se faz pelos moldes do direito público, podendo ocorrer a qualquer momento, quando o Poder Público verificar que o uso se tornou prejudicial à destinação do bem ou, por

---

[4] Como a lei considera a permissão de serviço público como contrato, o correto seria falar em rescisão unilateral e não em revogação. A redação equivocada mostra a insegurança do legislador quanto à natureza jurídica do instituto da permissão de serviço público.

qualquer forma, contrário ao interesse geral, ou, ainda, quando o permissionário deixar de cumprir as condições de uso impostas pela Administração.

O permissionário pode fazer valer seus direitos perante terceiros, recorrendo à própria Administração (que poderá atuar diretamente para assegurar ao usuário o uso pacífico da coisa) ou ao Poder Judiciário. Contra a pessoa de direito público que outorgou a permissão, não pode o permissionário opor o seu direito, com o fim de impedir a extinção, devidamente justificada, do uso privativo, que é precário por natureza, mas pode opor-se, até por mandado de segurança, contra o ato extintivo ilegal ou praticado com abuso de poder, como também pode, no caso de permissão outorgada com prazo fixo, pleitear indenização por perdas e danos, se a revogação se der antes de expirado o prazo.

O fato de tratar-se de ato discricionário e precário faz da permissão, de certa forma, um título jurídico inadequado para outorga do chamado *uso privativo normal*, ou seja, aquele em que o uso privativo por particular constitui a própria finalidade do bem. Com efeito, existem determinadas modalidades de bens afetados, precisamente, ao uso privativo por particulares. É o caso dos mercados públicos, em que se aliam duas modalidades de uso: o *uso privativo* dos boxes destinados ao comércio de mercadorias e o *uso comum* das áreas destinadas à circulação; é o caso dos terrenos nos cemitérios destinados a sepulturas privativas; e, ainda, das áreas reservadas nos aeroportos para uso privativo das pessoas físicas ou jurídicas concessionárias do serviço de navegação aérea ou de serviços pertinentes à aviação, para fins de instalações para abrigo, reparação, abastecimento de aeronaves e outros serviços auxiliares.

Segundo ensinamento de Duez e Debeyre,[5] o regime jurídico das utilizações privativas normais aproxima-se, sob muitos aspectos, daquele que se aplica ao uso comum. E assim é, realmente, porque o uso privativo normal resulta da própria natureza do bem ou de sua destinação por lei; é exercido sob disciplina legal uniforme para todos e está sujeito a limitações decorrentes do poder de polícia do Estado.

No entanto, pelo fato de ser *privativo*, o uso depende, em cada caso, de consentimento da Administração. Além disso, por se tratar de uso normal, menor é a discricionariedade administrativa, uma vez que essa modalidade de bem, destinado especificamente ao uso privativo por particulares, está disciplinada em lei, a que se vincula a autoridade no ato de outorga. Pela mesma razão de tratar-se de uso exercido em consonância com a finalidade legal do bem, pode-se assegurar maior estabilidade ao titular do uso privativo, pois, sendo menor o contraste entre o uso por ele exercido e o interesse da coletividade a que serve, menor também será a

---

[5] *Traité de droit administratif*, 1952, p. 795.

possibilidade de surgirem motivos de interesse público que ensejem a revogação. O instituto mais adequado, para esse fim, seria a concessão de uso.

Aliás, no direito francês, alguns autores negam à Administração o poder discricionário de recusar ou revogar o ato de outorga, no uso privativo normal, pois todos os indivíduos que preencham as condições estabelecidas em lei têm o poder de exigir a utilização, só podendo perdê-la, depois de consentida, em caso de inobservância das condições regulamentares.[6]

A permissão, como ato precário, revela-se mais adequada nos chamados *usos anormais*, em que a utilização privativa, embora conferida com vistas a fim de natureza pública, está em contraste com a afetação do bem ou com sua principal destinação. É o que ocorre, principalmente, nos casos de uso privativo incidente sobre bens de uso comum do povo. É precisamente esse contraste do uso privativo com a afetação do bem que exige seja imprimida precariedade ao ato de outorga.

Aliás, o fato de tratar-se de bem destinado, por natureza ou destinação legal, ao uso coletivo de todos os indivíduos, impede que o uso seja *permitido* para fins de interesse exclusivo do particular; embora seja assegurada, com a permissão, determinada vantagem ao usuário, não auferida pela generalidade dos indivíduos, o uso por ele exercido deve proporcionar algum benefício de caráter geral. Por essa razão, também, embora o vocábulo *permissão* dê a ideia de faculdade que pode ser ou não exercida, na realidade, o permissionário se *obriga* a utilizar o bem para o fim predeterminado, sob pena de, não o fazendo, ser-lhe retirada a permissão.

O que acaba de ser exposto permite se estabeleça mais nítida comparação entre autorização e permissão de uso. Ambas têm a natureza de ato administrativo unilateral, discricionário e precário. Nas duas hipóteses, o uso pode ser gratuito ou oneroso, por tempo determinado ou indeterminado. O efeito, também nos dois casos, é constitutivo, no sentido de que os respectivos atos de outorga conferem ao usuário poder jurídico de utilizar o bem público, com exclusividade, por forma que ultrapassa os limites do uso comum.

Três diferenças podem ser assinaladas, no direito brasileiro:

    a) Enquanto a autorização confere a faculdade de uso privativo no interesse privado do beneficiário, a permissão implica a utilização privativa para fins de interesse coletivo. Ainda que o uso traga também vantagens para o permissionário, a permissão só deve ser outorgada quando disso resultar atendimento de algum interesse público. É o que se verifica na permissão para instalação, nas calçadas, de bancas de jornais, ou de mesas e cadeiras para servir bebidas e lanches; de barracas nas feiras,

---

[6] Paul Duez e Guy Debeyre, *Traité de droit administratif*, 1952, p. 795; André de Laubadère, *Traité élémentaire de droit administratif*, 1955, p. 788; Jean Marie Auby e Robert Ducos-Ader, *Droit administratif*, 1977, p. 359-360.

de vestiários nas praias, ou, ainda, na permissão para instalação de circo ou parque de diversão nas praças públicas. Nas palavras de Hely Lopes Meirelles,[7] "se não houver interesse para a comunidade, mas tão somente para o particular, o uso especial não deve ser *permitido* nem *concedido*, mas simplesmente *autorizado*, em caráter precaríssimo".

b) Dessa primeira diferença entre autorização e permissão decorre outra, relativa à *precariedade*. Esse traço existe em ambas as modalidades, contudo é mais acentuado na primeira. O fato de destinar-se, a autorização de uso privativo, a atender ao interesse privado do usuário justifica a sua maior precariedade; a permissão é menos precária, porque outorgada por razões predominantes de interesse público, o que torna menor o contraste entre o interesse do permissionário e o do usuário do bem público sobre o qual incide a utilização privativa. É uma distinção que se faz no plano teórico, mas que, na prática, é difícil de aplicar-se porque a distinção, quanto à precariedade, é apenas quantitativa.

c) A autorização, sendo dada no interesse privado do usuário, cria para este uma *faculdade*, ao passo que a permissão, sendo conferida no interesse predominante da coletividade, *obriga* o usuário, sob pena de caducidade do uso consentido.

4.3 Permissão de estacionamento e permissão de uso

Os doutrinadores franceses costumam considerar três espécies de utilização privativa incidente sobre bens afetados ao uso direto e coletivo do povo: as permissões de estacionamento e as permissões de *voirie* (como atos unilaterais) e a concessão de *voirie* (como contrato).

Segundo Trotabas,[8] "as utilizações superficiais, que não apresentam um caráter estável ou permanente e não modificam a estrutura do domínio, são outorgadas pela Administração que possui poderes de polícia sobre o domínio. É o regime das *permissões de estacionamento*: terraços e café, exposições sobre as calçadas, instalações de feirantes e camelôs, estacionamentos de táxis ou de ônibus etc. O titular da permissão pode opor seu direito a um terceiro, mas ele não tem direito adquirido contra a Administração; sua situação é essencialmente precária e revogável, a fim de não comprometer a afetação do domínio".

De outro lado, continua o autor, "existem as utilizações *en profondeur*, que se caracterizam por um empreendimento na via pública (canalizações, trilhos etc.).

---

[7] *Direito administrativo brasileiro*, 2009, p. 533.
[8] *Manuel de droit public et administratif*, 1948, p. 141-142.

São as permissões de *voirie*. A situação do usuário é mais estável pelo fato do empreendimento, mas a Administração permanece titular do domínio: ela pode sempre revogar essas permissões no interesse geral, porque ela não as concede, unilateralmente, senão a título precário e revogável. Essas permissões estão na competência da Administração de que depende o domínio, que pode ser diferente daquela que possui poderes de polícia sobre a superfície do domínio".

Na realidade, não existe diferença, quanto ao regime jurídico, entre as permissões de estacionamento (sem empreendimento) e as permissões de *voirie* (com empreendimento); a distinção interessa, no direito francês, apenas no que diz respeito à *competência* para outorgar as permissões (no primeiro caso, a autoridade competente é a titular da polícia da circulação e, no segundo, a autoridade que detém a gestão do bem dominial) e ao *beneficiário* da contribuição pecuniária (autoridade que outorgou a permissão). É o que se encontra demonstrado na obra de Duez e Debeyre,[9] depois de apontarem as regras comuns às duas modalidades de permissão, a saber: discricionariedade da outorga e da recusa; possibilidade de revogação unilateral, por razões de interesse coletivo; ausência de relação contratual (a situação jurídica do permissionário ora decorre de um regulamento geral previamente estabelecido pela Administração, ora de uma disciplina particular, individual, emanada de ato unilateral).

Louis Rolland[10] opõe-se a essa classificação, por entender que ela leva em conta um elemento material (um empreendimento ou modificação da superfície), sem valor jurídico.

Cretella Júnior[11] afirma, também, que "não há diferença qualitativa, mas quantitativa, revelada na *intensidade* da ocupação do domínio público". A *precariedade*, na permissão *com empresa*, é menor, tornando-a *qualificada* pelo grau de aderência da empresa permissionária ao seu suporte dominial. "Menor a *precariedade*, em relação à permissão simples, maior porém, relativamente à *concessão*."

Mais além, afirma o autor que "a permissão apresenta graus, permissão para alguns minutos (*parar o carro*), permissão por tempo maior (*estacionar o carro*), permissão para uso normal ou anormal da via pública (*sem empresa*, isto é, sem penetração no solo ou subsolo, ocupação superficial ou epidérmica, exemplificada nos casos de mesas e cadeiras, nas calçadas, para servir bebidas e lanches; bancas de jornais, nos passeios) e, finalmente, permissão qualificada (*com empresa*, isto é, com penetração no solo ou subsolo, ou, pelo menos, instalações custosas para aparelharem o bem público ou suas dependências à utilização privativa)".

---

[9] *Traité de droit administratif*, 1952, p. 799.
[10] *Précis de droit administratif*, 1947, p. 482.
[11] *Bens públicos*, 1975, p. 64.

A rigor, apenas as duas últimas hipóteses constituem utilização privativa do domínio público, pois as duas primeiras não exigem expressa manifestação de vontade da Administração, por meio do ato formal de permissão; e é característica do uso privativo a outorga mediante título jurídico individual. A parada momentânea e o estacionamento de veículo na via pública se enquadram na modalidade de uso comum, limitado por normas decorrentes do poder de polícia do Estado.

Georges Burdeau,[12] ao cuidar do tema dos direitos e liberdades do cidadão, afirma que "a liberdade de estacionar é o corolário daquela de circular. É um direito que escapa, em princípio, a toda limitação e se exerce sem autorização. Tal é, pelo menos, a regra para o estacionamento ordinário, quer dizer aquele que tem lugar para a saída dos proprietários vizinhos da via pública e como consequência do direito de acesso a suas propriedades".

Porém, ao lado desse estacionamento que o autor chama de *ordinário*, existe o *estacionamento prolongado*, caso em que, afirma ele, "o veículo é deixado fora da vigilância de seu condutor, que se serve da via pública como de uma garagem. Então, o estacionamento não é mais o prolongamento indispensável da liberdade de circular, é uma utilização excepcional que justifica uma derrogação ao princípio da liberdade e da gratuidade válido para o estacionamento ordinário. De uma parte, a autoridade de polícia está autorizada a fixar um lugar especial para os estacionamentos prolongados, pois eles não têm por objeto a saída de um imóvel determinado. De outro lado, uma taxa pode ser recebida por ocasião do estacionamento nos lugares reservados".

Nessas duas hipóteses não se exige o ato formal de permissão; embora se trate de estacionamento de veículos na via pública, não se trata do chamado *permis de stationnement*. A respeito, diz Waline[13] que "o estacionamento aqui tratado se distingue da utilização coletiva pela permanência da ocupação (permanência, aliás, inteiramente relativa; não, é claro, perpetuidade). Assim, um veículo que 'estaciona' alguns minutos, ou mesmo uma hora, diante de uma loja, não realiza nenhuma ocupação privativa; a ocupação é, sem dúvida, momentânea e não se renova muito frequentemente, nem regularmente, ao contrário dos veículos que estacionam num ponto de táxi, os quais realizam uma ocupação quase constante desta parte da via pública: a ocupação é privativa e supõe a obtenção preliminar de uma permissão de estacionamento".

Extraindo-se um exemplo do direito brasileiro, pode-se afirmar que o estacionamento nas chamadas "zonas azuis", no Município de São Paulo, não configura uso privativo, mas uso comum remunerado, regulamentado e limitado pelo poder de polícia do Estado. A remuneração, no caso, encontra fundamento no artigo 103 do

---

[12] *Manuel de droit public*, 1948, p. 111.
[13] *Manuel élémentaire de droit administratif*, 1946, p. 450.

Código Civil. Não se pode, tecnicamente, falar em permissão de uso, porque não há exigência de prévio consentimento da Administração, manifestado por ato formal; o uso é anônimo, aberto a todos, sob a condição de pagamento e observância do prazo estabelecido.

Aliás, a utilização da via pública para *parar* ou *estacionar* veículo não é incompatível com a destinação do bem de uso comum do povo, mas, pelo contrário, está em consonância com essa destinação. É que determinadas modalidades de bens têm múltiplas finalidades, algumas principais e outras acessórias; em se tratando de ruas, estradas, praças, o uso comum do povo, a que esses bens estão afetados, abrange inúmeras faculdades, como a de circular a pé ou de automóvel, a de transportar mercadorias e passageiros, a de parar e estacionar veículos.

A permissão de uso, como ato expresso da Administração, torna-se exigível na medida em que a utilização privativa deixa de ser normal (em consonância com o fim ao qual o bem está afetado). É o caso da permissão para colocação, nas calçadas, de mesas e cadeiras de bar, de bancas de jornais, de barracas de frutas (permissão sem empresa, que os franceses denominam de *permis de stationnement*), além de outras que envolvem instalações custosas, com alteração da superfície e penetração no solo (permissão com empresa ou *permission de voirie*).

Isso vem confirmar aquela assertiva de que a permissão de uso, como ato essencialmente discricionário e precário, constitui o título jurídico mais adequado para outorga das utilizações privativas anormais, ou seja, aquelas em que o objeto da utilização está em contraste com o fim a que o bem está afetado ou corresponde a uma finalidade secundária.

Outra observação a ser feita relativamente à classificação adotada no direito francês diz respeito à terminologia. Com a referência à permissão de estacionamento e à permissão de *voirie*, os administrativistas têm em vista unicamente as formas de uso privativo que incidem sobre as vias públicas (terrestres, marítimas ou fluviais), pois, de outro modo, não se justificaria o emprego daquele vocábulo, de significado específico na língua francesa.[14]

Alguns autores distinguem, de um lado, as ocupações privativas de bens afetados ao uso direto e coletivo do povo (bens de uso comum do povo) e, de

---

[14] *Voirie* é a parte da Administração que tem por objeto o estabelecimento, a conservação, a manutenção e o alinhamento de todas as vias de comunicação afetadas à circulação pública. Distingue-se, na França, a *grande voirie*, que compreende todas as vias de comunicação de interesse geral: grandes estradas (nacionais e departamentais), estradas de ferro, rios navegáveis ou flutuáveis, ruas ou praças das cidades, nos pontos em que são atravessadas pelas grandes estradas; e a *petite voirie*, que abrange todas as vias de comunicação de interesse puramente local, ou seja, estradas vicinais, cursos d'água não navegáveis nem flutuáveis, ruas ou praças, nas partes não atravessadas por grandes estradas (*Larousse Universel*, Paris, Librairie Larousse).

outro, as ocupações de bens afetados ao uso direto e privativo dos particulares (bens de uso especial).

É o caso de Laubadère,[15] que admite a *permissão* e a *concessão de "voirie"*, como formas de utilização privativa de bens afetados ao uso comum do povo, e a *concessão*, como forma de ocupação privativa de bens destinados ao uso privativo dos particulares, como ocorre com os mercados, cemitérios, parques de estacionamento de automóveis.

No direito brasileiro, a permissão de uso pode ser instrumento de outorga da utilização privativa sobre bens públicos de qualquer natureza (de uso comum, de uso especial e dominical), não se encontrando, quer na lei, quer na doutrina, quer na jurisprudência, referência às duas modalidades de permissão, com terminologia semelhante à do direito francês, mesmo porque o vocábulo *voirie* não encontra correspondente adequado na língua portuguesa. Fala-se em permissão de uso, seja a utilização privativa com ou sem empresa. A distinção está apenas no grau de precariedade, uma vez que, se a utilização exigir instalações mais dispendiosas para o usuário, o ato de outorga só deverá ser emitido se for possível imprimir maior estabilidade à ocupação.

4.4 Permissão simples e qualificada

A permissão é, por natureza, um ato *precário*, no duplo sentido antes assinalado: (a) o ato de outorga não estabelece qualquer prazo e já contém, implícita, a ideia de transitoriedade e instabilidade do uso; (b) o ato de outorga pode ser revogado a qualquer momento pela Administração.

Não obstante, tem-se admitido a possibilidade de fixação de prazo, seja na permissão de serviço público, seja na permissão de uso.

A esse respeito, dizia Hely Lopes Meirelles[16] que "é admissível *permissão condicionada*, ou seja, aquela em que o próprio Poder Público autolimita-se na faculdade discricionária de revogá-la a qualquer tempo, fixando em norma legal o prazo de sua vigência e/ou assegurando outras vantagens ao permissionário, como incentivo para a execução do serviço". A propósito especificamente da permissão de uso, ele afirma que "como ato negocial, pode ser com ou sem condições, gratuito ou remunerado, por tempo certo ou indeterminado, conforme estabelecido no termo próprio, mas sempre modificável e revogável unilateralmente pela Administração, quando o interesse público o exigir, dada a sua natureza precária e o poder discricionário do permitente para consentir e retirar o uso especial do bem público".

---

[15] *Traité élémentaire de droit administratif*, 1953, p. 783 e 788.
[16] *Direito administrativo brasileiro*, 2009, p. 191.

Também José Cretella Júnior[17] admite a fixação de prazo, fazendo a mesma distinção estabelecida a propósito da autorização, ou seja: a permissão de uso de bem público de uso especial pode ser *simples*, sem prazo final fixo, e *qualificada*, com prazo final demarcado. Segundo ele, "na permissão *simples*, a própria precariedade, quase absoluta da outorga, desguarnece o permissionário de qualquer tipo de direito subjetivo público, em caso de revogação da outorga". No entanto, na vigência do ato permissivo, o usuário é titular de direitos subjetivos oponíveis a terceiros, cabendo-lhe defender a utilização privativa inclusive por meio de ações possessórias.

Na permissão qualificada, a Administração somente pode revogar o ato antes de findo o prazo estabelecido, por motivo de interesse público justificado, cabendo-lhe, no entanto, o ônus de indenizar o usuário por perdas e danos decorrentes da revogação extemporânea.

Ao outorgar permissão qualificada de uso, a Administração tem que ter em vista que a fixação de prazo reduz a precariedade do ato e constitui, em consequência, uma autolimitação ao seu poder de revogá-lo, o que somente será possível quando a utilização se tornar incompatível com a afetação do bem ou se revelar contrária ao interesse coletivo, sujeitando, em qualquer hipótese, a Fazenda Pública a compensar pecuniariamente o permissionário pelo sacrifício de seu direito antes do termo estabelecido.

Mesmo havendo prazo, o particular, usuário do bem público, não pode opor seu direito contra a Administração para impedir a revogação, a não ser que comprove ilegalidade ou abuso de poder, pois, em se tratando de bens públicos, sujeitos a regime de direito público, há que se observar o princípio da predominância do interesse público sobre o particular.

A permissão qualificada é dotada da mesma estabilidade de que se reveste a concessão de uso, pois no ato de outorga não haverá o traço da precariedade; os dois institutos, nesse caso, assemelham-se, no sentido de que o permissionário adquire, da mesma forma que o concessionário, direito subjetivo à indenização em caso de revogação antes do prazo determinado. A diferença entre os dois institutos estará apenas na formação do ato, pois a permissão se constitui pela manifestação unilateral da Administração, enquanto a concessão decorre de acordo de vontades, precedido de autorização legislativa. Quanto aos efeitos, não existe diferença porque em um e outro caso surgem obrigações recíprocas para ambas as partes: para o usuário, a obrigação de utilizar a coisa de acordo com as condições estabelecidas no ato de outorga e, para a Administração, a obrigação de respeitar o uso objeto da permissão qualificada por todo o tempo previamente delimitado.

---

[17] *Bens públicos*, 1975, p. 66-68 e 96-98; *Teoria e prática do direito administrativo*, 1979, p. 79-100.

5

Da concessão de uso

5.1 Concessão administrativa

Não existe uniformidade de pensamento entre os doutrinadores na definição do instituto da concessão administrativa. Para fins de sistematização da matéria, pode-se separá-los em três grupos:

1. os que atribuem acepção muito ampla ao vocábulo *concessão*, de modo a abranger qualquer tipo de ato pelo qual a Administração outorga direitos ou poderes ao particular;

2. os que lhe dão acepção menos ampla, distinguindo a concessão *translativa* da *constitutiva* e admitindo apenas a concessão de serviço público, a de obras públicas e a de uso de bens públicos;

3. os que lhe dão acepção restritiva, só considerando como concessão a delegação de poderes para prestação de serviço público.

A primeira posição é assumida, especialmente, por autores italianos. Para Cino Vitta,[1] por exemplo, a concessão significa: (a) ato de autoridade pelo qual se confere um *status*, ou seja, uma capacidade jurídica geral, que vale perante todos os sujeitos de direito, inclusive a autoridade concedente; é o caso do ato de legitimação, do ato de naturalização, do ato de nomeação de funcionário público; (b) ato que confere simplesmente um direito subjetivo, como a outorga de pensão

---

[1] *Diritto amministrativo*, 1948, p. 348.

em reconhecimento por serviços prestados ao ente público, ou o ato de graça que concede perdão ao criminoso, ou a outorga do direito de caça, ou do direito de uso sobre bens públicos; (c) ato pelo qual a Administração Pública atribui ao particular o exercício de um serviço público, ou de uma obra pública ou de um ofício público.

Ranelletti[2] também adota uma acepção ampla do termo *concessão*, abrangendo, de um lado, os atos que constituem a favor de uma pessoa uma *nova condição jurídica*, como o decreto de legitimação e o de nacionalização; e, de outro, os atos que outorgam *direito subjetivo*, como o direito de ocupar bens do domínio público; inclui, ainda, nessa categoria os atos de outorga de honrarias, as concessões para construção de obras públicas e a concessão para exploração de serviços públicos.

A segunda posição é adotada, entre outros, por Santi Romano;[3] opondo-se àquela acepção mais ampla, que, a seu ver, inclui na mesma categoria atos que é necessário distinguir, entende ele que se tem a figura da concessão todas as vezes que a administração transfere a outrem um poder ou um direito seu ou mesmo quando, com fundamento em um poder ou direito, que ficam assim limitados, ela constitui um novo direito ou poder em benefício de alguém. Em outros termos, "a concessão implica uma perda ou limitação para o concedente e, ao mesmo tempo, uma aquisição para o concessionário, e, portanto, uma certa relação de sucessão entre um e outro". E lembra que existem duas espécies de sucessão: a translativa e a constitutiva. A primeira importa a passagem, de um sujeito ao outro, de um bem ou de um direito, que se perde pelo primeiro e se adquire pelo segundo. A sucessão constitutiva ocorre quando, com base em um poder ou em um direito mais amplo (poder ou direito progenitor), se dá vida, em favor de outro sujeito, a um poder ou direito menos amplo e diverso (poder ou direito filho). Entre as sucessões constitutivas, ele inclui a de uso de bem público, hipótese em que sobre um bem dominial se constitui um simples direito de uso.

Semelhante a essa é a doutrina de Zanobini,[4] para quem "os direitos derivados das concessões devem ser próprios do Estado, ou, em geral, da Administração Pública concedente. Em outros termos, a concessão consistiria na transferência de faculdades do ente público ao privado". No entanto, acrescenta que "isto se pode dizer apenas de algumas concessões, especialmente aquelas que transferem o exercício de funções ou serviços públicos. Em outros casos, o ato cria uma capacidade ou um direito, que derivam apenas do ordenamento jurídico, como o decreto que concede cidadania a estrangeiro, personalidade jurídica a um ente de fato, legitimidade a um filho natural". Diante dessa distinção, ele classifica as concessões em *translativas* e *constitutivas*; as primeiras transferem poderes próprios

---

[2] *Teoria degli atti amministrativi speciali*, 1945, p. 22.
[3] *Corso di diritto amministrativo*, 1950, v. I, p. 212.
[4] *Corso di diritto amministrativo*, 1950, v. I, p. 212.

da Administração e as segundas constituem em outros sujeitos novas faculdades ou novos direitos. Nesta última categoria, ele inclui as concessões sobre bens dominiais.

Os autores franceses também incluem no vocábulo *concessão* apenas a concessão de serviço público, a de obras públicas e a de uso de bem público.[5]

No direito brasileiro, José Cretella Júnior[6] admite três modalidades de concessão. Oswaldo Aranha Bandeira de Mello,[7] seguindo a lição de autores italianos, adota a distinção entre concessão translativa e constitutiva de direito. Segundo seu ensinamento, "corresponde a ato administrativo translativo de direito a concessão pela qual o concedente atribui ao concessionário, inalterados, os poderes e deveres que lhe cabem, para exercê-los e cumpri-los em seu lugar, a fim de praticar ato jurídico – como os de serventuários de ofício público –, ou de construir obra pública – como de retificação de rio –, ou de prestar serviço público – como de fornecimento de energia elétrica"; e "corresponde a ato administrativo constitutivo de direito a concessão pela qual o concedente delega ao concessionário poderes para utilizar ou explorar bem público, mas os atribui em qualidade inferior e quantidade menor dos que os tem, relativos, por exemplo, à exploração de jazidas e fontes minerais, à utilização de terrenos nos cemitérios como túmulos de famílias, à instalação de indústrias de pesca às margens dos rios".

A concessão, nas três modalidades citadas, também é aceita por Hely Lopes Meirelles,[8] Themístocles Brandão Cavalcanti,[9] Guimarães Menegale,[10] Raimundo Nonato Fernandes.[11]

Finalmente, no terceiro grupo situam-se os autores que atribuem à concessão sentido restrito, de modo a só incluírem em seu conceito a concessão de serviços públicos. Essa posição foi defendida por Mário Masagão,[12] que entende não haver "um gênero *concessão*, dentro no qual apareçam espécies diversas, mas sim que a *concessão* é uma espécie, em cujas manifestações se verifica, sempre, a incumbência de um serviço público a uma pessoa de direito privado, que em seu nome os exerça". Embora se refira à concessão de obra pública, esta só existe se ligada

---

[5] Cf. Duez e Debeyre, *Traité de droit administratif*, 1952, p. 554, 577 e 800; Laubadère, *Traité théorique et pratique des contrats administratifs*, t. I, 1956, p. 48-49; Waline, *Manuel élémentaire de droit administratif*, 1946, p. 331, 401 e 453.

[6] *Dicionário de direito administrativo*, 1972.

[7] *Princípios gerais de direito administrativo*, v. I, 2007, p. 557-559.

[8] *Direito administrativo brasileiro*, 2009, p. 263-264.

[9] *Tratado de direito administrativo*, v. II, 1942, p. 339.

[10] *Direito administrativo e ciência da administração*, 1957, p. 277 e 425.

[11] Da concessão de uso de bens públicos, in *RDA* 118-1-11.

[12] *Natureza jurídica da concessão de serviço público*, 1933, p. 17-19.

à concessão de serviço público. Afirma ele que "na concessão de obra pública, a execução da obra se confia a pessoa que, ao invés de receber a retribuição, fica incumbida de gerir o *serviço público*, ao qual se destina a obra, percebendo, no tempo e nas condições prefixadas, os competentes tributos". Conclui que "a concessão de serviço público pode estar, ou não, subordinada à prévia execução de uma obra".

Esse é também o pensamento de Manoel de Oliveira Franco Sobrinho,[13] para quem toda concessão implica a transferência de poderes da Administração para o particular, com vistas à execução de serviço público. O que, para outros autores, se denomina "concessão de uso", para ele constitui "cessão de uso".

Marcello Caetano,[14] embora analisando o instituto da concessão de uso privativo de bem público, por estar essa expressão consagrada na terminologia legal, entende que "se trata sempre de licenças e não de concessões, em sentido próprio". E explica a razão pela qual as leis e a prática adotam nomes diferentes – *licença* e *concessão* – para tratar casos que em rigor são unicamente de licença, dizendo que isso ocorre porque "o uso privativo é umas vezes permitido com base em títulos *precários*, outras vezes com base em títulos *constitutivos de direitos*: aos primeiros chama-se *licenças*, aos segundos *concessões*".

Postas as três posições doutrinárias concernentes ao sentido do vocábulo *concessão*, parece possível, desde logo, afastar a primeira, que, como diz Oswaldo Aranha Bandeira de Mello,[15] "faz se perca no indeterminado o respectivo conceito, porque direitos os mais diversos podem ser conferidos pela Administração Pública aos particulares. Consiste em transplantar o significado vulgar da palavra para o terreno técnico-jurídico sem qualquer efeito prático".

Diante do direito positivo brasileiro não há como negar a existência da concessão de uso privativo de bem público, como instituto independente da concessão de serviço público. Ambas constituem espécies do gênero concessão. Sob o aspecto formal, as duas modalidades constituem contratos administrativos sujeitos a regime jurídico administrativo. Sob o aspecto material, de seu conteúdo, assim se distinguem: na concessão de serviços públicos (e também na de obra pública) o Estado delega ao concessionário a execução de um serviço público ou de uma obra que seriam de sua atribuição; é uma parcela de poderes, direitos, vantagens ou utilidades que se destacam da Administração e se transferem ao concessionário; na concessão de uso privativo o Estado consente que o particular se utilize de parcela de bem público, mas o direito que o concessionário vai exercer sobre o bem público é de natureza diversa daquele que o concedente exerce sobre o mesmo bem;

---

[13] *Contrato administrativo*, 1981, p. 211-216.
[14] *Manual de direito administrativo*, 1969, t. II, p. 866-867.
[15] *Princípios gerais de direito administrativo*, 2007, v. I, p. 557.

uma pequena parcela do bem é destinada ao uso privativo do concessionário. Na concessão de serviço público e de obra pública, os direitos ou poderes transferidos ao particular preexistem na entidade concedente; na concessão de uso, eles derivam do ato de concessão.

Daí ser mais aceitável a posição dos doutrinadores que admitem duas modalidades de concessão: (a) a *translativa*, em que o concedente delega ao concessionário poderes e deveres da mesma natureza daqueles que lhe cabe exercer; nessa categoria se incluem as concessões de serviço público e de obra pública, as concessões patrocinadas e as concessões administrativas (as duas últimas como modalidades de parcerias público-privadas); e (b) a *constitutiva*, em que o concedente outorga ao concessionário poderes e deveres de natureza diversa daqueles que lhe incumbe exercer; é o caso da concessão de uso de bem público.

O ponto comum nas duas modalidades é a reserva que o concedente faz de alguns direitos, poderes e vantagens. Na concessão de serviço público, ele delega a execução do serviço, mas reserva para si algumas prerrogativas inerentes ao seu poder de império; na concessão de uso privativo, ele outorga o direito de utilização de bem público, mas conserva o domínio, bem como o poder de polícia sobre o bem objeto da concessão e, ainda, as prerrogativas de alterar e rescindir unilateralmente o contrato.

Na realidade, o direito brasileiro teve ampliado o rol de concessões, especialmente as que têm por objeto a execução de serviços públicos; mas também dentro da concessão de uso de bem público, foram se encaixando várias modalidades reguladas por leis específicas, como a concessão de direito real de uso, a concessão de uso para fins de moradia, a concessão florestal.

São modalidades de concessão no direito brasileiro:

a) concessão de serviço público, em sua forma tradicional, disciplinada pela Lei nº 8.987, de 13.2.95;

b) concessão de obra pública, disciplinada pela mesma Lei nº 8.987/95 e também pela Lei nº 11.079, de 20.12.04;

c) concessão patrocinada (uma das modalidades de parceria público-privada prevista na Lei nº 11.079/04);

d) concessão administrativa (outra modalidade de parceria público-privada também instituída pela Lei nº 11.079/04);

e) concessão de uso de bem público, com ou sem exploração do bem, disciplinada por legislação esparsa a ser analisada no Capítulo 6.

Em muitos contratos, existe conjugação de diferentes modalidades, em que uma constitui o objeto principal e a(s) outra(s), o acessório. É o que ocorre, por exemplo, na concessão de rodovia (concessão de obra pública), em que o objeto principal é a construção, ampliação ou reforma de obra pública, acompanhada da exploração comercial da obra para fins de remuneração do concessionário; mas o mesmo contrato envolve, em regra, a utilização de bens do patrimônio público. Também é o que ocorre nas modalidades de concessão de serviço público (inclusive nas parcerias público-privadas), em que a execução do serviço depende da utilização concomitante do uso de bem público.

5.2 Concessão de uso de bem público

Concessão de uso é o contrato administrativo pelo qual a Administração faculta ao particular a utilização privativa de bem público, para que a exerça conforme a sua destinação.

Sua natureza é a de contrato de direito público, sinalagmático, oneroso ou gratuito, comutativo e celebrado *intuitu personae*.

Alguns autores negavam à concessão de uso a natureza contratual, incluindo-a na categoria dos atos unilaterais. É o caso de Gaston Jèze,[16] Otto Mayer[17] e, no direito brasileiro, Oswaldo Aranha Bandeira de Mello,[18] dentre outros. Este último autor entendia que "na realidade, a concessão resulta de acordo de vontades entre concedente e concessionário. Contudo, esse acordo existe para a formação do vínculo jurídico pois o regime jurídico da concessão – ante o caráter público do ato jurídico a ser praticado, da obra a ser executada e do serviço a ser prestado – rege-se por normas regulamentares, unilaterais, baixadas pelo concedente, no seu curso, quanto aos meios, modos e formas da prática do ato jurídico, da feitura da obra e da satisfação do serviço, a que o concessionário se subordina. Decorre de ato convencional mas não contratual; portanto, de ato-união".

Para Jèze, o contrato só é administrativo quando tem por objeto o *funcionamento de um serviço público*; na concessão de ocupação do domínio público não existe essa finalidade e, portanto, não existe contrato, mas ato unilateral da Administração, que decide livremente o gênero de ocupação anormal que é compatível com a finalidade do bem; além disso, a competência de polícia não pode ficar obrigada por um contrato; não há contrato, mas ato unilateral de gestão do domínio público.

Laubadère[19] também só admite contrato administrativo relacionado com a execução de serviço público; mas inclui a concessão de uso entre os contratos administrativos por determinação legal.

---

[16] *Princípios generales de derecho administrativo*, 1949, v. 3, p. 515.
[17] *Derecho administrativo alemán*, 1951, t. III, p. 245.
[18] *Princípios gerais de direito administrativo*, 2007, v. I, p. 558-559.
[19] *Traité théorique et pratique des contrats administratifs*, 1956, t. I, p. 47-48.

Outros entendem que a concessão de uso pode assumir ora a forma de contrato, ora a de ato unilateral. Essa opinião é adotada em especial por autores portugueses,[20] à vista do direito positivo de seu país.

No direito brasileiro, pode-se dizer que predomina entre os doutrinadores a tese contratualista.[21]

A esse respeito, cabe assinalar que a concessão é o instituto empregado, preferentemente à permissão, nos casos em que a utilização do bem público tem por objetivo o exercício de atividades de utilidade pública de maior vulto e, por isso mesmo, mais onerosas para o concessionário. Este assume obrigações perante terceiros e encargos financeiros elevados, que somente se justificam se ele for beneficiado com a fixação de prazos mais prolongados, que assegurem um mínimo de estabilidade no exercício de suas atividades. Em consequência, a forma mais adequada para a concretização da medida é a contratual, que permite, mediante acordo de vontades entre concedente e concessionário, a fixação das condições em que o uso se exercerá, entre as quais a finalidade, o prazo, a remuneração, a fiscalização, as sanções. A fixação de prazo, na concessão, é elemento primordial, uma vez que constitui uma garantia para o concessionário, sem a qual, muitas vezes, ele não aceitaria a concessão.

Meirelles Teixeira,[22] em parecer sobre permissão de serviço público, aprofunda-se no estudo da teoria geral dos contratos e, mais especificamente, dos *contratos administrativos*, neles assinalando a presença dos seguintes elementos essenciais:

"A) O *in idem placitum consensus duorum*, isto é, um acordo essencialmente voluntário de vontades indissoluvelmente ligadas uma à outra, reciprocamente condicionante e condicionada, coexistentes no tempo, formando destarte uma vontade contratual unitária.

B) Os interesses e finalidades visados pelas partes apresentam-se contraditórios e opostos, condicionando-se reciprocamente, uns como causa dos outros.

---

[20] *Manual de direito administrativo*, 1969, t. II, p. 870; Diogo Freitas do Amaral, *A utilização do domínio público pelos particulares*, 1972, p. 166-169.

[21] José Cretella Júnior, *Dicionário de direito administrativo*, 1972, e *Tratado de direito administrativo*, 1967, v. III, p. 127; Hely Lopes Meirelles, *Direito administrativo brasileiro*, 2009, p. 265; Diogo de Figueiredo Moreira Neto, *Curso de direito administrativo*, 2007, p. 352; Marçal Justen Filho, *Curso de direito administrativo*, 2009, p. 939, Edmir Netto de Araújo, 2009, p. 1120, José dos Santos Carvalho Filho, 2009, p. 1109, Diógenes Gasparini, 2008, p. 912, Celso Antônio Bandeira de Mello, *Curso de direito administrativo*, 2009, p. 920.

[22] Permissão e concessão de serviço público, parecer in *RDP* 6/115-116.

C) Finalmente, é da essência do contrato administrativo produzir efeitos jurídicos para ambas as partes tanto para a Administração como para o particular que com ela contrata."[23]

Na concessão de uso, todos os elementos apontados pelo autor estão presentes: (a) existe acordo de vontades sobre determinado objeto – o uso de bem público para fins de interesse público; esse acordo se processa mediante oferta de determinadas condições, aceitas pelo particular; (b) os interesses do concedente e do concessionário são contraditórios e condicionantes, pois a Administração outorga o uso, sob a condição de que o particular o exerça para atender a determinado fim preestabelecido; do mesmo modo, a fixação de prazo (e a estabilidade que dela decorre) constitui, muitas vezes, condição sem a qual o particular não aceita a concessão; (c) do acordo resultam efeitos jurídicos para ambas as partes: o concessionário adquire o direito de uso de bem público, com a obrigação de cumprir as condições estipuladas no contrato; a Administração assume a obrigação de respeitar e não perturbar o uso concedido, reservando-se os direitos e prerrogativas decorrentes de seu poder de império, inclusive a possibilidade de alterar ou rescindir unilateralmente o contrato, desde que assegurado o equilíbrio econômico-financeiro. Sendo onerosa a concessão, o concessionário torna-se devedor, e o concedente, credor da remuneração estipulada no contrato.

Não há, dessa forma, por que negar à concessão de uso a natureza contratual. É verdade que, enquanto em alguns casos todas as condições de uso decorrem do próprio ato de concessão, em outros, algumas dessas condições já constam de ordenamento jurídico previamente estabelecido, vinculando as partes contratantes, à semelhança do que ocorre na concessão de serviço público. Mas isso não retira à concessão a natureza contratual, da mesma forma que não perdem essa natureza os contratos de adesão em geral, pois a outorga do uso privativo somente se efetivará mediante manifestação expressa de ambas as partes, implicando, o consentimento do particular, a aceitação das condições previamente estabelecidas pelo Poder Público. Além disso, existem, ao lado dessas cláusulas, ditas *regulamentares*, outras a que se denomina de *contratuais* propriamente ditas, em que as partes estipulam o prazo, a remuneração, os casos de rescisão, ou outras condições que não estejam predeterminadas em lei.

Elemento fundamental na concessão de uso é o relativo à finalidade. Ficou expresso no conceito de concessão que o uso tem que ser feito de acordo com a

---

[23] Quanto a este terceiro aspecto, uma ressalva deve ser feita: o autor considera como elemento essencial do contrato a produção de direitos e obrigações recíprocos, o que constitui característica dos contratos bilaterais; nos unilaterais, que existem também no direito administrativo, surgem obrigações apenas para uma das partes; nestes, a bilateralidade existe no momento de *formação* do contrato e não em seus efeitos.

destinação do bem. No caso de bens destinados à utilização privativa, o uso tem que atender a essa destinação; é o caso, por exemplo, dos bens de uso especial, como os mercados e cemitérios (parcialmente afetados ao uso privativo), dos bens destinados à ocupação por concessionários de serviços públicos e dos bens dominicais postos no comércio jurídico para fins de moradia, cultivo da terra, exploração agrícola ou industrial, reforma agrária.

Quando a concessão implica utilização de bem de uso comum do povo, a outorga só é possível para fins de interesse público. Isso porque, em decorrência da concessão, a parcela do bem público concedida fica com sua destinação desviada para finalidade diversa: o uso comum a que o bem estava afetado substitui-se, apenas naquela pequena parcela, pelo uso a ser exercido pelo concessionário. Além disso, como a concessão é outorgada sob forma contratual e, em geral, por prazos mais prolongados, dela decorre estabilidade para o concessionário, uma vez que não pode ser despojado de seu direito de utilização privativa antes do termo estabelecido, a não ser por motivo de interesse público relevante e mediante justa indenização. Tais circunstâncias afastam a possibilidade de concessão de uso para fins de interesse particular do concessionário, a não ser nas hipóteses em que o uso privativo constitua a própria finalidade do bem. A utilização que ele exercerá terá que ser compatível com a destinação principal do bem ou atender a outro fim de interesse coletivo.

Outro aspecto importante é o fato de que a concessão investe o concessionário em *posse* sobre a parcela dominial objeto do contrato. Francisco Campos, falando a respeito da concessão para instalação e exploração de uma usina hidrelétrica, afirma que "a concessão envolve a investidura na pessoa do concessionário de amplos poderes sobre a coisa pública necessária ao exercício dos direitos e obrigações resultantes do ato de concessão". E acrescenta que "esses poderes se afirmam, em primeiro lugar, pela posse exclusiva do concessionário sobre a porção do domínio público afetada aos serviços de cuja exploração é titular. O concessionário se instala sobre a coisa pública, podendo até alterar ou modificar o seu estado, a sua fisionomia, o seu relevo ou a sua aparência, se a natureza do serviço o exige, como, por exemplo, no caso de instalações hidrelétricas, com as suas barragens, canais, túneis e tubulações".[24]

Essas conclusões, embora apresentadas a propósito da concessão de serviço público, aplicam-se também às hipóteses de concessão que objetivam tão somente o *uso* (por exemplo, a concessão para derivação de águas públicas) ou a *exploração* de bem público (por exemplo, a concessão de minas).

A concessão extingue-se pela rescisão bilateral (mediante acordo), pela rescisão judicial, pela rescisão unilateral (por motivo de interesse público ou

---

[24] Francisco Campos, *Direito administrativo*, v. 1, p. 263-264.

inadimplência do concessionário) ou extingue-se de pleno direito pela expiração do prazo ou pela ocorrência de causas impeditivas do prosseguimento do contrato, como a morte ou falência do concessionário, a desafetação do bem, a sua exaustão, o seu perecimento ou motivo de caso fortuito ou força maior.

5.3 Modalidades de concessão de uso

Raimundo Nonato Fernandes,[25] em estudo sobre concessão de uso de bens públicos, indica as seguintes modalidades:

a) de *exploração* ou de simples *uso*, conforme seja, ou não, conferido ao concessionário poder de gestão dominial, substituindo-se à Administração concedente; como exemplos da primeira, ele indica as concessões de minas, de águas e de campo de algas; e, da segunda, as relativas a áreas e dependências de aeroportos, ocupação da via pública, sepultura e outras.

Na concessão de exploração, o Poder Público outorga o poder de explorar o bem ao particular, que vai diminuindo, muitas vezes, paulatinamente, a sua quantidade, como ocorre na concessão para exploração de minas; além do mais, nessa modalidade de concessão, ocorre, às vezes, delegação de poderes públicos ao concessionário, hipótese em que ela melhor se enquadra como modalidade de concessão *translativa* (à semelhança da concessão de serviços públicos) do que como concessão *constitutiva* (em cuja categoria se inclui a concessão de uso); é o que ocorre na concessão florestal;

b) *temporária* (como a concessão de águas e a maioria das utilizações privativas de bens públicos) ou *perpétua*, como a concessão de sepultura;

c) *remunerada* ou gratuita;

d) de *utilidade pública*, como a que acompanha a concessão de serviço público, a de obra pública, a de águas públicas para produção de energia; ou de *utilidade privada*, como as de sepultura, de derivação de águas para irrigação, de exploração de campo de algas e de minas.

O autor indica ainda as concessões *facultativas*, em que a Administração é livre para outorgá-las ou não, e as *obrigatórias*, citando como exemplo desta última a concessão de sepulturas, no direito francês. No direito brasileiro parece não haver concessão ao particular com caráter obrigatório, uma vez que a outorga do uso se insere entre as matérias de livre apreciação do Poder Público.

---

[25] Da concessão de uso de bens públicos, in *RDA* 118-1-11.

Finalmente, a concessão ainda pode ser *autônoma* ou *acessória*, conforme seja ou não conjugada a uma concessão de serviço público.

Marcello Caetano[26] prefere falar em *concessão de aproveitamento imediato* e concessão de *aproveitamento mediato* ou *para instalação de serviços*. No primeiro caso, o concessionário pretende tirar proveito da própria coisa dominial, como ocorre na concessão de águas, de pesca, de terrenos nos cemitérios para sepultura, de terrenos nos portos marítimos para depósitos de mercadorias ou construção de armazéns. No segundo caso, o concessionário só pretende os bens como condição material da montagem de um serviço público, como se verifica na concessão de via pública ou do espaço aéreo para colocação de postes e lançamento de fios ou cabos aéreos ou subterrâneos, de instalações elétricas de interesse público, bem como na concessão de águas públicas para aproveitamentos hidráulicos de interesse público. Na segunda modalidade, o uso de bem público constitui elemento acessório da concessão de serviço público.

No caso da concessão acessória, o uso corresponde a um instrumento necessário para possibilitar a realização da real finalidade, que é a execução do serviço público.

Se a execução de serviço for da competência da mesma pessoa jurídica de direito público a cujo domínio pertença o bem, o próprio contrato de concessão de serviço conterá cláusula relativa ao uso do bem público.

Porém, se o serviço for de competência de um ente governamental (União, por exemplo) e o bem pertencer a outro (Estado ou Município), a concessão de uso dependerá de ato expresso do titular do bem.

5.4 Institutos afins do direito privado

Fazendo-se um paralelo com institutos do direito privado, verifica-se que a concessão de uso, quando remunerada, assemelha-se à locação de coisas (para fins residenciais) e ao arrendamento (para fins de exploração comercial) e, quando gratuita, ao comodato. No primeiro caso, a Administração obriga-se a ceder o uso de parcela de bem público ao concessionário, por prazo determinado ou indeterminado, mediante certa contribuição; na segunda hipótese, a obrigação que assume o Poder Público é a mesma, porém sem direito à retribuição pecuniária.

A locação e o arrendamento, como institutos de direito privado, somente são possíveis em relação aos bens dominicais. Mesmo em relação a estes, o direito

---

[26] *Manual de direito administrativo*, 1969, t. II, p. 867-870.

privado é em grande parte derrogado pelo direito público, como se verifica pela forma como esses institutos estão disciplinados pelo Decreto-lei nº 9.760, de 5.9.46.

A derrogação do direito privado por normas de direito público aproxima a concessão dos institutos afins mencionados, tendo em vista que remanescem alguns pontos comuns, como os referentes à competência, à finalidade pública, à presença das cláusulas exorbitantes, à exigência de licitação, conforme se verá no Capítulo 7.

6

Da utilização privativa de bens de uso comum e de uso especial no direito positivo brasileiro

6.1 Critérios teóricos para escolha entre concessão, permissão ou autorização

A rigor, a autorização, a permissão e a concessão de uso são títulos jurídicos sujeitos a regime jurídico de direito público, adequados para a utilização privativa de bens públicos das três modalidades previstas no artigo 99 do Código Civil.

Contudo, enquanto na utilização de bens dominicais é admissível o emprego de contratos de direito privado (ainda que parcialmente derrogado por normas de direito público), por se tratar de bens alienáveis e, portanto, não incluídos na categoria de coisas fora do comércio jurídico de direito comum, a utilização privativa de bens de uso comum do povo e de bens de uso especial só pode ser feita sob regime jurídico de direito público. Isso porque a sua afetação ao uso coletivo ou à consecução de fins de interesse público é incompatível com os interesses privados que imperam nas relações regidas pelo direito comum; é o próprio Código Civil que, declarando-os inalienáveis (art. 100), os coloca na categoria de bens fora do comércio jurídico de direito privado, de modo que, enquanto conservarem a afetação, são insuscetíveis de ser objeto de qualquer relação submetida ao regime jurídico de direito privado.

Definido, pois, que a utilização dos bens dessas duas categorias se faz exclusivamente por institutos de direito público, importa fixar critérios de opção entre um e outro dos títulos referidos: autorização, permissão ou concessão.

Não se encontram leis genéricas disciplinando esses institutos. A referência a eles consta, em regra, de leis esparsas que definem a forma de utilização a ser adotada relativamente a algumas modalidades de bens.

Na omissão da lei, tem-se que considerar a permissão de uso (excepcionalmente a autorização, quando se trate de interesse privado transitório) como o título jurídico mais adequado para utilização de bens de uso comum do povo; toda utilização privativa que se exerce sobre os bens dessa natureza tem o caráter de *utilização anormal*, ou seja, em contraste com o fim precípuo a que o bem está destinado.

Com efeito, o *uso coletivo*, indiscriminado, igual para todos, corresponde à afetação desses bens; o *uso privativo* é a finalidade objetivada pela permissão. Em razão desse contraste, deve o Poder Público preferir as utilizações precárias, sem prazo estabelecido, sem qualquer direito à indenização em caso de revogação.

Quando, ao contrário, o uso privativo se exerce sobre bem de uso especial, destinado a essa finalidade, a concessão apresenta-se como forma preferível, pois nesse caso a utilização é normal, ou seja, em consonância com a destinação do bem. É o caso da concessão de sepultura, da concessão de áreas situadas nos portos organizados, da concessão de áreas em aeroportos oficiais e da concessão de boxe nos mercados públicos; trata-se de exemplos típicos de bens destinados, ainda que parcialmente, a serem utilizados privativamente por particulares. Não havendo contraste entre a destinação do bem e o interesse do particular que exerce o uso privativo, é possível imprimir-se ao ato de outorga a estabilidade própria da concessão de uso.

Não se trata, contudo, de critérios absolutos, pois, dependendo do interesse da utilização privativa para a coletividade, o Poder Público pode preferir empregar a permissão de uso na ocupação normal ou a concessão na ocupação anormal, como se verificará pelo exame de alguns casos concretos disciplinados pelo legislador.

Grande parte das leis sobre utilização de bens de uso comum (por concernirem ao uso de ruas, praças, logradouros públicos) é municipal, uma vez que envolvem assunto de peculiar interesse dos municípios; na análise do tema, tomar-se-á por base a legislação do Município de São Paulo, cujo exame demonstrará a nítida preferência do legislador pelo instituto da permissão, inclusive para o uso de boxe nos mercados municipais, quando no direito estrangeiro é sabido que a modalidade empregada, nessa hipótese, é a concessão de uso. Justifica-se a opção do legislador municipal, em decorrência da precariedade inerente ao ato de permissão, desde o momento de sua outorga, o que confere menos estabilidade ao usuário e amplia o campo de discricionariedade da Administração no exercício de seu poder de revogar o ato por motivo de mérito.

No direito positivo brasileiro não se encontram muitas hipóteses de concessão de uso; as principais são a de uso de águas públicas, a de terreno em cemitério, a de áreas no porto organizado, a de moradia, a de florestas. Às vezes, o legislador refere-se a outra figura, de denominação diversa, mas que na realidade corresponde à concessão, como ocorre no caso de "arrendamento" nas áreas portuárias.

6.2 Permissão de uso para instalação de bancas de jornal

As bancas de jornais e revistas, via de regra, instalam-se nas ruas e logradouros públicos, a saber, em bens de uso comum do povo. Esse tipo de utilização é válido, juridicamente, já que exercido em conformidade com a ideia de função social da propriedade pública, em consonância com a qual os bens públicos devem proporcionar o máximo de utilidades ao cidadão. Deverá ser revogada se, por razões supervenientes à outorga, revelar-se incompatível com a finalidade precípua do bem público que, no caso, é a de servir ao uso coletivo, especialmente para livre circulação.

A venda de jornais e revistas não constitui serviço público, porém não há dúvida de que se trata de atividade de utilidade pública. Pelos critérios apontados no item anterior, o instrumento jurídico de outorga mais adequado é a permissão de uso a título precário, já que a atividade exercida não coincide com a afetação principal das ruas e praças, que é a de servir ao uso coletivo. A permissão, nesse caso, é, em regra, onerosa, pois não se justifica que o permissionário, usufruindo de espaço público para desenvolver atividade comercial, de fins lucrativos, fique livre de retribuição pelo benefício obtido. Nem poderia a Administração Pública fazer liberalidade com o patrimônio público.

Sendo a outorga feita por permissão de uso, a título precário, ela perdurará enquanto não surgirem novas circunstâncias, devidamente demonstradas pelo Poder Público, que justifiquem a sua revogação.

Na legislação do Município de São Paulo[1] (que se menciona apenas a título ilustrativo), a instalação de bancas destinadas à venda de jornais e revistas é permitida a título precário, em locais previamente designados pela Prefeitura.

Dois terços das vagas são permitidas mediante *procedimento licitatório*, que versa exclusivamente sobre o preço anual da área utilizada, observado o mínimo estabelecido no edital; em caso de empate, decide-se por sorteio; 1/3 é permitido independentemente de licitação a viúvas, cidadãos inválidos ou de idade avançada, desprovidos de recursos necessários à subsistência.

---

1   Basicamente é a Lei nº 10.072, de 9.6.86, com alterações posteriores.

A permissão é transferível por ato *inter vivos* na hipótese de uso outorgado mediante procedimento licitatório: a transferência, nesse caso, depende de aprovação da Prefeitura, não podendo efetivar-se antes de decorrido determinado prazo da outorga da permissão; também é admissível a sucessão *causa mortis* ao cônjuge e, na falta ou desistência deste, aos filhos maiores, seus pais e irmãos, na ordem mencionada, assumindo os sucessores os mesmos direitos e obrigações do antecessor.

6.3 Permissão de uso das vias e logradouros públicos para o exercício do comércio e a prestação de serviços ambulantes

Trata-se de mais uma atividade exercida em bens de uso comum do povo e que tem que ser compatibilizada com o uso coletivo a que eles estão afetados. Trata-se do chamado *uso anormal*, porque não coincidente com a destinação principal dos bens de uso comum do povo, porém perfeitamente válido desde que observadas as condições que o tornem compatível com essa afetação.

No Município de São Paulo, o comércio ambulante assume proporções gigantescas, muitas vezes em prejuízo do comércio formal e da própria circulação de pedestres. Os ambulantes se multiplicam; instalam-se sem que haja, em grande parte dos casos, ato formal de outorga; burlam a fiscalização.

A matéria está disciplinada pela Lei nº 11.039, de 23.8.91, regulamentada pelo Decreto nº 40.342, de 21.3.01. O ambulante é definido como a pessoa física, civilmente capaz, que exerça atividade lícita por conta própria ou mediante relação de emprego, desde que devidamente autorizada pelo Poder Público. Eles são classificados segundo dois critérios:

1. quanto à *condição física*: (a) deficiente físico de natureza grave; (b) deficiente físico de capacidade reduzida e sexagenário; (c) fisicamente capaz. Os deficientes das duas primeiras categorias têm preferência para atuação em pontos fixos, até o limite de 2/3, ficando 1/3 restante para os fisicamente capazes;

2. quanto à *forma pela qual a atividade é exercida*: (a) *efetivos* (carregam junto ao corpo a sua mercadoria ou equipamento e em circulação); (b) de *ponto móvel* (exercem suas atividades com auxílio de veículos automotivos, de propulsão humana ou similares, ou, ainda, equipamentos desmontáveis e removíveis); (c) de *ponto fixo* (exercem sua atividade em barracas não removíveis, em locais designados e com equipamentos previamente determinados pela respectiva Administração Regional). Os destas três categorias podem comercializar produtos alimentícios e não alimentícios adquiridos legalmente.

A outorga é feita pela respectiva Administração Regional, mediante *permissão de uso*, a título precário, oneroso, pessoal e intransferível, podendo ser revogado a qualquer tempo, sem que assista ao interessado qualquer direito a indenização. Embora a permissão seja a título precário, o ato de outorga fixa o seu prazo de validade, o que significa que a precariedade, no caso, diz respeito apenas à possibilidade de revogação, a qualquer momento, sem indenização.

6.4 Permissão de uso de vias e logradouros públicos para realização de feiras livres

Outra hipótese de utilização de vias e logradouros públicos por particulares é a que se outorga para realização de feiras livres para prática de atividades de comércio. Normalmente ocorre em locais e datas previamente determinados pelo Município, sendo a permissão de uso, a título precário e oneroso, o instrumento jurídico mais adequado para esse fim.

No Município de São Paulo, o funcionamento das feiras livres está regulamentado pelo Decreto municipal nº 41.918, de 17.4.02. O título jurídico de outorga é a permissão a título precário, onerosa, por prazo indeterminado (art. 25).

A escolha dos permissionários é feita pela ordem cronológica dos requerimentos apresentados pelos interessados. O procedimento de seleção vincula a Administração Pública, que fica obrigada a outorgar a permissão, pela ordem de preferência estabelecida no Edital de convocação. Vale dizer que as pessoas que se enquadrem nas exigências feitas pela Administração tornam-se titulares do direito subjetivo de exigir que a expedição do ato de permissão para preenchimento das vagas existentes se faça de acordo com a ordem de preferência prevista no decreto regulamentar. Formalizada a permissão, é feita a matrícula do feirante, que deve ser renovada anualmente, mediante apresentação da documentação prevista no aludido Decreto.

A permissão pode ser revogada a qualquer tempo, desde que não observadas as condições estabelecidas no Decreto, bem como se houver necessidade imperiosa de encerramento da respectiva feira, sem que assista ao feirante direito a qualquer indenização (art. 33). A primeira hipótese, de descumprimento das condições estabelecidas, não enseja propriamente a revogação do ato, e sim a sua *cassação*. A segunda hipótese corresponde à revogação por motivo de interesse público.

Em caso de falecimento, invalidez ou aposentadoria do feirante, o artigo 34 prevê a possibilidade de transferência ao cônjuge ou a herdeiros que requererem no prazo de 90 dias. Fora dessas hipóteses, a transferência a terceiros só é possível quando o feirante exercer o comércio em feiras livres por mais de cinco anos.

A permissão de uso sujeita o feirante ao pagamento de remuneração anual (art. 37), além do pagamento de importância correspondente a uma vez o preço anual, no momento da formalização do termo de permissão.

6.5 Permissão de uso nos mercados públicos

A utilização de boxes nos mercados públicos segue a forma de concessão de uso, em alguns países estrangeiros cujo direito foi analisado, havendo quem entenda que o ato de outorga é vinculado, de modo que, estabelecidas legalmente as condições para obtenção do benefício, o particular que as satisfizer torna-se titular de direito subjetivo oponível à Administração, podendo exigir a expedição de título competente para esse fim.

De acordo com Laubadère,[2] a ocupação, nesse caso, comporta, em sua origem, uma *autorização*. Embora seja empregado o termo *concessão*, ele entende que se trata de uma autorização unilateral e não de um contrato, sendo que o poder de recusar e de revogar a autorização não é jamais discricionário.

Para Duez e Debeyre,[3] em toda *utilização normal* o poder de obter o uso privativo do domínio público constitui-se em poder legal; todos os indivíduos que preencham as condições regulamentares têm vocação legal para pleitear a utilização; a competência da Administração não é vinculada senão na medida em que a utilização pretendida seja possível com respeito à capacidade da dependência dominial considerada. Se esta está ocupada totalmente por utilizações privativas possíveis, a recusa é momentaneamente justificada.

Na realidade, se existe o mercado público e ele foi criado para a finalidade específica de permitir a comercialização de determinados produtos por particulares, é evidente que a Administração Pública não pode deixar de oferecer as vagas a possíveis interessados. Mas o simples fato de existir uma ou mais vagas não dá direito ao interessado de exigir a outorga para o uso privativo. A legislação deve estabelecer os critérios de escolha dos beneficiários, para atender aos princípios da moralidade e isonomia, que exigem critérios objetivos de escolha. O que os interessados podem fazer é solicitar que a Administração Pública inicie o procedimento para oferta das vagas, o que só pode deixar de ser feito por razões devidamente justificadas.

A utilização de espaços em mercados públicos, para fins de comercialização de alimentos e outros produtos, constitui a própria finalidade do bem público. Na classificação do artigo 99 do Código Civil, os mercados públicos e instalações

---

[2] *Traité élémentaire de droit administratif*, 1953, p. 788-789.
[3] *Traité de droit administratif*, 1952, p. 795, nota 2.

congêneres enquadram-se na categoria de bens de uso especial. Nesses casos, a utilização privativa coincide com a destinação desses bens: os mercados públicos são criados precisamente para permitir a comercialização por particulares.

Tratando-se de *uso normal* (conforme à destinação do bem), o título de outorga não tem que ser necessariamente precário. No entanto, a preferência do legislador tem sido a *permissão a título precário*, que tem a vantagem de possibilitar ao Poder Público a revogação do ato por motivo de interesse público devidamente justificado, sem necessidade de indenizar o permissionário pelo só fato da revogação.

No Município de São Paulo, a matéria está disciplinada pelo Decreto nº 41.425, de 27.11.01, que dispõe sobre o funcionamento dos Mercados, das Centrais de Abastecimento e dos Frigoríficos Municipais. Pela conceituação legal, os mercados municipais destinam-se à comercialização de alimentos e outros produtos de utilidade doméstica, preferencialmente no sistema varejista, e ao oferecimento de serviços de alimentação e outros à comunidade (art. 1º). As Centrais de Abastecimento Municipais têm por finalidade principal a comercialização de alimentos, preferencialmente no sistema atacadista, e o oferecimento de serviços de alimentação e outros à comunidade (art. 2º). E os Frigoríficos Municipais têm por finalidade armazenar produtos alimentícios que devam ser conservados sob refrigeração ou congelamento (art. 3º).

A outorga se faz por meio de ato de permissão de uso, a título precário e oneroso, para operação em um dos ramos de atividades descritos no decreto e obedecidas as normas de setorização. Nos termos do artigo 16 do aludido Decreto, "a ocupação dos boxes, bancas e outros locais específicos será deferida em forma de permissão de uso, outorgada a título precário, oneroso, intransferível, por prazo indeterminado e por meio de regular certame licitatório, no qual deverá estar definido o sistema de comercialização, o ramo de atividade e a caracterização da área".

É prevista a transferência da permissão apenas em caso de falecimento, invalidez ou aposentadoria do titular da firma individual permissionária, hipótese em que a Administração poderá autorizar a transferência para o cônjuge sobrevivente e a eventuais herdeiros ou sucessores, observando-se o que estabelece a legislação pertinente (entenda-se a ordem de vocação hereditária). Em caso de desistência da permissão, deverá a Administração abrir outra licitação.

As permissionárias pagam um preço anual, calculado de acordo com o estabelecido em decreto do Executivo, que será atualizado anualmente, com o acréscimo ofertado na proposta apresentada no processo licitatório e cobrado em até 12 parcelas mensais (art. 22).

O artigo 25 prevê a revogação da permissão a qualquer tempo, por motivo de interesse público e quando forem praticadas as infrações previstas no dispositivo.

Evidentemente, no caso de infração, o termo *revogação* é inadequado, porque esta atinge apenas os atos válidos e se dá por razões de interesse público. O certo seria falar-se em cassação da permissão por motivo de prática de infrações administrativas.

No Município de São Paulo, ainda merece menção a Lei nº 13.739, de 15.1.04, que "autoriza a concessão administrativa de uso, a título oneroso, mediante licitação, das áreas de propriedade municipal denominadas Torres A, B, C e D do Mercado Central Paulistano, visando à exploração de serviços de restaurantes, lanchonetes, padarias e congêneres" (art. 1º).

Nesse caso, o legislador optou pela *concessão de uso*, pelo prazo máximo de 12 anos, incluídas as eventuais prorrogações devidamente justificadas pelo Poder Público Municipal. A outorga só pode ser feita a pessoas jurídicas legalmente constituídas, em cujo objeto social estejam incluídas as atividades referidas no artigo 1º. A escolha do concessionário é feita por concorrência pública.

Embora se trate de concessão com prazo determinado, a lei não garante qualquer estabilidade ao concessionário, porque prevê que todas as benfeitorias realizadas nas áreas concedidas ficarão, de imediato, incorporadas ao patrimônio do Município de São Paulo, de pleno direito (art. 6º). Prevê ainda que a extinção ou dissolução das empresas concessionárias, a alteração do destino das áreas, o inadimplemento de qualquer prazo fixado, a inobservância das condições e obrigações estatuídas na lei ou nas cláusulas contratuais, implicarão sua automática rescisão, revertendo as áreas ao Município e incorporando-se ao seu patrimônio todas as edificações e benfeitorias executadas, ainda que necessárias, sem direito de retenção e independentemente de qualquer pagamento ou indenização, a qualquer título, o mesmo ocorrendo findo o prazo da concessão (art. 9º).

A lei silencia quanto às prerrogativas da Administração Pública para rescindir o contrato antes do tempo estabelecido, por razões de interesse público. Dentre as hipóteses de rescisão previstas no artigo 9º, a única que se atribui ao poder concedente é a que diz respeito à *alteração do destino das áreas*. Todas as demais ou são atribuíveis ao concessionário ou dizem respeito ao término do prazo. Contudo, o tratamento dado a todas é idêntico: ocorre a rescisão automática do contrato; as edificações e benfeitorias incorporam-se ao patrimônio público; o concessionário não faz jus a qualquer tipo de indenização. Esta última consequência tem que ser entendida com temperamentos, porque existem princípios maiores a cuja observância o Município não pode se furtar, como o do locupletamento ilícito, o da boa-fé, o da responsabilidade por danos causados a terceiros, o da moralidade administrativa.

É comum os interessados confundirem a permissão de uso de boxes nos mercados com os contratos de locação de imóvel, até com o intuito de tentar obter a aplicação das normas pertinentes a tais ajustes. Mas é evidente que o contrato de locação não serve a essa finalidade, porque, tendo por objeto a utilização de bem público de uso especial (que está fora do comércio jurídico de direito privado), o ato de outorga tem necessariamente que submeter-se ao direito público, para que a Administração Pública mantenha as prerrogativas que lhe são próprias, dentre as quais a de alterar as condições de uso, a de revogá-lo por motivo de interesse público, a de fiscalizá-lo, a de aplicar penalidades aos permissionários que descumpram as normas regulamentares. Essas prerrogativas são irrenunciáveis, porque indispensáveis à consecução do interesse público.

Existem acórdãos específicos sobre o tema, estabelecendo a distinção. É o caso da decisão proferida pelo antigo 2º Tribunal de Alçada Civil de São Paulo, no sentido de que a concessão pela Municipalidade de uso de locais ou compartimentos em edifício de sua propriedade, para a exploração de negócio por ela imposto, ainda que seja mediante aluguel mensal, não constitui contrato de locação.[4]

O Tribunal de Justiça do Distrito Federal também já decidiu que a autorização para utilização de compartimentos nos mercados municipais é ato administrativo, revogável quando exigir o interesse público. Afirma seu prolator ser incontestável haver, *in casu*, uma permissão especial de uso de coisa do domínio público, inconfundível com a locação. Diz ele que "da natureza inalienável e incomerciável dos bens de propriedade pública resulta serem eles insuscetíveis de negócios de direito privado, como, por exemplo, a locação. A permissão não é um negócio jurídico privado, mas um ato administrativo de que nasce para o beneficiário um mero direito subjetivo condicional, que tem de ceder sempre ante a prevalência do interesse público".

6.6 Permissão de uso para estacionamento de táxis

Trata-se de serviço considerado de utilidade pública, que depende de consentimento do poder público municipal, seja para exercício da atividade, seja para estacionamento em pontos de táxi.

No Município de São Paulo, a Lei nº 7.329, de 11.7.69, estabelece normas para execução de serviço de transporte individual de passageiros em veículos de aluguel providos de taxímetro.

Nos termos do artigo 1º, esse tipo de serviço é considerado de interesse público e executado mediante *termo de permissão* e *alvará de estacionamento*. Aparecem conjugadas, no caso, uma permissão para prestação de serviço de utilidade pública e uma permissão para utilização privativa de bem público, consentida mediante o chamado alvará de estacionamento. Esse é o documento pelo qual é outorgado

---

[4] *RT* 491/135. No mesmo sentido, acórdãos in *RDA* 43/248, 45/233, 55/245, 43/284.

consentimento para estacionamento de veículos em locais previamente estabelecidos pela Prefeitura, tendo em vista o interesse público, com especificação da categoria, localização e número de ordem, bem como tipos e quantidade máxima de veículos que possam estacionar.

Os pontos de estacionamento serão *privativos* (quando destinados exclusivamente ao estacionamento de veículos para ele designados no respectivo alvará) ou *livres* (quando destinados à utilização por qualquer táxi, observada a quantidade de vagas fixadas).

A permissão de estacionamento é *onerosa*, ficando o permissionário obrigado ao pagamento das taxas fixadas no artigo 40, concernentes à *licença* para estacionamento de veículos, em ponto privativo ou ponto livre, e a de *expediente* (que abrange taxa de inscrição ou revalidação no Cadastro Municipal de Condutores de Táxis, registro para condutor de veículo de propriedade de terceiros, alvará de estacionamento, termo de permissão para empresa, substituição do veículo, transferência de alvará e estacionamento).

6.7 Uso de águas públicas

6.7.1 Competência legislativa

A competência para legislar sobre águas tem sido atribuída à União, desde a Constituição de 1934 (art. 5º, XIX, *j*). No entanto, poucos dias antes de sua entrada em vigor, foi promulgado o Código de Águas, aprovado pelo Decreto nº 24.643, de 10.7.34.

Na atual Constituição, essa competência legislativa é outorgada, com exclusividade, à União, conforme artigo 22, IV, de modo que a legislação federal sobre a matéria é de aplicação obrigatória às águas de domínio de todos os entes federativos. Restará a possibilidade de Estados legislarem sobre questões específicas dessa matéria, se tal possibilidade lhes vier a ser conferida pela lei complementar prevista no parágrafo único do mesmo dispositivo constitucional. O Código de Águas foi recepcionado pelas Constituições que o sucederam.

Além da competência exclusiva para legislar sobre águas, também foi dada à União a atribuição de "instituir sistema nacional de gerenciamento de recursos hídricos e definir critérios de outorga de direitos de seu uso" (art. 21, XIX). Com base nesse dispositivo, foi promulgada a Lei nº 9.433, de 8.1.97 (conhecida como Lei de Águas) que, entre outras providências, institui a Política Nacional de Recursos Hídricos e cria o Sistema Nacional de Gerenciamento de Recursos Hídricos. Posteriormente, a Lei nº 9.984, de 17.7.00, veio dispor sobre a criação da Agência Nacional de Águas (ANA), entidade federal de implementação da Política Nacional de Recursos Hídricos e de coordenação do Sistema Nacional de Gerenciamento de Recursos Hídricos.

A competência da União para legislar sobre águas não impede os Estados de estabelecerem normas sobre a gestão e o policiamento das águas situadas em seu território, visando à sua proteção, pois o artigo 24, VI, da Constituição lhes defere competência concorrente com a União para legislar sobre "florestas, caça, pesca, fauna, conservação da natureza, defesa do solo e dos recursos naturais, proteção do meio ambiente e controle da poluição".

Em consequência, não ferem a Constituição Federal as normas da Constituição paulista referentes a recursos hídricos, contidas nos artigos 205 a 213, que visam, em síntese, ao seu adequado aproveitamento, à proteção contra poluição, superexploração e erosão, à destinação de recursos públicos para os serviços de proteção às águas.

Por sua vez, aos Municípios compete complementar a legislação federal e estadual nos assuntos de interesse local, especialmente no que diz respeito à proteção do meio ambiente e ao saneamento (art. 30, II, da Constituição Federal).

6.7.2 Domínio das águas

No que diz respeito ao domínio das águas, a Constituição de 1988 as considerou como bens públicos, repartindo-os entre União, Estados e Distrito Federal. Não mais existem águas pertencentes aos Municípios nem aos particulares, ficando alterada, sob alguns aspectos, a sistemática adotada no Código de Águas.

De acordo com esse Código, as águas podem ser *públicas, comuns, particulares* e *comuns de todos*. As águas públicas, por sua vez, podem ser de *uso comum* ou *dominicais* (art. 1º). Pelo artigo 2º, são águas públicas de uso comum: (a) os mares territoriais, nos mesmos incluídos os golfos, baías, enseadas e portos; (b) as correntes, canais, lagos e lagoas navegáveis ou flutuáveis; (c) as correntes de que se façam estas águas; (d) as fontes e reservatórios públicos; (e) as nascentes quando forem de tal modo consideráveis que, por si sós, constituam o *caput fluminis*; (f) os braços de quaisquer correntes públicas, desde que os mesmos influam na navegabilidade ou flutuabilidade.

São também águas públicas de uso comum todas as situadas em zonas periodicamente assoladas pelas secas, nos termos e de acordo com a legislação especial sobre a matéria (art. 5º do Código).

O Decreto-lei nº 852, de 11.11.38, considerou como águas públicas de uso comum as dos lagos, em toda sua extensão, bem como os cursos de águas naturais que em algum trecho sejam flutuáveis ou navegáveis, por qualquer tipo de embarcação.

Com relação ao mar territorial, que continua a integrar o patrimônio da União (art. 20, VI, da Constituição), a sua extensão foi fixada numa faixa de doze milhas marítimas de largura, conforme artigo 1º da Lei nº 8.617, de 4.1.93.

Quanto às demais águas públicas mencionadas no artigo 2º do Código de Águas, o critério que as definia (e as distinguia das águas particulares) era o da *navegabilidade* ou *flutuabilidade*. De acordo com o artigo 6º do Decreto-lei nº 2.281, de 5.6.40, era considerado navegável "o curso d'água no qual, *plenissimo flumine*, isto é, coberto todo o álveo, seja possível a navegação por embarcações de qualquer natureza, inclusive jangadas, num trecho não inferior à sua largura; para os mesmos efeitos, é navegável o lago ou lagoa que, em águas médias, permita a navegação, em iguais condições, num trecho qualquer de sua superfície". O parágrafo único do mesmo dispositivo considerava como *flutuável* "o curso em que, em águas médias, seja possível o transporte de achas de lenha, por flutuação, num trecho de comprimento igual ou superior a cinquenta vezes a largura média do curso no trecho".

O Código de Águas considera como águas públicas dominicais "todas as águas situadas em terrenos que também o sejam, quando as mesmas não forem do domínio público de uso comum, ou não forem comuns" (art. 6º). Águas comuns são "as correntes não navegáveis ou flutuáveis e de que essas não se façam" (art. 7º). E águas particulares eram definidas por um critério residual, porque abrangiam as situadas em terrenos particulares, desde que não estivessem classificadas entre as águas comuns de todos, as águas públicas ou as comuns (art. 8º).

Com a Constituição de 1988, todas as águas passaram a ser públicas, ficando revogado o Código de Águas na parte em que previa e definia as águas particulares. Com efeito, o artigo 20 inclui entre os bens da União "os lagos, rios e quaisquer correntes de água em terrenos de seu domínio, ou que banhem mais de um Estado, sirvam de limites com outros países, ou se estendam a territórios estrangeiros ou deles provenham, bem como os terrenos marginais e as praias fluviais" (inciso III); e o mar territorial (inciso VI).

Aos Estados pertencem "as águas superficiais ou subterrâneas, fluentes, emergentes e em depósito, ressalvadas, neste caso, na forma da lei, as decorrentes de obras da União" (art. 26, I).

Nada diz a Constituição sobre rios pertencentes aos Municípios, estando revogado o artigo 29 do Código de Águas na parte em que a eles atribuía as águas situadas "em seu território, respeitadas as restrições que possam ser impostas pela legislação dos Estados".

A Lei nº 9.433/97, em consonância com os dispositivos constitucionais citados, logo no artigo 1º, inciso I, determina que "*a água é um bem do domínio público*".

Com essa publicização das águas, o próprio conceito de águas dominicais, contido no Código de Águas, perdeu, de certo modo, qualquer sentido, porque todas as águas se tornaram inalienáveis, conforme determina o artigo 18 da Lei nº 9.433/97.

6.7.3 Do uso das águas

A classificação das formas de uso de bens públicos, referida no item 1.4, aplica-se à utilização das águas.[5] Por outras palavras, o seu uso pode ser comum ou privativo.

No que diz respeito ao *uso comum* das águas, também estão presentes as características indicadas no item 1.4: é aberto a todos; é, em regra, gratuito, podendo ser remunerado, conforme artigo 103 do Código Civil; está sujeito ao poder de polícia do Estado, que compreende a regulamentação do uso, a fiscalização e a repressão; não tem, em regra, a natureza de direito subjetivo, podendo ser exercido, sem distinção, por todas as pessoas, nacionais e estrangeiras.

O uso privativo depende de *ato de outorga* do Poder Público, a ser analisado no item subsequente.

A Lei nº 9.433/97 definiu, logo no artigo 1º, os fundamentos da Política Nacional de Recursos Hídricos, a saber:

"I – a água é um bem de domínio público;

II – a água é um recurso natural limitado, dotado de valor econômico;

III – em situações de escassez, o uso prioritário dos recursos hídricos é o consumo humano e a dessedentação de animais;

IV – a gestão dos recursos hídricos deve sempre proporcionar o uso múltiplo das águas;

V – a bacia hidrográfica é a unidade territorial para implementação da Política Nacional de Recursos Hídricos e atuação do Sistema Nacional de Gerenciamento de Recursos Hídricos;

VI – a gestão dos recursos hídricos deve ser descentralizada e contar com a participação do Poder Público, dos usuários e das comunidades."

Os três primeiros incisos dizem respeito especificamente ao uso das águas.

---

[5] Não tem mais sentido falar em águas *públicas*, já que todas têm essa natureza.

Ao afirmar que "*a água é um bem de domínio público*" (inciso I), o legislador não está se referindo ao *domínio* como direito de propriedade, até porque não diz quem é o seu titular; o dispositivo designa a água como bem de uso público, um bem cujo titular é o povo. A expressão corresponde ao vocábulo *demanio*, utilizada no direito italiano, ou bem de uso comum do povo, no direito brasileiro.

O artigo 34 do Código de Águas prevê o uso gratuito de qualquer corrente ou nascente de água, para as primeiras necessidades da vida, se houver caminho público que a torne acessível, garantido o direito de passagem; se não houver este caminho, determina o artigo 35 que os proprietários marginais não podem impedir que os seus vizinhos se aproveitem das mesmas para aquele fim, contanto que sejam indenizados do prejuízo que sofrerem com o trânsito pelos seus prédios.

A Lei nº 9.433/97 contém norma sobre a gratuidade, em termos um pouco diversos, mas que não alteram, em substância, o objetivo do artigo 34 do Código de Águas de beneficiar as pessoas que se utilizem das águas para atender às primeiras necessidades da vida. O artigo 12 determina que independem de outorga e de cobrança o uso de recursos hídricos para a satisfação das necessidades de pequenos núcleos populacionais, distribuídos no meio rural e as derivações, captações e lançamentos, assim como acumulações de volumes de água considerados insignificantes (art. 12).

6.7.4 Do uso privativo

O uso privativo das águas depende de ato de outorga do Poder Público, antes disciplinado inteiramente pelo Código de Águas, que prevê os institutos da *autorização* e da *concessão de uso*, conforme o uso privativo se destine ao interesse privado do usuário ou à prestação de serviço de utilidade pública (art. 43).

A Lei nº 9.433/97, que tem aplicação em âmbito nacional, já que disciplina matéria de competência privativa da União, prevê a "outorga do direito de uso de recursos hídricos", bem como a "cobrança pelo uso de recursos hídricos", como instrumentos da Política Nacional de Recursos Hídricos (art. 5º, III e IV). Essa lei não mais fala em autorização e concessão, referindo-se apenas a *ato de outorga*, o que permite concluir que continuam a aplicar-se as normas do Código de Águas que com ela sejam compatíveis. Vale dizer que continuam a existir os institutos da autorização e da concessão de uso de águas públicas, salvo com relação aos recursos hídricos de domínio federal. Com efeito, com relação a estes, tem aplicação também a Lei nº 9.984, de 17.7.00,[6] que prevê, como instrumento de outorga do direito de uso, apenas a *autorização* (art. 4º, IV).

---

[6] A Lei nº 9.984/00 dispõe sobre a criação da Agência Nacional de Águas (ANA), entidade federal de implementação da Política Nacional de Recursos Hídricos e de coordenação do Sistema Nacional

Portanto, diante da legislação vigente, existem dois regimes jurídicos: para os recursos hídricos de domínio federal, aplica-se apenas a autorização, a ser comentada adiante; para os recursos hídricos dos Estados e Distrito Federal, aplicam-se a autorização e a concessão, tal como disciplinadas pelo Código de Águas.

A utilização privativa das águas foi disciplinada inicialmente pelo artigo 43 do Código de Águas, que permite sua derivação para as aplicações da agricultura, da indústria e da higiene, mediante duas modalidades de título de outorga:

a) *concessão de uso*, quando a derivação objetive atender a fins de utilidade pública; e

b) *autorização de uso*, nas demais hipóteses.

O ato de outorga é dispensado quando se trate de derivações insignificantes.

Algumas normas são comuns para as duas modalidades de outorga:

a) o uso pode ser autorizado ou concedido por tempo fixo, não excedente de 30 anos, devendo ser determinado, sob pena de caducidade, um prazo razoável não só para serem iniciadas, como para serem concluídas as obras propostas pelo peticionário (art. 43, § 2º);

b) a utilização deve ser feita sem prejuízo da navegação, salvo no caso de uso para as primeiras necessidades da vida, ou no caso de lei especial que, atendendo a superior interesse, o permita, e, finalmente, no caso em que a navegação não sirva efetivamente ao comércio (art. 48);

c) o uso da derivação tem a natureza de *direito real*, tendo em vista que, alienando-se o prédio ou o engenho a que ela serve, passa o mesmo ao novo proprietário (art. 50);

d) toda cessão total ou parcial da concessão ou autorização, toda mudança de cessionário ou de permissionário depende do consentimento da Administração;

e) cabe ação judicial para defesa dos direitos dos particulares, a qual pode ser proposta quer contra a Administração, quer contra particulares, devendo, no entanto, haver um interesse direto por parte de quem recorra em Juízo; na ação contra a Administração, esta só poderá ser condenada a indenizar o dano e não a destruir as obras que tenha executado prejudicando o exercício do direito de uso em causa; a ação possessória não é cabível contra a Administração, mas é admissível contra outro particular, se o autor apresentar como título uma concessão expressa ou outro título legítimo equivalente (art. 60);

---

de Gerenciamento de Recursos Hídricos e dá outras providências.

f) a competência para *autorizar* ou *conceder* o uso é da União e dos Estados,[7] conforme o seu domínio sobre as águas ou conforme os serviços públicos a que se destine a mesma derivação, ressalvada a hipótese de derivação para produção de energia hidrelétrica, que é sempre de competência da União (arts. 62 e 63);

g) os usos de derivação extinguem-se: pela *renúncia*, pela *caducidade*, pelo *resgate* (decorridos os 10 primeiros anos após a conclusão das obras, e tomando-se por base do preço da indenização só o capital efetivamente empregado), pela *expiração do prazo* e pela *revogação* (art. 66);

h) o uso das águas é sempre revogável (art. 67).

Distingue-se a autorização da concessão porque a primeira se constitui por ato unilateral e não confere, em hipótese alguma, delegação de poder ao seu titular (art. 43, § 1º), o que se justifica pelo fato de ser outorgada no interesse privado do beneficiário; além disso, dispensa licitação. A concessão se faz por contrato; pode implicar a outorga de poderes públicos, uma vez que a utilização se destina à realização de um serviço público ou de utilidade pública, sendo a concessão de uso acessória da concessão de serviço público; é precedida de concorrência pública, salvo os casos em que as leis ou regulamentos a dispensarem.

Como observa Cid Tomanik Pompeu,[8] a concessão prevista no artigo 43 do Código de Águas encerra a possibilidade de ocorrência de duas espécies de concessão: a de serviço público e a de uso de bem público. "Desse modo, teríamos que, quando, por uma questão de competência legal, ao poder concedente coubesse prestar o serviço público para o qual a derivação de água é necessária, estaríamos diante de uma *concessão de serviços*, com a transferência temporária ou resolúvel, por uma pessoa coletiva de direito público, de poderes que lhe competem, para outra pessoa, singular ou coletiva, pública, a fim de que esta exercite serviços por sua conta e risco, mas de interesse geral. Se, entretanto, o destino da derivação não estivesse contido na competência legal do poder concedente, a concessão seria de *uso de bem público*, no caso, a água."

Em resumo, se a competência para executar o serviço público for da mesma pessoa jurídica pública proprietária das águas objeto da derivação, a concessão engloba, em um único contrato, o uso de bem público e a execução de serviço público, com a delegação de poderes necessários para esse fim. Se a competência for de pessoa jurídica diversa daquela que é titular do bem, haverá dois atos ou

---

[7] O dispositivo, na parte em que fazia referência aos Municípios, não tem mais aplicação, já que, como visto, não existem mais águas municipais.

[8] Regime jurídico da concessão de uso das águas públicas, *RDP* 21/160-173.

pelo menos manifestação de vontade de duas autoridades diferentes, com vistas, de um lado, à concessão de serviço público e, de outro, ao uso das águas públicas.

O Código de Águas resolveu, parcialmente, o problema determinando, no § 1º do artigo 29, que "fica limitado o domínio dos Estados e Municípios sobre quaisquer correntes, pela servidão, que à União se confere, para o aproveitamento industrial das águas e da energia hidráulica, e para navegação".

A Lei nº 9.433/97 deu tratamento um pouco diverso à matéria, porque, no artigo 12, IV, inclui entre os usos que dependem de ato de outorga "*o aproveitamento dos potenciais hidráulicos*". Desse modo, a Agência Nacional de Energia Elétrica (Aneel), ao resolver explorar um novo potencial hidroelétrico, "deve obter manifestação favorável do órgão competente – federal ou estadual – para outorgar o uso da água, adstrita às prioridades fixadas no Plano da Bacia Hidrográfica. Essa manifestação, outorga preventiva, deve ocorrer, por evidente, na fase interna da licitação da concessão, pois não teria lógica que o concessionário, já vencedor de um certame licitatório, tivesse que se dirigir ao poder público para então solicitar a respectiva outorga de direito de uso da água. O mesmo entendimento se aplica às concessões para abastecimento público". É o que ensina Maria Luiza Machado Granziera,[9] com base no artigo 6º da Lei nº 9.984, de 17.7.00. Diz a autora que "a ANA poderá emitir outorgas preventivas de uso de recursos hídricos, com a finalidade de declarar a disponibilidade de água para usos requeridos. A outorga preventiva se destina a reservar a vazão passível de outorga. No que se refere especificamente ao uso de potencial de energia hidráulica, em corpo de água de domínio da União, a ANEEL deverá promover, com a ANA, a prévia obtenção de declaração de reserva de disponibilidade hídrica".

A Lei nº 9.433/97 trouxe outras inovações.

No artigo 5º, III e IV, considerou a outorga do direito de uso de água e a respectiva remuneração como instrumentos da Política Nacional de Recursos Hídricos.

Preocupou-se a nova lei com o controle quantitativo e qualitativo do uso das águas. Conforme lição de Maria Luiza Machado Granziera,[10] "a necessidade de controlar o uso da água está intrinsecamente relacionada com a escassez do recurso. Em uma região, ou em uma bacia hidrográfica, em que a demanda seja muito inferior à disponibilidade hídrica, o controle do uso é muito menos importante que no caso de bacias hidrográficas consideradas críticas, ou seja, em que há comprometimento dos aspectos quantidade e qualidade". Um pouco

---

[9] *Direito de águas*: disciplina jurídica das águas doces, 2001, p. 191.
[10] Ob. cit., p. 180.

adiante[11] acrescenta a autora que "à medida que o recurso hídrico deixa de ser entendido como um bem infinito, e passa a ser considerado escasso e de valor econômico, o controle do seu uso assume contornos de garantia de sobrevivência".

Daí o artigo 11 da Lei nº 9.433/97 estabelecer que "o regime de outorga de direitos de uso de recursos hídricos tem como objetivos assegurar o controle quantitativo e qualitativo dos usos da água e o efetivo exercício dos direitos de acesso à água". Vale dizer que, no ato de outorga, deve-se procurar conciliar os vários tipos de uso possíveis (implicando controle quantitativo e qualitativo). Ressalta, nesse aspecto, a ideia de função social da propriedade pública, lembrada na Introdução deste livro e em artigo específico sobre o tema, inserido no apêndice. Por outras palavras, as águas públicas servem a múltiplos tipos de uso, cabendo ao poder público conciliar esses usos, porém sem prejudicar a quantidade e a qualidade das águas.

Com esse intuito, a Lei nº 9.433/97 deu aos Comitês de Bacias Hidrográficas competência para aprovar o Plano de Bacia Hidrográfica (art. 38), o qual deve indicar, entre outros elementos, as *prioridades* para outorga (art. 7º, VIII). Ao fixar essas prioridades, os Comitês estão sujeitos à observância do artigo 1º, III, segundo o qual, o uso prioritário dos recursos hídricos é o consumo humano e a dessedentação dos animais.

Além disso, e com o mesmo objetivo, a Lei nº 9.433 prevê a articulação entre União e Estados para gerenciamento dos recursos hídricos (art. 4º). Na Constituição do Estado de São Paulo existe norma a respeito dessa articulação, contida no artigo 212, assim redigido: "Na articulação com a União, quando da exploração dos serviços e instalações de energia elétrica, e do aproveitamento energético dos cursos de água em seu território, o Estado levará em conta os usos múltiplos e o controle das águas, a drenagem, a correta utilização das várzeas, a flora e a fauna aquáticas e a preservação do meio ambiente."

A Lei nº 9.433/97 ainda definiu, no artigo 12, os usos passíveis de outorga, a saber: "I – a derivação ou captação de parcela de água existente em um corpo de água para consumo final, inclusive abastecimento público, ou insumo de processo produtivo; II – extração de aquífero para consumo final ou insumo de processo produtivo; III – lançamento em corpo de água de esgotos e demais resíduos líquidos ou gasosos, tratados ou não, com o fim de sua diluição, transporte ou disposição final; IV – aproveitamento dos potenciais hidrelétricos; V – outros usos que alterem o regime, a quantidade ou a qualidade da água existente em um corpo de água."

Nesses casos em que depende de ato de outorga, o uso do recurso hídrico está sujeito a cobrança de remuneração, conforme artigo 20 da Lei nº 9.433/97.

---

[11] Ob. cit., p. 181.

Os valores arrecadados serão aplicados prioritariamente na bacia hidrográfica em que foram gerados e serão utilizados: I – no financiamento de estudos, programas, projetos e obras incluídos nos Planos de Recursos Hídricos; II – no pagamento de despesas de implantação e custeio administrativo dos órgãos e entidades integrantes do Sistema Nacional de Gerenciamento de Recursos Hídricos (art. 20).

Nos termos do § 1º do artigo 12, "independem de outorga pelo poder público, conforme definido em regulamento: I – o uso de recursos hídricos para a satisfação das necessidades de pequenos núcleos populacionais, distribuídos no meio rural; II – as derivações, captações e lançamentos insignificantes; III – as acumulações de volumes de água considerados insignificantes". Nesses casos, o uso não é sujeito a cobrança.

Quanto à *natureza jurídica* do ato de outorga, a Lei nº 9.433/97 silenciou, o que permite a conclusão de que continuaram a aplicar-se os dispositivos do Código de Águas, que falavam em *autorização* e *concessão*. No entanto, a Lei nº 9.984/00, ao definir as competências da ANA, fala em *autorização* como o tipo de ato cabível para a outorga (art. 4º, IV). O termo é, evidentemente, inadequado, tendo em vista que a autorização pode ser dada por longos prazos, de até 35 anos, conforme previsto no artigo 16 da Lei nº 9.433/97, o que se repete no artigo 5º, III, da Lei nº 9.984/00. Esse prazo pode ser maior ou menor, em função da natureza, do porte dos investimentos e do período de retorno.[12] Se a outorga for ligada a uma concessão de serviços públicos de geração de energia elétrica, os respectivos prazos coincidem (art. 5º, § 4º, da Lei nº 9.984/00). Essa norma confirma a ideia de que, no caso, se trata de verdadeira concessão de uso, com prazo estabelecido, e não de autorização precária. Trata-se de mais uma hipótese em que o legislador federal confunde os títulos jurídicos de outorga. Quando muito, é possível aceitar--se o vocábulo *autorização* para designar o ato prévio do poder público para que a outorga seja feita, com o subsequente procedimento de contratação.

A *competência* para outorga é do ente político em cujo domínio se inserem as águas, podendo ser da União, dos Estados ou do Distrito Federal, conforme artigo 14 da Lei nº 9.433/97, não havendo mais águas municipais. Na esfera federal, essa competência foi atribuída à Agência Nacional de Águas (ANA), pelo artigo 4º, IV, da Lei nº 9.984/00.

6.8 Concessão de terreno em cemitério público

O regime jurídico dos cemitérios é, tradicionalmente, de direito municipal, desde os tempos do Império.

---

[12] Conforme Maria Luiza Machado Granziera, ob. cit., p. 201.

No direito brasileiro, os cemitérios podem ser públicos ou particulares, porém mesmo estes últimos ficam sujeitos ao poder de polícia do Município. De acordo com a Lei municipal nº 8.564, de 12.5.77, a construção de jazigo em cemitérios particulares só poderá ser executada depois de expedição pelo Serviço Funerário do Município do competente alvará de licença.

Nos cemitérios públicos ocorrem dois tipos de inumação: a feita em "valas comuns" e as feitas em terrenos previamente reservados sobre os quais os particulares adquirem, temporária ou perpetuamente, direito de uso para fins de sepultamento.

José Cretella Júnior[13] aponta as divergências doutrinárias a respeito da natureza jurídica dos cemitérios: seriam eles bens de uso comum do povo, de uso especial ou dominicais? Para ele, deve-se distinguir o "cemitério como um local, *bem de uso comum* de todos os cidadãos que por suas alamedas podem circular, e o cemitério como *bem de uso privativo*, utilizável em casos de inumação de cadáveres, desde que preenchidos os requisitos exigidos pelas leis e regulamentos".

Na realidade, no cemitério conjugam-se várias modalidades de uso: de um lado, o *uso comum* de qualquer pessoa que queira visitá-lo; de outro lado, o *uso especial* consistente na afetação a um serviço de natureza pública, a saber, a inumação de cadáveres; finalmente, o *uso privativo* das sepulturas objeto de concessão.

Para definir sua natureza jurídica, é necessário considerar a destinação principal do bem. A esse respeito, diz Fernando Henrique Mendes de Almeida[14] ser "suficiente notar que, nos cemitérios funcionam serviços públicos municipais, para o que é indispensável a afetação, a fim de que se veja que, se, nalgum tempo anterior, algum terreno, depois convertido em cemitério, foi patrimonial, deixou de sê-lo, quando se fez necrópole".

Portanto, o cemitério público está afetado a determinados fins públicos: inumação dos mortos em valas comuns ou em sepulturas privativas. Enquanto assim afetado, é inalienável e, portanto, incluído na categoria de coisa fora do comércio; qualquer relação jurídica que sobre ele incida rege-se por normas de direito público.

Por essa mesma razão, ficam afastadas todas as teorias privatistas que tentavam explicar a natureza jurídica do ato pelo qual o Poder Público transfere ao particular o uso privativo de sepultura.

---

[13] *Bens públicos*, 1975, p. 318-319.

[14] Concessão perpétua de terrenos de cemitério, in *RT* 257/43-50. O trabalho completo do autor, sobre o tema, está publicado nas *RT* 252/22, 253/17, 254/3, 255/19 e 258/59.

Dentre os títulos constitutivos de utilização privativa de bem público, o que melhor se enquadra, no caso, é a concessão de uso, já que a outorga se processa mediante acordo entre as partes. Fernando Henrique Mendes de Almeida, analisando esse aspecto, demonstra que o Município não está obrigado a conceder o uso privativo de terreno em cemitério público e o particular não é obrigado a fazer-se concessionário de terreno de cemitério, de modo que "o ato em exame dimana de uma harmonização de vontades, isto é, tem origem convencional indiscutível".

O Decreto municipal nº 8.073, de 27.3.69, disciplina a concessão de terrenos para sepultura, permitindo-a exclusivamente para enterramento imediato e, em cada caso, mediante expressa autorização do Gabinete do Prefeito ou da autoridade a quem venha a ser delegada a atribuição.

O Decreto nº 9.852, de 18.1.72, alterando parcialmente o Decreto nº 8.073, permite que, excepcionalmente, sejam outorgadas concessões de áreas a associações de classes, regularmente constituídas, integradas por elementos das Forças Armadas, da Polícia Militar ou da Polícia Civil, com o fim específico da edificação de mausoléus destinados ao sepultamento de seus heróis tombados no cumprimento do dever, mediante autorização do Prefeito e com isenção do respectivo preço.

A concessão, sendo instituto de direito público, é transmissível segundo as normas municipais. No Município de São Paulo, o Ato Municipal nº 1.518, de 1938, da Prefeitura, determina, no artigo 1º, que "no caso de falecimento de concessionário de terreno nos cemitérios municipais e do seu cônjuge, se casado for, poderá a respectiva concessão ser transferida pela Prefeitura, salvo na hipótese do artigo seguinte: (a) ao seu parente mais próximo, segundo a ordem de vocação hereditária estatuída na legislação civil; (b) a um dos seus parentes, mediante desistência expressa dos demais, com parentesco no mesmo grau ou em grau mais próximo". Nos termos do artigo 2º, "poderá também a concessão ser transferida àquele que para tanto haja sido designado por disposição de última vontade do concessionário, expressa em testamento lavrado e processado em forma regular".

6.9 Concessão de uso de áreas aeroportuárias

De conformidade com a Lei federal nº 5.332, de 11.10.67, segue o regime de *arrendamento* o uso de áreas aeroportuárias destinadas a instalações para abrigo, reparação, abastecimento de aeronaves e outros serviços auxiliares, que interessarem diretamente às empresas ou pessoas físicas ou jurídicas concessionárias do serviço aéreo ou de serviços pertinentes à aviação, assim julgados pela autoridade competente.

O arrendamento, no caso, não depende de concorrência pública e formaliza-se por contrato com prazo máximo de cinco anos, podendo ser renovado a juízo da autoridade competente.

Nos termos do artigo 3º, a autoridade competente poderá, nos casos que julgar conveniente e mediante as condições que determinar, ceder aos concessionários áreas para construção de benfeitorias consideradas permanentes, que reverterão ao domínio da União, ao fim do prazo contratual, sem indenização de espécie alguma; nessa hipótese, o prazo deve ser tal que permita a amortização do capital. Se o Governo necessitar da área cedida antes de findo o prazo, o concessionário fará jus a uma indenização correspondente ao capital ainda não amortizado.

O arrendamento é oneroso, ficando o particular sujeito ao pagamento de "taxa" mensal fixada anualmente.

Embora a lei fale em arrendamento, o contrato rege-se, no caso, exclusivamente por normas publicísticas, correspondendo à figura da concessão de uso. O próprio legislador denota certa confusão quando, no artigo 3º, refere-se ao *concessionário*.

6.10 Autorização, arrendamento e concessão de uso em áreas portuárias

6.10.1 Direito positivo

A Constituição Federal atribui à União competência para *explorar, diretamente ou mediante autorização, concessão ou permissão, os portos marítimos, fluviais e lacustres* (art. 21, XII, "f"). Vale dizer que se trata de **serviço público** de titularidade da União. Embora a Constituição não diga que se trata de serviço público, é possível chegar a essa conclusão pelo fato de o dispositivo falar em concessão e permissão (além de autorização), que pressupõem a existência de um serviço público cuja execução pode ser delegada a terceiros pela União. Ainda que não se considere a atividade indicada no inciso XII do artigo 21 como serviço público, não se pode dizer, rigorosamente, que se trata de atividade aberta livremente à iniciativa privada, porque a decisão quanto a concessão, permissão ou autorização foi dada à União, que exerce, no caso, competência discricionária.

Pelo dispositivo constitucional, a exploração de portos incumbe à União, que pode fazê-lo *diretamente* ou outorgá-la a terceiros, por meio de *autorização, concessão* ou *permissão*.

O regime de exploração de tal atividade, por particulares, na vigência da Constituição de 1988, passou por alterações legislativas:

a) depois de ser disciplinada por legislação esparsa, a matéria passou a ser disciplinada pela Lei nº 8.630/93 (anterior Lei de Portos), que previa o *arrendamento* e a *autorização* como instrumentos a serem utilizados para outorga, pela União, da exploração portuária, ambos formalizados por meio de contrato administrativo regido pelo direito público;

b) por sua vez, a Lei nº 10.233, de 5.6.2001, sem revogar a Lei nº 8.630/93, trouxe algumas inovações, prevendo a *concessão* e a *autorização*, a primeira como contrato administrativo, e a segunda como ato unilateral;

c) finalmente, foi promulgada a Lei nº 12.815, de 5.6.13 (a atual Lei de Portos), que revogou a Lei nº 8.630/93, alterou a Lei nº 10.233/01 e passou a dispor sobre a exploração direta e indireta de portos e instalações portuárias e sobre as atividades desempenhadas pelos operadores portuários.

A nova Lei de Portos passou a reger os atos de outorga a particulares, tendo por objeto o uso e a exploração de portos e instalações portuárias. No entanto, ela tem que respeitar os contratos firmados na vigência das Leis nºs 8.630/93 e 10.233/01, por força da norma contida no artigo 5º, XXXVI, da Constituição, pela qual "a lei não prejudicará o direito adquirido, o ato jurídico perfeito e a coisa julgada".

Pelo artigo 57 da nova lei, "os contratos de arrendamento em vigor firmados sob a Lei nº 8.630, de 25.2.93, que possuam previsão expressa de prorrogação ainda não realizada, poderão ter sua prorrogação antecipada, a critério do poder concedente".

Por essa razão, como existem contratos em vigor, celebrados sob a vigência da Lei nº 8.630/93, o assunto da exploração portuária levará em consideração os diferentes momentos:

a) o da Lei nº 8.630/93, que previa o arrendamento e a autorização, ambos formalizados por meio de contrato administrativo regido pelo direito público;

b) o da Lei nº 10.233/01, que, sem revogar a Lei nº 8.630, trouxe algumas inovações, prevendo a concessão e a autorização, a primeira como contrato administrativo e a segunda como ato unilateral, além da permissão de serviço de transporte, sem exploração de infraestrutura;

c) o da Lei nº 12.815/13, que passou a reger a matéria, continuando a aplicar-se, com alterações, as normas da Lei nº 10.233/01.

6.10.2 Período da Lei nº 8.630/93

Ao disciplinar a matéria, a Lei nº 8.630, de 25.2.93, restringiu o conceito de *porto* para fins de aplicação do dispositivo constitucional, dando um tratamento para a *área do porto organizado* (concedido, explorado ou mantido pela União ou por suas concessionárias, sob regime de direito público, dependente de licitação) e outro para a área que esteja *fora do porto organizado* (cuja exploração é apenas autorizada pela União, independentemente de licitação). Na vigência da Lei nº 8.630, as duas hipóteses estavam sujeitas a regime jurídico de direito público. A partir da Lei nº 10.233, passou-se a considerar a exploração do porto organizado como *serviço público*, e a exploração dos terminais portuários situados fora do porto organizado como *atividade a ser exercida em regime de liberdade de preços, tarifas e fretes e em ambiente de livre e aberta competição* (art. 43, II), o que não autoriza a conclusão de que se trata de atividade regida inteiramente pelo direito privado. Isso porque o artigo 33 da Lei nº 10.233 assim determina:

> "Artigo 33. *Os atos de outorga de autorização, concessão ou permissão a serem editados e celebrados pela ANTT e pela ANTAQ obedecerão ao disposto na Lei 8.987, de 13 de fevereiro de 1995, nas subseções II, III, IV e V desta Seção e nas regulamentações complementares a serem editadas pelas Agências.*"

Esse dispositivo foi alterado pela nova lei de portos, apenas para ressalvar o disposto em legislação específica. Vale dizer que todos os atos de outorga continuam sujeitos às normas de direito público nele referidas.

Se a autorização, da mesma forma que a permissão e a concessão, se regem pelas normas da Lei nº 8.987/95 (que disciplina os contratos de concessão e de permissão de serviços públicos), é porque o legislador subordinou a atividade ao regime de direito público, porém sujeitando-a a determinados princípios da ordem econômica, como o da liberdade de preços e de competição.

A Lei nº 8.630 exigia árduo trabalho de interpretação, tendo em vista que revelava insegurança quanto aos aspectos conceituais e às características dos institutos a que se referia. Ela previa, como instrumentos de outorga, o *arrendamento* (às vezes confundido com a *concessão de serviço público*) e a *autorização*. Além disso, previa duas modalidades de uso: o *uso público* e o *uso privativo*, que, por sua vez, compreendia o *uso exclusivo* (para movimentação de carga própria), o *uso misto* (para movimentação de carga própria e de terceiros), o *uso de turismo* (para movimentação de passageiros) e o *uso para Estação de Transbordo de Cargas* (acrescentado pela Lei nº 11.318/07).

A Lei nº 10.233/01, sem revogar ou alterar expressamente dispositivos da Lei de Portos, introduziu normas que implicaram alguma inovação no que diz respeito aos instrumentos de outorga, passando a falar em *concessão* e *autorização*, sem referência ao arrendamento. Não alterou as modalidades de uso, que continuam a reger-se pelas normas da Lei de Portos.

6.10.2.1 Do arrendamento e da autorização na Lei nº 8.630/93

Nos termos do artigo 4º da Lei nº 8.630/93, a exploração das instalações portuárias podia ser feita sob a forma de *arrendamento* ou de *autorização*; o dispositivo estava assim redigido:

> "Artigo 4º Fica assegurado ao interessado o direito de construir, reformar, ampliar, melhorar, arrendar e explorar instalação portuária, dependendo:
>
> I – de contrato de arrendamento, celebrado com a União no caso de exploração direta, ou com sua concessionária, sempre através de licitação, quando localizada dentro dos limites da área do porto organizado;
>
> II – de autorização do órgão competente, quando se tratar de Instalação Portuária Pública de Pequeno Porte, de Estação de Transbordo de cargas ou de terminal de uso privativo, desde que fora da área do porto organizado, ou quando o interessado for titular do domínio útil do terreno, mesmo que situado dentro da área do porto organizado."

A diferença de tratamento entre as duas hipóteses tinha justificativa: o **porto organizado**, tal como definido pelo artigo 1º, § 1º, I, da Lei nº 8.630, é o *"construído e aparelhado para atender às necessidades da navegação e de movimentação e armazenagem de mercadorias, concedido ou explorado pela União, cujo tráfego e operações portuárias estejam sob a jurisdição de uma autoridade portuária"*; a Lei nº 11.314/06, alterou o dispositivo apenas para incluir a referência à *"movimentação de passageiros"*. Por sua vez, o inciso IV do mesmo dispositivo define "área do porto organizado" como "a compreendida pelas instalações portuárias [...] *mantidas pela Administração do Porto*", assim entendida a *"exercida diretamente pela União ou pela entidade concessionária do porto organizado"* (conforme art. 33 da Lei nº 8.630).

Vale dizer que a exploração de atividades dentro da área do porto organizado ou podia ser feita diretamente pela União (por meio da Administração Direta ou Indireta), ou feita por meio de arrendamento, celebrado com a União ou com sua **concessionária**; excepcionalmente, podia ser feita por empresa **autorizada**, se a mesma fosse titular do domínio útil. A exploração da atividade na área do porto organizado tinha a natureza de *serviço público* de titularidade da União, a ser explorado, em regra, mediante contrato de arrendamento, que bem poderia ser chamado de concessão de serviço público; tal contrato não era regido pelo direito privado, mas pelo direito administrativo. Nos termos do § 2º do artigo 1º, a concessão seria sempre precedida de licitação realizada de acordo com a lei que regulamenta o regime de concessão e permissão de serviços públicos. A licitação só não era exigida no caso de o terreno estar no domínio útil do particular, porque, nesse caso, a licitação é inexigível, por inviabilidade de competição; também nesse caso a outorga não se fazia por arrendamento, mas por autorização.

Note-se que a lei falava em *arrendamento*, porém em alguns dispositivos referia-se à *concessão* (como ocorria no referido § 2º do art. 1º) e em *concessionária* (como constava do art. 4º, I, e no art. 33). É que o arrendamento envolve a transferência do uso e gozo do bem, tal como ocorre com a locação; e a concessão pode ter vários objetos: o uso de bem público, a exploração comercial de bem público, a execução de serviço público. No caso, se a exploração do terminal portuário fosse considerada serviço público de titularidade da União, o contrato cabível seria a concessão de serviço público; se fosse considerada atividade econômica de natureza privada, o contrato cabível seria a concessão de uso e exploração de bem público (tal como ocorre com a exploração de petróleo e com a exploração de rodovias). Contudo, no mesmo contrato, pode haver os dois objetos: a cessão do bem e a exploração da atividade. Daí o legislador falar ora em arrendamento, ora em concessão, mostrando a sua confusão ou indefinição sobre a matéria. Como se verá, na Lei nº 10.233/01 fala-se em **concessão**, sem especificar a modalidade (de uso ou de serviço público), a demonstrar que a indefinição diminuiu mas não terminou completamente; no entanto, por alguns dispositivos, pode-se perceber que se trata de concessão de serviço público.

É possível que o vocábulo *arrendamento*, na anterior Lei de Portos, tivesse o mesmo significado adotado no Decreto-lei nº 9.760, de 5.9.46, que dispõe sobre bens imóveis da União. No artigo 64, § 1º, está dito que a locação será considerada arrendamento *"mediante condições especiais, quando objetivada a exploração de frutos ou prestação de serviços"*. Na Lei de Portos o arrendamento tem por objeto a utilização do porto organizado para fins de prestação de atividade portuária, considerada serviço público da União. A diferença está em que no Decreto-lei nº 9.760/46, a exploração de frutos ou prestação de serviços não envolve necessariamente **serviço público**, enquanto na Lei de Portos o arrendamento tem que ter por objeto necessariamente a execução de serviço público que a Constituição Federal, no artigo 21, XII, "f", atribuiu à União. Daí o arrendamento, no caso, corresponder ao instituto da concessão de serviço público.

Se a exploração se desse *fora da área do porto organizado*, em terminais de uso privativo exclusivo (em que a empresa movimenta apenas carga própria, em seu exclusivo interesse), ela era consentida pela União por meio de ato de *autorização*. A justificativa para a diferença de tratamento decorre do fato de que, estando fora do porto organizado e não sendo prestadas a terceiros, as atividades exercidas não são exploradas, nem concedidas, nem mantidas pela União, quer direta, quer indiretamente. A exploração da atividade, nesse caso, não era considerada serviço público, no sentido de atividade estatal prestada para atender a necessidades coletivas.

A autorização também era o instrumento adequado quando, mesmo dentro da área do porto organizado, o bem estivesse no domínio útil do particular. Nessa hipótese, não se justifica o arrendamento ou a concessão, já que, embora situado na área do porto organizado, o bem não integra o patrimônio público. Seria inteiramente irrazoável e absurdo que a União pudesse fazer o arrendamento para exploração de uma área que não lhe pertence. Daí a preferência do legislador pelo instituto da autorização.

Portanto, pela Lei nº 8.630, eram duas as hipóteses de autorização:

a) aquela em que o terminal estivesse fora da área do porto organizado;

b) aquela em que o interessado fosse titular do domínio útil do terreno, mesmo que situado dentro da área do porto organizado.

Vale dizer que, salvo na hipótese em que o titular do uso privativo movimentasse apenas carga própria (quando é possível excluir a atividade do conceito de serviço público, porque não prestada a terceiros), em todas as demais hipóteses, seja no arrendamento, seja no uso misto, em que existe a prestação de serviços a terceiros, a atividade tinha (e continua a ter) a natureza de serviço público, porque é atribuída à União, para atender a necessidades coletivas, no regime jurídico de direito público. A diferença de instrumentos (arrendamento e autorização) encontra justificativa na diferente titularidade do bem.

Embora a autorização seja, doutrinariamente, considerada como *ato unilateral*, discricionário e precário, a sua formalização, nos casos previstos na anterior Lei de Portos, se fazia por meio de *contrato de adesão*. O artigo 6º da Lei nº 8.630 confirmava o caráter unilateral do ato de autorização, porém, no § 1º do mesmo dispositivo, estabelecia que "*a autorização de que trata este artigo será formalizada mediante contrato de adesão, que conterá as cláusulas a que se referem os incisos I, II, III, V, VII, VIII, IX, X, XI, XII, XIV, XV, XVI, XVII e XVIII do § 4º do artigo 1º desta lei*". Essa é outra confusão conceitual do legislador (que não soube distinguir entre o ato unilateral de autorização e o contrato de adesão), mas que não muda o fato de que se trata de atividade exercida sob regime de direito público, especialmente no que diz respeito ao vínculo com a Administração Pública.

Isso significa que, embora o instrumento de outorga fosse a *autorização*, a atividade ainda era tratada como serviço público explorado no regime de direito público, bem semelhante ao da concessão. Isso, provavelmente, foi feito à vista do disposto no artigo 21, XII, da Constituição, que dá o elenco das atividades que podem ser exploradas diretamente pela União, ou mediante concessão, permissão ou autorização. Seria, no caso, a chamada *autorização de serviço público*. Essa conclusão decorre do § 1º do artigo 6º, já transcrito, que mandava aplicar ao contrato de adesão a quase totalidade dos incisos do § 4º do artigo 4º, que indicavam as cláusulas essenciais do contrato de arrendamento celebrado com a concessionária de serviço público.

Também é oportuno ressaltar, mais uma vez, que a Lei de Portos exigia licitação para o arrendamento (art. 1º, § 2º), mas silenciava quanto à autorização, o que permitia concluir que, nesta última hipótese, a licitação não era exigida.

6.10.2.2 Do uso público e do uso privativo

Outra distinção feita pela Lei nº 8.630 e que não foi alterada pela Lei nº 10.233/01 foi quanto às modalidades de uso para fins de exploração da instalação portuária, seja mediante arrendamento, seja mediante autorização. É o que dispunha o § 2º do artigo 4º, nos seguintes termos:

> "§ 2º A exploração da instalação portuária de que trata este artigo far-se-á sob uma das seguintes modalidades:
>
> I – uso público;
>
> II – uso privativo:
>
> a) exclusivo, para movimentação de carga própria;
>
> b) misto, para movimentação de carga própria e de terceiros;
>
> c) de turismo, para movimentação de passageiros." (hipótese acrescentada pela Lei nº 11.314/06).

A lei não definia essas modalidades de uso, exigindo do aplicador da lei considerável esforço de interpretação.

No âmbito do direito administrativo, *uso privativo* é aquele que se exerce sobre bem público, com exclusividade, por pessoa ou grupo de pessoas determinadas, mediante título jurídico individual outorgado pelo Poder Público. Conforme demonstramos no Capítulo 2 (item 2.2), o uso privativo caracteriza-se pela *exclusividade* (porque o titular pode excluir outras pessoas do direito de exercer igual utilização sobre a mesma parcela do domínio público) e pela necessidade de *título jurídico individual* para que seja exercido (autorização, permissão ou concessão de uso, locação, arrendamento, comodato ou outros títulos previstos em lei).

Por esse conceito doutrinário, tanto a autorização como o arrendamento dão ao beneficiário o direito de utilizar e explorar o bem com exclusividade. Por isso, mais uma vez, o legislador da antiga Lei de Portos afastou-se de conceitos já consagrados no direito brasileiro. Não se pode opor o conceito de **uso privativo** (exercido com exclusividade, mediante autorização) ao conceito de **uso público** (também exercido com exclusividade, mediante contrato de arrendamento). Também não se pode diferenciar as duas modalidades de uso pelo local onde é exercido – dentro ou fora do porto organizado – porque, se o arrendamento é sempre concedido dentro dessa área, a autorização pode ser concedida dentro ou fora.

O que se pode afirmar é que o *uso público* sempre envolvia a prestação de serviços a terceiros e se exercia sempre dentro da área do porto organizado, pela União ou por suas concessionárias. E o uso privativo podia envolver atividade de interesse exclusivo do autorizatário (quando ele movimentasse apenas carga própria) ou prestação de atividade a terceiros (dentro ou fora da área do porto organizado, quando houvesse movimentação de carga própria e de terceiros).

Senão vejamos.

O artigo 4º, I, previa o contrato de arrendamento com a União, no caso de exploração direta, ou com suas concessionárias localizadas dentro dos limites da área do porto organizado. E o § 3º do mesmo dispositivo determinava que "*a exploração de instalação portuária de uso público fica restrita à área do porto organizado*". Por essas normas, tiravam-se as seguintes características do uso público:

a) podia ser exercido pela União ou pelas concessionárias;

b) era exercido sempre dentro da área do porto organizado;

c) envolvia sempre a prestação de serviços a terceiros (serviço público), seja quando prestado pela União, seja quando prestado por suas concessionárias;

d) o instrumento de outorga adequado era o arrendamento.

Em relação ao denominado *uso privativo*, o artigo 4º, II, previa **autorização** quando se tratasse de terminal de uso privativo, desde que fora da área do porto organizado, ou quando o interessado fosse titular do domínio útil do terreno, mesmo que situado dentro da área do porto organizado. O § 2º do mesmo dispositivo estabelecia que o uso privativo pode ser **exclusivo** (quando se destinar à movimentação de carga própria), **misto** (quando se tratar de movimentação de carga própria e de terceiros) e de **turismo** (quando se destinar à movimentação de passageiros). O artigo 6º, § 1º, previa o contrato de adesão como instrumento adequado à formalização da autorização, devendo observar quase integralmente as cláusulas essenciais próprias do contrato de arrendamento. E o § 2º do mesmo dispositivo estabelecia que "os contratos para movimentação de cargas de terceiros reger-se-ão, exclusivamente, pelas normas de direito privado, sem participação ou responsabilidade do poder público". Vale dizer que o contrato de adesão obedecia ao regime próprio dos contratos administrativos, porém os contratos do autorizatário com terceiros regiam-se pelo direito privado. Por essas normas, podiam ser extraídas as seguintes características do uso privativo:

a) era exercido, em regra, fora da área do porto organizado, nos terminais de uso privativo, podendo ser dentro da área do porto se a empresa autorizada fosse titular do domínio útil do terreno;

b) era sempre outorgado mediante autorização, que se formalizava por meio de contrato de adesão, com regime jurídico de direito administrativo;

c) podia envolver a movimentação de carga própria (no uso exclusivo), ou a movimentação de carga própria e de terceiros (no uso misto) ou a movimentação de passageiros (no uso de turismo).

6.10.3 Da concessão, permissão e autorização na Lei nº 10.233/01

Já foi realçado que a Lei nº 10.233/01 não alterou nem revogou expressamente dispositivos da Lei nº 8.630, porém introduziu normas que implicaram alteração parcial desta última. As principais inovações (que continuam a aplicar-se em grande parte, porque a Lei nº 10.233 não foi revogada, mas apenas alterada pela nova Lei de Portos) foram as seguintes:

a) passou a falar em *concessão*, como contrato, e não mais em arrendamento, como instrumento de outorga na área do porto organizado (arts. 13 e 14), embora admitindo que a concessão possa estar vinculada a um contrato de arrendamento de ativos e a contratos de construção com cláusula de reversão ao patrimônio da União (art. 14, § 3º); isto significa que fez a distinção, que não constava da lei anterior, entre *arrendamento* (cujo objeto é a transferência do uso e gozo de área pública dentro do porto organizado) e *concessão* (cujo objeto é a exploração de infraestrutura de transporte público, precedida ou não de obra pública, e de prestação de serviços de transporte associados à exploração de infraestrutura); os dois dispositivos foram alterados pela nova Lei de Portos apenas para ressalvar o disposto em legislação específica;

b) previu a *permissão*, com a natureza de contrato, quando se tratar de "prestação regular de serviços de transporte terrestre coletivo de passageiros desvinculados da exploração da infraestrutura" (art. 13, IV, incluído pela Medida Provisória 2.217-3, de 4.9.2001); pelo artigo 38, as permissões serão aplicadas aos serviços de transporte de passageiros que independam da exploração da infraestrutura utilizada e não tenham caráter de exclusividade ao longo das rotas percorridas, devendo também ser precedidas de licitação; trata-se de permissão de serviço público aliada ao uso de bem público (área portuária);

c) manteve a autorização como instrumento de outorga; segundo o artigo 13, V, *b* e *c,* com a redação dada pela Lei nº 12.743, de 2012, depende de autorização: a prestação de serviço de transporte aquaviário e a exploração de infraestrutura de uso privativo;

d) exigiu licitação para as outorgas de concessão e permissão, fazendo remissão ao artigo 175 da Constituição Federal (art. 14, § 1º, e art. 34-A, acrescentado pela Medida Provisória 2.217-3, de 2001), e dispensou a licitação para as autorizações (art. 43, I);

e) criou a Agência Nacional de Transportes Aquaviários (ANTAQ) como agência reguladora dos portos organizados e dos terminais portuários de uso privativo (art. 23) e a ela atribuiu a competência para autorizar a construção e a exploração de terminais portuários de uso privativo, conforme previsto na Lei nº 8.630/93 (art. 27, XXII); a referência à Lei de Portos está a indicar que as modalidades de uso nela previstas não foram alteradas, continuando a existir os usos públicos e os usos privativos, nas três espécies previstas no artigo 4º, § 2º, já analisado;[15]

f) deixou expresso que a autorização não está sujeita a prazo de vigência, extinguindo-se pela sua plena eficácia, por renúncia, anulação ou cassação (art. 43, III), ao contrário da Lei nº 8.630, que, no artigo 4º, XI, fixava o prazo máximo de 50 anos, incluindo a prorrogação; esse prazo era aplicado às autorizações, conforme decorria do artigo 6º, § 1º.

Quanto às outorgas anteriores, feitas com base na Lei nº 8.630, o artigo 50 da Lei nº 10.233 previu a sua ratificação e adaptação aos artigos 13 e 14 (que estabelecem os casos de concessão e autorização).

6.10.4 Da concessão, do arrendamento e da autorização na Lei nº 12.815/13

Pelo tratamento dado à matéria pela nova Lei de Portos, também foi restringido, à semelhança da Lei nº 8.630, o conceito de *porto*, para fins de aplicação do dispositivo constitucional: considerou-se, de um lado, a área do *porto organizado*, que pode ser explorada diretamente pela União ou pela delegatária (Estado, Distrito Federal ou Município) ou pode ser objeto de exploração indireta por meio de *concessão* ou *arrendamento*; e a área *fora do porto organizado*, que pode ser explorada diretamente pela União ou por terceiros, mediante *autorização*.

O porto organizado é definido pelo artigo 2º, I, da Lei como "bem público construído e aparelhado para atender a necessidades de navegação, de movimentação de passageiros ou de movimentação e armazenagem de mercadorias, e cujo tráfego

---

[15] O inciso XXVII do artigo 27 foi revogado pela nova Lei de Portos (Lei nº 12.815/13).

e operações portuárias estejam sob jurisdição de autoridade portuária". Embora a lei não o diga, trata-se de bem público de uso especial, na classificação contida no artigo 99 do Código Civil, já que está afetado à prestação do serviço público de exploração portuária, previsto no artigo 21, XII, *f*, da Constituição. Como bem público de uso especial, o seu uso e exploração por particulares só pode ocorrer por meio de institutos de direito público. A Lei de Portos previu a concessão e o arrendamento, ambos regidos pelas normas nela contidas e não pelo Código Civil.

Fora da área do porto organizado, a exploração por particulares é consentida por meio da *autorização*.

São, portanto, três os institutos referidos expressamente pela lei para fins de outorga do uso e exploração de áreas portuárias por particulares: concessão, arrendamento e autorização.

Ainda é prevista a chamada *delegação*, definida, no artigo 2º, X, como a "transferência, mediante convênio, da administração e da exploração do porto organizado para Municípios ou Estados, ou a consórcio público, nos termos da Lei nº 9.277, de 10.5.96". Ocorrendo a delegação, o ente federativo pode explorar o porto diretamente ou mediante *concessão* (art. 4º da Lei nº 9.277/96).

Note-se que a Lei nº 12.815 não fala na *permissão*, que era prevista nos artigos 13, II, e 38 a 42 da Lei nº 10.233/01, para os serviços de transporte de passageiros que independam da exploração de infraestrutura utilizada e não tenham caráter de exclusividade ao longo das rotas percorridas. No entanto, como esses artigos não foram incluídos entre os dispositivos revogados pelo artigo 76, V, da Lei nº 12.815, tem-se que presumir que continua a existir a permissão, tal como estruturada na Lei nº 10.233, que, nessa parte, continua a ter plena aplicação. Até porque, pelo artigo 66 da Lei nº 12.815, aplica-se subsidiariamente o disposto na Lei nº 10.233, de 5.6.2001, em especial no que se refere às competências e atribuições da Antaq. Justifica-se a não inclusão da permissão entre os instrumentos de outorga de exploração indireta do porto organizado e das instalações portuárias, previstos no artigo 1º, § 1º, da nova Lei de Portos, porque esse dispositivo apenas previu os instrumentos que abrangem a exploração de infraestrutura, o que não ocorre na permissão, cujo objeto é apenas a exploração do serviço público de transporte de passageiros.

A *concessão* é definida pelo artigo 2º, IX, da Lei nº 12.815 como "cessão onerosa do porto organizado, com vistas à administração e à exploração de sua infraestrutura por prazo determinado".

O *arrendamento* é definido pelo artigo 2º, XI, como "cessão onerosa de área e infraestrutura públicas localizadas dentro do porto organizado, para exploração por prazo determinado".

E a *autorização* é definida pelo artigo 2º, XII, como "outorga de direito à exploração de instalação portuária localizada fora da área do porto organizado e formalizada mediante contrato de adesão".

A concessão e o arrendamento (que, como todos os contratos administrativos, têm que ter prazo determinado, embora não fixado pela lei) são utilizados quando o contrato tem por objeto área do porto organizado; e a autorização destina-se à exploração de área fora do porto organizado, abrangendo instalação portuária, terminal de uso privativo, estação de transbordo de cargas, instalação portuária pública de pequeno porte e instalação portuária de turismo, tal como definidos no artigo 2º, incisos III, IV, V, VI e VII. Como na legislação anterior havia possibilidade de outorga de *autorização* dentro da área do porto organizado, na hipótese em que o autorizatário fosse proprietário da área, tais autorizações poderão continuar a vigorar dentro da mesma área, desde que adaptadas à nova Lei de Portos no prazo de um ano, conforme estabelecem seus artigos 58 e 59.

Isto significa que, dentro da área do porto organizado, a exploração de instalação portuária é outorgada por concessão ou arrendamento, porém se dá mediante autorização, se esta foi outorgada antes da data da entrada em vigor da Lei nº 12.815/13 e devidamente adaptada à nova legislação. Embora a lei não o diga, é evidente que se houver outros terrenos de propriedade privada dentro da área do porto organizado, a eles terá que se aplicar o instituto da autorização, e não a concessão ou o arrendamento, já que estes não podem incidir sobre bens privados. O poder público só pode conceder o uso e exploração ou arrendar os bens de seu domínio.

A distinção entre concessão e arrendamento diz respeito à abrangência do objeto do contrato. Pelos conceitos legais, verifica-se que a concessão tem objeto mais amplo, porque abrange a *administração* e a *exploração do porto organizado*, enquanto o arrendamento abrange apenas a *exploração* da área situada dentro do porto organizado; ou seja, o arrendatário obtém o direito de usar área situada dentro do porto organizado, para fins de exploração comercial. Essa conclusão confirma-se pelas expressões utilizadas na seção I do capítulo II, assim intitulada: "*Da Concessão de Porto Organizado e do Arrendamento de Instalação Portuária*".

Além disso, o artigo 17 estabelece que "a *administração* do porto é exercida diretamente pela União, pela delegatária ou pela entidade concessionária do porto organizado". As competências que incumbem à administração do porto estão previstas no § 1º do mesmo dispositivo.

Pelo artigo 19, fica claro que a entidade responsável pela administração do porto também pode acumular a atividade de exploração direta ou indireta de áreas não afetas às operações portuárias.

Já no caso do arrendamento, não se dá a atividade de *administração* do porto organizado, mas tão somente a de exploração comercial de instalações portuárias nele situadas.

A *autorização* não é tratada como contrato, como resulta do artigo 14, que aponta os requisitos prévios à "celebração do *contrato de concessão ou arrendamento* e a *expedição de autorização*". Mas, do mesmo modo que na Lei nº 8.630 (art. 6º, § 1º), ela se formaliza mediante *contrato de adesão* (art. 8º, § 1º). Já na Lei nº 10.233, a formalização se dava por "*termo*" (art. 44).

Veja-se a confusão do legislador: de um lado, mantém a norma do artigo 44 da Lei nº 10.233, que falava em "termo próprio" para formalização da autorização, e altera a sua redação, apenas para ressalvar as hipóteses disciplinadas por legislação específica; por outras palavras, mantém a norma pela qual a autorização se processa por *termo próprio*; porém, no artigo 8º, § 1º, fala em *contrato de adesão*, que conterá as cláusulas essenciais previstas no *caput* do artigo 5º, para os contratos de concessão e arrendamento, menos as contidas nos incisos IV e VIII, que preveem, respectivamente, a menção ao "valor do contrato, às tarifas praticadas e aos critérios e procedimentos de revisão e reajuste" e a "reversão de bens"; a exclusão dessas cláusulas na autorização se justifica, porque, nela, os preços são livres e os bens são privados, não tendo que reverter ao poder concedente ao término da autorização.

Parece que o legislador quis deixar claro que a autorização não tem a mesma natureza contratual da concessão e do arrendamento, porque o ato de outorga é expedido unilateralmente pelo "poder concedente" e formalizado por meio de contrato de adesão. Pode-se dizer que a outorga do uso e exploração de área situada fora do porto organizado se processa em dois momentos: (a) a *autorização*, como ato unilateral do poder concedente, conforme artigo 16, III; (b) e o *contrato de adesão*.

No entanto, a mesma lei submete todos os tipos de atos de outorga (autorização, permissão e concessão), sob muitos aspectos, a normas idênticas, pertinentes aos contratos de concessão e permissão de serviços públicos. Isso porque, nos termos do artigo 33 da Lei nº 10.233/01, com a redação dada pela Lei nº 12.815/13, "ressalvado o disposto em legislação específica, os atos de outorga de autorização, concessão ou permissão editados e celebrados pela ANTT e pela Antaq obedecerão ao disposto na Lei nº 8.987, de 13.2.95, nas Subsecções II, III, IV e V desta Seção e nas regulamentações complementares editadas pelas Agências". Vale dizer que todos os atos de outorga submetem-se às normas da lei de concessões, salvo quanto às normas específicas contidas nas Subsecções II, III, IV e V da Lei de Portos. É evidente que as normas complementares das Agências, referidas no dispositivo, não podem contrariar as normas legais de hierarquia superior nem invadir matéria de competência do legislador.

Ao contrário da concessão e do arrendamento, para os quais a lei não fixou prazo contratual, a autorização está sujeita ao prazo de 25 anos, prorrogável por períodos sucessivos, desde que a atividade portuária seja mantida e o autorizatário promova os investimentos necessários para a expansão e a modernização das instalações portuárias, na forma do regulamento (art. 8º, § 2º).

É importante ressaltar que desapareceu, com a nova Lei de Portos, a classificação que era feita pela Lei nº 8.630, das formas de uso privativo, em função do tipo de carga: (a) exclusivo, para movimentação de carga própria; (b) misto, para movimentação de carga própria e de terceiros; e (c) de turismo, para movimentação de passageiros. Essa classificação, que era prevista no artigo 4º, § 2º, da Lei nº 8.630, deixou de existir, tendo em vista que essa lei foi inteiramente revogada pela nova Lei de Portos. A intenção de acabar com esse tipo de distinção ficou expressa no veto ao artigo 9º, §§ 2º e 3º, da Lei nº 12.815, que faziam referência ao "terminal indústria":

> *"O conceito de terminal indústria incluído no projeto de lei retoma a distinção entre carga própria e de terceiros, cuja eliminação era uma das principais finalidades do novo marco legal para o setor portuário. A retomada de restrições ao tipo de carga a ser movimentada em cada terminal portuário constitui um empecilho à ampla abertura do setor e à elevação da concorrência, objetivos primordiais da Medida Provisória"*.[16]

Quando muito, é possível falar em área de *uso público*, para referir-se ao porto organizado, que tem a natureza de bem público, de propriedade da União e destinado ao atendimento das necessidades de navegação, de movimentação de passageiros ou de movimentação e armazenagem de mercadorias; a sua exploração é feita mediante concessão ou arrendamento; e *uso privado*, para referir-se às áreas situadas fora da área do porto organizado, de propriedade privada, e explorada por particulares mediante *autorização*.

6.10.5 Da licitação

A matéria pertinente à licitação está colocada de forma assistemática na nova Lei de Portos.

O que é certo é que tanto na concessão como no arrendamento, exige-se licitação prévia à celebração do contrato (arts. 4º a 7º). Porém, a lei não especifica a modalidade cabível, apenas permitindo seja utilizado o leilão (art. 6º, § 1º) e remetendo a sua disciplina ao regulamento.

---

[16] A Medida Provisória aí referida é a de nº 595, de 5.12.12, que se converteu na Lei nº 12.815, de 5.6.13.

No artigo 66, prevê a aplicação subsidiária, às licitações de concessão de porto organizado e de arrendamento de instalação portuária, do disposto nas Leis n°s 12.462, de 4.8.11 (Lei que instituiu o Regime Diferenciado de Contratações – RDC), 8.987, de 13.2.95 (Lei de concessões e permissões de serviços públicos), e 8.666, de 21.6.93 (Lei de licitações e contratos administrativos). Apesar da falta de técnica legislativa na elaboração da nova lei de portos, na parte que trata das licitações, deduz-se, por dispositivos esparsos, que:

a) é possível, na licitação, aplicar-se o procedimento previsto na Lei nº 12.462/11 (RDC) ou o estabelecido na Lei nº 8.987 (hipótese em que a concorrência é o procedimento obrigatório); nas duas hipóteses, tem aplicação subsidiária a Lei nº 8.666/93;

b) pode ainda ser utilizado o leilão, "conforme regulamento" (art. 6º, § 1º); o regulamento tem que se limitar a definir as hipóteses em que é cabível essa modalidade de licitação; não é possível, por meio de regulamento, definir o procedimento do leilão, que terá que observar as normas da Lei nº 8.666/93 ou de legislação específica;

c) como critérios de julgamento podem ser utilizados, de forma isolada ou combinada, a maior capacidade de movimentação, a menor tarifa ou o menor tempo de movimentação de carga, e outros estabelecidos no edital, na forma do regulamento (art. 6º, *caput*); aqui também há uma impropriedade, porque não é possível que o edital preveja outros critérios de julgamento, além dos mencionados na lei, porque isso afrontaria o princípio da legalidade e propiciaria o direcionamento da licitação, com infringência aos princípios da impessoalidade e isonomia;

d) a competência para realizar a licitação é da Antaq (Agência Nacional de Transportes Aquaviários), podendo a mesma ser delegada à Administração do Porto (art. 6º, §§ 3º e 5º).

No caso da autorização, a Lei nº 10.233/01, como visto, dispensava a prévia licitação (art. 43, I). Esse dispositivo não foi revogado pela nova Lei de Portos. Pelo contrário, ele foi mantido, com nova redação dada ao *caput*, passando a estabelecer:

"Artigo 43. A autorização, ressalvado o disposto em legislação específica, será outorgada segundo as diretrizes estabelecidas nos artigos 13 e 14 e apresenta as seguintes características:

I – independe de licitação;

II – é exercida em liberdade de preços dos serviços, tarifas e fretes, e em ambiente de livre e aberta competição;

III – não prevê prazo de vigência ou termo final, extinguindo-se pela sua plena eficácia, por renúncia, anulação ou cassação."[17]

Embora mantendo esse dispositivo, a Lei nº 12.815/13 determina, no artigo 8º, que "serão exploradas mediante autorização, precedida de *chamada ou anúncio públicos* e, quando for o caso, *processo seletivo público*, as instalações localizadas fora da área do porto organizado, compreendendo as seguintes modalidades: I – terminal de uso privado; II – estação de transbordo de carga; III – instalação portuária pública de pequeno porte; IV – instalação portuária de turismo".

A chamada ou anúncio públicos não têm a natureza de processos licitatórios, tendo em vista que a outorga é feita ao proprietário ou a quem detenha validamente o direito de uso e fruição do respectivo terreno, comprovado por título de propriedade, inscrição de ocupação, certidão de aforamento, cessão de direito real ou outro instrumento (art. 11, parágrafo único). Nem poderia o poder público fazer licitação para exploração de instalações portuárias por terceiros que não o titular do domínio ou do direito de uso e fruição do bem.

A chamada ou anúncio público pode ocorrer de duas formas:

a) a requerimento dos interessados em obter a autorização (art. 9º), hipótese em que a Antaq deve publicar o extrato do requerimento, inclusive na internet, e promover a abertura de processo de anúncio público, com prazo de 30 dias, para identificar a existência de outros interessados na obtenção de autorização de instalação portuária na mesma região e com características semelhantes;

b) pela Antaq, atendendo a determinação do poder concedente conforme as diretrizes do planejamento e das políticas do setor portuário (art. 10); nesse caso, deve ser observado também o prazo de 30 dias para abertura do processo de anúncio público.

Em consonância com o artigo 11, o instrumento da abertura de chamada ou anúncio público indicará obrigatoriamente os seguintes parâmetros: I – a região geográfica na qual será implantada a instalação portuária; II – o perfil das cargas a serem movimentadas; e III – a estimativa do volume de cargas ou de passageiros a ser movimentado nas instalações portuárias.

---

[17] Embora esse inciso não tenha sido revogado expressamente, na realidade não tem mais aplicação com relação à exploração de instalações portuárias, mediante autorização, tendo em vista que a Lei nº 12.815/13, no artigo 8º, § 2º, fixou um prazo. Pelo artigo 58 da mesma lei, "os termos de autorização e os contratos de adesão em vigor deverão ser adaptados ao disposto nesta Lei, em especial ao previsto nos §§ 1º a 4º do artigo 8º, independentemente de chamada pública ou processo seletivo".

Se houver apenas um interessado ou se for possível atender a todos os interessados, poderão ser expedidas desde logo as autorizações. Nos termos do § 2º do artigo 12, "havendo mais de uma proposta e impedimento locacional que inviabilize sua implantação de maneira concomitante, a Antaq deverá promover processo seletivo público, observados os princípios da legalidade, impessoalidade, moralidade, publicidade e eficiência".

A lei não estabelece as normas do processo seletivo, remetendo-a a "regulamento". Apenas prevê, como critérios de julgamento, de forma isolada ou combinada, a maior capacidade de movimentação, a menor tarifa ou o menor tempo de movimentação de carga, além de outros estabelecidos no edital (art. 12, § 3º). Não me parece possível deixar que no Edital se elejam outros critérios de julgamento, sob pena de afronta ao princípio da legalidade e com sérios riscos para a impessoalidade e isonomia entre os licitantes.

7

Da utilização privativa de bens dominicais no direito positivo brasileiro

7.1 Títulos jurídicos de outorga do uso privativo

Autorização, permissão e *concessão* são modalidades de títulos constitutivos de uso privativo que se sujeitam a regime jurídico de direito público, derrogatório e exorbitante do direito comum.

Constituem, por isso mesmo, as únicas formas admissíveis para outorga ao particular de consentimento para utilização de bens de uso comum do povo e de uso especial. No direito brasileiro, essas duas espécies de bens, previstas no artigo 99, I e II, do Código Civil, são consideradas inalienáveis, enquanto conservarem a sua qualificação, só perdendo essa inalienabilidade, que lhes é peculiar, nos casos e forma que a lei prescrever (art. 100). Significa isso que, enquanto afetados a fins públicos, não podem ser alienados, sendo considerados, em consequência, como coisas fora do comércio jurídico de direito privado. Como tais, não podem ser objeto de qualquer relação jurídica regida pelo direito privado, como alienação, locação, comodato, penhor, hipoteca. Quaisquer relações que sobre eles incidam têm que reger-se pelo direito público.

Diversa é a situação dos bens dominicais, definidos pelo artigo 99, III, do Código Civil, como os "que constituem o patrimônio das pessoas jurídicas de direito público, como objeto de direito pessoal, ou real, de cada uma dessas entidades".

O Regulamento do Código de Contabilidade Pública da União, aprovado pelo Decreto nº 15.783, de 8.11.22 (revogado por Decreto de 15.4.91), que denominava os bens dominicais de *bens patrimoniais disponíveis*, classificava como tais "os bens do Estado, qualquer que seja a sua proveniência, dos quais se possa efetuar venda, permuta ou cessão, ou com os quais se possam fazer operações financeiras em virtude de disposições legais especiais de autorização".

Esses bens, também chamados de *bens do patrimônio privado do Estado*, destinam-se a produzir renda (receita originária) e têm como característica a alienabilidade. Em consequência, não são considerados coisas fora do comércio, podendo ser objeto de relações jurídicas regidas pelo direito privado, como compra e venda, doação, permuta, locação, arrendamento, comodato, *observadas, porém, as derrogações e limitações impostas pelo direito público*.

Guimarães Menegale,[1] depois de afirmar a alienabilidade dos bens privados do Estado e a aplicabilidade, aos mesmos, de institutos do direito civil, acrescenta que esse processo de aplicação é alterado por determinadas circunstâncias que o especializam, o anormalizam, o fazem desviar-se do curso regular. Ele lembra o pensamento de Berthélémy, ao escrever que as coisas do domínio privado do Estado obedecem a certos "desvios do direito comum". E às vezes esses desvios são tão grandes, que desnaturam o instituto do direito privado, dando-lhe conotação publicística, como ocorre com a locação de bens imóveis, subordinada ao regime instituído pelo Decreto-lei nº 9.760, de 5.9.46 (arts. 86 a 98) e não sujeita "a disposições de outras leis concernentes à locação" (art. 87).

Hely Lopes Meirelles[2] nega a possibilidade de utilização de contratos de direito privado, em especial de locação, para utilização de bens públicos. Afirma ele que "a locação é contrato típico de direito privado, onde as partes devem manter equivalência de situações nos direitos e obrigações que reciprocamente assumirem. Por isso se conceitua a locação como um contrato bilateral perfeito, oneroso, comutativo e consensual. Ora, no direito administrativo jamais se poderá transpassar o uso e gozo do bem público com as características da locação civil, porque implicaria renúncia de poderes *irrenunciávies* da Administração, para que ela viesse a se colocar em igualdade com o particular, como é da essência desse contrato no campo do direito privado. O só fato de uma lei administrativa, primando pela falta de técnica, referir-se erroneamente a um instituto civil, não é o bastante para implantá-lo em nosso direito público".

Criticando o Decreto-lei nº 9.760, afirma o autor que "o mesmo diploma federal desvirtua o que denomina de 'locação dos próprios nacionais', quando declara que ela 'se fará mediante contrato, não ficando sujeita a disposições de outras leis concernente à locação (art. 87). Como se poderá entender uma *locação* que não se subordina às normas da locação?'" Para ele, o que a lei chama de locação

---

[1] *Direito administrativo e ciência da administração*, 1957, p. 304.
[2] *Direito administrativo brasileiro*, 2009, p. 535, nota 14.

nada mais é do que *concessão remunerada de uso* dos bens do domínio público patrimonial, instituto esse perfeitamente conhecido e praticado pela Administração Pública dos povos cultos, e regido por normas próprias do direito administrativo.

Na realidade, a crítica ao Decreto-lei nº 9.760/46 tem que ser aceita com reservas. Não há dúvida de que a utilização do contrato de locação, tal como disciplinado pelo direito civil, pode revelar-se contrária ao interesse público, porque retira à Administração a possibilidade de rescisão unilateral do contrato, quando dele necessitar para outros fins mais relevantes do que o estritamente residencial. Ocorre que existem inúmeros contratos de direito privado que são utilizados no âmbito do direito administrativo, com regime jurídico *inteiramente* derrogado pelo direito público (como a empreitada, disciplinada pela Lei nº 8.666/93), ou apenas *parcialmente* derrogado pelo direito público, como decorre do artigo 62, § 3º, da mesma Lei nº 8.666/93, que faz referência aos contratos de seguro, de financiamento, de locação em que o Poder Público seja locatário, e aos demais cujo conteúdo seja regido *predominantemente* por norma de direito privado. Na primeira hipótese, o legislador utiliza terminologia própria do direito privado, mas dá ao contrato um regime jurídico de direito administrativo, transformando-o em verdadeiro contrato administrativo. Na segunda hipótese, o legislador opta por manter o contrato no âmbito do direito privado, porém sujeitando-o, no que couber, às normas da Lei nº 8.666/93. Os contratos de locação, arrendamento e enfiteuse, disciplinados pelo Decreto-lei nº 9.760/46, embora tenham denominação equivalente a contratos do Código Civil, são inteiramente disciplinados pelo direito administrativo, derrogatório do direito comum, transformando-se, praticamente, em contratos administrativos.

Estudando-se o assunto no direito estrangeiro, verifica-se que a maior parte dos autores separa, de um lado, a utilização dos bens de uso comum e de uso especial e, de outro, a dos bens dominicais (embora com outra terminologia).

Renato Alessi,[3] por exemplo, trata do tema da concessão de uso privativo no capítulo concernente ao regime dos chamados bens dominiais (que correspondem aos bens de uso comum do povo, no direito brasileiro), dedicando outro capítulo ao patrimônio disponível (equivalente aos bens dominicais), indicando como título hábil para sua utilização o *arrendamento*, sujeito a normas publicísticas, com desvios ao regime contratual privado.

Do mesmo modo, Laubadère[4] analisa os institutos da permissão e da concessão dentro dos capítulos relativos aos bens afetados ao uso direto e coletivo do povo ou ao uso privativo de particulares (mercado, feiras e cemitérios), estudando em outro capítulo o regime do domínio privado, em relação ao qual afirma serem apli-

---

[3] *Instituciones de derecho administrativo*, 1970, t. II, p. 410-416 e 434.
[4] *Traité élémentaire de droit administratif*, 1953, p. 777-789 e 793-794.

cadas as regras de direito civil, porém com um certo particularismo: seu regime difere do aplicável aos demais bens públicos no sentido de que compreende uma série de derrogações excepcionais do direito civil e não um regime administrativo de princípio.

Não é diferente a posição de Marcello Caetano.[5] Segundo o seu entendimento, sobre os bens do domínio privado podem constituir-se direitos de utilização a favor de pessoas diferentes do respectivo titular com base em atos de direito privado: "tais bens podem ser objeto de arrendamento, troca, servidão, enfiteuse, direito de superfície... nos termos do Código Civil. Mas convém notar que ainda aqui, por vezes, se inserem determinadas normas que derrogam o disposto na lei civil: é o que acontece com a legislação aplicável aos arrendamentos de prédios do Estado, aos foros, laudêmios, censos e pensões a pagar ao Estado, aos contratos de troca de bens imóveis e móveis e de venda dos frutos destes, às normas sobre servidões e direito de superfície...".

Isso ocorre porque a aplicação pura e simples de contratos de direito civil aos bens patrimoniais disponíveis implicaria renúncia, por parte do Estado, à sua situação de supremacia sobre o particular e, em consequência, à possibilidade de sujeitá-lo às chamadas cláusulas exorbitantes, admitidas nos contratos administrativos a fim de assegurar o melhor atendimento do interesse público. No contrato de direito privado, as partes colocam-se em igualdade de posições, não podendo o Estado alterá-lo ou rescindi-lo unilateralmente por motivo de mérito.

O que se verifica, portanto, é que, enquanto a utilização privativa de bens de uso comum do povo e de bens de uso especial só pode ser consentida por títulos de direito público (autorização, permissão e concessão), a utilização de bens dominicais pode ser outorgada quer por instrumentos públicos como os assinalados, quer por institutos de direito civil, aplicados com observância de derrogações impostas por normas publicísticas, que asseguram à pessoa jurídica de direito público a sua posição de supremacia, com a possibilidade de rescindir, a qualquer momento, o acordo, quando motivos de mérito determinem a subtração do bem ao comércio jurídico privado, para sua afetação a fim de interesse público.

Os institutos do direito público são aplicados quando a utilização tem finalidade predominantemente pública, ou seja, quando se destina ao exercício de atividade de interesse geral, como ocorre na concessão de uso de águas para fins de abastecimento da população; ao contrário, os institutos próprios do direito privado (como locação, arrendamento e enfiteuse) são aplicados quando a utilização tem por finalidade direta e imediata atender ao interesse privado do particular, como ocorre na locação para fins residenciais e no arrendamento para exploração agrícola; mas essa aplicação do direito privado nunca se dá em sua pureza, porque

---

[5] *Manual de direito administrativo*, 1969, t. II, p. 918.

têm que ser observadas as derrogações, maiores ou menores, feitas por normas de direito público. Nesses casos, o interesse público é apenas indireto, assegurando a obtenção de renda ao Estado e permitindo a adequada exploração do patrimônio público, no interesse de todos, porém sem impedir que o Poder Público se utilize de suas prerrogativas, especialmente do poder de revogar o ato ou rescindir o contrato por motivo de interesse público devidamente motivado.

No âmbito dos Estados e Municípios, a questão é, aparentemente, mais complexa, porque tais entes não têm competência para legislar sobre direito civil e, em consequência, para derrogar suas normas, total ou parcialmente. No entanto, a própria Lei nº 8.666, de 21.6.93, encarregou-se de dar fundamento a essas derrogações, ao prever a aplicação de suas normas, no que couber, aos contratos regidos predominantemente pelo direito privado (art. 62, § 3º). Vale dizer que, mesmo em se tratando de contratos regidos pelo direito civil, Estados e Municípios podem utilizá-los aplicando as normas da Lei nº 8.666/93, que sejam compatíveis, inclusive as prerrogativas previstas em seu artigo 58.

7.2 Restrições ao uso privativo de terras públicas

Antes de iniciar a análise dos títulos jurídicos previstos no direito positivo brasileiro para utilização de bens dominicais, devem ser assinaladas algumas normas restritivas concernentes a determinadas modalidades de bens:

1ª) A Constituição Federal, no artigo 188, § 1º, exige prévia aprovação do Congresso Nacional para alienação ou concessão, a qualquer título, de terras públicas com área superior a dois mil e quinhentos hectares a pessoa física ou jurídica, ainda que por interposta pessoa. Pelo § 2º, excetuam-se da proibição as alienações ou as concessões de terras públicas para fins de reforma agrária.[6] O vocábulo *concessão*, no dispositivo constitucional, deve ser analisado em sentido bem amplo, de modo a abranger a concessão de uso em sentido estrito, a concessão de direito real de uso, o aforamento e qualquer outra modalidade de outorga que implique uso privativo de terras públicas por particulares, na zona rural; a essa conclusão se chega, não só pelo emprego da expressão *a qualquer título*, que qualifica o vocábulo *concessão*, como também pela aplicação

---

[6] Na Constituição anterior, essa exigência se fazia para áreas superiores a 3.000 ha; agora, o artigo 51 do ADCT determina que Comissão do Congresso Nacional, nos três anos a contar da data da sua promulgação, reveja todas as doações, vendas e concessões de terras públicas com área superior a 3.000 ha, realizadas no período de 1º.1.62 a 31.12.87; quanto às vendas, a revisão se fará com base em critério de legalidade (§ 1º) e quanto às concessões e doações, com base em critérios de legalidade e conveniência do interesse público (§ 2º); comprovada a ilegalidade ou havendo interesse público, as terras reverterão ao patrimônio da União, Estados, Distrito Federal ou Municípios (§ 3º).

do princípio da razoabilidade, que exige seja adotada interpretação que mais se conforme ao intuito do constituinte, que é, a toda evidência, o de sujeitar a outorga do benefício a determinado limite.

Tal restrição somente se aplica a terras públicas situadas na zona rural, já que o dispositivo legal está inserido no Capítulo que trata da Política Agrícola e Fundiária e da Reforma Agrária. Além disso, o artigo 188, no caput, trata da destinação de terras públicas e devolutas, exigindo a sua compatibilização com a política agrícola e com o plano nacional de reforma agrária.

2ª) As terras rurais têm seu regime jurídico estabelecido pelo Estatuto da Terra (Lei nº 4.504, de 20.11.64), que regula os direitos e obrigações concernentes aos bens imóveis rurais, para os fins de execução da reforma agrária e promoção da política agrária.

O artigo 92 indica os títulos jurídicos hábeis para utilização de terras rurais, determinando que "a posse ou uso temporário da terra serão exercidos em virtude de contrato expresso ou tácito, estabelecido entre o proprietário e os que nela exercem atividade agrícola ou pecuária, sob forma de arrendamento rural, de parceria agrícola, pecuária, agroindustrial e extrativa, nos termos da lei".

Quanto às terras públicas, o artigo 94 do mesmo Estatuto veda o contrato de arrendamento ou parceria para sua exploração, permitindo-os excepcionalmente quando:

(a) razões de segurança nacional o determinarem;

(b) áreas de núcleos de colonização pioneira, na sua fase de implantação, forem organizadas para fins de demonstração;

(c) forem motivo de posse pacífica e a justo título, reconhecida pelo poder público, antes da vigência da lei.

A Lei nº 4.947, de 6.4.66, atribuiu ao Instituto Brasileiro de Reforma Agrária (IBRA) competência para promover a discriminação de terras devolutas no Distrito Federal, nos Territórios Federais e na faixa de fronteira, para ratificar as alienações e *concessões* já feitas pelos Estados na faixa de fronteira, desde que se coadunem com os objetivos do estatuto da terra, bem como proceder à *concessão de imóveis rurais;* criou exceção a essa regra, consentindo na permissão, a título precário, da utilização de terras públicas sob qualquer das formas de uso temporário previstas na Lei nº 4.504/64.

O artigo 14 autorizou o IBRA a *permitir, a título precário,* a utilização de terras públicas sob qualquer das formas de uso temporário previstas na Lei nº 4.504, de 1964, o que abrange o *arrendamento* e a *parceria.*

Ainda quanto aos imóveis rurais, não se aplicam as disposições sobre *ocupação* previstas nos artigos 127 a 133 do Decreto-lei nº 9.760, de 5.9.46, conforme artigo 32 da Lei nº 6.383, de 7.12.76 (que dispõe sobre processo discriminatório de terras devolutas da União).[7]

3ª) O Decreto-lei nº 9.760, de 5.9.46 (que dispõe sobre bens imóveis da União), proíbe, no artigo 203, que, fora dos casos expressos em lei, as terras devolutas sejam alienadas ou *cedidas senão a título oneroso.* Note-se que esse mesmo Decreto-lei contempla uma hipótese de gratuidade do ato de outorga: trata-se da cessão de uso prevista no artigo 64 e disciplinada pelos artigos 18 e seguintes da Lei nº 9.636/98;[8] também a permissão de uso, prevista no artigo 22 da mesma lei.

4ª) As *terras tradicionalmente ocupadas pelos índios* (previstas, no art. 20, XI, da Constituição, como bens da União,[9] e definidas no art. 231, *caput,* da Constituição), destinam-se, consoante estabelece o artigo 231, § 2º, a sua posse permanente, cabendo-lhes o usufruto exclusivo das riquezas do solo, dos rios e dos lagos nelas existentes. O § 4º do mesmo dispositivo determina que tais terras são inalienáveis e indisponíveis e os direitos sobre elas imprescritíveis.

Em consequência, não podem essas terras, que se enquadram como bens de uso especial, ser objeto de utilização de qualquer espécie por outros que não os próprios índios, ressalvada a hipótese prevista no § 3º, ou seja, para fins de aproveitamento dos recursos hídricos, incluídos os potenciais energéticos, a pesquisa e a lavra das riquezas minerais, mediante autorização do Congresso Nacional, ouvidas as comunidades afetadas, ficando-lhes assegurada participação nos resultados da lavra, na forma da lei.[10] O § 6º do mesmo dispositivo considera nulos os atos que tenham por objeto a ocupação, o domínio e a posse das aludidas terras ou a exploração das riquezas naturais do solo, dos rios e dos lagos nelas existentes, ressalvado relevante interesse público.

---

[7] Os §§ 1º e 2º do artigo 127 e os artigos 129 e 130 do Decreto-lei nº 9.760/46 foram revogados pelo Decreto-lei nº 2.398/87 e o artigo 133, pela Lei nº 9.636/98.

[8] V. item 7.3.3.

[9] Pela Súmula nº 650, do STF, "os incisos I e XI do art. 20 da Constituição Federal não alcançam terras de aldeamentos extintos, ainda que ocupadas por indígenas em passado remoto".

[10] A exploração de minas e jazidas está disciplinada pelo Código de Minas, aprovado pelo Decreto-lei nº 227, de 28.2.67, com alterações posteriores.

Pelo artigo 232 da Constituição, "os índios, suas comunidades e organizações são partes legítimas para ingressar em juízo em defesa de seus direitos e interesses, intervindo o Ministério Público em todos os atos do processo".

As terras tradicionalmente ocupadas pelos índios devem ser demarcadas pela União (art. 231, *caput*, da Constituição); essa demarcação deveria ser concluída no prazo de cinco anos a contar da promulgação da Constituição, conforme artigo 67 do ADCT (portanto, em 1993); esse processo de demarcação, disciplinado pelo Decreto nº 1.775, de 1996, até agora não foi concluído.

Em relação aos interesses indígenas, houve um retrocesso, pois a Constituição veio permitir a exploração de recursos naturais por terceiros, mediante autorização do Congresso Nacional, conforme artigo 49, XVI, e artigo 231, § 3º, e deixou em aberto a possibilidade de utilização pela União, por motivo de relevante interesse público, segundo o que dispuser a lei complementar. Na Constituição anterior não havia tal possibilidade.

5ª) Restrições são também estabelecidas para a *faixa de fronteira*, como tal considerada a faixa interna de 150 km de largura, paralela à linha divisória terrestre do território nacional, considerada fundamental para a defesa do Território Nacional, nos termos do artigo 20, § 2º, da Constituição Federal. Essa faixa compreende bens particulares e bens públicos, que sofrem restrições quanto à sua utilização. Na legislação ordinária, a matéria está disciplinada pela Lei nº 6.634, de 2.5.79.

O artigo 91, § 1º, III, da Constituição confere ao Conselho de Defesa Nacional competência para propor os critérios e condições de utilização de áreas indispensáveis à segurança do Território Nacional e opinar sobre seu efetivo uso, especialmente na faixa de fronteira e nas relacionadas com a preservação e a exploração dos recursos naturais de qualquer tipo. As empresas que se dediquem às indústrias de interesse da Segurança Nacional ou às atividades de pesquisa, lavra, exploração e aproveitamento de recursos naturais (salvo aquelas de imediata aplicação na construção civil), ou à colonização e loteamentos rurais terão que ter 51% do capital pertencente a brasileiro, 2/3 de trabalhadores brasileiros e a administração entregue à maioria de brasileiros, aos quais se assegurarão os poderes predominantes (art. 3º da Lei nº 6.634).

Além disso, a concessão de terras, nessa área, não pode exceder de três mil hectares, salvo consentimento do Presidente da República, ouvido o Conselho de Segurança Nacional[11] e mediante prévia autorização do Senado (art. 8º), atendendo, esta última exigência, ao disposto no artigo 188, § 1º, da Constituição.

A respeito da faixa de fronteira, o STF, pela Súmula nº 477, fixou o entendimento de que "as concessões de terras devolutas situadas na faixa de fronteira, feitas pelos Estados, autorizam apenas o uso, permanecendo o domínio com a União, ainda que se mantenha inerte ou tolerante em relação aos posseiros".

6ª) Restrições são também estabelecidas quanto à exploração e à pesquisa nas águas do mar e na *plataforma continental* pela Lei nº 8.617, de 4.1.93.

Essa lei dispõe sobre o mar territorial, a zona contígua, a zona econômica exclusiva e a plataforma continental.

No que diz respeito às águas do mar, a lei considera três faixas:

(a) o *mar territorial*, na faixa de 12 milhas marítimas de largura, onde é possível "*o direito de passagem inocente*", assim considerado "desde que não seja prejudicial à paz, à boa ordem ou à segurança do Brasil, devendo ser contínua e rápida" (arts. 1º a 3º);

(b) a *zona contígua*, na faixa de 12 a 24 milhas marítimas, na qual o Brasil deverá tomar as medidas de fiscalização necessárias para "evitar as infrações às leis e regulamentos aduaneiros, fiscais, de imigração ou sanitários, no seu território ou no seu mar territorial", bem como "reprimir as infrações às leis e aos regulamentos no seu território ou no seu mar territorial" (arts. 4º e 5º);

(c) a *zona econômica exclusiva*, na faixa entre 12 e 200 milhas marítimas, na qual o Brasil tem o "direito exclusivo de regulamentar a investigação científica marinha, a proteção e preservação do meio marinho, bem como a construção, operação e uso de todos os tipos de ilhas artificiais, instalações e estruturas"; a exploração científica marinha na zona econômica exclusiva só poderá ser conduzida por outros Estados com o consentimento prévio do Governo brasileiro (art. 8º e parágrafo único).

Quanto à *plataforma continental*, compreende, conforme artigo 11 da Lei nº 8.617/93, "o leito e o subsolo das áreas submarinas que se estendem além do seu mar territorial, em toda a extensão do prolongamento material de seu território terrestre, até o bordo exterior da margem continental, ou até uma distância de duzentas milhas marítimas das linhas de

---

[11] Diante do artigo 91, III, da atual Constituição, tem-se que entender que a referência é ao Conselho de Defesa Nacional.

base, a partir das quais se mede a largura do mar territorial, nos casos em que o bordo exterior da margem continental não atinja essa distância". Nos termos do parágrafo único do mesmo dispositivo, o limite exterior da plataforma continental será fixado de conformidade com os critérios estabelecidos na Convenção das Nações Unidas sobre o Direito do Mar, de 1982.

O Brasil exerce direitos de soberania sobre a plataforma continental, para efeitos de exploração dos recursos naturais (art. 12). A ele cabe, com exclusividade, regulamentar a investigação científica marinha, a proteção e preservação do meio marinho, bem como a construção, a operação e o uso de todos os tipos de ilhas artificiais, instalação e estrutura (art. 13). O artigo 14 reconhece aos Estados "o direito de colocar cabos e dutos" na plataforma, mas os traçados dependerão de consentimento do Governo brasileiro, que poderá estabelecer condições para a colocação.

Pelo artigo 20 da Constituição, o *mar territorial* é considerado bem da União (inciso VI). Quanto à *zona econômica exclusiva* (na qual está inserida a zona contígua, conforme decorre dos arts. 4º e 5º da Lei nº 8.617/93) e à *plataforma continental*, não são considerados bens da União; apenas os seus recursos naturais são previstos como bens da União no inciso V do mesmo dispositivo da Constituição.

7ª) A Lei nº 11.952, de 25.6.09, que dispõe sobre a regularização fundiária das ocupações incidentes em terras situadas em áreas da União no âmbito da Amazônia Legal, veda a regularização de ocupações que recaiam sobre áreas: I – reservadas à administração militar federal e a outras finalidades de utilidade pública ou de interesse social a cargo da União; II – tradicionalmente ocupadas por populações indígenas; III – florestas públicas, nos termos da Lei nº 11.284, de 2.3.06, de unidades de conservação ou que sejam objeto de processo administrativo voltado à criação de unidades de conservação, conforme regulamento; IV – que contenham acessões ou benfeitorias federais.[12]

7.3 Uso privativo de bens imóveis da União

Embora Estados, Distrito Federal e Municípios também tenham bens integrados em seu patrimônio, apenas a União tem norma de caráter genérico dispondo sobre seus bens, inclusive sobre os instrumentos de outorga de uso privativo. Trata-se do Decreto-lei nº 9.760, de 5.9.46, com alterações posteriores, especialmente pelas

---

[12] Sobre o tema, v. item 7.3.5.4.

Leis n°s 9.636, de 15.5.98, e 11.481, de 31.5.07. Daí a necessidade de um item específico para tratar apenas do uso privativo de bens imóveis da União.

O Decreto-lei nº 9.760/46, que, pela Ementa, é de aplicação restrita à esfera federal, relaciona, no artigo 1º, os bens imóveis da União:

- a) os terrenos de marinha e seus acrescidos;
- b) os terrenos marginais dos rios navegáveis, em Territórios Federais, se, por qualquer título legítimo, não pertencerem a particular;
- c) os terrenos marginais de rios e as ilhas nestes situadas, na faixa da fronteira do território nacional e nas zonas onde se faça sentir a influência das marés;
- d) as ilhas situadas nos mares territoriais ou não, se por qualquer título legítimo não pertencerem aos Estados, Municípios ou particulares;
- e) a porção de terras devolutas que for indispensável para a defesa da fronteira, fortificações, construções militares e estradas de ferro federais;
- f) as terras devolutas situadas nos Territórios Federais;
- g) as estradas de ferro, instalações portuárias, telégrafos, telefones, fábricas, oficinas e fazendas nacionais;
- h) os terrenos dos extintos aldeamentos de índios e das colônias militares que não tenham passado, legalmente, para o domínio dos Estados, Municípios ou particulares;
- i) os arsenais com todo o material de marinha, exército e aviação, as fortalezas, fortificações e construções militares, bem como os terrenos adjacentes, reservados por ato imperial;
- j) os que foram do domínio da Coroa;
- k) os bens perdidos pelo criminoso condenado por sentença proferida em processo judiciário federal;
- l) os que tenham sido a algum título, ou em virtude de lei, incorporados ao seu patrimônio.

Ainda pertencem à União as terras situadas nas fronteiras, numa faixa de 150 km, considerada área indispensável à Segurança Nacional pela Lei nº 6.634, de 2.5.79.

A Constituição de 1988 ampliou o rol dos bens do domínio da União, especialmente no que diz respeito às terras devolutas. Pelo artigo 20, são bens da União:

I – os que atualmente lhe pertencem e os que lhe vierem a ser atribuídos;[13]

II – as terras devolutas indispensáveis à defesa das fronteiras, das fortificações e construções militares, das vias federais de comunicação e à preservação ambiental, definidas em lei;

III – os lagos, rios e quaisquer correntes de água em terrenos de seu domínio, ou que banhem mais de um Estado, sirvam de limites com outros países, ou se estendam a território estrangeiro ou dele provenham, bem como os terrenos marginais e as praias fluviais;

IV – as ilhas fluviais e lacustres nas zonas limítrofes com outros países; as praias marítimas; as ilhas oceânicas e as costeiras, excluídas, destas, as que contenham a sede de Municípios, exceto aquelas áreas afetadas ao serviço público e a unidade ambiental federal, e as referidas no artigo 26, II;

V – os recursos naturais da plataforma continental e da zona econômica exclusiva;

VI – o mar territorial;

VII – os terrenos de marinha e seus acrescidos;

VIII – os potenciais de energia hidráulica;

IX – os recursos minerais, inclusive os do subsolo;

X – as cavidades naturais subterrâneas e os sítios arqueológicos e pré-históricos;

XI – as terras tradicionalmente ocupadas pelos índios.

Pelo artigo 176 da Constituição, "as jazidas, em lavra ou não, e demais recursos minerais e os potenciais de energia hidráulica constituem propriedade distinta da do solo, para efeito de exploração ou aproveitamento, e pertencem à União, garantida ao concessionário a propriedade do produto da lavra".

O Decreto-lei nº 9.760, no título II, cuida especificamente da utilização dos bens imóveis, distinguindo entre os que são e os que não são destinados ao serviço público.

O artigo 76 considera como utilizados em serviço público (portanto, como bens de uso especial) os imóveis ocupados por *serviço federal* ou *por servidor da União, como residência em caráter obrigatório*.

Com relação aos bens não utilizados em serviço público (bens dominicais), o artigo 64 admite ocupação mediante *locação* (e, como modalidade desta, o *arrendamento*), *aforamento* e *cessão*. Nos dois primeiros casos, o legislador se utilizou

---

[13] Pela Súmula nº 650, do STF, "os incisos I e XI do art. 20 da Constituição Federal não alcançam terras de aldeamentos extintos, ainda que ocupadas por indígenas em passado remoto".

de institutos que seriam próprios do direito privado, submetendo-os, contudo, a normas de direito público constantes do mesmo Decreto-lei nº 9.760. Na cessão, quando gratuita, ele se utilizou de instituto de direito público, sem correspondente no direito civil.

Em todas essas hipóteses, a União conserva o domínio direto e transfere ao particular o uso e gozo do imóvel; no aforamento, o direito do usuário (enfiteuta) é de *natureza real* e, nos demais casos, *obrigacional*.

O particular, também em todas essas hipóteses, investe-se em direito subjetivo de natureza pública, podendo defendê-lo pela via administrativa ou judicial, utilizando-se, inclusive, dos interditos possessórios, na qualidade de possuidor direto.

O Decreto-lei 9.760 disciplina, ainda, nos artigos 127 a 132,[14] a *ocupação*, abrangendo duas modalidades: a que se exerce sem título outorgado pela União e a que se exerce mediante *licença de ocupação*.

A Lei nº 9.636, de 15.5.98 (que dispõe sobre a regularização, administração, aforamento e alienação de bens imóveis de domínio da União, altera dispositivos dos Decretos-leis nºs 9.760, e 2.398, de 21.12.87, regulamenta o § 2º do artigo 49 do Ato das Disposições Constitucionais Transitórias), prevê ainda a *permissão de uso*, a título precário, de áreas de domínio da União para a realização de eventos de curta duração, de natureza recreativa, esportiva, cultural, religiosa ou educacional.

Ainda sobre uso privativo de bens da União, o Decreto nº 980, de 11.11.93, prevê a cessão de uso, mediante permissão precária, de imóveis residenciais de propriedade da União, situados no Distrito Federal, a agentes políticos e servidores públicos federais.

Por sua vez, a Lei nº 11.481, de 31.5.07, veio introduzir alterações no Decreto-lei nº 9.760/46, na Lei nº 9.636/98, no Código Civil e em outras leis, com o objetivo de disciplinar a *regularização fundiária de interesse social em imóveis da União*.

Finalmente, a Lei nº 11.952, de 25.6.09, veio dispor sobre a regularização fundiária das ocupações incidentes em terras situadas em áreas da União, no âmbito da Amazônia Legal. A regularização é feita mediante *alienação* ou *concessão de direito real de uso*, como se verá adiante.

Cada um dos institutos mencionados (locação, arrendamento, aforamento, cessão, ocupação e permissão) será estudado, separadamente, nos itens subsequentes, com menção à regularização fundiária de interesse social, quando for o caso.

Existem outros institutos que implicam uso de bens da União por particulares, mas que não são de aplicação restrita à esfera federal. Trata-se da *legitimação de posse*, da *concessão de uso especial para fins de moradia* (instituída pela Medida

---

[14] Os artigos 129, 130 e 133 foram revogados pela Lei nº 9.636/98.

Provisória nº 2.220, de 4.9.01) e da *concessão florestal*, que serão tratados além, como institutos de âmbito nacional.

Quanto aos imóveis rurais, aplicam-se o arrendamento e a parceria tal como disciplinados pelo Estatuto da Terra.

7.3.1 Locação e arrendamento

Pela Lei nº 8.245, de 18.10.91, que dispõe sobre locação de imóveis urbanos, continuam reguladas pelo Código Civil e pelas *leis especiais* as locações de imóveis de propriedade da União, dos Estados e Municípios, de suas autarquias e fundações públicas (art. 1º, parágrafo único, *a*). Como na esfera federal existe *lei especial* dispondo sobre bens imóveis da União, esta continua a aplicar-se, até porque, nos termos do artigo 2º, § 2º, da Lei de Introdução ao Código Civil, "a lei nova, que estabeleça disposições gerais ou especiais a par das já existentes, não revoga nem modifica a lei anterior".

Com efeito, a locação e o arrendamento de bens imóveis da União estão disciplinados pelos artigos 86 a 96 do Decreto-lei nº 9.760/46 e pelo Decreto nº 980, de 11.11.93, alterado pelo Decreto nº 4.528, de 18.12.93.

Prescreve o artigo 64, § 1º, do Decreto-lei nº 9.760 que "a locação se fará quando houver conveniência em tornar o imóvel produtivo, conservando, porém, a União sua plena propriedade, considerada arrendamento mediante condições especiais, quando objetivada a exploração de frutos ou prestação de serviços".

A utilização de imóvel da União se fará por contrato de locação, quando sua finalidade seja estritamente residencial, podendo dar-se: I – para residência de autoridades federais ou de outros servidores da União, no interesse do serviço; II – para residência de servidor da União, em caráter voluntário; III – a quaisquer interessados (art. 86).

Antes de analisar as características desse contrato de locação, impõe-se uma observação inicial sobre a natureza jurídica dos bens imóveis da União destinados à locação e arrendamento. Como não têm uma destinação pública específica, sendo utilizados para obtenção de renda, podem ser incluídos na categoria de bens dominicais. Conforme pensamento de Floriano de Azevedo Marques Neto,[15] pode-se discutir se são realmente bens dominicais os bens destinados a servidores públicos e autoridades, no interesse do serviço público nos termos previstos no artigo 86 do Decreto-lei nº 9.760/46. No entanto, somente se pode aceitar tal entendimento com relação aos imóveis que estiverem especificamente afetados ao

---

[15] *Bens públicos. Função social e exploração econômica. O regime jurídico das utilidades públicas*, 2009, p. 375.

uso de autoridades federais e servidores da União, o que não parece decorrer das normas do Decreto-lei nº 9.760/46, já que o artigo 64, § 1º, prevê a possibilidade de locação também a terceiros interessados. Eventualmente, a afetação poderá decorrer de atos administrativos (permitindo incluir o bem na categoria de bem de uso especial), mas não decorre diretamente daquele decreto-lei.

Essa afetação existe na hipótese de que trata o Decreto nº 980, de 11.11.93, que dispõe sobre a cessão de uso e a administração de imóveis residenciais de propriedade da União, situados no Distrito Federal, a agentes políticos e servidores públicos federais. Esse decreto contém um capítulo II, sobre *"imóveis reservados"*; no artigo 5º, dá o elenco dos imóveis residenciais *"reservados para atendimento das necessidades do Poder Executivo"*. Vale dizer que o decreto afetou tais imóveis a uma finalidade pública; todos esses imóveis são destinados a servidores públicos e agentes políticos, abrangendo inclusive os ocupados por servidores estaduais e municipais.

Talvez por causa dessa afetação, que permite incluir tais bens na categoria de bens públicos de uso especial, o Decreto nº 980/93 tenha preferido adotar o instituto da permissão de uso precária e não a locação.

Em decorrência de tais normas, verifica-se que, em relação aos imóveis residenciais de propriedade da União, existem duas hipóteses: (a) os **reservados,** no Distrito Federal, para atendimento das necessidades do Poder Executivo, nos termos do artigo 5º do Decreto nº 980/93, que são cedidos mediante *permissão de uso precária*, sem prazo determinado (salvo na hipótese daqueles administrados pelo Ministério das Relações Exteriores, destinados a funcionários do Serviço Exterior, em que a permissão é com prazo); (b) todos os demais, não reservados nos termos desse Decreto, são cedidos mediante locação regida pelo Decreto-lei nº 9.760/46.

A locação de coisas é contrato de direito privado pelo qual "uma das partes se obriga a ceder à outra, por tempo determinado ou não, o uso e gozo de coisa não fungível, mediante certa retribuição" (art. 565 do Código Civil).

Em comentário a dispositivo igual contido no artigo 1.188 do Código Civil de 1916, Clóvis Beviláqua[16] define a locação de coisas como o contrato pelo qual uma das partes, mediante remuneração que a outra paga, se compromete a fornecer-lhe, durante certo lapso de tempo, o uso e gozo de uma coisa infungível.

A esse conceito ajusta-se o contrato previsto no Decreto-lei nº 9.760, ficando, porém, sujeito às normas dessa mesma lei, não lhe sendo aplicáveis, conforme artigo 87, as disposições de outras leis concernentes à locação.

---

[16] *Código civil comentado*, 7. ed., 1946, v. IV, p. 356.

O legislador federal foi buscar um instituto do direito privado e deu-lhe configuração própria, de que se ressaltam as seguintes características:

a) possibilidade de rescisão unilateral do contrato, quando o imóvel for necessário a serviço público, sem caber ao locatário direito a indenização de qualquer espécie, excetuada a que se refira a benfeitorias necessárias (art. 89, III, e § 2º);

b) rescisão de pleno direito do contrato, com imissão sumária na posse da coisa locada, quando o locatário sublocar o imóvel, transferir o contrato, ou deixar de pagar os aluguéis nos prazos estipulados (arts. 88 e 89, I e II e § 1º);

c) proibição de sublocação do imóvel ou de transferência do contrato (art. 88);

d) nos casos em que a locação se faça para terceiros que não sejam autoridades públicas ou servidores, ela se fará mediante concorrência pública e pelo maior preço oferecido, na base mínima do valor locativo fixado (art. 95, parágrafo único);

e) quando a locação se faça para autoridades ou servidores públicos, ela se fará pelo aluguel que for fixado e mediante concorrência, que versará sobre as qualidades preferenciais dos candidatos, relativas ao número de dependentes, remuneração e tempo de serviço público (art. 94, § 1º); fica dispensada a concorrência quando se tratar de imóveis reservados para moradia de servidores da União no interesse do serviço (art. 92, parágrafo único).

A locação de bem público, embora encontre paralelo no contrato de locação de coisas do direito privado, tem a natureza de contrato administrativo, porque regido por normas de direito público, à semelhança do que ocorre com o contrato de empreitada que, quando celebrado pela Administração Pública, perde a natureza de contrato privado, regido pelo direito civil, para ganhar a natureza de contrato administrativo, regido pelo direito administrativo.

O *arrendamento* foi previsto como modalidade de locação, na hipótese em que a utilização objetivar a exploração de frutos ou a prestação de serviços (arts. 64, § 1º, e 96).

Seu prazo máximo é de 20 anos, salvo em casos especiais, expressamente determinados em lei (art. 96, parágrafo único, com a redação dada pela Lei nº 11.314, de 3.7.06), sendo assegurada preferência aos Estados e Municípios (art. 97), bem como ao possuidor de benfeitorias, que estiver cultivando, por si e regularmente, terras compreendidas entre as de que trata o artigo 65 (situadas em zonas rurais e reservadas pela União para exploração agrícola). O prazo de arrendamento pode ser superior a 20 anos na hipótese prevista no artigo 21 da Lei nº 9.636, de

1998 (também alterado pela Lei nº 11.314/06), quando se tratar de *cessão* sob forma de arrendamento; nos termos desse dispositivo, quando o projeto envolver investimento cujo retorno, justificadamente, não possa ocorrer dentro do prazo máximo de 20 anos, o prazo poderá ser superior, devendo ser observado o tempo seguramente necessário à viabilização econômico-financeira do empreendimento, não ultrapassado o período da possível renovação.

A principal diferença entre, de um lado, a locação e o arrendamento, regulados pelo Decreto-lei nº 9.760, e, de outro, a concessão de uso está na finalidade, que é particular, naqueles, e pública nesta última. Além disso, na locação o Poder Público transfere apenas o uso e gozo da coisa, enquanto na concessão pode haver transferência de poderes públicos ao concessionário, em especial nos casos em que a concessão de uso se apresenta como instrumento acessório da concessão de serviço público. Finalmente, como o uso privativo, na concessão, tem finalidade predominantemente pública e exige, em muitos casos, despesas com instalações, a outorga admite prazos mais prolongados, como ocorre na concessão de uso de águas públicas para fins de abastecimento da população, que pode ser outorgada pelo prazo de 30 anos, conforme artigo 43, § 1º, do Código de Águas; ao contrário, na locação, destinada a fins residenciais e, portanto, de interesse privado do locatário, os prazos não devem ser prolongados.

Na prática, é comum confundir-se a locação com a concessão de uso, usando-se um instituto com a denominação de outro; às vezes, também, pretende-se transferir o uso de bem público segundo as regras da locação regida pelo Código Civil, o que não é viável, porque retiraria ao Poder Público o poder-dever de rescindir o contrato por razões de interesse público.

7.3.2 A locação de bens dos Estados e Municípios

No âmbito dos Estados e Municípios, que não dispõem, como a União, de legislação genérica sobre bens públicos e que não têm competência para legislar sobre locação ou para derrogar as normas do direito privado sobre locação, não é possível aplicar, quanto a esse aspecto, as normas do Decreto-lei nº 9.760/46. A forma como a matéria está hoje disciplinada deixou um branco legislativo para Estados e Municípios. É que a Lei nº 8.666/93 não contém normas sobre contratos que tenham por objeto a utilização de bens públicos, tendo em vista o disposto no seu artigo 121, parágrafo único, que manda aplicar as normas do Decreto-lei nº 9.760/46 aos contratos relativos a imóveis da União. Além disso, o artigo 62, § 3º, da Lei 8.666/93, ao submeter às normas dessa lei, no que couber, os contratos regidos predominantemente pelo direito privado, fez referência expressa aos *contratos de locação em que o Poder Público seja o locatário*, deixando evidente o intuito de excluir aqueles em que o Poder Público seja o locador. A norma é coerente com a que consta do artigo 121, parágrafo único, já que, sendo o Poder Público o locador, a locação de imóveis da União vai reger-se pelo Decreto-lei nº 9.760/46. Vale dizer que o legislador federal somente se preocupou em legislar para a União.

Para suprir essa omissão do legislador federal, é necessário entender que o artigo 62, § 3º, da Lei nº 8.666/93, ao excluir a referência aos contratos de locação em que o poder público seja o locador, teve em vista conciliar essa norma com o artigo 121, parágrafo único da mesma lei (somente aplicável à União), mas não impede que Estados e Municípios apliquem o artigo 62, § 3º, quanto à locação dos imóveis de seu domínio. Por outras palavras, não existe impedimento a que Estados e Municípios legislem sobre locação dos bens imóveis de sua propriedade, com aplicação das normas da Lei nº 8.666/93. Não estarão, nesse caso, derrogando, por sua conta, as normas do Código Civil sobre locação, mas incorporando derrogações permitidas pela Lei nº 8.666/93, especialmente prevendo as prerrogativas do artigo 58 (cláusulas exorbitantes).

Caso contrário, terão Estados e Municípios duas alternativas: submeter-se às normas do Código Civil e leis especiais sobre locação, conforme previsto no artigo 1º, parágrafo único, *a*, da Lei nº 8.245/91, o que é contrário ao interesse público; ou utilizar-se dos institutos próprios do direito público (autorização, permissão ou concessão de uso).

7.3.3 Aforamento ou enfiteuse

7.3.3.1 Origem

O instituto da enfiteuse teve a mesma origem que o direito de superfície, surgindo ambos os institutos como formas de concessão de terrenos públicos e só posteriormente passaram a ser utilizados para concessão de terrenos privados.

Conforme demonstrado em texto sobre o direito de superfície inserido no livro sobre Estatuto da Cidade,[17] no período inicial do Direito Romano aplicava-se integralmente o princípio segundo o qual *superfícies solo cedit*, significando que todas as coisas que se acrescentam ao solo, sejam plantações ou construções, pertencem ao dono do solo. Trata-se de princípio decorrente do caráter absoluto e exclusivo com que o direito de propriedade era concebido. É *absoluto* no sentido de que confere ao titular o poder de usar, gozar e dispor da coisa da maneira que melhor lhe aprouver, *usque ad sidera et ad inferos*, ou seja, abrangendo a propriedade do solo e de tudo aquilo que lhe estivesse na superfície ou no subsolo, em toda altura

---

[17] Maria Sylvia Zanella Di Pietro. Direito de superfície. In: DALLARI, Adilson de Abreu; FERRAZ, Sérgio (Org.). *Estatuto da cidade,* 2002, p. 171-190.

e profundidade. É *exclusivo* no sentido de que a mesma coisa não pode pertencer simultaneamente a duas ou mais pessoas e que o proprietário tem a faculdade de se opor à ação de terceiros exercida sobre aquilo que lhe pertence. Esse atributo, que era expresso em Roma pelo princípio *duorum vel plurium dominium in solidum esse non potest*, está contido no artigo 1.231 do Código Civil, segundo o qual "a propriedade presume-se plena e exclusiva, até prova em contrário".

A enfiteuse e a superfície eram incompatíveis com o caráter absoluto e exclusivo do direito de propriedade.

Aos poucos, no entanto, o caráter absoluto foi sofrendo alterações, passando-se a admitir a existência de ônus sobre a propriedade, tais como a servidão, o usufruto, o uso. Dentre as inovações, surgiu, em decorrência da ampliação do Império Romano, o instituto denominado de *jus in agro vectigali*, semelhante à locação ou arrendamento, que permitia "a ocupação e cultivo, por particulares, de terras, a princípio somente as do Estado e, a seguir, as dos Municípios e as das associações religiosas, mediante o pagamento de um cânon anual denominado vectigal".[18]

Ao lado do *jus in agro vectigali*, surgiram novas formas de arrendamento, dentre as quais o *jus emphyteuticum*, em que a concessão de terras para fins de cultivo se dava mediante o pagamento de um cânon anual.

Na época de Justiniano fundem-se o *jus in agro vectigali* e o *jus emphyteuticum* sob o nome de *enfiteuse*.

Foi ainda admitida outra forma de arrendamento, inicialmente sobre bens do Estado e depois sobre bens particulares, para fins de edificação, ao longo das estradas, de estalagens, tabernas, lojas etc., também mediante o pagamento de um cânon, pensão ou *solarium*; admitia-se a outorga a título gratuito, o que não ocorria na enfiteuse. A concessão era outorgada por prazo longo ou perpetuamente. Esse direito era inicialmente de natureza obrigacional, porque dava ao arrendatário apenas os direitos de usar e fruir. Aos arrendatários foi concedido um interdito (*de superficiebus*), que protegia apenas a posse; tratava-se de interdito de "natureza proibitória, impeditivo do uso da violência para tirar ao concessionário o gozo da *superficies* (edificação superficiária)".[19]

Tanto a superfície como a enfiteuse surgiram como formas de arrendamento, ou seja, como direitos obrigacionais, com poderes de usar e fruir, e não de natureza real, tendo em vista o prevalecimento do princípio da acessão (*superficies solo cedit*). A enfiteuse era constituída para fins de cultivo; e a superfície, para fins de edificação. Uma e outra surgiram como forma de concessão de terrenos públicos e só posteriormente passaram a ser utilizadas para concessão de terrenos privados.

---

[18] Cf. José Guilherme Braga Teixeira, *Direito real de superfície*, 1997, p. 17.
[19] Cf. Ricardo Pereira Lima, *Elementos de direito urbanístico*, 1997, p. 23.

No Direito Justinianeu a superfície passou a ter a natureza de direito real (*jus in re aliena*), protegido pelo *interdito de superfície*, concedido ao superficiário para se manter na posse das construções; esse interdito assumiu a natureza de ação real, que podia ser invocada contra terceiros ou contra o próprio proprietário do solo.

Na época medieval fracionou-se o conceito de propriedade, pois esta se detinha *de direito* em mãos do senhor feudal e *de fato* em mãos do servo ou vassalo, que era obrigado a cultivar a terra, pagando vultosos tributos ao proprietário. A ideia de propriedade ligava-se à ideia de soberania, assumindo caráter eminentemente político.

Houve, nessa época, a bifurcação da propriedade; de um lado, o *domínio direto*, que cabia ao senhor feudal, e, de outro lado, o *domínio útil*, que, reconhecido ao possuidor e cultivador da terra (enfiteuta ou superficiário), definia sua posição de vassalo na hierarquia social. O certo é que o feudalismo favoreceu a ideia de propriedade dividida, seja pelo instituto da enfiteuse, seja pelo instituto da superfície. Por outras palavras, reconheceu-se a existência de uma propriedade das construções e plantações, separada da propriedade do solo.

Para isso também contribuíram os povos bárbaros e a Igreja: os primeiros porque, sendo nômades e desconhecendo o princípio *superficies solo cedit*, valorizavam mais as construções e plantações do que o direito do proprietário do solo; a Igreja porque tinha interesse de valorizar e legitimar as construções feitas sobre os terrenos de sua propriedade.[20] Daí o surgimento e desenvolvimento da ideia de que existe uma propriedade separada das construções e plantações, sem grande preocupação com o princípio romano *superficies solo cedit*.

Os abusos verificados no período medieval, com a instituição de verdadeira escravidão dos servos que exploravam a terra, favoreceram, no século XVIII, o retorno da concepção romana do direito de propriedade. A Declaração dos Direitos do Homem e do Cidadão, de 1789, refere-se à propriedade como "direito inviolável e sagrado". O Código Civil Francês, seguido por muitos outros do século XIX, definiu o direito de propriedade, no artigo 544, como "o direito de gozar e de dispor das coisas de modo absoluto, contanto que isso não se torne uso proibido pelas leis ou pelos regulamentos".

A preocupação em assegurar a liberdade individual e a igualdade dos homens, bem como a reação ao regime feudal levaram a uma concepção individualista exagerada da propriedade, caracterizada como direito absoluto, exclusivo e perpétuo, não se admitindo, inicialmente, outras restrições senão as decorrentes das normas sobre vizinhança, que impunham algumas obrigações ao proprietário. Coerente com tais princípios, o Código Civil Francês não admitiu modo algum de

---

[20] Cf. José Guilherme Braga Teixeira, *Direito de superfície*, 1997, p. 22-23.

bifurcação da propriedade, seja sob a forma de superfície, seja sob a forma de enfiteuse.

No entanto, aos poucos, a legislação de vários países passou a prever os institutos da enfiteuse e da superfície.

7.3.3.2 Direito brasileiro

A enfiteuse, aforamento ou aprazamento era prevista no Código Civil de 1916 como direito real (art. 674). Nos termos do artigo 678, dá-se a enfiteuse "quando, por ato entre vivos, ou de última vontade, o proprietário atribui a outrem o domínio útil do imóvel, pagando a pessoa que o adquire, e assim se constitui enfiteuta, ao senhorio direto uma pensão, ou foro anual, certo e invariável".

Quando entrou em vigor a Constituição de 1988, ficou patente o intuito do constituinte de acabar, aos poucos, com o instituto da enfiteuse, salvo quanto aos terrenos de marinha e seus acrescidos situados na faixa de segurança, a partir da orla marítima. Com efeito, o artigo 49 do Ato das Disposições Constitucionais Transitórias prevê a remição dos aforamentos mediante aquisição do domínio direto pelo foreiro; estabelece o dispositivo que "a lei disporá sobre o instituto da enfiteuse em imóveis urbanos, sendo facultada aos foreiros, no caso de sua extinção, a remição dos aforamentos, mediante aquisição do domínio direto, na conformidade do que dispuserem os respectivos contratos".

Pelo § 1º do referido dispositivo constitucional, "quando não existir cláusula contratual, serão adotados os critérios e bases hoje vigentes na legislação especial dos imóveis da União"; essa legislação especial já existe, pois normas sobre enfiteuse de imóveis da União estão contidas no Decreto-lei nº 9.760/46 e na Lei nº 9.636, de 15.5.98. Isso significa que se nos contratos celebrados na vigência do Código Civil de 1916 não houver cláusula disciplinando a remição dos aforamentos, este obedecerá às normas do referido Decreto-lei.

Pelo § 3º do dispositivo constitucional, "a enfiteuse continuará sendo aplicada aos terrenos de marinha e seus acrescidos, situados na faixa de segurança, a partir da orla marítima".

Os terrenos de marinha são definidos pelo artigo 2º do Decreto-lei nº 9.760/46. Estabelece esse dispositivo que "são terrenos de marinha, em uma profundidade de 33 metros, medidos horizontalmente, para a parte da terra, da posição da linha do preamar-médio de 1.831: (a) os situados no continente, na costa marítima e nas margens dos rios e lagoas, até onde se faça sentir a influência das marés; (b) os que contornam as ilhas situadas em zona onde se faça sentir a influência das marés".

E os terrenos acrescidos de marinha, nos termos do artigo 3º do mesmo Decreto-lei, são "os que se tiverem formado, natural ou artificialmente, para o lado do mar ou dos rios e lagoas, em seguimento aos terrenos de marinha". Como se verifica pela redação desse dispositivo, os terrenos acrescidos tanto se formam para o lado do mar, em acréscimo aos terrenos de marinha, como para o lado do rio, em acréscimo aos terrenos reservados. Apenas os primeiros pertencem à União, conforme previsto no artigo 20, VII, da Constituição e estão alcançados pelo artigo 49, § 3º, do Ato das Disposições Constitucionais Transitórias.

O Código Civil de 2002 não mais previu a enfiteuse. No artigo 1.225, que dá o elenco dos direitos reais, não consta essa modalidade, que foi substituída pela superfície. Nas disposições finais e transitórias, o artigo 2.038 expressamente proíbe a "constituição de enfiteuses e subenfiteuses, subordinando-se as existentes, até sua extinção, às disposições do Código Civil anterior, Lei nº 3.071, de 1º de janeiro de 1916, e leis posteriores". O § 1º proíbe que nos aforamentos a que se refere esse artigo seja cobrado laudêmio ou prestação análoga nas transmissões de bem aforado, sobre o valor das construções ou plantações, e que se constitua subenfiteuse. Pelo § 2º, "a enfiteuse dos terrenos de marinha e acrescidos regula-se por lei especial", a saber, o Decreto-lei nº 9.760/46 e a Lei nº 9.636/98.

Esses dois diplomas continuam disciplinando a enfiteuse como forma de utilização de imóveis da União e, portanto, não apenas sobre terrenos de marinha e seus acrescidos.

Como os mesmos somente se aplicam aos imóveis da União, os Estados e Municípios que eventualmente tenham constituído enfiteuse sobre imóveis de seu domínio certamente se sujeitaram às normas do Código Civil de 1916.

Diante dessas disposições constitucionais e legais, persistem ainda duas hipóteses de enfiteuse: (a) a constituída sob a égide do Código Civil de 1916 e que continuará a existir enquanto não ocorrer uma das causas possíveis de extinção; (b) a que incide sobre os imóveis públicos da União, regida pelo Decreto-lei nº 9.760/46 e pela Lei nº 9.636/98.

Existem algumas diferenças entre as duas modalidades, já que a primeira se constitui como instituto do direito privado, e a segunda, como instituto do direito público.

As enfiteuses constituídas na vigência do Código Civil de 1916 apresentam as seguintes características:

    a) têm natureza de direito real, em que o titular (foreiro ou enfiteuta) recebe o *domínio útil*, com os poderes de usar, gozar e reivindicar a coisa, bem como alienar seus direitos a outrem, independentemente de anuência do proprietário;

    b) o senhorio conserva o domínio direto com direito ao *foro* (contraprestação devida pelo enfiteuta), ao *laudêmio* (importância devida pelo foreiro em caso de transferência do domínio útil a terceiros e em caso de resgate) e à *preferência* no caso de alienação do domínio útil;

c) extingue-se pela deterioração do prédio aforado, pelo comisso (penalidade em caso de não pagamento do foro por três anos consecutivos) e pelo falecimento do enfiteuta, sem herdeiros;

d) admite o resgate, ou seja, a prerrogativa concedida ao foreiro de adquirir, compulsoriamente, o domínio direto, depois de 10 anos de constituída a enfiteuse, mediante o pagamento de 10 pensões e um laudêmio (Lei nº 5.827, de 23.11.72);

e) é perpétua, sendo considerada como arrendamento se for estabelecida por prazo determinado;

f) só pode ter por objeto terras não cultivadas ou terrenos que se destinem à edificação.

Quando aplicável a imóveis da União, a enfiteuse tem também a natureza de *direito real,* porém de *direito real de natureza pública,* já que não se submete a normas do Código Civil, mas a legislação própria pertinente aos bens públicos da União. Embora tenha algumas características que a aproximam de igual instituto do direito privado, já que implica bifurcação da propriedade em *domínio direto* (que pertence à União) e *domínio útil* (que pertence ao foreiro ou enfiteuta), apresenta algumas peculiaridades próprias do regime jurídico de direito público, concernentes à competência, remissão, caducidade com ou sem revigoração do aforamento, e formalidades:

a) a utilização do terreno sob regime de aforamento depende de prévia autorização do Presidente da República, salvo se já permitido em expressa disposição legal (art. 99 do Decreto-lei nº 9.760/46), como é o caso das terras devolutas ao longo da fronteira e nos Territórios, submetidas a esse regime pelo Decreto nº 40.735, de 9-1-57; depende de prévia audiência do Ministério do Exército e da Marinha (quando se tratar de terrenos situados dentro da faixa de fronteira, da faixa de 100 metros ao longo da costa ou de uma circunferência de 1.320 metros em torno das fortificações e estabelecimentos militares), do Ministério da Agricultura (quando se tratar de terras suscetíveis de aproveitamento agrícola ou pastoril), do Ministério da Viação e Obras Públicas (quando se tratar de terrenos situados nas proximidades de obras portuárias, ferroviárias, rodoviárias, de saneamento ou de irrigação), das Prefeituras Municipais (quando se tratar de terreno situado em zona que esteja sendo urbanizada);

b) os terrenos aforados ficam sujeitos ao pagamento anual de uma importância chamada *foro,* no valor de 0,6% do valor do respectivo domínio pleno, que será anualmente atualizado (art. 101 do Decreto-lei nº 9.760); o não pagamento do foro por três anos consecutivos ou quatro intercalados importa a *caducidade* do aforamento, sendo admitida a revigoração, mediante pagamento dos foros em atraso (arts. 118 e 119); a revigoração pode ser indeferida se a União necessitar do imóvel para o serviço público (art. 120);

c) a transferência onerosa, por ato *inter vivos*, do domínio útil ou de direitos sobre as benfeitorias, bem como a cessão de direitos a eles relativos, ficam sujeitas ao pagamento do *laudêmio*, no valor de 5% do valor atualizado do domínio pleno e das benfeitorias (art. 3º do Decreto-lei nº 2.398, de 21.12.87);[21]

d) a *extinção* do aforamento, pelo artigo 103 do Decreto-lei nº 9.760/46, dar-se-á: por *inadimplemento* de cláusula contratual; por acordo entre as partes; pela *remição*, a critério do Presidente da República, por proposta do Ministério da Fazenda, nas zonas onde não mais subsistam os motivos determinantes da aplicação do regime enfitêutico (art. 103, com a redação dada pela Lei nº 9.636/98); pelo abandono do imóvel, caracterizado pela ocupação, por mais de 5 (cinco) anos, sem contestação, de assentamentos informais de baixa renda, retornando o domínio útil à União; por interesse público, mediante prévia indenização; pelo artigo 101, parágrafo único, do mesmo decreto-lei, extingue-se também o aforamento pela *caducidade*, decorrente do não pagamento do foro durante três anos consecutivos ou quatro intercalados (art. 101, parágrafo único, com a redação dada pela Lei nº 9.636/98), sem que haja revigoração do aforamento (art. 121);

e) a *remição*[22] ou *resgate* não constitui *direito* do foreiro, uma vez que o artigo 103, § 2º, do Decreto-lei a prevê como faculdade a ser exercida, a critério do Presidente da República e por proposta do Ministério da Fazenda, nas zonas onde não mais subsistam os motivos determinantes da aplicação do regime enfitêutico;

f) a *caducidade*, por não pagamento do foro ou pensão durante três anos, que extinguiria obrigatoriamente o aforamento (por *comisso*), segundo o artigo 692 do Código Civil de 1916, não tem a mesma amplitude no Decreto-lei nº 9.760/46, tendo em vista que, pelo artigo 103, § 1º, combinado com os artigos 118 e 119, o foreiro tem *direito à revigoração* do

---

[21] Pelo artigo 1º do Decreto-lei nº 1.876, de 15.7.81, alterado pela Lei nº 11.471/07, são isentas de foro e laudêmio as pessoas consideradas carentes ou de baixa renda, assim consideradas aquelas cuja renda familiar seja igual ou inferior a cinco salários-mínimos; a comprovação dessa situação deve ser renovada a cada quatro anos.

[22] O correto é *remição*, e não *remissão*, como consta do Decreto-lei nº 9.760/46, porque, nesta grafia, o vocábulo significa *perdão*.

aforamento, e não mera faculdade, se solicitá-la no prazo de 90 dias depois de notificado da caducidade da enfiteuse, pagando os foros em atraso. Conforme determina o artigo 120, a União só poderá negar a revigoração se necessitar do terreno para serviço público ou, quanto às terras de que trata o artigo 65 (revogado), quando as mesmas não estiverem sendo utilizadas apropriadamente; nesse caso, a União terá que indenizar o foreiro pelas benfeitorias porventura existentes;

g) o aforamento depende de leilão ou concorrência pública, respeitado, como preço mínimo, o valor de mercado do respectivo domínio útil, estabelecido em avaliação de precisão, realizada, especificamente para esse fim, pelo Serviço de Patrimônio da União ou, sempre que necessário, pela Caixa Econômica Federal, com validade de seis meses a contar da data de sua publicação (art. 12 da Lei nº 9.636/98);

h) na concessão do aforamento será dada preferência a quem, em 15-2-97, já ocupava o imóvel há mais de um ano e esteja, até a data da formalização do contrato de alienação do domínio útil, regularmente inscrito como ocupante e em dia com suas obrigações (art. 13 da referida lei); o pagamento poderá ser feito em até 120 prestações mensais e consecutivas, devidamente atualizadas, observando-se que o término do parcelamento não poderá ultrapassar a data em que o ocupante completar 80 anos de idade (art. 14).

7.3.4 Cessão de uso

A cessão de uso estava prevista, originariamente, no Decreto-lei nº 9.760/46, cujo artigo 64 do Decreto-lei nº 9.760/46, a incluía ao lado da locação e aforamento, entre os institutos hábeis para que a União outorgasse o uso privativo de bens imóveis de seu patrimônio. Nos termos do § 3º do aludido dispositivo, "a cessão se fará quando interessar à União concretizar, com a permissão da utilização gratuita de imóvel seu, auxílio ou colaboração que entenda prestar". Estava disciplinada pelos artigos 125 e 126 e pelo Decreto-lei nº 178, de 16.2.67, hoje substituídos por normas contidas nos artigos 18 a 21 da Lei nº 9.636/98.

Por essa lei, verifica-se que existem dois tipos de cessão de uso de bens imóveis da União:

a) a prevista no artigo 64 (ainda vigente) do Decreto-lei nº 9.760/46 e repetida no artigo 18, *caput*, da Lei nº 9.636/98, que se faz sempre gratuitamente, a Estados, Distrito Federal, Municípios e entidades sem fins lucrativos das áreas de educação, cultura, assistência social ou saúde (art. 18, I), bem como a pessoas físicas ou jurídicas, que desempenhem atividade de interesse público ou social ou de aproveitamento econômico de interesse nacional, sem fins lucrativos; nessa hipótese, a outorga se faz mediante *cessão de uso*, pura e simplesmente;

b) a prevista no artigo 18, *caput*, da Lei nº 9.636/98, com a redação dada pela Lei nº 11.481, de 31.5.07, que se faz em condições especiais, sob qualquer dos regimes previstos no Decreto-lei nº 9.760/46 (locação, arrendamento ou enfiteuse) ou sob o regime de concessão de direito real de uso resolúvel, previsto no artigo 7º do Decreto-lei nº 271, de 28.2.67, podendo, neste caso, incidir inclusive sobre terrenos de marinha (art. 18, § 1º); os beneficiários, no caso, são pessoas físicas ou jurídicas, que utilizem o bem para fins de *aproveitamento econômico de interesse nacional*; nesse caso, a cessão será onerosa, já que destinada à execução de empreendimento de fim lucrativo, devendo ser observados os procedimentos licitatórios previstos em lei, se houver condições de competitividade (art. 18, § 5º); entende-se que a lei aí referida é a de nº 8.666, de 21.6.93; nessa segunda hipótese, embora a lei fale em cessão de uso, a outorga se faz mediante locação, arrendamento, enfiteuse ou concessão de direito real de uso.

Nesta segunda modalidade, como o artigo 18 da Lei nº 9.636 permite que a cessão se faça por qualquer dos regimes previstos no Decreto-lei nº 9.760, conclui-se que, se utilizado um desses regimes, a cessão não constitui instituto autônomo da locação, arrendamento ou aforamento, mas, pelo contrário, ela se faz por meio de um desses institutos ou ainda por meio da concessão de direito real de uso, com a peculiaridade de que a outorga é feita "a pessoas físicas ou jurídicas, em se tratando de interesse público ou social ou de aproveitamento econômico de interesse nacional, que mereça tal favor" (art. 18, *caput* e § 1º).

Quanto à licitação, é prevista apenas quando o cessionário utilizar o bem imóvel da União para realizar empreendimento de fins lucrativos e desde que haja possibilidade de competição (art. 18, § 5º). No entanto, a licitação é dispensável, nos termos do § 6º (acrescentado ao art. 18 pela Lei nº 11.481/07), do mesmo dispositivo quando se tratar de: "I – bens imóveis residenciais construídos, destinados ou efetivamente utilizados no âmbito de programas de provisão habitacional ou de regularização fundiária de interesse social desenvolvidos por órgãos ou entidades da administração pública; II – bens imóveis de uso comercial de âmbito local com área de até 250m², inseridos no âmbito de programas de regularização fundiária de interesse social desenvolvidos por órgãos ou entidades da administração pública e cuja ocupação se tenha consolidado até 27.4.2006".

Difícil é imaginar a razão pela qual o legislador quis prever, na Lei nº 9.636/98, essa outra modalidade de cessão de uso para que se faça pelos regimes já previstos e disciplinados pelo Decreto-lei nº 9.760/46; a grande vantagem é a de realçar que a locação, o arrendamento e a enfiteuse, bem como a concessão de direito real de uso, tendo por objeto o uso de bem público, têm a natureza de contratos administrativos regidos por legislação específica. Note-se que até as hipóteses de dispensa de licitação previstas no artigo 18, § 6º, da Lei nº 9.636 foram também introduzidas, em termos idênticos, no artigo 17, II, *f* e *h*, da Lei nº 8.666/93, pela Lei nº 11.481/07.

Pelo § 2º do artigo 18, também será utilizada a cessão de uso como modalidade adequada quando se tratar de espaço aéreo sobre bens públicos, espaço físico em águas públicas, áreas de álveo de lagos, rios e quaisquer correntes d'água, de vazantes, da plataforma continental e de outros bens de domínio da União, insuscetíveis de transferência de direitos reais a terceiros. Como o objetivo do legislador é o de obstar a outorga, a terceiros, de direitos reais sobre esses bens, resulta claro que a cessão só pode ser por locação ou arrendamento, que têm a natureza de direitos obrigacionais.

A competência para autorizar a cessão é do Presidente da República (que pode delegá-la ao Ministro da Fazenda, sendo admitida a subdelegação, conforme §§ 3º e 4º do art. 18). A cessão se formaliza "mediante termo ou contrato, do qual constarão expressamente as condições estabelecidas, entre as quais a finalidade da sua realização e o prazo para seu cumprimento e tornar-se-á nula, independentemente de ato especial, se ao imóvel, no todo ou em parte, vier a ser dada aplicação diversa da prevista no ato autorizativo e consequente termo ou contrato".

O artigo 19 da Lei nº 9.636 estabelece que o ato de cessão pode autorizar:

I – a alienação do domínio útil ou de direitos reais de uso de frações do terreno cedido, para obtenção de recursos necessários à execução dos objetivos da cessão ou para construção de edificações que pertencerão, no todo ou em parte, ao cessionário: nesse caso, entende-se que o cessionário pode constituir enfiteuse sobre parte do imóvel (já que essa é a modalidade em que é possível a alienação do domínio útil) ou constituir direito real em benefício de terceiro; seria o caso, por exemplo, da concessão de direito real de uso ou do direito de superfície, já que nos dois casos o titular do direito real pode efetuar construções sobre imóvel alheio;

II – a hipoteca do domínio útil ou de direitos reais de uso de frações do terreno cedido, mediante regime competente, e de benfeitorias eventualmente aderidas, com os mesmos objetivos assinalados no item anterior; nesse caso, o que será dado em hipoteca não será o terreno ou parte dele (o que seria inviável diante da impossibilidade de instituição de direitos reais de garantia sobre bens públicos), mas o direito real de que é titular o enfiteuta (no caso da enfiteuse), ou o concessionário (no caso da concessão de direito real de uso) ou o superficiário (no caso da superfície);

III – a locação ou o arrendamento de partes do imóvel cedido e benfeitorias eventualmente aderidas, desnecessárias ao uso imediato do cessionário;

IV – a isenção do pagamento de foro, enquanto o domínio útil do terreno fizer parte do seu patrimônio, e de laudêmios, nas transferências de que trata o dispositivo; neste caso, a cessão é feita por meio de aforamento, única hipótese em que se cogita de pagamento de foro ou laudêmio;

V – a concessão de prazo de carência para início de pagamento das retribuições devidas, quando: (a) for necessária a viabilização econômico-financeira do empreendimento; (b) houver interesse em incentivar atividade pouco ou ainda não desenvolvida no País ou em alguma de suas regiões; ou (c) for necessário ao desenvolvimento de microempresas, cooperativas e associações de pequenos produtores e de outros segmentos da economia brasileira que precisem ser incrementados.

Além disso, o artigo 22, § 2º, prevê a possibilidade de os Estados e Municípios aos quais sejam cedidas áreas da União sob o regime de cessão, autorizarem a *permissão de uso* a terceiros.

A cessão pode ser assim caracterizada: é ato de outorga de *uso privativo* de imóvel do patrimônio da União; essa outorga, depois de autorizada por decreto do Presidente da República, se faz mediante termo ou contrato, no qual se especificam as condições em que o uso se exercerá; o uso é gratuito, devendo ser onerosa quando destinada à execução de empreendimento de fim lucrativo; podem ser cessionários os Estados, os Municípios, entidades educacionais, culturais ou de finalidades sociais bem como os particulares (pessoas físicas ou jurídicas), nesta última hipótese quando se tratar de interesse público ou social ou de aproveitamento econômico de interesse nacional; torna-se nula em caso de utilização em desacordo com as condições estabelecidas. Além disso, a cessão se faz sempre por prazo determinado, conforme estabelece o § 3º do artigo 18 da Lei nº 9.636/98.

A cessão, como forma de transferência gratuita do uso de bem público, assemelha-se ao comodato, porém dele difere, quer pela finalidade, que é sempre pública (educacional, cultural, social ou de aproveitamento econômico de interesse nacional, conforme art. 18 da Lei nº 9.363/98), quer pelo regime a que se submete, constituído por normas de direito público.

Comparando-a com outros institutos de direito público, a cessão aproxima-se da *concessão de uso*, embora dela se diferencie por algumas peculiaridades. A concessão se faz por meio de contrato administrativo; pode ser gratuita ou onerosa; pode ter por objeto bens públicos de qualquer natureza (de uso comum, de uso especial e dominical) e pode atender aos mais variados fins públicos e até ser de utilidade privada do concessionário (como no caso da concessão de sepultura). A cessão se faz por meio de termo ou contrato, é em regra gratuita (podendo ser onerosa quando se destine a empreendimento de fim lucrativo), e só pode ter por objeto bens dominicais (bens imóveis não utilizados em serviço público, nos termos do art. 64 do Decreto-lei nº 9.760), só podendo ser conferida para os fins definidos nos citados dispositivos da legislação federal.

7.3.5 Permissão de uso

A permissão de uso, que não estava referida no Decreto-lei nº 9.760/46, foi prevista pela Lei nº 9.636/98 entre os institutos hábeis à outorga de uso de bens imóveis da União. Conforme decorre do artigo 22, *caput*, a permissão de uso poderá ser outorgada quando se tratar de utilização, a título precário, de áreas de domínio da União para a realização de eventos de curta duração, de natureza recreativa, esportiva, cultural, religiosa ou educacional. Nesse caso, o instituto não se distingue de outras hipóteses de permissão de uso de bens públicos, já analisada no Capítulo 4.

Trata-se de ato unilateral e precário, de competência do Secretário do Patrimônio da União, que poderá delegá-la aos titulares das Delegacias do Patrimônio da União nos Estados (art. 18, *caput* e § 1º).

Também já foi mencionado, no item anterior, que em caso de cessão de áreas específicas a Estados e Municípios, estes podem permitir o uso das mesmas por terceiros (§ 2º do art. 18).

Outra hipótese de permissão de uso foi prevista no Decreto nº 980, de 11.11.93, alterado pelo Decreto nº 4.528, de 18.12.02. Esse decreto dispõe sobre a cessão de uso e a administração de imóveis residenciais de propriedade da União, situados no Distrito Federal; tais imóveis são destinados à utilização por agentes políticos e servidores públicos federais. Trata-se de hipótese (já comentada no item 7.3.1), em que o imóvel é reservado para atendimento das necessidades do Poder Executivo, sendo cedidos mediante *permissão de uso outorgada a título precário, sem prazo determinado*. Apenas na hipótese prevista no artigo 5º, VIII (imóveis administrados pelo Ministério das Relações Exteriores, destinados a funcionários do Serviço Exterior), é que a permissão será outorgada por prazo determinado.

A permissão, no caso, não é gratuita, sendo cobrada a chamada *taxa* de uso. A terminologia é imprópria, tendo em vista que não se trata de hipótese de ocorrência de um dos fatos geradores previstos no artigo 145, II, da Constituição.[23]

---

[23] A respeito da natureza jurídica dessa retribuição, v. item 2.10.

7.3.6 Regularização de ocupação

Pelo menos três institutos foram idealizados pelo legislador como meios de transformar em legítima a situação dos posseiros de terras públicas: a *regularização de ocupação*, mediante *inscrição* e *cadastramento* dos ocupantes, a *legitimação de posse* e a *concessão de uso especial para fins de moradia*.

Antes de analisar todos esses instrumentos, que também constituem modalidades de utilização de bens públicos por particulares, é imperioso que se faça uma rápida análise do tema da origem e evolução das terras públicas no Brasil.

7.3.6.1 Origem e evolução do regime de ocupação de terras públicas

A ocupação de terras públicas, sem título legítimo, faz parte da história da propriedade rural no Brasil, que compreende quatro fases: (a) a de *sesmarias*; (b) a de *posses* (que se poderia chamar de fase da *ocupação*); (c) a que tem início com a promulgação da Lei de Terras (Lei nº 601, de 28.9.50); e (d) a posterior à instauração da República, que teve início com a Constituição de 1891.

A fase das sesmarias vigorou no período colonial, em que todas as terras existentes no Brasil pertenciam à coroa Portuguesa. Nesse período, houve a divisão de terras em capitanias hereditárias, que incluíam entre os direitos dos donatários o de distribuir sesmarias, assim consideradas as glebas de terras públicas que eram concedidas aos particulares interessados em cultivá-las, mediante o pagamento de uma renda calculada sobre os frutos. A concessão se fazia sob o regime de enfiteuse. Essa sistemática teve o inconveniente de favorecer a formação de grandes latifúndios, em sua maior parte inexplorados, não produzindo os resultados pretendidos.

A concessão de sesmarias foi suspensa em 1822, pouco antes da Independência. Teve início, então, a fase de *ocupação*, na qual, por falta de legislação disciplinando o uso das terras públicas, as pessoas simplesmente tomavam posse das mesmas e começavam a cultivá-las. A partir de então, a morada habitual e o cultivo da terra passaram a ser considerados fatores essenciais à legitimação da posse. Esse regime beneficiou o pequeno colono que, fazendo da terra a sua morada habitual, cultivava-a com o próprio trabalho e o de sua família.

Com o intuito de regularizar a situação das terras públicas, evitar abusos no apossamento e legitimar as ocupações feitas sem título legítimo, foi promulgada a primeira lei de terras no Brasil – a Lei nº 601, de 18.9.1850 –, cujo principal objetivo foi o de legitimar as posses que apresentassem os requisitos da morada habitual e cultivo da terra (art. 5º). Mesmo as sesmarias concedidas irregularmente podiam ser revalidadas se apresentassem os dois requisitos citados.

Essa lei desempenhou um papel fundamental na evolução das terras públicas no Brasil, porque criou institutos que ainda hoje têm aplicação, ainda que regidos por legislação diversa:

   a) deu o conceito de terras devolutas, de forma residual, porque considerou como tal, no artigo 3º, as que não se acharem aplicadas a algum uso público nacional, provincial ou municipal; as que não se acharem no domínio particular por qualquer título legítimo, nem forem havidas por sesmarias e outras concessões do Governo Geral ou Provincial, não incursas em comisso por falta de cumprimento das condições de medição, confirmação e cultura; e as que não se acharem dadas por sesmarias, ou outras concessões do Governo e que, apesar de incursas em comisso, forem revalidadas pela própria Lei nº 601/1850, por apresentarem os dois requisitos citados da morada habitual e cultivo da terra;

   b) deu origem ao processo de discriminação de terras devolutas, tendo em vista que seu artigo 10 determinava que o Governo adotasse o modo prático de estremar o domínio público do particular para separar as terras públicas das particulares;

   c) previu o instituto da legitimação de posse de terras devolutas que estivessem sendo objeto de morada habitual e cultivo.

A quarta fase da história das terras públicas teve início com a Constituição de 1891, que reservou para a União a porção de terras devolutas indispensável à defesa das fronteiras, fortificações, construções militares e estradas de ferro federais; transferiu as demais aos Estados.

A Constituição de 1934 previu outro instituto (mantido nas Constituições de 1937 e 1946), também destinado a transformar em legítimas as terras meramente ocupadas, ao instituir o usucapião *pro labore* em benefício daquele que não fosse proprietário de outro imóvel, tivesse morada habitual e cultivasse a terra com o seu trabalho e o de sua família. Assim estabelecia aquela Constituição:

"Artigo 125. Todo brasileiro que, não sendo proprietário rural ou urbano, ocupar, por dez anos contínuos, sem oposição nem reconhecimento de domínio alheio um trecho de terra até dez hectares, tornando-o produtivo por seu trabalho e tendo nele a sua morada, adquirirá o domínio do solo, mediante sentença declaratória devidamente transcrita."

A Constituição de 1937 repetiu a norma, em termos idênticos, no artigo 148. A de 1946 repetiu a norma no artigo 156, § 3º, porém ampliando de 10 para 25 hectares a porção passível de aquisição por usucapião.

Na vigência da Constituição de 1937, o Decreto-lei nº 2.490, de 16.8.40, proibiu, no artigo 4º, a concessão, sob regime de ocupação, dos terrenos de marinha e de seus acrescidos, assegurada aos ocupantes, na data da lei, preferência para pleitear o seu aforamento, nos termos do artigo 5º. E o Decreto-lei nº 3.438, de 1941, manteve a proibição da concessão de novas ocupações e considerou ilegais as verificadas a partir da vigência do Decreto-lei nº 2.490/40. Ocorre que, não obstante a proibição, continuaram a ocorrer ocupações ilegítimas de terrenos da União; daí a necessidade de sua regularização, o que ficou expresso na justificativa que acompanhou o Decreto-lei nº 9.760/46.

Messias Junqueira,[24] autor do anteprojeto de que resultou o Decreto-lei nº 9.760, justificou a medida nos seguintes termos: "Não totalmente despidas de importância são as regras consolidadas pelo anteprojeto, relativas à demarcação dos terrenos de marinha e das terras interiores, em que se procurou aliar às antigas normas vigentes um punhado de preceitos novos que a experiência da repartição competente aconselhou, o que certamente contribuirá para o aperfeiçoamento do serviço com o consequente prestígio da administração pública. Estão neste caso também as regras adotadas pelo projeto, no que diz com a *regularização da ocupação de bens imóveis nacionais*, aceitando a realidade em que se colocaram os intrusos, possibilitando-lhes *a passagem de um estado de fato ilegal para um estado de direito absolutamente regular*, o que é, sem força nenhuma de expressão, um objetivo de profundo e incalculável alcance."

Assim é que o Decreto-lei nº 9.760/46, além de dar o rol dos bens imóveis da União, definiu terrenos de marinha, terrenos acrescidos aos de marinha, terrenos reservados e terras devolutas; estabeleceu normas sobre o processo de discriminação de terras devolutas (fase administrativa e judicial); dispôs sobre regularização da ocupação de imóveis presumidamente de domínio da União; tratou da utilização dos bens imóveis da União (mediante locação, arrendamento, enfiteuse e cessão); disciplinou a legitimação de posse bem como a justificação de posse de terras devolutas.

Note-se que, com a definição de terras devolutas, constante do artigo 5º, e com a previsão do usucapião *pro labore*, que vinha já desde a Constituição de 1934, houve uma ampliação do rol de terras particulares, com a consequente redução das terras devolutas, já que, pelo usucapião, muitas ocupações que ocorriam sem título legítimo transformaram-se em propriedades privadas. E a aquisição por usucapião teve até alcance maior do que a prevista na Constituição, pois o Decreto-lei, mantendo o conceito residual de terras devolutas, pôde excluir do seu rol as terras adquiridas por força de sentença declaratória, nos termos do artigo 148 da Constituição e as que "se acharem em posse pacífica e ininterrupta, por 30 anos, independentemente de justo título e boa-fé". Instituiu, na realidade, uma espécie de usucapião extraordinário de terras públicas.

---

[24] In *RDA* 6/361.

Pelo artigo 5º do Decreto-lei, "são devolutas, na faixa da fronteira, nos Territórios Federais e no Distrito Federal, as terras que, não sendo próprias nem aplicadas a algum uso público federal, estadual ou municipal, não se incorporaram ao domínio privado:

a) por força da Lei nº 601, de 18.9.1850, Decreto nº 1.318, de 30.1.1854, e outras leis e decretos gerais, federais e estaduais;

b) em virtude de alienação, concessão ou reconhecimento por parte da União ou dos Estados;

c) em virtude de lei ou concessão emanada de governo estrangeiro e ratificada ou reconhecida, expressa ou implicitamente, pelo Brasil, em tratado ou convenção de limites;

d) em virtude de sentença judicial com força de coisa julgada;

e) por se acharem em posse contínua e incontestada com justo título e boa-fé, por tempo superior a 20 anos;

f) por se acharem em posse pacífica e ininterrupta, por 30 anos;

g) por força de sentença declaratória nos termos do artigo 148 da Constituição Federal, de 10.11.1937".

Por sua vez, o Estatuto da Terra (Lei nº 4.504, de 1964) disciplinou o usucapião *pro labore* e a legitimação de posse,[25] ambos como forma de transferência do domínio de terras públicas para o particular.

A Constituição de 1967 não mais previu o *usucapião pro labore*. Vale dizer que ela não proibiu nem impediu que ele continuasse a ocorrer nos termos da legislação ordinária. Contudo, o artigo 164 previu a *legitimação de posse* (em substituição ao usucapião *pro labore*). Esse dispositivo estabelecia que "a lei federal disporá sobre as condições de legitimação de posse e de preferência para aquisição, até cem hectares, de terras públicas por aqueles que as tornarem produtivas com o seu trabalho e o de sua família". Para disciplinar o instituto, foi promulgada a Lei nº 6.383, de 7.12.76, ainda em vigor.

---

[25] Quanto ao *usucapião*, o artigo 98 determinava que "todo aquele que, não sendo proprietário rural nem urbano e ocupar por 10 anos ininterruptos, sem oposição nem reconhecimento do domínio alheio, tornando-o produtivo por seu trabalho, e tendo nele sua morada, trecho de terra com área caracterizada como suficiente para, por seu cultivo direto pelo lavrador e sua família, garantir-lhes a subsistência, o progresso social e econômico, nas dimensões fixadas por esta Lei, para o módulo da propriedade, adquirir-lhe-á o domínio, mediante sentença declaratória devidamente transcrita". Quanto à *legitimação de posse,* o artigo 99 determinava que "a transferência do domínio ao posseiro de terras devolutas federais efetivar-se-á no competente processo administrativo de legitimação de posse, cujos atos e termos obedecerão às normas do Regulamento da presente lei". Pelo artigo 102, "os direitos dos legítimos possuidores de terras devolutas federais estão condicionados ao implemento dos requisitos absolutamente indispensáveis da cultura efetiva e da morada habitual".

A Constituição de 1988 não previu a legitimação de posse, mas também não a proibiu. No entanto, proibiu o usucapião de imóveis, seja na zona urbana (art. 183, § 3º), seja na zona rural (art. 191, parágrafo único).

Com relação à área urbana, a Constituição prevê o usucapião de terras particulares (art. 183, *caput*). No § 1º desse dispositivo estabelece que "o título de domínio e a concessão de uso serão conferidos ao homem ou à mulher, ou a ambos, independentemente do estado civil". Com base nesse parágrafo, foi promulgada a Medida Provisória 2.220, de 4.9.01, que, entre outras medidas, dispõe sobre a concessão de uso especial de que trata o § 1º do artigo 183 da Constituição. Trata-se da *concessão de uso especial para fins de moradia*, que também regulariza a situação de posse em áreas urbanas, em benefício de pessoas que as utilizem para fins de moradia. Essa lei é de âmbito nacional, já que regulamenta dispositivo constitucional.

Ainda na vigência da Constituição de 1988 foi promulgada a Lei nº 9.636, de 15.5.98, que "dispõe sobre a regularização, administração, aforamento e alienação de bens imóveis do domínio da União, altera dispositivos dos Decretos-leis 9.760, de 5.9.46, e 2.398, de 21.12.87, regulamenta o § 2º do artigo 49 do Ato das Disposições Constitucionais Transitórias, e dá outras providências". Nessa lei também se encontram normas que têm por objetivo regularizar a situação dos meros ocupantes de terras da União.

Finalmente, a Lei nº 11.481, de 31.5.07, dentre outras medidas, introduz alterações no Decreto-lei nº 9.760/46 e na Lei nº 9.636/98 e prevê medidas voltadas à *regularização fundiária de interesse social em imóveis da União*.

Pela legislação citada, verifica-se que, excluído o usucapião, proibido pela Constituição, três são basicamente os institutos pelos quais é possível, na esfera federal, a regularização de posses ilegítimas: a regularização de *ocupações ilegítimas*, a *legitimação de posse* e a *concessão de uso especial para fins de moradia*.

7.3.6.2 Ocupação

A ocupação de bens imóveis da União foi disciplinada pelo Decreto-lei nº 9.760 (arts. 127 a 133), com o objetivo de regularizar a situação de particulares que se encontravam ilegalmente em sua posse. As normas desse Decreto-lei foram parcialmente alteradas e complementadas pela Lei nº 9.636/98 e pela Lei nº 11.481/07. No Decreto-lei, a ocupação é tratada sob títulos diversos. No primeiro (arts. 61 a 63), sob o título de "*regularização de ocupação de imóveis presumidamente de domínio da União*". No segundo (arts. 127 a 133), sob o título "*da ocupação*".[26] Na Lei nº 9.636, a ocupação é disciplinada logo no Capítulo I, concernente à

---

[26] Os artigos 129, 130 e 133 foram revogados pela Lei nº 9.636/98.

regularização e utilização ordenada. E na Lei nº 11.471/07, o objetivo foi o de introduzir alterações na legislação anterior para possibilitar a *regularização fundiária de interesse social*.

No primeiro título citado, do Decreto-lei nº 9.760/46, a ocupação é tratada como *esbulho*. Em pelo menos dois dispositivos o Decreto-lei fala em imóvel esbulhado: no artigo 63, *caput*, e em seu § 1º. O objetivo do legislador é o de regularizar a ocupação ou, não sendo possível, providenciar a recuperação da posse pela União.

O procedimento consiste em convocar os ocupantes por meio de edital e dar-lhes um prazo para apresentar documentação que comprove os seus direitos sobre o imóvel. Se os documentos não forem exibidos, o Serviço de Patrimônio da União declarará irregular a situação do ocupante e, imediatamente, providenciará a retomada da posse do imóvel esbulhado. Essa decisão é publicada. A partir de então, "se do processo já não constar a prova do vício manifesto da ocupação anterior, considera-se constituída em má-fé a detenção do imóvel do domínio presumido da União, obrigado o detentor a satisfazer plenamente as composições da lei" (art. 63, § 2º).

No título que trata da "ocupação" (arts. 127 a 132, excluídos os arts. 128 e 129, revogados pela Lei nº 9.636/98), são previstas as seguintes medidas:

   a) exigência de pagamento anual de *taxa de ocupação*;[27]

   b) *inscrição* dos ocupantes, *ex officio* ou à vista de declaração destes, notificando-os para requererem, dentro do prazo de 180 dias, o seu *cadastramento*.

Verifica-se que, na ocupação, não há um ato prévio de outorga do uso do bem. O particular, por sua própria iniciativa, toma posse do mesmo. Diante dessa situação, a União, com o objetivo de regularizar a ocupação e garantir o recebimento da respectiva taxa, faz a inscrição *ex officio* ou mediante declaração dos ocupantes, e notifica-os para que requeiram o seu cadastramento. Expirado o prazo da notificação, sem que o posseiro tenha providenciado o seu cadastramento, a União imitir-se-á sumariamente na posse do imóvel. Como se verá, a inscrição pressupõe o efetivo aproveitamento do terreno pelo ocupante (conforme art. 7º da Lei nº 9.636/98, com a redação dada pela Lei nº 11.471/07).

---

[27] A taxa de ocupação, calculada sobre o valor do domínio pleno do terreno, está disciplinada pelo Decreto-lei nº 2.398, de 21.12.87, correspondendo a 2% para as ocupações cuja inscrição seja requerida até 30.9.88; e 5% para as ocupações cuja inscrição seja requerida ou promovida *ex officio* a partir de 1º.10.88 (art. 1º). Pelo Decreto-lei nº 1.876, de 15.7.81, com a redação dada pela Lei nº 11.471/98, são isentas de taxa de ocupação as pessoas consideradas carentes ou de baixa renda cuja situação econômica não lhes permita pagar esses encargos sem prejuízo do sustento próprio ou de sua família. A situação de carência, que deve ser comprovada a cada quatro anos, ocorre quando o responsável pelo imóvel tiver renda familiar mensal igual ou inferior ao valor correspondente a cinco salários-mínimos (art. 1º).

Em consonância com o artigo 131, a inscrição e o pagamento da taxa de ocupação não importam, em absoluto, no reconhecimento, pela União, de qualquer direito de propriedade do ocupante sobre o terreno ou ao seu aforamento, salvo na hipótese do item 4 do artigo 105, ou seja, salvo na hipótese em que os ocupantes tenham se inscrito até o ano de 1940, e estejam quites com o pagamento das devidas taxas, quanto aos terrenos de marinha e seus acrescidos; nesse caso, têm preferência para o aforamento.

A inscrição do ocupante e respectivo cadastramento têm apenas o condão de regularizar a posse e garantir, para a União, o recebimento da *taxa de ocupação*.[28] Não assegura ao ocupante outro direito que não o de continuar na posse do imóvel e não impede que a União, a qualquer momento, se imita na posse do mesmo, quando dele necessitar, promovendo sumariamente a sua desocupação (conforme art. 132), observados os prazos fixados no § 3º do artigo 89. É, portanto, o mesmo prazo previsto para a rescisão do contrato de locação: 90 dias, quando o imóvel esteja situado na zona urbana, e 180 dias, quando em zona rural. Na hipótese de retomada do imóvel pela União, o ocupante tem direito à indenização pelas benfeitorias, desde que a ocupação seja tida como de boa-fé pelo Serviço de Patrimônio da União. É a esse órgão que cabe arbitrar o valor da indenização.

Evidentemente, esse valor não pode ser irrisório, devendo corresponder ao valor de mercado do bem, pois, de outro modo, ocorreria enriquecimento ilícito por parte da União, além de poder caracterizar hipótese de confisco, inaceitável no ordenamento jurídico brasileiro.

Na Lei nº 9.636/98, o artigo 1º autoriza o Poder Executivo a, por intermédio da Secretaria do Patrimônio da União do Ministério do Planejamento, "executar ações de identificação, demarcação, cadastramento, registro e fiscalização dos bens imóveis da União, bem como a regularização das ocupações nesses imóveis, inclusive de assentamentos informais de baixa renda, podendo, para tanto, firmar convênios com os Estados, Distrito Federal e Municípios, em cujos territórios se localizem e, observados os procedimentos licitatórios previstos em lei, celebrar contratos com a iniciativa privada".

A regularização é feita em várias fases, que permitem falar na observância de determinado procedimento:

    a) na primeira, é feita a *identificação* e *demarcação* do imóvel;

    b) concluídas a identificação e a demarcação, os respectivos termos serão *lavrados em livro próprio*, com força de escritura pública e *registrados*

---

[28] Embora o Decreto-lei fale em *taxa de ocupação*, é evidente que não se trata da taxa prevista, como modalidade de tributo, no artigo 145, II, da Constituição, já que a ocupação não se enquadra em qualquer dos tipos de fatos geradores previstos no dispositivo constitucional. Trata-se de preço público, pelas razões expostas no item 2.9 deste livro.

no Registro de Imóveis competente; com isso, o bem *incorpora-se ao patrimônio da União* (art. 2º);[29]

c) a seguir é feito o *cadastramento do imóvel* (art. 6º);

d) finalmente, se o bem estiver sendo ocupado, será feita a *regularização da ocupação*, por meio de sua *inscrição* e respectivo *cadastramento*, que se formalizam por meio de processo administrativo específico para esse fim; o ocupante inscrito e cadastrado fica responsável pelo pagamento da taxa de ocupação, inclusive sobre o período anterior à inscrição.

A Lei nº 11.481/07 introduziu várias alterações na legislação anterior, com o objetivo de dar tratamento especial à *regularização fundiária de interesse social*, que beneficia ocupante que seja considerado carente ou de baixa renda.[30] Dentre as medidas previstas, as principais são:

a) no caso de cadastramento de ocupações para fins de moradia cujo ocupante seja considerado carente ou de baixa renda, a União poderá proceder à regularização fundiária da área, utilizando, entre outros, os instrumentos previstos nos artigos 18 (cessão de uso), 19, VI (cessão gratuita de direitos enfitêuticos relativos a frações de terrenos cedidos), 22-A (concessão de uso especial para fins de moradia) ou 31 (doação) da Lei nº 9.636/98;

b) isenção de pagamento de foros, taxas de ocupação e laudêmio, quando o pagamento não possa ser feito sem prejuízo para o sustento próprio do ocupante e de sua família (art. 1º do Decreto-lei nº 1.876/81, alterado pela Lei nº 11.471/07);

c) isenção do recolhimento de custas e emolumentos no primeiro registro de direito real constituído em favor de beneficiário de regularização fundiária de interesse social em áreas urbanas e em áreas rurais de agricultura familiar; e também na primeira averbação de construção residencial de até 70 metros quadrados de edificação em áreas urbanas objeto de regularização fundiária de interesse social (art. 290-A da Lei nº 6.015, de 31.12.73).

---

[29] Se a identificação e demarcação forem feitas por Estados, Distrito Federal ou Municípios, estes farão jus a parte das receitas provenientes da arrecadação anual das taxas de ocupação e foros propiciadas pelos trabalhos que tenham executado, bem como às provenientes da venda do domínio útil ou pleno dos lotes resultantes dos projetos urbanísticos por eles executados (art. 4º); a participação dos Estados e Municípios será realizada mediante repasse de recursos financeiros (§ 4º do art. 4º).

[30] Sobre conceito de carência e baixa renda, v. nota 21 deste capítulo.

A *inscrição* é definida no artigo 7º da Lei nº 9.636/98[31] como o "ato administrativo precário, resolúvel a qualquer tempo, que pressupõe o efetivo aproveitamento do terreno pelo ocupante, nos termos do regulamento, outorgada pela administração depois de analisada a conveniência e oportunidade e gera obrigação de pagamento anual da taxa de ocupação".

É em tudo semelhante à autorização de uso: ato administrativo unilateral, discricionário e precário, pelo qual se consente no uso privativo de bem público, para fins de interesse privado do usuário. Apenas a denominação é diversa.

Floriano de Azevedo Marques Neto[32] entende que, apesar do conceito legal, "a inscrição de ocupação se aproxima de uma concessão administrativa de uso voltada para regularizar a posse de bens dominicais da União" e que "a inscrição, afora o seu caráter precário e resolúvel, deverá ter um prazo". Discordamos de ambas as afirmações. A concessão de uso, como visto no item 5.2, tem natureza contratual e é firmada com prazo estabelecido, razão pela qual confere maior estabilidade ao usuário; por isso mesmo, a Constituição, no artigo 188, § 1º, exige autorização do Congresso Nacional para a concessão de terras públicas com área superior a 2.500 hectares. É exatamente essa estabilidade própria da concessão que o legislador quis evitar ao prever a inscrição das ocupações como atos precários, sem prazo definido, até porque a fixação de prazo investiria o ocupante no direito a indenização em caso de retomada extemporânea. A inscrição da ocupação tem, repita-se, o objetivo único de regularizar a ocupação e obrigar o ocupante ao pagamento da taxa de ocupação. De resto, se o imóvel é utilizado para fins de aproveitamento econômico, como requisito da inscrição da ocupação, o instituto adequado, pela legislação federal, seria o arrendamento e não a concessão de uso.

Por essa razão, está correto o conceito legal da inscrição como ato precário. Ele aproxima-se da *autorização de uso*, não só pelo traço da precariedade, mas também pelo fato de a utilização ser consentida no interesse do próprio ocupante.

7.3.6.3 Licença de ocupação para legitimação de posse

A legitimação de posse é analisada dentro do tema do uso privativo de bens imóveis da União, já que está tratada em legislação federal. No entanto, os Estados também podem se utilizar desse instituto, como se verá adiante, já que também são titulares de terras devolutas. Nos Estados em que uma parte das terras devolutas

---

[31] Redação dada pela Lei nº 11.481/07.
[32] *Bens públicos: função social e exploração econômica. O regime jurídico das utilidades públicas*, 2009, p. 370.

foi transferida para os Municípios, estes também podem utilizar a legitimação de posse.[33]

A legitimação de posse foi prevista, pela primeira vez, na Lei de Terras (Lei nº 601, de 1850), cujo artigo 5º estabelecia que seriam legitimadas as posses mansas e pacíficas, adquiridas por ocupação primária ou havidas do primeiro ocupante, que se achassem cultivadas, ou com princípio de cultura efetiva, morada habitual do respectivo posseiro, ou de quem o representasse.

Embora se fale em legitimação de *posse*, o instituto nasceu como forma de transferência de domínio, pois transforma uma situação de fato – a posse – em situação de direito – domínio.

A legitimação de posse é, em regra, precedida de um processo de discriminação de terras devolutas, cujo objetivo é separar as terras públicas das terras particulares; concluído o processo, os posseiros que não tenham título legítimo de domínio, mas que preencham os requisitos para a legitimação (morada e cultivo da terra), recebem o título de domínio do poder público.

Como diz Messias Junqueira,[34] "o processo administrativo de legitimação de posse constitui a verdadeira finalidade a que visa o poder público, ao exercitar a atividade discriminatória de terras devolutas. Ao propor uma ação de discriminação de terras, o poder público não está animado de espírito privatista de adquirente de terras. O Estado não propõe discriminação de terras devolutas para enriquecer o seu próprio patrimônio, mas principalmente para regularizar a situação dos posseiros aí localizados. Somente as terras devolutas vagas, desocupadas, desqueridas ou ilegalmente ocupadas é que serão incorporadas ao patrimônio público para serem aplicadas nas diversas finalidades de interesse social".

A legitimação de posse está hoje disciplinada pelo artigo 29 da Lei nº 6.383, de 17.12.76 (alterada pela Lei nº 11.952/09), em cumprimento ao artigo 164 da Constituição de 1967.

Note-se que as Constituições de 1934 (art. 125), 1937 (art. 148) e 1946 (art. 156, § 3º) previam o chamado usucapião *pro labore*, assegurando a todo aquele que, não sendo proprietário rural nem urbano, ocupasse, por 10 anos ininterruptos, sem oposição nem reconhecimento de domínio alheio, trecho de terra não superior a 25

---

[33] No Estado de São Paulo, a Lei de Organização Municipal nº 16, de 13.11.1891 concedeu às municipalidades, para a formação das cidades, vilas e povoados, "as terras devolutas adjacentes às povoações de mais de mil almas em raio de círculo de seis quilômetros a partir da praça central". Posteriormente, o Decreto nº 14.916, de 6.8.45, aumentou esse raio para 12 km no Município da Capital e 8 km nos demais. Pelo Decreto-lei Complementar nº 9, de 31.12.69, do Estado de São Paulo (Lei Orgânica dos Municípios), acrescentou-se ao patrimônio municipal a porção de terras devolutas situadas no raio de 6 km dos seus distritos (art. 60, parágrafo único).

[34] *As terras públicas no Estatuto da Terra*, 1966, p. 32.

hectares, tornando-o produtivo por seu trabalho e de sua família e tendo nela sua morada, o direito de adquirir-lhe a propriedade, mediante sentença declaratória devidamente transcrita.

A Constituição de 1967 não mais contemplou essa modalidade de usucapião, porém valorizou ainda o trabalho produtivo do homem no campo, permitindo que *lei federal* estabelecesse as condições de *legitimação de posse* e de *preferência para aquisição*, até 100 hectares, de terras públicas por aqueles que as tornassem produtivas com o seu trabalho e o de sua família (art. 171, *caput*, da Emenda Constitucional nº 1/69).

A Constituição de 1988 expressamente proibiu o usucapião de imóveis públicos, seja na zona urbana (art. 183, § 3º), seja na zona rural (art. 191, parágrafo único).

No entanto, continuou a vigorar a legislação que disciplinava a legitimação de posse na vigência da Constituição de 1967, a saber, a Lei nº 6.383, de 7.12.76. Apenas o instituto deixou de ser previsto na Constituição atual, que não contém qualquer norma que proíba a legitimação de posse. Por outras palavras, a legislação anterior foi recepcionada pela Constituição de 1988.

A Lei nº 6.383/76 dispõe sobre o Processo Discriminatório de Terras Devolutas da União[35] e, no artigo 29, trata da legitimação de posse, não como forma de transferência de domínio, mas como licença de ocupação que dá direito, após quatro anos, à preferência para aquisição. De acordo com seu artigo 29, o ocupante de terras públicas, que as tenha tornado produtivas com o seu trabalho e o de sua família, fará jus à *legitimação da posse* de área contínua até 100 hectares, desde que: (a) não seja proprietário de imóvel rural; e (b) comprove a morada permanente e cultura efetiva, pelo prazo mínimo de um ano.

A legitimação de posse, conforme determina o § 1º do artigo 29, consiste no fornecimento de uma *licença de ocupação*, pelo prazo mínimo de mais quatro anos, findo o qual o ocupante terá preferência para aquisição do lote, pelo valor histórico da terra nua, satisfeitos os requisitos de morada permanente e cultura efetiva e comprovada a sua capacidade para desenvolver a área ocupada.

---

[35] Rigorosamente, essa lei deveria ser de âmbito nacional , já que disciplina dispositivo da Constituição Federal. No entanto, não foi o que ocorreu. Já na Ementa e no artigo 1º consta que a lei dispõe sobre o processo discriminatório de terras devolutas da União. E o artigo 27 determina que o processo de discriminação por ela estabelecido aplicar-se-á, no que couber, às terras devolutas estaduais, observado o seguinte: I – na instância administrativa, por intermédio de órgão estadual específico, ou através do INCRA, mediante convênio; II – na instância judicial, na conformidade do que dispuser a Lei de Organização Judiciária local. Em consequência, a legislação estadual não restou revogada pela Lei nº 6.383/76. No Estado de São Paulo, a legitimação de posse está disciplinada pela Lei nº 3.962 de 24.7.57, Decreto-lei nº 14.916, de 6.8.45, e Decreto nº 43.116, de 3.3.64.

A transferência do domínio processa-se em duas fases: na primeira, é outorgada a *licença de ocupação*, que se constitui em modalidade de utilização privativa de bem público dominical, revestindo-se das seguintes características:

a) o ocupante é titular de direito subjetivo de natureza pública à posse do imóvel pelo prazo mínimo de quatro anos;

b) findo esse prazo, o ocupante adquire o direito à preferência para aquisição de imóvel pelo valor histórico, desde que comprove *morada permanente, cultura efetiva* e *capacidade para desenvolver a área ocupada*;

c) a licença é intransferível *inter vivos* e inegociável, não podendo ser objeto de penhora e arresto (§ 3º do art. 29);

d) a licença pode ser cancelada, a qualquer momento, por motivo de necessidade ou utilidade pública, imitindo-se a União na posse do imóvel e promovendo, sumariamente, a sua desocupação no prazo de 180 dias, hipótese em que deverá indenizar o ocupante pelas benfeitorias existentes e proporcionar-lhe instalação em outra gleba de terra da União, computados os prazos de morada habitual e cultura efetiva da antiga ocupação (art. 31);

e) a licença dará acesso aos financiamentos concedidos pelas instituições financeiras integrantes do Sistema Nacional de Crédito Rural, sendo as obrigações assumidas pelo ocupante garantidas pelo INCRA; em caso de inadimplência, esse Instituto cancelará a licença de ocupação e alienará o imóvel para ressarcir-se do que houver assegurado (art. 30).

O título de legitimação de posse, denominado, pela lei, de *licença de ocupação*, recebeu, nesse caso, correta denominação, uma vez que o Poder Público fica obrigado a emiti-lo quando o ocupante comprove os requisitos exigidos pelo artigo 29. Comprovados esses requisitos, o ocupante tem direito subjetivo à legitimação de posse, podendo exigir a expedição da licença de ocupação. A Lei nº 8.666, de 21.6.93, no artigo 17, I, *g* (acrescentada pela Lei nº 11.196/05) prevê a dispensa de licitação para a legitimação de posse de que trata o artigo 29 da Lei nº 6.383/76; o dispositivo seria desnecessário porque se trata de incontestável hipótese de inviabilidade de competição, uma vez que a legitimação de posse só pode ser feita em benefício do ocupante que preencha os requisitos legais (morada e cultivo da terra).

Embora o artigo 31 da Lei nº 6.383 preveja a possibilidade de cancelamento por motivo de interesse público, não se pode considerar como precária a utilização assim exercida; o ocupante, uma vez obtido a licença, passa a ser titular de direito subjetivo de natureza pública; o uso privativo que exerce sobre o imóvel caracteriza uma situação de posse legítima para fins de proteção pelos interditos possessórios e, se não tem efeitos *ad usucapionem*, confere a seu titular preferência para aquisição do imóvel depois de transcorrido o tempo estabelecido.

7.3.6.4 Regularização de ocupações na Amazônia Legal

A Lei nº 11.952, de 25.6.09, dispõe sobre a regularização fundiária das ocupações incidentes em terras situadas em áreas da União, no âmbito da Amazônia Legal,[36] mediante alienação e concessão de direito real de uso (art. 1º).

O artigo 2º, VIII, define a concessão de direito real de uso como a "cessão de direito real de uso, onerosa ou gratuita, por tempo certo ou indeterminado, para fins específicos de regularização fundiária". Não foge às características do instituto analisadas no item 7.4, a não ser quanto ao objetivo, que é restrito à regularização de ocupações na Amazônia Legal.

O mesmo dispositivo, no inciso IX, define a alienação, para os fins da lei, como "doação ou venda, direta ou mediante licitação, nos termos da Lei nº 8.666, de 21.6.93, do domínio pleno das terras previstas no artigo 1º".

O artigo 3º indica as áreas passíveis de regularização, todas elas registradas em nome da União ou do Instituto Nacional de Colonização e Reforma Agrária – Incra. O artigo 4º exclui da regularização as ocupações que recaiam sobre áreas: I – reservadas à administração militar federal e a outras finalidades de utilidade pública ou de interesse social a cargo da União; II – tradicionalmente ocupadas por população indígena; III – de florestas públicas, nos termos da Lei nº 11.284, de 2.3.08, de unidades de conservação ou que sejam objeto de processo administrativo voltado à criação de unidades de conservação, conforme regulamento; e IV – que contenham acessões ou benfeitorias federais.

A regularização de ocupações na Amazônia Legal pode ser feita em área rural ou urbana.

Com relação à **área rural**, a intenção do legislador aproxima-se daquela que inspirou o usucapião *pro labore* na vigência das Constituições de 1934, 1937 e 1946: beneficiar o ocupante que cultive a terra com o seu trabalho e o de sua família. É o que decorre do artigo 5º da Lei, que indica os requisitos a serem atendidos pelo ocupante e seu cônjuge ou companheiro: I – ser brasileiro nato ou naturalizado; II – não ser proprietário de imóvel rural em qualquer parte do território nacional; III – praticar cultura efetiva; IV – comprovar o exercício de ocupação e exploração direta, mansa e pacífica, por si ou por seus antecessores, anterior a 1º de dezembro de 2004; e V – não ter sido beneficiado por programa de reforma agrária ou de regularização fundiária de área rural, ressalvadas as situações admitidas pelo Ministério do Desenvolvimento Agrário.

---

[36] A Amazônia Legal compreende a totalidade dos Estados do Acre, Amapá, Amazonas, Mato Grosso, Pará, Rondônia, Roraima, Tocantins, e parte do Maranhão, abrangendo uma área de aproximadamente 5.217.423 km², correspondente a cerca de 61% do território brasileiro.

A regularização fundiária, na zona rural, somente abrange as áreas de até 15 módulos fiscais e não superiores a 1.500 ha, observada a fração mínima de parcelamento (art. 6º, § 1º); quando se tratar de áreas inferiores a essa fração mínima, seus ocupantes terão preferência na implantação de novos projetos de reforma agrária na Amazônia Legal (art. 6º, § 5º).

Será utilizada a *alienação* (sob a forma de venda ou doação), como regra geral, para fins de regularização fundiária da ocupação; e será utilizada a *concessão de direito real de uso* quando se tratar de áreas ocupadas que abranjam parte ou a totalidade de terrenos de marinha, terrenos marginais ou reservados, seus acrescidos ou outras áreas insuscetíveis de alienação nos termos do artigo 20 da Constituição Federal (art. 4º, § 1º). Nessas hipóteses, a lei deu preferência à concessão de direito real de uso, com o evidente intuito de manter o domínio do imóvel no patrimônio da União. Inclusive nos casos de terrenos de marinha e seus acrescidos, deu preferência a esse instituto e não à enfiteuse, que normalmente é o instrumento utilizado nos terrenos de marinha e seus acrescidos. Isto porque o objetivo é o de limitar o direito de uso para o fim específico de regularização fundiária e prever cláusula resolutiva nos termos do artigo 15.

Tanto a alienação como a concessão de direito real de uso serão gratuitas e sem licitação, quando se tratar de ocupação de área contínua de até um módulo fiscal; nesse caso, o registro será realizado de ofício pelo Registro de Imóveis competente, independentemente de custas e emolumentos (art. 11, *caput* e parágrafo único). Se a área ocupada for superior a um módulo fiscal, a alienação será onerosa, dispensada a licitação, devendo ser observado o limite de 1.500 ha; nesse caso, a remuneração será paga em prestações amortizáveis em até 20 anos, com carência de até 3 anos (art. 17). Se a área ultrapassar o limite de 1.500 ha, a regularização poderá ser parcial, sob a condição de desocupação da área excedente (art. 14).

A lei, no artigo 15, impõe a previsão, no título de domínio ou de concessão de direito real de uso, de "*cláusulas sob condição resolutiva*" pelo prazo de dez anos; tais cláusulas contêm exigências muito semelhantes às previstas no artigo 186 da Constituição para garantir a função social da propriedade rural, a saber: I – aproveitamento racional e adequado da área; II – averbação da reserva legal, incluída a possibilidade de compensação na forma da legislação ambiental; III – identificação das áreas de preservação permanente e, quando couber, o compromisso para sua recuperação na forma da legislação vigente; IV – a observância das disposições que regulam as relações de trabalho; e V – as condições e forma de pagamento.

Se em processo administrativo em que sejam assegurados a ampla defesa e o contraditório for constatado que houve desmatamento irregular em áreas de preservação permanente ou de reserva legal durante a vigência das cláusulas resolutivas, será rescindido o título de domínio ou termo de concessão, com a consequente reversão da área em favor da União (art. 15, § 2º). Além disso, a mesma solução é adotada no caso de descumprimento das condições resolutivas, também mediante observância do direito de defesa e do contraditório (art. 18). Nessas hipóteses de rescisão, as benfeitorias úteis e necessárias feitas pelo beneficiário, desde que realizadas com observância da lei, serão indenizadas. Passados os 10 anos, as condições resolutivas previstas no artigo 15 serão liberadas após vistoria. Esse prazo é maior quando o pagamento ultrapassar esse período, hipótese em que a liberação só ocorrerá após a integral quitação.

Os títulos de domínio ou de concessão são passíveis de transferência *inter vivos*, observadas as seguintes condições: se a área tiver até quatro módulos fiscais, eles são intransferíveis e inegociáveis por ato *inter vivos* pelo prazo de 10 anos (art. 15, § 3º); se a área for superior a quatro módulos fiscais, os títulos podem ser transferidos a terceiro que preencha os requisitos previstos em regulamento, desde que o beneficiário esteja cumprindo as cláusulas resolutivas durante três anos da titulação (art. 15, § 4º).

Embora a lei silencie quanto à transmissão *mortis causa*, presume-se que ela é possível, já que não é previsto qualquer tipo de restrição. Além disso, quando se trata de regularização fundiária mediante alienação, o beneficiário torna-se titular do domínio e, portanto, de todos os direitos a ele inerentes; as restrições são apenas aquelas expressas na lei, especialmente quanto às cláusulas resolutivas, as quais acompanham o novo proprietário e o sujeitam à rescisão em caso de descumprimento. Falecendo o beneficiário, o domínio passa a seus herdeiros, pela ordem de vocação hereditária, nos termos da legislação civil. Quando a regularização é feita mediante concessão de direito real de uso, também é possível a transmissão *causa mortis*, já que, em se tratando de direito real, acompanha a coisa nas mãos de quem quer que a detenha. Além disso, essa transmissão é prevista expressamente na lei específica que disciplina a concessão de direito real de uso, como se verá no item subsequente.

Na área urbana, os instrumentos de regularização são os mesmos: alienação e concessão de direito real de uso, incidindo sobre áreas urbanas, de expansão urbana ou de urbanização específica (art. 21).

Só que a regularização envolve dois momentos: um primeiro, em que os beneficiários são os Municípios interessados, e um segundo em que os Municípios fazem a regularização das ocupações, utilizando os instrumentos previstos na lei (alienação ou concessão de direito real de uso).

Com efeito, a União fará doação ou outorgará concessão de direito real de uso (esta última nas mesmas hipóteses estabelecidas no art. 4º, § 1º) aos Municípios interessados, sob as seguintes condições: que pratiquem os atos necessários à regularização das ocupações, nos termos previstos na lei (art. 21, § 1º); que façam o ordenamento urbano abrangendo a área a ser regularizada, com observância das diretrizes estabelecidas no Estatuto da Cidade (Lei nº 10.257, de 10.7.01) e incluindo, no mínimo: (a) delimitação de zonas especiais de interesse social em quantidade compatível com a demanda de habitação ou de interesse social do Município; (b) diretrizes e parâmetros urbanísticos de parcelamento, uso e ocupação do solo urbano; (c) diretrizes para infraestrutura e equipamentos urbanos e comunitários; e (d) diretrizes para proteção do meio ambiente e do patrimônio cultural (art. 22, combinado com art. 2º, VII). Os elementos do ordenamento territorial devem constar de lei municipal específica para a área ou áreas objeto de regularização ou em outra lei municipal, salvo em áreas já consolidadas com ocupações para fins urbanos, hipótese em que a lei municipal não é necessária.

Se a doação ou a concessão de direito real de uso a um mesmo Município abranger terras que venham a perfazer quantitativo superior a 2.500 ha, a medida dependerá de aprovação do Congresso Nacional (art. 27 da lei, que atende à exigência do art. 188, § 1º, da Constituição).

A doação e a concessão de direito real de uso implicarão o automático cancelamento, total ou parcial, das autorizações e licenças de ocupação e quaisquer outros títulos não definitivos outorgados pelos órgãos federais competentes (art. 28). Nesse caso, as pessoas prejudicadas pelo cancelamento terão as seguintes garantias: I – opção de aquisição de lote urbano incidente na área do título cancelado, desde que preencham os requisitos fixados para qualquer das hipóteses do artigo 30 (analisado a seguir); e direito de receberem do Município indenização pelas acessões e benfeitorias que houverem erigido em boa-fé nas áreas de que tiver que se retirar (art. 28, § 3º). A partir de então, as novas pretensões de justificação ou legitimação de posse, existentes sobre as áreas alcançadas pelo cancelamento, deverão ser submetidas ao Município (art. 28, § 1º).

A norma é estranha, porque supõe que as ocupações a serem realizadas estejam ocorrendo em áreas que, pelo menos teoricamente, estariam sendo ocupadas por pessoas beneficiadas com atos de outorga da União (licenças de ocupação ou outros títulos não definitivos). É provável que o legislador federal tenha considerado a hipótese de os beneficiários dessas licenças de ocupação não estarem exercendo o seu direito de uso ou, pelo menos, não o estarem exercendo em sua totalidade, facilitando a ocupação por terceiros; estes serão beneficiados pela regularização a ser efetuada pelo Município.

Feita a doação ou concessão de direito real de uso aos Municípios, a estes incumbirá regularizar as ocupações nas áreas urbanas, de expansão urbana ou de urbanização específica, bem como indenizar as benfeitorias de boa-fé erigidas nas áreas insuscetíveis de regularização (art. 29). Note-se que, da mesma forma que a regularização de ocupações na área rural, a regra, para a área urbana também é que a regularização se faça mediante alienação, somente sendo possível a concessão de direito real de uso na hipótese de que trata o artigo 4º, § 1º, a saber, quando as áreas ocupadas abranjam parte ou a totalidade de terrenos de marinha, terrenos marginais ou reservados, seus acrescidos ou outras áreas insuscetíveis de alienação nos termos do artigo 20 da Constituição Federal (art. 21, § 2º, combinado com art. 30, § 1º, da Lei nº 11.952/09).

Para fins de regularização fundiária dos lotes ocupados, deverão ser observados os requisitos do artigo 30 da Lei, a saber:

I – alienação gratuita a pessoa natural que tenha ingressado na área antes de 11.2.09,[37] atendidas pelo beneficiário as seguintes condições: (a) possua renda familiar mensal inferior a cinco salários-mínimos; (b) ocupe a área de até 1.000 m² (mil metros quadrados) sem oposição, pelo prazo ininterrupto de, no mínimo, um ano, observadas, se houver, as dimensões de lotes fixadas na legislação municipal; (c) utilize o imóvel como única moradia ou como meio lícito de subsistência, exceto locação ou assemelhado; e (d) não seja proprietário ou possuidor de outro imóvel urbano, condição atestada mediante declaração pessoal sujeita a responsabilização nas esferas penal, administrativa e civil;

II – alienação gratuita para órgãos e entidades da administração pública estadual, instalados até 11.2.09;

III – alienação onerosa, precedida de licitação, com direito de preferência àquele que comprove a ocupação, por um ano ininterrupto, sem oposição, até 10.2.09, de área superior a 1.000 m² e inferior a 5.000 m²; e

IV – nas situações não abrangidas pelos incisos I a III, sejam observados na alienação a alínea *f* do inciso I do artigo 17 e as demais disposições da Lei nº 8.666, de 21.6.93.[38]

Na hipótese de que trata o inciso I, o registro da doação ou da concessão de direito real de uso é feito independentemente de custas e emolumentos (art. 30, § 2º).

Fica claro o intuito do legislador de instituir mais um instrumento (ao lado da concessão de uso especial de moradia) de regularização das ocupações de áreas públicas por pessoas de baixa renda; só que a medida alcança os ocupantes de áreas de propriedade da União situadas na Amazônia Legal, devendo, para fins de regularização, ser feita prévia doação ou concessão de direito real de uso ao Município. A medida substitui, com vantagem, o usucapião de bens públicos, proibido, para as áreas urbanas, no artigo 183, § 3º, da Constituição. Os requisitos são até mais benéficos do que os previstos no *caput* da norma constitucional, em

---

[37] Essa é a data em que entrou em vigor a Medida Provisória nº 458, de 10.2.09, que se converteu na Lei nº 11.952, de 25.6.09.

[38] Trata-se de hipótese de licitação dispensada, por se tratar de "*alienação gratuita ou onerosa, aforamento, concessão de direito real de uso, locação ou permissão de uso de bens imóveis residenciais construídos, destinados ou efetivamente utilizados no âmbito de programas habitacionais ou de regularização fundiária de interesse social desenvolvidos por órgãos ou entidades da administração pública*".

que o usucapião de terras particulares na zona urbana exige ocupação por cinco anos ininterruptos e limita-se a uma área de até 250 m². Na hipótese de que trata a Lei nº 11.952/09, a área pode ter até 1.000 m² e basta a ocupação por um ano, devendo ser comprovada a renda familiar mensal inferior a cinco salários-mínimos. Os demais requisitos são semelhantes aos do usucapião *pro labore* previstos nas Constituições de 1934, 1937 e 1946: que o ocupante utilize o imóvel como única morada ou como meio lícito de subsistência (menos a locação); e que não possua outro imóvel urbano.

A lei ainda beneficia os órgãos e entidades da administração pública estadual, instalados na Amazônia Legal até 11.2.09, fazendo presumir que a doação ou concessão de direito real de uso independerá da natureza do título pelo qual se dá a utilização, já que a lei não estabelece qualquer tipo de exigência ou restrição.

Se a área ocupada for superior a 1.000 m², será feita a sua alienação onerosa, mediante licitação, sendo assegurado direito de preferência àquele que comprove a ocupação, por um ano ininterrupto, sem oposição, até 10.2.09.

Se não ocorrer qualquer das hipóteses previstas nos incisos I a III do artigo 30, o Município deverá fazer a alienação onerosa da área, dispensada a licitação, com fundamento no artigo 17, I, *f*, da Lei nº 8.666/93, o que significa que a alienação deverá ser feita necessariamente no âmbito de programas habitacionais ou de regularização fundiária desenvolvidos por órgãos ou entidades da administração pública.

Ao contrário do previsto com relação à regularização de ocupações na área rural, em que o descumprimento das condições resolutivas implica a reversão do bem ao domínio da União, o artigo 31 da Lei (referente à regularização na área urbana) afasta expressamente essa possibilidade no caso de descumprimento dos requisitos previstos nos artigos 29 e 30, limitando-se a prever sanções por improbidade administrativa aos agentes públicos que cometerem desvios na aplicação da lei (art. 31, *caput* e parágrafo único).

7.4 Concessão de direito real de uso

A *concessão de direito real de uso* foi instituída pelos artigos 7º e 8º do Decreto-lei nº 271, de 28.2.67, que dispõe sobre o loteamento urbano, responsabilidade do loteador, concessão de uso do espaço aéreo e dá outras providências. Nos termos do artigo 7º, com a redação dada pela Lei nº 11.481, de 31.5.07, "é instituída a concessão de direito real de uso de terrenos públicos ou particulares remunerada ou gratuita, por tempo certo ou indeterminado, como direito real resolúvel, para fins específicos de regularização fundiária de interesse social, urbanização, industrialização, edificação, cultivo da terra, aproveitamento sustentável das várzeas, preservação das comunidades tradicionais e seus meios de subsistência ou outras modalidades de interesse social em áreas urbanas".

A concessão de direito real de uso não é instituto específico de utilização de bens públicos, podendo ser utilizada também por particulares, como está expresso nos artigos 7º e 8º do referido Decreto-lei. Além disso, não abrange apenas o uso da terra, podendo ter por objeto o uso do *espaço aéreo* sobre a superfície de terrenos públicos ou particulares, nos mesmos termos e para os mesmos fins impostos para a concessão de uso de terras.

Caracteriza-se por ser *direito real*, incluído no rol de direitos reais previsto no artigo 1.225, do Código Civil, em decorrência de alteração introduzida pela Lei nº 11.481, de 31.5.07. Mas é direito real *resolúvel*, já que se extingue, antes do termo, se o concessionário der ao imóvel destinação diversa da estabelecida no contrato ou termo, ou descumprir cláusula resolutória do ajuste, perdendo, neste caso, as benfeitorias de qualquer natureza.

A Lei nº 11.481/07 veio alterar também o artigo 1.473 do Código Civil, incluindo o inciso IX, para permitir que o direito real de uso seja objeto de hipoteca. Nesse caso, a hipoteca fica limitada à duração da concessão, conforme § 2º do mesmo artigo 1.473. Além disso, o artigo 13 daquela Lei veio estabelecer que a concessão de direito real de uso (bem como a concessão de uso especial para fins de moradia) podem ser objeto de garantia real, assegurada sua aceitação pelos agentes financeiros no âmbito do Sistema Financeiro de Habitação. Com isso, ficou superada uma dificuldade que havia na utilização do instituto nos casos em que a construção de benfeitorias exigisse obtenção de recursos financeiros, que só podiam ser alcançados por meio de financiamentos junto a estabelecimentos de crédito, mediante a outorga de garantias.

Além disso, a Lei nº 9.514, de 20.11.97, que dispõe sobre o Sistema Financeiro Imobiliário (SFI) e institui a alienação fiduciária de coisa imóvel, veio permitir que a alienação fiduciária tenha por objeto, além da propriedade plena, algumas modalidades de direitos, dentre eles "o direito real de uso, desde que suscetível de alienação".

No Estatuto da Cidade (Lei nº 10.257, de 10.7.01), a concessão de direito real de uso é prevista, no artigo 4º, V, *g*, entre os institutos jurídicos políticos a serem utilizados como instrumentos da política urbana. O § 2º permite que a concessão de direito real de uso seja *contratada coletivamente*, nos casos de programas e projetos habitacionais de interesse social, desenvolvidos por órgãos ou entidades da Administração Pública com atuação específica nessa área.

A concessão de direito real de uso ainda está prevista na Lei nº 11.952, de 25.6.09, como instrumento de regularização fundiária das ocupações incidentes em terras situadas em áreas da União, no âmbito da Amazônia Legal.[39]

A concessão de direito real de uso constitui-se por instrumento público ou particular, ou por simples termo administrativo, inscrito e cancelado em livro especial (art. 7º, § 1º); pode ser remunerada ou gratuita, por tempo certo ou indeterminado; a sua finalidade só pode ser a que vem expressa no artigo 7º, *caput*, já transcrito. Só pode ter por objeto terrenos não edificados; sua concretização depende de autorização legislativa e de concorrência pública; é transferível por ato *inter vivos* ou *mortis causa*.

A Lei nº 8.666, de 21.6.93, no artigo 23, § 3º, exige licitação na modalidade de concorrência para a concessão de direito real de uso. Porém, no artigo 17, I, *f*,[40] dispensa de licitação, dentre outras hipóteses, a concessão de direito real de uso de "bens imóveis residenciais construídos, destinados ou efetivamente utilizados no âmbito de programas habitacionais ou de regularização fundiária de interesse social desenvolvidos por órgãos ou entidades da administração pública".

Eurico Azevedo[41] aponta as distinções entre a concessão de uso e a concessão de direito real de uso, dizendo que a primeira é contrato administrativo pelo qual o Poder Público cede ao particular a utilização de um bem do seu domínio para que ele se sirva de acordo com o fim a que está destinado e no interesse público; pode ter por objeto qualquer tipo de bem público. A concessão de direito real só pode ter por objeto os terrenos não edificados, tem a natureza de direito real sobre coisa alheia e se transfere por ato *inter vivos* ou por sucessão legítima ou testamentária. Seu objetivo é o de transpassar para terceiros o uso do terreno, para qualquer fim de interesse social, conservando o concedente a propriedade do solo.

Lembra ele ainda que o instituto permite que "o Poder Público exerça efetivo controle do uso do solo, impedindo que os terrenos por ele alienados para determinado fim, sejam posteriormente desviados para outras finalidades".

José Osório de Azevedo Júnior[42] realça a semelhança da concessão de direito real de uso com o direito de superfície, dizendo que "na realidade se trata do próprio direito de superfície apenas modernizado". Porém reconhece que ambos não se confundem de todo porque: "a concessão de uso é, por sua própria natureza, resolúvel enquanto o direito de superfície é, em geral, perpétuo ou, pelo menos, de prazo longo e não se extingue pelo não uso – a finalidade social está presente

---

[39] Sobre o tema, v. item 7.3.5.4.
[40] Redação dada pela Lei nº 11.481, de 31.5.07.
[41] In *Boletim da Procuradoria Geral do Estado*, v. 6, n. 2, p. 57-58.
[42] Considerações sobre a nova lei de loteamentos, in *Biblioteca dos Municípios*, v. I, p. 62.

em toda a caracterização da concessão de uso enquanto no direito de superfície predomina a defesa do interesse particular".

7.5 Concessão de uso especial para fins de moradia

7.5.1 Fundamento constitucional

A concessão de uso especial para fins de moradia, prevista no artigo 4º, V, da Lei nº 10.257, de 10.7.01 (Estatuto da Cidade), está disciplinada pela Medida Provisória nº 2.220, de 4.9.01, que "dispõe sobre a concessão de uso especial de que trata o § 1º do art. 183 da Constituição, cria o Conselho Nacional de Desenvolvimento Urbano – CNPU e dá outras providências".

O dispositivo da Constituição assim estabelece:

> "Art. 183. Aquele que possuir como sua área urbana de até duzentos e cinquenta metros quadrados, por cinco anos, ininterruptamente e sem oposição, utilizando-a para sua moradia ou de sua família, adquirir-lhe-á o domínio, desde que não seja proprietário de outro imóvel urbano ou rural.
>
> § 1º O título de domínio e a concessão de uso serão conferidos ao homem ou à mulher, ou a ambos, independentemente do estado civil.
>
> § 2º Esse direito não será reconhecido ao mesmo possuidor mais de uma vez.
>
> § 3º Os imóveis públicos não serão adquiridos por usucapião."

Evidentemente, o dispositivo está mal colocado na Constituição. Não poderia estar inserido no artigo 183, que trata de modalidade especial de usucapião na área urbana, que ocorre em apenas cinco anos ininterruptos, desde que utilizada pelo possuidor para sua moradia ou de sua família; ele incide sobre terras particulares e não sobre terras públicas, já que o § 3º do mesmo dispositivo proíbe o usucapião de imóveis públicos; além disso, o usucapião acarreta a transferência do domínio e não a simples concessão de uso.

O § 1º refere-se à alienação ou concessão de uso de terras públicas, pois não teria sentido admitir que, no *caput*, estivesse prevista a transferência de domínio pelo usucapião, e, no parágrafo, a possibilidade de mera concessão. Note-se que esse parágrafo encontra paralelo no artigo 188, § 1º, que contém norma semelhante, só que aplicável às terras devolutas situadas na zona rural.

Conforme entendimento adotado em trabalho anterior sobre o tema,[43] o dispositivo constitucional exige um certo esforço de interpretação, para concluir que o constituinte quis distinguir duas hipóteses:

a) em relação a imóveis privados, aplica-se o usucapião previsto no *caput*, com a outorga do *título de domínio*, já que o dispositivo prevê expressamente a aquisição do domínio como direito do possuidor que preencher os requisitos legais;

b) em relação a imóveis públicos, aplica-se a alienação ou a concessão de uso.

7.5.2 Competência para legislar

O artigo 183 está inserido no capítulo da Constituição pertinente à *política urbana*. Nos termos do artigo 182, *caput*, "a política de desenvolvimento urbano, executada pelo Poder Público Municipal, conforme diretrizes gerais fixadas em lei, tem por objetivo ordenar o pleno desenvolvimento das funções sociais da cidade e garantir o bem-estar de seus habitantes".

Pelos termos dessa norma, o Município *executa* a política de desenvolvimento urbano, conforme *diretrizes gerais fixadas em lei*.

Conforme o artigo 24, I, da Constituição, a competência para legislar sobre direito urbanístico é concorrente da União, Estados e Distrito Federal. Tratando-se de competência concorrente, a competência da União limitar-se-á a estabelecer normas gerais (§ 1º), não excluindo a competência suplementar dos Estados (§ 2º). Por sua vez, os Municípios têm competência para suplementar a legislação federal e a estadual no que couber (art. 30, II), para legislar sobre assuntos de interesse local (inciso I) e para promover, no que couber, adequado ordenamento territorial, mediante planejamento e controle do uso, do parcelamento e da ocupação do solo urbano (inciso VIII).

Analisado o assunto sob a perspectiva única do direito urbanístico, poder-se-ia concluir que a matéria pertinente à concessão de uso de imóveis públicos situados na área urbana seria de competência da União para estabelecer as normas gerais, e dos Estados e Municípios para suplementar a legislação federal.

Contudo, não se pode esquecer que o dispositivo em questão envolve a utilização de bens públicos, a respeito dos quais cada ente da Federação tem competência própria para legislar privativamente. Ainda que a União tenha competência para

---

[43] Maria Sylvia Zanella Di Pietro. Concessão de Uso Especial para fins de Moradia. In *Estatuto da Cidade. Comentários à Lei Federal 10.257/2001*, organizado por Adilson de Abreu Dallari e Sérgio Ferraz, 2002, p. 156.

legislar sobre direito urbanístico (art. 24, I) e sobre a política de desenvolvimento urbano (art. 182), em um e outro caso sua competência não é privativa, tendo que se limitar a estabelecer as *normas gerais* ou as *diretrizes gerais* a respeito da matéria.

Não lhe cabe, em consequência, *impor* aos Estados e Municípios a outorga de título de concessão de uso, transformando-a em direito subjetivo do possuidor de imóveis públicos estaduais ou municipais. Se a norma constitucional fala em *título de domínio e concessão de uso* é porque deixou a decisão à apreciação discricionária do Poder Público titular do bem. A União pode, validamente, impor a concessão de uso, como decisão vinculada, em relação aos bens que integrem seu patrimônio; mas não pode fazê-lo em relação aos bens públicos estaduais e municipais. Fácil imaginar-se o ônus que tal imposição representaria para os grandes Municípios, em que as favelas invadem espaços públicos desordenadamente e em que teria que ser assegurado a todos os invasores outro imóvel urbano ou rural. A aplicação da medida é praticamente impossível sem a destinação de recursos públicos a essa finalidade.

A regulamentação do instituto seria válida por meio de lei federal se esta se limitasse a estabelecer as diretrizes gerais para sua aplicação, deixando ao Poder Público local a decisão quanto ao momento oportuno para aplicá-lo, de acordo com suas disponibilidades financeiras.

Ao ser redigida a Medida Provisória nº 2.220, certamente se teve consciência de que a concessão não foi prevista na Constituição como *direito* do possuidor de imóvel público, pois, se tivesse sido assim entendida, não poderia o exercício desse direito ser limitado no tempo, como estabelecido nos artigos 1º e 2º.

Em razão disso, tem-se que entender que o artigo 1º, ao referir-se a imóveis públicos, está abrangendo apenas os de propriedade da União. O artigo 3º, ao impor aos Estados, Distrito Federal e Municípios a concessão de uso de bens de seu patrimônio, padece de vício de inconstitucionalidade, por invadir matéria de competência legislativa de cada qual.

A União teria que se limitar a estabelecer normas gerais a respeito do instituto da concessão de uso, deixando para cada ente da Federação a faculdade de se valer ou não do instituto, de acordo com critérios de oportunidade e conveniência, que passam forçosamente pela necessidade de proteção do patrimônio público.

Cabe assinalar, ainda, que, embora o uso privativo, individualmente considerado, seja aparentemente de interesse privado do concessionário e sua família, o instituto da concessão especial de uso para fins de moradia atende a evidente interesse social, na medida em que se insere como instrumento de regularização da posse de milhares de pessoas das classes mais pobres, em regra faveladas, contribuindo para ampliar a função social inerente à propriedade pública.

Só que a imposição de tal medida a todos os entes da Federação, sem levar em conta a viabilidade operacional diante do elevado ônus sobre o patrimônio público, fere frontalmente a autonomia estadual e municipal. O ente mais atingido é, evidentemente, o Município que, para oferecer outro local para os ocupantes das áreas mencionadas nos artigos 4º e 5º, terá que dispor de elevados recursos públicos, provavelmente não disponíveis hoje. A situação é tanto mais grave quando se verifica que a concessão de uso foi prevista, na Medida Provisória, como *direito* dos ocupantes de áreas públicas, o que lhes permitirá o acesso ao Poder Judiciário em caso de inviabilidade de atendimento de seus pedidos na via administrativa.

7.5.3 Características

A concessão de uso especial para fins de moradia foi prevista no Estatuto da Cidade (Lei nº 10.257, de 10.7.01), cujo artigo 4º, V, *g*, a incluiu entre os institutos jurídicos e políticos a serem utilizados para atender ao objetivo fundamental da lei, expresso no *caput* do artigo 2º, de "ordenar o pleno desenvolvimento das funções sociais da cidade e da propriedade urbana".

Ela foi disciplinada pelos artigos 15 a 20 da mesma lei, porém tais dispositivos foram vetados pelo Presidente da República, por várias razões: em primeiro lugar, porque as normas abrangiam a edificação urbana, o que foi considerado inconveniente porque "poderia gerar demandas injustificadas do direito em questão por parte de ocupantes de habitações individuais de até duzentos e cinquenta metros quadrados de área edificada em imóvel público"; outra razão foi a ausência de norma que ressalvasse o direito à concessão de imóveis públicos afetados ao uso comum do povo, assim como áreas urbanas de interesse da defesa nacional, da preservação ambiental ou destinadas a obras públicas; ainda se alegou que a não fixação de uma data-limite para a aquisição do direito à concessão de uso especial "torna permanente um instrumento só justificável pela necessidade imperiosa de solucionar o imenso passivo de ocupações irregulares gerado em décadas de urbanização desordenada"; finalmente, levou-se em consideração a inexistência de dispositivo que fixasse prazo para que a Administração Pública processasse os pedidos de concessão, o que acarretaria "o risco de congestionar o Poder Judiciário com demandas que, num prazo razoável, poderiam e deveriam ser satisfeitas na instância administrativa".

Diante disso, o Poder Executivo baixou a Medida Provisória nº 2.220, de 4.9.01.

Conforme assinalado no trabalho anterior,[44] já referido, a Medida Provisória limitou-se a corrigir as falhas apontadas no veto e a acrescentar um dispositivo

---

[44] Maria Sylvia Zanella Di Pietro. *Concessão de uso especial para fins de moradia*, ob. cit., p. 149-170.

para deixar expresso que o mesmo direito à concessão pode ser reconhecido em relação a imóveis públicos da União, Estados, Distrito Federal e Municípios; e também foi prevista a *autorização de uso* de imóveis públicos para fins comerciais.

Com tais alterações, as características básicas da concessão de uso especial para fins de moradia são as seguintes:

a) ela é prevista como *direito* oponível à Administração, por via administrativa ou, em caso de recusa, por via judicial, porém assegurado apenas aos possuidores que preenchessem os requisitos até 30.6.01 (art. 1º): ser possuidor, por cinco anos, ininterruptamente e sem oposição, de até 250 m² de imóvel público situado em área urbana, utilizando-o para fins de moradia, sua ou de sua família, desde que não seja proprietário ou concessionário, a qualquer título, de outro imóvel urbano ou rural;[45] como se vê, foi fixada uma data-limite para aquisição do direito, afastando um dos alegados inconvenientes apontados no referido veto a dispositivos do Estatuto da Cidade; para cômputo do período de cinco anos, o herdeiro legítimo continua, de pleno direito, na posse de seu antecessor desde que já resida no imóvel por ocasião da abertura da sucessão; no caso de outorga coletiva, o possuidor pode somar sua posse à do seu antecessor desde que ambas sejam contínuas;

b) é permitida a outorga da concessão de forma coletiva, assegurada à população de baixa renda,[46] quando não for possível identificar os terrenos ocupados por possuidor, observados os demais requisitos estabelecidos no artigo 1º (art. 2º); a aquisição do direito a essa concessão também ficou sujeita à data-limite – 30.6.01; de acordo com o § 2º do artigo 2º, na outorga coletiva é atribuída fração ideal de terreno a cada possuidor, independentemente da dimensão do terreno que cada um ocupe, salvo hipótese de acordo escrito entre os ocupantes estabelecendo frações ideais diferenciadas; da redação do dispositivo resulta claro que a ideia é que todas as frações sejam da mesma dimensão, salvo acordo entre os

---

[45] Pelo artigo 25 da Lei nº 11.481/07, a concessão especial de uso para fins de moradia aplica-se também a imóvel público remanescente de desapropriação cuja propriedade tenha sido transferida a empresa pública ou sociedade de economia mista.

[46] O dispositivo não dá qualquer indicação do que seja *população de baixa renda*; em algumas hipóteses, é possível, sem sombra de dúvida, enquadrar determinadas pessoas nesse conceito indeterminado; em outras, poderão surgir dúvidas e controvérsias difíceis de serem resolvidas, diante da excessiva indeterminação do conceito; no caso da outorga coletiva, a indefinição do conceito e a ausência de critério objetivo que permita identificar os beneficiários da concessão, poderão servir de base tanto para afastar os verdadeiros destinatários da norma como para nela incluir oportunistas que o legislador não teve intenção de beneficiar.

interessados; só não pode ser ultrapassada, em uma fração ideal, a área de duzentos e cinquenta metros quadrados;[47]

c) é assegurada expressamente a opção de exercer os direitos de que tratam os artigos 1º e 2º aos ocupantes, regularmente inscritos, de imóveis públicos da União, dos Estados, do Distrito Federal e dos Municípios, situados em área urbana;

d) o direito à concessão é garantido em outro local nas hipóteses de risco à vida ou à saúde dos ocupantes e quando se tratar de bem: de uso comum do povo; destinado a projeto de urbanização; de interesse da defesa nacional,[48] da preservação ambiental e da proteção dos ecossistemas naturais; reservado à construção de represas e obras congêneres; ou situado em via de comunicação (art. 5º);

e) é estabelecida a possibilidade de ser o direito exercido pela via administrativa ou, em caso de recusa, pela via judicial; para esse fim, é fixado o prazo máximo de doze meses para a decisão do pedido na via administrativa, contado da data de seu protocolo (art. 6º); para evitar que a Administração fique procrastinando indevida e indefinidamente a apreciação do pedido, o § 1º do mesmo dispositivo estabelece o prazo máximo de doze meses para sua decisão, contado da data de seu protocolo; antes de transcorrido esse prazo, o interessado não pode recorrer às vias judiciais, porque lhe faltará interesse de agir;

f) é prevista a possibilidade de transmissão do direito por ato *inter vivos* ou *causa mortis* (art. 7º); como a lei não especifica a forma possível de transferência *inter vivos*, entende-se que qualquer espécie de alienação é possível, como venda, doação, permuta, desde que o uso se destine à moradia do concessionário e de sua família, pois, caso contrário, haveria a extinção do direito, prevista no artigo 8º, I; essa exigência de uso exclusivo para fins de moradia, imposta ao concessionário e aos seus sucessores, afasta a possibilidade de exploração do imóvel para obtenção de renda;

---

[47] Fácil é avaliar as dificuldades de aplicação da concessão de uso coletiva, em decorrência da pouco provável existência de elementos seguros comprobatórios da posse pelo período de cinco anos, sem falar na cobiça que suscitará, nas disputas e nos conflitos que inevitavelmente surgirão entre os vários ocupantes; também a medida provisória não esclarece como se fará a concessão coletiva de uma área se nem todos os possuidores demonstrarem a posse contínua por cinco anos e não esclarece se a extinção será coletiva quando apenas alguns dos beneficiários incidirem em uma das hipóteses previstas no artigo 8º. Se não houver como comprovar a posse contínua por cinco anos, os interessados não terão como obter a concessão.

[48] Pelo artigo 22-A da Lei nº 9.636/98, são considerados de interesse da defesa nacional os imóveis sob administração do Ministério da Defesa ou dos Comandos da Marinha, do Exército e da Aeronáutica.

g) são indicadas duas hipóteses de extinção do direito de uso: quando o concessionário der ao imóvel destinação diversa da moradia para si ou sua família e quando o concessionário adquirir a propriedade ou a concessão de uso de outro imóvel urbano ou rural (art. 8º); embora a Medida Provisória exija registro no Registro de Imóvel apenas dos "termos administrativos ou das sentenças declaratórias da concessão de uso especial de moradia" (art. 167, I, da Lei de Registros Públicos, com a redação dada pelo art. 15 da Medida Provisória), a extinção do direito deve ser objeto de *averbação* no Registro de Imóveis competente, em face da norma do artigo 167, II, item 2, da Lei de Registros Públicos, que faz tal exigência em relação à "extinção dos ônus e direitos reais"; é lamentável que não tenha sido incluída entre as hipóteses de extinção do direito a retomada do imóvel por motivo de interesse público, o que poderia ser feito mediante indenização; os ônus reais sobre bens públicos somente são aceitáveis quando a Administração Pública não abre mão de seus poderes irrenunciáveis, dentre os quais se insere, incontestavelmente, o de retomar os imóveis cedidos a terceiros quando o interesse público, devidamente demonstrado, impuser a adoção de tal medida; de qualquer forma, entendo possível, mesmo na omissão da lei, a retomada por motivo de interesse público, mediante indenização, que equivale praticamente a uma desapropriação de direito, semelhante à que ocorre quando o Poder Público revoga uma licença para construir, embora esta seja considerada ato vinculado gerador de direito subjetivo ao proprietário do imóvel.

A Lei nº 11.481/07 trouxe algumas normas sobre a concessão de uso especial de moradia. Estendeu a possibilidade de sua utilização a mais três hipóteses: (a) a imóvel público remanescente de desapropriação cuja propriedade tenha sido transferida a empresa pública ou sociedade de economia mista (art. 25); (b) a áreas de propriedade da União, inclusive aos terrenos de marinha e acrescidos, observados os mesmos requisitos previstos na Medida Provisória nº 2.220 (art. 22-A, acrescentado à Lei nº 9.636); (c) às hipóteses de regularização fundiária de área utilizada, para fins de moradia, por ocupantes de baixa renda, assim considerados os que tenham renda familiar igual ou inferior a cinco salários-mínimos (art. 6º-A, acrescentado à Lei nº 9.636/98). E permitiu que essa modalidade de concessão fosse objeto de garantia real, assegurada sua aceitação pelos agentes financeiros no âmbito do Sistema Financeiro de Habitação (art. 13).

7.5.4 Conceito e natureza jurídica

Embora o dispositivo constitucional fale em *concessão de uso*, a forma como o instituto foi disciplinado pela Medida Provisória nº 2.220 permite a conclusão de que o instituto, no caso, não apresenta a tradicional natureza contratual da concessão de uso de que trata o item 5.2.

Com efeito, a Medida Provisória não faz qualquer referência a contrato. O artigo 15, ao dar nova redação ao inciso I do artigo 167 da Lei nº 6.015, de 31.12.73, que indica as hipóteses de exigência de registro no Registro de Imóveis, inclui o item 37, referindo-se aos "termos administrativos ou das sentenças declaratórias da concessão de uso especial para fins de moradia".

O fato de a lei falar em *termo administrativo* é uma indicação de que o instituto foi tratado como ato unilateral, conclusão que se reforça pelo fato de que a concessão não gera, nesse caso, obrigações para ambas as partes, mas apenas para o concessionário; ou seja, gera para ela o direito de utilizar o bem, porém exclusivamente para fins de moradia.

Trata-se de concessão *gratuita* (art. 1º, § 1º), de *simples uso*, e não de exploração, já que o beneficiário só pode utilizar o bem para fins de moradia, sob pena de extinção da concessão (art. 8º, I); *perpétua*, no sentido de que o direito subsiste enquanto o concessionário respeitar a utilização para fins de moradia e não adquirir a propriedade ou a concessão de uso de outro imóvel urbano ou rural (art. 8º); de *utilidade privada*, já que o uso se faz em seu interesse e no de sua família; *obrigatória*, porque o Poder Público não pode indeferir a concessão se o particular preencher os requisitos dos artigos 1º e 2º (ressalvado o aspecto de constitucionalidade assinalado no item anterior); *autônoma*, porque não vinculada a qualquer outra modalidade de concessão.

Um aspecto que chama a atenção do intérprete em relação ao artigo 1º da Medida Provisória é o fato de que a concessão de uso especial ali prevista terá uma finalidade de interesse privado, porque beneficiará o possuidor, em seu exclusivo interesse. Também quanto a esse aspecto, o instituto afasta-se das características das concessões de uso em geral e aproxima-se da *autorização de uso*, esta, sim, voltada ao atendimento de interesse único do autorizatário.

Note-se que a concessão de direito real de uso, disciplinada pelo Decreto-lei nº 271/67, só pode ser outorgada para os fins expressos no artigo 7º (com a redação dada pela Lei nº 11.481/98), todos eles de interesse social.

Não é por outra razão que os institutos de direito privado, como comodato, locação, arrendamento, se ajustam mal como forma de utilização de bens públicos, pois a sujeição às normas de direito privado pode ser contrária ao interesse público que à Administração cabe tutelar. Note-se que o Decreto-lei nº 9.760/46 prevê a locação, o arrendamento e a enfiteuse como formas de outorga de bens imóveis da União, para fins privados. Porém, tais institutos não são aplicados em conformidade com as normas do Código Civil, mas em consonância com as disposições do próprio Decreto-lei nº 9.760, que estabelece regime jurídico de direito público, compatível com o uso privativo de bens públicos por particulares, sempre assegurando ao Poder Público o poder de retomar o uso quando necessário para finalidade pública. Não vemos legitimidade na outorga de concessão com natureza de direito real, perpétuo, quando o bem vai ser utilizado para fins de moradia, fora de qualquer projeto de interesse social.

No caso da Medida Provisória nº 2.220 não há a inclusão da concessão de uso referida no artigo 1º em qualquer projeto dessa natureza, que justificasse a regularização da posse, a não ser que fosse em caráter precário. Também não há a exigência de que o dispositivo somente se aplique às pessoas de baixa renda. Basta comprovar os requisitos do dispositivo para o interessado fazer jus à concessão. O instituto destoa até mesmo da Lei de Licitações (Lei nº 8.666/93), que, no artigo 17, I, f, ao estabelecer os requisitos para a alienação de bens públicos, inclui a licitação, porém ressalva expressamente a "alienação gratuita ou onerosa, aforamento, concessão de direito real de uso, locação ou permissão de uso de bens imóveis residenciais construídos, destinados ou efetivamente utilizados no âmbito de programas habitacionais ou de regularização fundiária de interesse social desenvolvidos por órgãos ou entidades da administração pública".[49]

Já no caso da concessão outorgada de forma coletiva, prevista no artigo 2º da Medida Provisória, o interesse social está presente, já que visa a regularizar a posse de pessoas de baixa renda; certamente, visa a atender aos favelados. Justificável, portanto, a outorga sem caráter de precariedade.

Quanto à natureza de *direito real* da concessão de uso para fins de moradia, as controvérsias que pudessem existir desapareceram com a alteração do artigo 1.225 do Código Civil pela Lei nº 11.481/98; o dispositivo, que dá o rol de direitos reais, passou a incluir a concessão de uso especial para fins de moradia (inciso XI) e a concessão de direito real de uso (inciso XII).

Como direito real, a concessão de uso para fins de moradia é oponível *erga omnes*, inclusive à própria pessoa jurídica titular do bem, que só pode extinguir o direito de uso quando o concessionário der ao imóvel destinação diversa da moradia ou quando adquirir a propriedade ou concessão de uso de outro imóvel urbano ou rural (art. 8º da Medida Provisória). E o concessionário pode exercer em relação a seu direito a proteção possessória, também contra a própria Administração Pública.

Para facilitar o aproveitamento da área concedida, foi permitida pela Lei nº 11.481/07 a alienação fiduciária do direito de uso para fins de moradia (art. 11); e o artigo 13 veio estabelecer que essa concessão pode ser objeto de garantia real, assegurada sua aceitação pelos agentes financeiros do Sistema Financeiro

---

[49] Redação dada pela Lei nº 11.481, de 31.5.07.

de Habitação. Também foi alterado o artigo 1.473 do Código Civil para permitir a hipoteca da concessão de uso especial para fins de moradia (inciso VIII).

Trata-se de direito real de natureza pública, que assim se caracteriza: seu conteúdo é o direito de uso para fins exclusivos de moradia; esse direito cria uma relação entre seu titular e a coisa, podendo ser exercido e defendido independentemente da intermediação do Poder Público; somente se constitui com o registro no Registro de Imóveis; adere à coisa e é transmissível por ato *inter vivos* e *mortis causa*; é oponível a terceiros e à Administração quando esta atue com ilegalidade ou abuso de poder; é resolúvel, no sentido de que a Administração pode extingui-lo quando ocorrerem as duas hipóteses previstas no artigo 8º; sua tutela pode ser feita por meio de ações judiciais, inclusive a possessória.

Diante dessas características, a concessão de uso especial para fins de moradia pode ser definida como o *ato administrativo vinculado pelo qual o Poder Público reconhece, gratuitamente, o direito real de uso de imóvel público de até duzentos e cinquenta metros quadrados, situado na área urbana, àquele que o possui, por cinco anos, ininterruptamente e sem oposição, para sua moradia ou de sua família em 30.6.01*.

7.5.5 Autorização de uso para fins comerciais na Medida Provisória 2.220/01

Além da concessão para fins de moradia, a Medida Provisória nº 2.220/01, no artigo 9º, prevê a possibilidade de ser dada "autorização de uso àquele que, até 30 de junho de 2001, possuiu como seu, por cinco anos, ininterruptamente e sem oposição, até duzentos e cinquenta metros quadrados de imóvel público situado em área urbana, utilizando-o para fins comerciais". A autorização também é outorgada gratuitamente. A ela se aplicam as normas dos artigos 4º e 5º, que preveem a transferência para outro local nas hipóteses já referidas. Evidentemente, a autorização não tem o mesmo fundamento constitucional que a concessão de uso, já que o artigo 183, § 1º, da Constituição não se refere a ela.

A disciplina do instituto foi feita de forma incompleta, de modo que as características do instituto têm que ser extraídas pela análise sistemática da Medida Provisória e com base no conceito doutrinário do instituto da autorização de uso.

Pela leitura do artigo 9º, é possível apontar as seguintes características para a autorização de uso para fins comerciais:

a) a outorga não é prevista como *direito* do usuário, mas como *faculdade* da Administração; em consequência, trata-se de ato discricionário, que a autoridade competente praticará ou não segundo razões de conveniência e oportunidade, razão pela qual não é possível o recurso à via judicial para obtenção da autorização quando esta seja negada licitamente na via administrativa; ou seja, é cabível a apreciação judicial do ato de indeferimento, desde que nele haja alguma ilegalidade, como, por exemplo, desvio de poder, incompetência, vício de forma etc.;

b) o interessado pode requerer a autorização de uso na esfera administrativa desde que atenda às exigências do *caput* do dispositivo;

c) não é possível a transferência do direito, já que o § 3º do artigo 9º somente estendeu à autorização de uso as normas dos artigos 4º e 5º, e não a do artigo 7º, que permite a transferência do direito de concessão;

d) como não foram estendidas à autorização as hipóteses de extinção previstas no artigo 8º, entende-se que a Administração poderá revogá-la por motivo de interesse público no momento em que assim entender necessário; em consequência, trata-se de ato precário, cuja revogação não confere qualquer direito de indenização ao usuário;

e) o ocupante da área não é titular de direito oponível à Administração; portanto, não é titular de direito de natureza real.

Diante dessas características, a autorização de uso prevista no artigo 9º amolda-se ao conceito do instituto adotado no item 3.6 deste livro; trata-se de "ato administrativo unilateral e discricionário pelo qual a Administração consente, a título precário, que o particular se utilize de bem público com exclusividade", podendo-se acrescentar, no caso, que essa utilização se dá para fins comerciais.

A autorização de uso é *ato unilateral*, porque, não obstante outorgada mediante provocação do particular, se perfaz com a exclusiva manifestação de vontade do Poder Público; *discricionário*, uma vez que o consentimento pode ser dado ou negado, segundo considerações de oportunidade e conveniência, a cargo da Administração; *precário*, no sentido de que pode ser revogada a autorização, a qualquer momento, quando o uso se revelar contrário ao interesse público. Seu efeito é *constitutivo*, porque outorga ao particular uma faculdade que ele não poderia exercer sem a edição desse ato, ou seja, confere-lhe o poder de utilizar privativamente parcela de bem público, com exclusão de terceiros.

7.6 Direito de superfície

O direito de superfície não estava previsto, entre os direitos reais, no Código Civil de 1916. Foi incluído, no artigo 4º, V, *l*, do Estatuto da Cidade, entre os instrumentos que podem ser utilizados para atender ao objetivo fundamental da lei, expresso no *caput* do artigo 2º, de "ordenar o pleno desenvolvimento das funções sociais da cidade e da propriedade urbana". A sua disciplina legal consta dos artigos 21 a 24 do mesmo Estatuto. No novo Código Civil, de 2002, o direito de superfície está previsto, entre os direitos reais, no artigo 1.225 e disciplinado nos artigos 1.369 a 1.377, de forma muito semelhante à tratada no Estatuto da Cidade, nos artigos 21 a 24.

A origem e evolução do instituto foram analisadas no item 7.3.2.1, pertinente à enfiteuse, já que os dois institutos seguiram praticamente os mesmos passos.

Será analisada como instrumento jurídico de outorga de uso privativo de bens públicos, tendo em vista que nada impede a sua utilização pelo poder público. O artigo 1.377 do Código Civil expressamente estabelece que "o direito de superfície, constituído por pessoa jurídica de direito público interno, rege-se por este Código, no que não for diversamente disciplinado em lei especial".

O direito de superfície tem a natureza de direito real sobre coisa alheia, uma vez que não afeta o domínio do proprietário do solo. Ele afasta a acessão, ou seja, a regra segundo a qual todas as coisas que se acrescentam ao solo, sejam plantações ou construções, pertencem ao dono do solo (*superficies solo cedit*). Tal regra consta do artigo 1.253 do Código Civil. No caso do direito de superfície, enquanto o mesmo perdura, a propriedade do dono do solo coexiste com a propriedade do dono das plantações ou construções que se acrescentem a natureza de *direito real sobre coisa alheia*; se alguma dúvida houvesse diante das normas do Estatuto da Cidade, que silenciava a respeito, ela se dissipou com a entrada em vigor do novo Código Civil, que a incluiu entre os direitos reais no artigo 1.225:

a) as construções, obras e plantações feitas no imóvel constituem *propriedade autônoma* em relação à propriedade do solo; em defesa desse entendimento, cabe lembrar que o Código Civil Brasileiro, no artigo 1.253, contém norma semelhante à do artigo 553 do Código Civil Francês, no sentido de que toda construção ou plantação, existente em um terreno ou no seu interior presumem-se feitas pelo proprietário, às suas custas, se o contrário não for provado; a ressalva contida na parte final do dispositivo levou ao entendimento, adotado pela doutrina francesa, de que, nada sendo estipulado em contrário, é possível uma divisão horizontal entre propriedades superpostas; ou seja, a propriedade do superficiário é autônoma em relação à propriedade do dono do solo; sendo semelhante a norma do Código Civil brasileiro, também aqui é aceitável a ideia de que o superficiário é proprietário das construções e plantações; a vantagem de se inserir o direito de superfície como propriedade autônoma está na possibilidade de a hipoteca incidir sobre o mesmo, diante do artigo 1.473 do Código Civil que, ao indicar os bens hipotecáveis, inclui, no inciso III, o domínio útil (no qual se insere o direito que o superficiário exerce sobre o imóvel alheio);

b) o direito de superfície é estabelecido por escritura pública, por prazo determinado (conf. art. 1.369 do Código Civil); pelo artigo 21, *caput*, do Estatuto da Cidade, o prazo pode ser determinado ou indeterminado; no entanto, quando se tratar de direito instituído sobre bem público, não se pode cogitar de prazo indeterminado, que destoaria do artigo 57, § 3º, da Lei nº 8.666, de 21.6.93;

c) o direito de superfície pode ser concedido a título gratuito ou oneroso (art. 21, § 2º, e art. 1.370 do Código Civil);

d) como direito real sobre coisa alheia, é transmissível a terceiros, por ato *inter vivos* ou *mortis causa* (art. 21, §§ 4º e 5º, do Estatuto da Cidade e art. 1.372 do Código Civil); em caso de alienação do imóvel ou do direito de superfície, o superficiário ou o proprietário tem direito de preferência, em igualdade de condições (art. 22 do Estatuto da Cidade e art. 1.373 do Código Civil), sendo vedado ao concedente estipular, a qualquer título, pagamento pela transferência (art. 1.372, parágrafo único);

e) o direito de superfície pode ser instituído sobre a propriedade urbana ou sobre a propriedade rural, já que o Código Civil não faz qualquer distinção a respeito; no Estatuto da Cidade, o artigo 21 somente fala em *proprietário urbano*, o que se justifica pelo fato de tratar-se de lei que disciplina os artigos 182 e 183 da Constituição Federal, inseridos no capítulo da política urbana; isto não afasta a aplicação do instituto na zona rural, com fundamento nos dispositivos do Código Civil;

f) o superficiário responde integralmente pelos encargos e tributos que incidirem sobre a propriedade superficiária (art. 21, § 3º, do Estatuto da Cidade e art. 1.371 do Código Civil); evidentemente, em se tratando de direito outorgado sobre bem público, o titular do direito real se beneficiará com a imunidade que incide em favor da pessoa jurídica de direito público, com fundamento no artigo 150, VI, *a*, da Constituição;

g) o direito de superfície abrange o direito de utilizar o solo, o subsolo ou o espaço aéreo relativo ao terreno, na forma estabelecida no contrato respectivo e atendida a legislação urbanística (art. 21, § 1º, do Estatuto da Cidade), compreendendo os direitos de construir ou de plantar em terreno do proprietário (art. 1.369 do Código Civil), não autorizando a construção de obra, salvo se for inerente ao objeto da concessão (parágrafo único do mesmo dispositivo);

h) o direito de superfície extingue-se nas seguintes hipóteses: 1. pelo *advento do termo* e pelo *descumprimento das obrigações contratuais* assumidas pelo superficiário (art. 23 do Estatuto da Cidade); 2. na hipótese em que, mesmo antes do termo final do contrato, *o superficiário der ao terreno destinação diversa daquela para a qual foi concedida* (art. 24, § 1º, do mesmo Estatuto e art. 1.374 do Código Civil); 3. pela *desapropriação*, hipótese em que a indenização cabe ao proprietário e ao superficiário, no valor correspondente ao direito real de cada um (art. 1.376 do Código Civil); pela *renúncia do superficiário*, sempre possível por manifestação expressa de vontade; pelo *distrato*, feito em comum acordo pelas partes; pelo *perecimento do objeto* (terreno sobre o qual incide o direito); pela *decadência* decorrente do não uso do direito de construir pelo prazo estipulado; pelo *falecimento* do superficiário sem herdeiros;[50]

i) ao término do contrato, o proprietário passará a ter a propriedade plena sobre o terreno, construção ou plantação, independentemente de indenização, se as partes não houverem estipulado o contrário (art. 24 do Estatuto da Cidade e art. 1.375 do Código Civil); trata o dispositivo de característica inerente ao direito de superfície: na sua vigência ocorre a suspensão do princípio segundo o qual *superficies solo cedit*; extinto o direito, por qualquer razão, volta a aplicar-se a regra da acessão, recuperando o proprietário do solo o pleno domínio do terreno.

No caso de o direito de superfície ser outorgado pela Administração Pública, para ser exercido sobre imóvel público, a concessão deve ser precedida de licitação, ainda que não haja previsão expressa nesse sentido. Trata-se de exigência que diz respeito ao princípio da isonomia que o poder público está obrigado a observar, e também à necessidade de escolha da melhor proposta, em benefício do interesse público.

O direito de superfície assemelha-se com a concessão de direito de uso. As principais diferenças são as seguintes: na concessão de direito de uso não existe propriedade autônoma do concessionário, como ocorre no direito de superfície; a concessão de direito real de uso somente pode ser outorgada para fins de interesse público, enquanto o direito de superfície pode ser outorgado para fins de interesse privado de ambas as partes.

O direito de superfície se assemelha com a enfiteuse, que também acarreta a bifurcação do domínio. Mas a enfiteuse apresenta algumas características inexistentes no direito de superfície, quais sejam: o traço da perpetuidade; a possibilidade de resgate, ou seja, de pagamento de um laudêmio, dez anos após a constituição da enfiteuse, para fins de consolidação do domínio em mãos do enfiteuta; o direito do senhorio ao pagamento do foro, cânon ou pensão anual, que não constitui característica inerente ao direito de superfície, já que este pode ser convencionado a título gratuito ou oneroso; o direito do senhorio ao recebimento

---

[50] Cf.: José Roberto Braga Teixeira, *Direito real de superfície*, 1993, p. 85; e Ricardo Pereira Lira, *Elementos de direito urbanístico*, 1997, p. 80.

de um laudêmio a cada vez que o domínio for transferido; a consolidação do domínio em mãos do senhorio em caso de comisso (não pagamento do cânon por três anos consecutivos).

7.7 Regime de uso e exploração das florestas públicas

7.7.1 Florestas públicas e particulares: regime especial de proteção

Nem todas as florestas constituem bens públicos. Pode-se dizer, de forma muito simples, que elas são públicas ou particulares conforme se localizem em bens do domínio privado ou do domínio público.

As florestas públicas estão definidas no artigo 3º da Lei nº 11.284, de 2.3.06 (que, entre outras medidas, dispõe sobre a gestão de florestas públicas para a produção sustentável). No inciso I desse dispositivo, consideram-se florestas públicas, para os fins do disposto nessa lei, as "florestas, naturais ou plantadas, localizadas nos diversos biomas brasileiros, em bens sob o domínio da União, dos Estados, dos Municípios, do Distrito Federal ou das entidades da administração indireta".

Sejam públicas ou privadas, as florestas submetem-se a um regime jurídico especial de proteção, cujo fundamento constitucional consta do artigo 225 da Constituição Federal. Esse dispositivo, no *caput*, considera o meio ambiente ecologicamente equilibrado como um *direito* de todos e como *bem de uso comum do povo*, essencial à sadia qualidade de vida, impondo-se ao Poder Público e à coletividade o dever de defendê-lo e preservá-lo para as presentes e futuras gerações.

Várias leis têm sido promulgadas com o objetivo de assegurar efetividade a esse dispositivo constitucional. No que diz respeito especificamente à proteção das florestas, merecem menção o Código Florestal, aprovado pela Lei nº 4.771, de 15.9.65, a Lei nº 7.754, de 14.4.89, que prevê medidas de proteção às florestas existentes nas nascentes dos rios, e a Lei nº 9.985, de 18.7.00, que regulamenta o artigo 225, § 1º, I, II, III e VII, da Constituição Federal, e institui o Sistema Nacional de Unidades de Conservação.

Todas essas leis estabelecem normas com o objetivo de definir o regime jurídico a que se submetem as florestas, sejam públicas ou particulares. A Lei nº 11.284/06 cuida especificamente da gestão de *florestas públicas*. Isso não quer dizer que as florestas particulares não sejam protegidas pelo ordenamento jurídico. Pelo contrário, mesmo estando no domínio privado, elas submetem-se a normas de proteção, impostas por lei, com base no poder de polícia do Estado, que encontra fundamento, quanto a essa matéria, no artigo 225 da Constituição Federal.

Com efeito, esse dispositivo constitucional protege fundamentalmente o meio ambiente e contém verdadeira declaração de princípios: (a) define como bem de uso comum do povo o direito ao meio ambiente ecologicamente equilibrado; (b) coloca esse bem sob a proteção do Poder Público, aspecto em que entra na esfera do poder de polícia do Estado; e (c) firma a ideia de que a proteção desse bem não é privativa do Poder Público, mas, ao contrário, incumbe a toda a coletividade, já que se trata de interesse de todos, hoje representado pela noção de interesse difuso; isto significa que a todos cabe o dever de zelar pelo meio ambiente, ficando cada qual sujeito às medidas de polícia, inclusive sancionatórias, em caso de inobservância das exigências pertinentes a essa finalidade; e significa também que a coletividade pode tomar a iniciativa de provocar os poderes instituídos para alcançar aquele objetivo, ora denunciando irregularidade perante a autoridade competente, ora utilizando-se de instituto específico para essa finalidade, que é a ação popular (art. 5º, LXXIII, da Constituição).

Quando a Constituição define o direito ao meio ambiente ecologicamente equilibrado como *bem de uso comum do povo*, ela está querendo dizer que se trata de direito de que todos devem usufruir como condição essencial para melhoria da qualidade de vida; não é um patrimônio do Estado, mas um patrimônio público, no sentido de que pertence a todos.[51]

Essa ideia já se continha na Lei nº 6.918, de 31.1.81, que estabelece a Política Nacional do Meio Ambiente. No artigo 3º, I, define o meio ambiente como "o conjunto de condições, leis, influências e interações de ordem física, química e biológica, que permite, abriga e rege a vida em todas as suas formas". E no artigo 2º, I, o meio ambiente é considerado como *"um patrimônio público a ser necessariamente assegurado e protegido, tendo em vista o uso coletivo"*.

A expressão *uso comum do povo*, quando aplicada ao meio ambiente, refere-se a uma coisa incorpórea, que pertence a toda a coletividade. Trata-se de bem insuscetível de avaliação patrimonial. Trata-se de coisas cuja proteção ultrapassa a esfera dos direitos individuais para entrar na categoria dos interesses difusos. Por isso mesmo, o uso do bem está sujeito a normas especiais de proteção, de modo a assegurar que o exercício dos direitos de cada um se faça sem prejuízo do interesse de todos.

É nesse sentido, de bem incorpóreo, que o artigo 225, § 4º, da Constituição determina que "a Floresta Amazônica brasileira, a Mata Atlântica, a Serra do Mar, o Pantanal Mato-Grossense e a Zona Costeira são *patrimônio nacional*, e sua utilização far-se-á, na forma da lei, dentro de condições que assegurem a preservação do meio ambiente, inclusive quanto ao uso dos recursos naturais".

---

[51] Sobre o sentido do vocábulo *patrimônio*, v. Apêndice 2, sobre *Patrimônio Público e Social. Conceito e Abrangência.*

Não se pode interpretar esse dispositivo no sentido de que tenha incorporado ao domínio da *nação* todos os bens situados nas referidas florestas, mesmo porque a nação não tem personalidade jurídica e corresponde a uma ideia de coisa também incorpórea; isto equivaleria a verdadeiro confisco, já que significaria incorporar ao patrimônio público grande quantidade de terras particulares situadas naquelas áreas, sem previsão de indenização. O objetivo do constituinte foi, evidentemente, o de colocar referidos bens, ainda que pertencentes ao particular ou a outro ente federativo que não a União, sob a proteção do Poder Público, sujeitando-os a disciplina normativa específica, com vistas à proteção do meio ambiente. O dispositivo nada mais é do que um prolongamento ou uma aplicação da ideia maior, contida no *caput* do artigo 225, de colocar como bem de uso comum do povo o direito ao meio ambiente ecologicamente equilibrado.

Além disso, essa ideia já consta do Código Florestal (Lei nº 4.771, de 15.9.65), de forma muito semelhante. Seu artigo 1º determina que "as florestas existentes no território nacional e as demais formas de vegetação, reconhecidas de utilidade às terras que revestem, são *bens de interesse comum a todos os habitantes do país*, exercendo-se os direitos de propriedade com as limitações que a legislação em geral e especialmente esta Lei estabelecerem".

Portanto, é preciso distinguir: (a) as florestas que se encontram no domínio de particulares e que podem ser utilizadas e exploradas por seus proprietários, com todas as limitações impostas pela legislação em vigor, são bens privados sujeitos a regime especial de proteção; (b) as florestas públicas, pertencentes à União, Estados, Distrito Federal, Municípios e suas entidades da administração indireta, também sujeitas às mesmas limitações impostas às florestas particulares e em relação às quais tem aplicação a Lei nº 11.284/06.

Não se pode deixar de salientar, contudo, que a Lei nº 9.985, de 18.7.00, ao instituir o Sistema Nacional de Unidades de Conservação, revela indisfarçável intenção de tornar públicas todas as florestas que constituam *unidade de conservação*, assim considerado o *"espaço territorial e seus recursos ambientais, incluindo as águas jurisdicionais, com características naturais relevantes, legalmente instituído pelo Poder Público, com objetivos de conservação e limites definidos, sob regime especial de administração, ao qual se aplicam garantias adequadas de proteção"* (art. 2º, I). E ao classificar e definir os vários tipos de unidades de conservação (arts. 7º a 21), em grande parte deles reafirmou a mesma ideia de que as unidades são *"de posse e domínio públicos, sendo que as áreas particulares incluídas em seus limites serão desapropriadas, de acordo com o que dispõe a lei"* (arts. 9º, § 1º, 10, § 1º, 11, § 1º, 17, § 1º, 18, § 1º, 19, § 1º, 20, § 1º).

No entanto, não afastou integralmente a possibilidade de existirem propriedades privadas em algumas unidades de conservação (arts. 12, § 1º, 13, § 1º, 15, § 1º, 16, § 1º).

Portanto, continuam a existir florestas públicas e particulares, todas elas sujeitas a regime especial de proteção.

7.7.2 Gestão das florestas públicas: conciliação de interesses contrapostos

Embora, como se viu, o grande objetivo da legislação sobre florestas seja o de proteção ao meio ambiente, que corresponde a um interesse difuso de que a coletividade é a titular, não há dúvida de que esse interesse pode e deve ser conciliado com o interesse privado na exploração das florestas, fins econômicos, científicos e sociais.

Em diferentes oportunidades, temos realçado a *função social da propriedade pública*,[52] significando isto que os bens públicos das três categorias (de uso comum do povo, de uso especial e dominicais) devem ser disciplinados de tal forma que permitam proporcionar o máximo de benefícios à coletividade, podendo desdobrar-se em tantas modalidades de uso quantas forem compatíveis com a sua destinação principal e com a conservação do bem.

É o que ocorre com relação às florestas públicas. A Constituição, no artigo 225, § 1º, impõe uma série de encargos ao Poder Público com vistas a assegurar a efetividade do *direito ao meio ambiente ecologicamente equilibrado*. Ela quer proteger os bens importantes à consecução desse objetivo. Mas ela não proíbe a utilização desses bens para outros fins. Pelo contrário, vários incisos do referido dispositivo fazem pressupor que a utilização é possível: o inciso III somente veda a utilização que comprometa a integridade dos atributos que justifiquem a proteção; o inciso IV apenas exige estudo prévio de impacto ambiental para a instalação de obra ou atividade potencialmente causadora de significativa degradação do meio ambiente; o inciso V atribui ao Poder Público o controle da produção, comercialização e o emprego de técnicas, métodos e substâncias que comportem risco para a vida, a qualidade de vida e o meio ambiente; o inciso VII, especialmente importante para a proteção das florestas, somente veda as práticas que coloquem em risco sua função ecológica, provoquem a extinção de espécies ou submetam os animais a crueldade.

Veja-se que o artigo 2º da Lei nº 11.284/06, ao indicar os *princípios* da gestão de florestas públicas, na realidade, atende a diferentes interesses:

Com efeito, o artigo 3º, ao dar alguns conceitos importantes para os fins da lei, usa uma expressão – *manejo florestal sustentável* – que bem sintetiza a conciliação dos vários interesses a serem protegidos na gestão das florestas públicas.

---

[52] "*A gestão do patrimônio imobiliário do Estado*", publicado nos Cadernos Fundap, ano 9, nº 17, p. 55-65, 1989; e também em trabalho sobre *função social da propriedade pública*, publicado in *Estudos em homenagem ao Prof. Adilson Abreu Dallari*, 2004, p. 561-572, inserido em apêndice deste livro.

Na parte inicial do inciso VI define-se o manejo florestal sustentável como "*administração da floresta para a obtenção de benefícios econômicos, sociais e ambientais*". As normas da lei protegem as florestas públicas, naturais ou plantadas, localizadas nos diversos biomas brasileiros (inciso I); ela reconhece a existência de recursos florestais potencial ou efetivamente geradores de produtos ou serviços florestais (inciso II) e estabelece os tipos de ajustes possíveis para sua exploração (arts. 3º, VII, e 6º); ela prevê instrumentos de proteção das comunidades locais (art. 6º), da faixa de fronteira (art. 10, § 3º), das terras indígenas e das áreas de interesse para a criação de unidades de conservação de proteção integral (art. 11, IV).

Na realidade, o que essa lei faz é garantir a *função social das florestas públicas*, buscando conciliar as diversas modalidades de uso compatíveis com a proteção do meio ambiente.

O mesmo objetivo de conciliar diferentes interesses está presente na Lei nº 9.985, de 18.7.00, que, entre outras medidas, instituiu o Sistema Nacional de Unidades de Conservação da Natureza. Em seu artigo 4º, incluem-se entre os objetivos do Sistema, por exemplo, o de "contribuir para a manutenção da diversidade biológica e dos recursos genéticos no território nacional e nas águas jurisdicionais" (inciso I) e proteger as espécies ameaçadas de extinção no âmbito regional e nacional (inciso II), ambos com vistas à proteção do meio ambiente. Também é previsto o objetivo de "promover o desenvolvimento sustentável a partir dos recursos naturais" (inciso IV) e de "promover a utilização dos princípios e práticas de conservação da natureza no processo de desenvolvimento" (inciso V), ambos para permitir a exploração dos recursos naturais. Ainda se inclui o objetivo de "proporcionar meios e incentivos para atividades de pesquisa científica, estudos e monitoramento ambiental" (inciso X). E também o objetivo de "favorecer condições e promover a educação e interpretação ambiental, a recreação em contato com a natureza e o turismo ecológico".

Proteção do meio ambiente, desenvolvimento sustentável, pesquisa científica, educação e *recreação*. Eis os múltiplos objetivos de interesse público propiciados pela utilização das florestas públicas.

7.7.3 Florestas públicas em áreas de propriedade privada

O artigo 3º da Lei nº 11.284 dá vários conceitos, dentre eles, no inciso I, o de florestas públicas, definidas como "*as florestas, naturais ou plantadas, localizadas nos diversos biomas brasileiros, em bens sob o domínio da União, dos Estados, dos Municípios, do Distrito Federal ou das entidades da administração indireta*".

Por sua vez, o artigo 4º determina que "*a gestão de florestas públicas para produção sustentável compreende:*

I – a criação de florestas nacionais, estaduais e municipais, nos termos do art. 17 da Lei nº 9.985, de 19.7.2000, e sua gestão direta;

II – a destinação de florestas públicas às comunidades locais, nos termos do art. 6º desta Lei;

III – a concessão florestal, incluindo florestas naturais ou plantadas e as unidades de manejo das áreas protegidas referidas no inciso I do caput *deste artigo".*

Como se verifica, o inciso I desse dispositivo remete ao artigo 17 da Lei nº 9.985/00, o qual, por sua vez, considera como Floresta Nacional um dos 12 tipos de unidades de conservação previstos nos artigos 8º[53] e 14,[54] definindo-a como a "área com cobertura florestal de espécies predominantemente nativas e tem como objetivo o uso múltiplo sustentável dos recursos florestais e a pesquisa científica, com ênfase em métodos para exploração sustentável de florestas nativas". As mesmas características estarão presentes em florestas públicas criadas por Estados e Municípios.

Tais florestas são *"de posse e domínio públicos, sendo que as áreas particulares incluídas em seus limites devem ser desapropriadas de acordo com o que dispõe a lei"* (§ 1º do art. 17). Verifica-se que a tendência é passar para o domínio público, mediante desapropriação, as propriedades privadas onde estejam localizadas florestas públicas. É a mesma solução adotada na Lei nº 9.985/00 para outras unidades de conservação (Estação Ecológica, Reserva Biológica, Parque Nacional e Reserva de Fauna). É evidente que se for criada a floresta com todas as restrições previstas na lei, sem que ocorra a desapropriação das áreas privadas, estar-se-á dando ensejo a pedidos de indenização por desapropriação indireta.

Pela redação do § 1º do artigo 17, verifica-se que o legislador considera que a posse e o domínio das florestas públicas não se confunde com a posse e o domínio das áreas em que as florestas públicas estão localizadas.[55] Por outras palavras, florestas públicas (pertencentes aos entes federativos ou às suas entidades da administração indireta) podem existir ou ser criadas em áreas de propriedade privada. O legislador adotou solução semelhante à prevista no artigo 176 da Constituição, segundo o qual "as jazidas, em lavra ou não, e demais recursos minerais

---

[53] O artigo 8º considera como Unidades de Proteção Integral (por não envolverem consumo, coleta, dano ou destruição dos recursos naturais) as seguintes unidades de conservação: Estação Ecológica, Reserva Biológica, Parque Nacional, Monumento Natural e Refúgio de Vida Silvestre.

[54] O artigo 14 considera como Unidades de Uso Sustentável (que objetivam compatibilizar a conservação da natureza com o uso sustentável de parcela dos seus recursos naturais) as seguintes unidades de conservação: Área de Proteção Ambiental, Área de Relevante Interesse Ecológico, Floresta Nacional, Reserva Extrativista, Reserva de Fauna, Reserva de Desenvolvimento Sustentável e Reserva Particular do Patrimônio Natural.

[55] É a mesma solução adotada na Lei nº 9.985/00 para outras unidades de conservação (Estação Ecológica, Reserva Biológica, Parque Nacional e Reserva de Fauna).

e os potenciais de energia hidráulica constituem propriedade distinta da do solo, para efeito de exploração ou aproveitamento, e pertencem à União, garantida ao concessionário a propriedade do produto da lavra". Por isso, repita-se, as áreas privadas onde existam unidades de conservação que a lei declara serem de posse e domínio públicos têm forçosamente que ser desapropriadas, sob pena de caracterizar-se hipótese de desapropriação indireta.

Pelo exame do artigo 17 e seus parágrafos da Lei nº 9.985/00, verifica-se que nas florestas públicas de titularidade de qualquer dos entes federativos, é possível:

a) o *uso sustentável* referido no caput, o que significa "*exploração do ambiente de maneira a garantir a perenidade dos recursos ambientais renováveis e dos processos ecológicos, mantendo a biodiversidade e os demais atributos ecológicos, de forma socialmente justa e economicamente viável*" (art. 2º, XI, da Lei nº 9.985);

b) a *pesquisa científica*, permitida e incentivada, mas sujeitando-se à prévia autorização do órgão responsável pela administração da floresta, às condições e restrições por ele estabelecidas e àquelas previstas em regulamento (art. 17, *caput* e § 4º);

c) a *visitação pública*, condicionada às normas estabelecidas para o manejo da floresta pelo órgão responsável por sua administração.

7.7.4 Gestão de florestas públicas para produção sustentável

Nos termos do artigo 4º da Lei nº 11.284/06, a gestão das florestas públicas compreende: (a) *gestão direta* (art. 5º); (b) *destinação às comunidades locais*, mediante concessão de uso, regularização de posse, concessão de direito real de uso ou outra forma admitida em lei (art. 6º); e (c) *concessão florestal* (arts. 7º a 48).

7.7.4.1 Gestão direta

A gestão direta, como o próprio nome diz, é a exercida pelo Poder Público. Ao falar em gestão direta, a lei, à primeira vista, dá a impressão de que a própria Administração Pública, por meio de seus órgãos, pode encarregar-se da exploração dos produtos e serviços propiciados pelas florestas. No entanto, não é o que ocorre. O órgão gestor não atua diretamente; ele desenvolve atividades que podem ser consideradas como de regulação, na medida em que estabelece normas, controla, reprime, decide divergências. É o que decorre do artigo 53, combinado com o artigo 55 da Lei nº 11.284/06.

Nos termos do artigo 5º, é facultado ao gestor, para execução de atividades subsidiárias, firmar convênios, termos de parceria, contratos ou instrumentos similares com terceiros, observados os procedimentos licitatórios e demais exigências legais pertinentes. Por outras palavras, a lei permite a terceirização apenas das atividades subsidiárias.

A lei não diz o que se consideram atividades subsidiárias. O sentido literal da expressão permite concluir que se trata de atividades-meios e não de atividades-fins. Vale dizer que não podem ser objeto de terceirização as atividades típicas de regulação.

Os instrumentos jurídicos hábeis a esse fim são os convênios, os termos de parceria, os contratos e instrumentos congêneres.

Qualquer que seja o instrumento utilizado, a celebração do ajuste depende de licitação (art. 5º, § 1º), pelo critério do preço, que pode ser cumulado com o de melhor técnica (§ 2º).

7.7.4.2 Destinação às comunidades locais: concessão de uso e concessão de direito real de uso

Comunidades locais são *"populações tradicionais e outros grupos humanos, organizados por gerações sucessivas, com estilo de vida relevante à conservação e à utilização sustentável da diversidade biológica"* (art. 3º, X).

A Lei nº 11.284 protege, por diversas formas, as comunidades locais. O artigo 6º estabelece que, antes da realização das concessões florestais, as florestas públicas ocupadas ou utilizadas por comunidades locais serão identificadas para a destinação, pelos órgãos competentes, por meio de: I – criação de *reservas extrativistas* e *reservas de desenvolvimento sustentável*,[56] observados os requisitos previstos na Lei nº 9.985/00; II – *concessão de uso*, por meio de projetos de assentamento florestal, de desenvolvimento sustentável, agroextrativistas ou outros similares, nos termos do artigo 189 da Constituição Federal e das diretrizes do Programa Nacional de Reforma Agrária; III – outras formas previstas em lei.

Além disso, as comunidades locais podem participar das licitações para outorga de concessões florestais, por meio de associações comunitárias, cooperativas ou outras pessoas jurídicas admitidas em lei (§ 2º do art. 6º).

---

[56] Pelo artigo 18 da Lei nº 9.985/00, "a Reserva Extrativista é uma área utilizada por populações extrativistas tradicionais, cuja subsistência baseia-se no extrativismo e, complementarmente, na agricultura de subsistência e na criação de animais de pequeno porte, e tem como objetivos básicos, proteger os meios de vida e a cultura dessas populações, e assegurar o uso sustentável dos recursos naturais da unidade." E, pelo art. 20, "a Reserva de Desenvolvimento sustentável é uma área natural que abriga populações tradicionais, cuja existência baseia-se em sistemas sustentáveis de exploração dos recursos naturais, desenvolvidos ao longo de gerações e adaptados às condições ecológicas locais e que desempenham um papel fundamental na proteção da natureza e na manutenção da diversidade biológica".

E, nos termos do § 3º do mesmo dispositivo, "*o Poder Público poderá, com base em condicionantes socioambientais definidas em regulamento, regularizar posses de comunidades locais sobre as áreas por elas tradicionalmente ocupadas ou utilizadas, que sejam imprescindíveis à conservação dos recursos ambientais essenciais para sua reprodução física e cultural, por meio de concessão de direito real de uso ou outra forma admitida em lei, dispensada licitação*".

Portanto, as comunidades locais podem ter reconhecido, formalmente, o direito à "*utilização sustentável da diversidade biológica*", por meio de concessão de uso e de concessão de direito real de uso, sem prejuízo da possibilidade de participarem em procedimentos de licitação para a outorga de concessão florestal.

A *concessão de uso* é outorgada com fundamento no artigo 189 da Constituição Federal, dentro do Programa Nacional de Reforma Agrária. Pressupõe que tenha sido feita desapropriação para fins de reforma agrária, com base no artigo 184 da Constituição. Nesse caso, a concessão que incidir sobre área superior a 2.500 ha depende de prévia aprovação do Congresso Nacional, conforme artigo 188, § 1º, da Constituição.

A Lei não define a concessão de uso, porém ela está consagrada na doutrina e na jurisprudência como contrato administrativo, sinalagmático, oneroso ou gratuito, que investe o concessionário na posse de bem público, para sua utilização nos termos definidos no contrato. No caso de que se trata, ela é gratuita e deve observar as diretrizes de Programa Nacional de Reforma Agrária e limitar-se à *produção sustentável*, ou seja, a um tipo de utilização que garanta a perenidade dos recursos ambientais.

Já a *concessão de direito real de uso* rege-se pelos artigos 7º e 8º do Decreto-lei nº 271, de 28.2.67, com as alterações introduzidas pela Lei nº 11.481, de 31.5.07. Ela investe o concessionário em direito real resolúvel, que se extingue quando for dado ao imóvel destinação diversa da definida no ato de concessão. No caso de que trata o artigo 6º da Lei nº 11.284/06, o objetivo da concessão de direito real de uso é o de regularizar posses de comunidades locais em áreas tradicionalmente ocupadas ou utilizadas, que sejam imprescindíveis à conservação dos recursos ambientais essenciais para sua reprodução física e cultural. Por isso mesmo, a concessão independe de licitação, conforme está expresso no § 3º do mesmo dispositivo, o que nem precisaria ser dito já que só pode beneficiar as comunidades locais já instaladas nas áreas em questão.

Embora a Lei nada diga, tanto a concessão de uso como a concessão de direito real de uso de que trata o artigo 6º são outorgadas coletivamente, ou seja, às comunidades locais representadas por associações comunitárias, cooperativas ou outras pessoas jurídicas admitidas em lei. Não haveria como celebrar contratos individuais, já que o objetivo da lei é beneficiar as *comunidades*.

7.7.5 As florestas públicas como bens públicos de uso especial

As florestas públicas, bem como as unidades de conservação previstas e definidas pela Lei nº 9.985/00, inserem-se na modalidade de *bens de uso especial*. Nos termos do artigo 99, II, do Código Civil, são bens públicos "os de uso especial, tais como edifícios ou terrenos destinados a serviço ou estabelecimento da administração federal, estadual, territorial ou municipal, inclusive os de suas autarquias". O elenco é exemplificativo e não exclui outras modalidades não empregadas a serviço ou estabelecimento da administração, como é o caso, por exemplo, das terras indígenas e das terras devolutas indispensáveis à proteção dos ecossistemas naturais, referidas, respectivamente, nos artigos 231, § 4º, e 225, § 5º, da Constituição.

Chega-se a essa conclusão pelo fato de estarem submetidas a regime jurídico especial de proteção, que as torna inalienáveis, imprescritíveis, impenhoráveis e insuscetíveis de oneração; portanto, não podem pertencer à categoria de bens dominicais, que abrangem bens não afetados ao uso comum do povo, nem ao uso especial da Administração, razão pela qual são alienáveis; e não podem pertencer à categoria de bens de uso comum do povo, porque não abertos livremente ao uso de todos. Apenas algumas categorias admitem visitação pública, com restrições previstas na Lei nº 9.985/00.

Sendo bens públicos de uso especial, as florestas públicas são *coisas extra commercium* e, em consequência, não podem ser objeto de relações jurídicas regidas pelo direito privado, como compra e venda, locação, arrendamento, prescrição etc. Todas as relações que as tenham como objeto têm que ser regidas pelo direito público, a saber, atos e contratos administrativos, como a *autorização*, a *permissão* e a *concessão de uso* ou de *uso e exploração*.

Embora os bens das pessoas jurídicas de direito privado (fundações, empresas públicas e sociedades de economia mista) que integram a administração indireta sejam bens privados, em decorrência da norma do artigo 98 do Código Civil, no caso das áreas dessas entidades onde estejam localizadas florestas públicas os bens têm que ser considerados públicos também, por estarem sujeitos exatamente ao mesmo regime jurídico que os bens das pessoas jurídicas de direito público.

7.7.6 Concessão florestal

7.7.6.1 *Conceito legal e objeto*

Embora a lei preveja outras modalidades de concessão como formas de gestão de florestas públicas (conforme visto no item anterior), a expressão *concessão florestal* designa determinado tipo de contrato administrativo com algumas peculiaridades próprias previstas na Lei nº 11.284/06.

Ela é definida, pelo artigo 3º, VII, como a *"delegação onerosa, feita pelo poder concedente, do direito de praticar manejo florestal sustentável para exploração de produtos e serviços numa unidade de manejo, mediante licitação, à pessoa jurídica, em consórcio ou não, que atenda às exigências do respectivo edital de licitação e demonstre capacidade para seu desempenho, por sua conta e risco e por prazo determinado"*.

Em resumo, o seu objeto é a prática de *manejo florestal sustentável*, definido pelo artigo 3º, VI, como *"administração da floresta para a obtenção de benefícios econômicos, sociais e ambientais, respeitando-se os mecanismos de sustentação do ecossistema objeto do manejo e considerando-se, cumulativa ou alternativamente, a utilização de múltiplas espécies madeireiras, de múltiplos produtos e subprodutos não madeireiros, bem como a utilização de outros bens e serviços de natureza florestal"*.

Em termos menos técnicos, pode-se dizer que a concessão florestal tem por objeto a exploração econômica de *produtos florestais* (madeireiros e não madeireiros, conforme inciso III do art. 3º) e *serviços florestais* (turismo e outras ações ou benefícios decorrentes do manejo e conservação da floresta, conforme inciso IV do art. 3º).

Como realçado no item 7.7.2, a concessão florestal bem evidencia o objetivo de conciliar interesses contrapostos: de um lado, o interesse na proteção do meio ambiente e, de outro, o interesse privado na exploração dos recursos naturais fornecidos pelas florestas públicas, com fins de lucro.

E aqui cabe um alerta: a outorga de concessão florestal sem a devida fiscalização pelo Poder Público poderá provocar danos irreparáveis ao meio ambiente e ao direito de toda a coletividade a um meio ambiente ecologicamente equilibrado, como bem de uso comum do povo. O interesse privado, na obtenção de lucro em sua atividade de exploração das florestas públicas não pode ser privilegiado em detrimento da proteção do meio ambiente. Trata-se de uma daquelas matérias em que sobreleva a aplicação do princípio (hoje negado por muitos) da predominância do interesse público sobre o particular.

7.7.6.2 *Natureza jurídica da concessão florestal*

O vocábulo *concessão* é daqueles que se pode chamar de *equívoco*, porque admite diferentes significados e abrange várias modalidades de contratos administrativos, tais como concessão de serviço público, concessão patrocinada, concessão administrativa, concessão de obra pública, concessão de uso de bem público, concessão de direito real de uso, concessão de uso para fins de moradia, concessão para exploração de petróleo e gás natural, concessão para exploração de jazidas e, agora, a concessão florestal, sem falar na antiga concessão de sesmaria (muito semelhante à enfiteuse). Muitas vezes, no mesmo contrato, combinam-se mais de uma dessas modalidades, como a delegação da execução de um serviço público, a execução de uma obra pública, o uso de bem público.

Todos eles têm em comum a natureza jurídica de *contratos administrativos* e, portanto, submetidos a regime jurídico de direito público, com todas as cláusulas exorbitantes próprias dos contratos dessa natureza. Não nos parece correta a conclusão apresentada por Rafael Véras Freitas[57] no sentido de que "*a natureza da concessão de florestas é de contrato da administração – um contrato de direito econômico – e não de contrato administrativo. A consequência desse enquadramento é a de nele não se poder fazer uso de cláusulas exorbitantes*".

Não há dúvida de que o autor privilegia o interesse econômico do concessionário, em detrimento do interesse público na proteção das florestas públicas, de que é titular a coletividade. Um dos aspectos que diferencia os *contratos administrativos* dos *contratos de direito privado celebrados pela Administração* é exatamente o *objeto*. Terá que ter necessariamente natureza pública qualquer contrato que tenha por objeto uma coisa *extra commercium*, como é o caso das florestas públicas, as quais, como é evidente, só podem ser objeto de relações jurídicas regidas pelo direito público. No caso da concessão florestal, esse aspecto salta aos olhos em decorrência das normas inseridas no artigo 225 e parágrafos da Constituição Federal. Embora nesse contrato se busque conciliar o interesse na proteção do meio ambiente e o interesse na exploração econômica dos recursos naturais, não há dúvida de que, na hipótese de eventual conflito, aquele tem que ser privilegiado, com a aplicação das cláusulas exorbitantes próprias dos contratos administrativos.

Quanto ao tipo de contrato administrativo, verifica-se, pelos termos em que foi conceituada a concessão florestal e foram estabelecidas as normas sobre o contrato e a licitação, que o legislador, intencionalmente ou não, adotou algumas soluções em tudo semelhantes às previstas na lei de concessões e permissões de serviços públicos (Lei nº 8.987/05). A semelhança evidencia-se já a partir do conceito contido no artigo 3º, VII, da Lei nº 11.284/06, que, da mesma forma que o de concessão de serviço público contido no artigo 2º, II, da Lei nº 8.987/95, fala em *delegação* da atividade, feita pelo *poder concedente*, mediante *licitação* a *pessoa jurídica ou consórcio de empresas,* que demonstre *capacidade para o seu desempenho*, por sua *conta e risco* e *prazo determinado*. Além disso, prevê o Plano Anual de Outorga Florestal (PAOF). Prevê a possibilidade de ser exigida a constituição de sociedade de propósito específico. Veda a subconcessão. Prevê a transferência do controle societário da empresa concessionária em termos semelhantes ao contido

---

[57] A concessão de florestas e o desenvolvimento sustentável. In *Revista de Direito Público da Economia – RDPE*, v. 26, ano 7, abr./jun. 2009, p. 107-133.

na lei de concessões. Ainda é prevista, nos mesmos termos, a possibilidade de, nos contratos de financiamento, os concessionários poderem oferecer em garantia os direitos emergentes da concessão, até o limite que não comprometa a operacionalização e a continuidade da execução. É prevista também a reversão ao término da concessão.

No entanto, a semelhança entre as normas não autoriza a conclusão de que se trata de concessão de serviço público; de um lado, porque outros contratos contêm cláusulas semelhantes, como os de exploração de petróleo (que não constitui serviço público, mas atividade econômica); de outro lado, pelo simples fato de que o *manejo florestal sustentável para exploração de produtos e serviços*, que constitui objeto do contrato, não constitui serviço público e sim atividade econômica de interesse público. E não é serviço público porque falta uma de suas características, que é a sua atribuição à titularidade do Estado. A Constituição Federal, em nenhum dispositivo, prevê a exploração de florestas entre as atribuições da União ou dos demais entes federativos. O artigo 23 inclui entre as competências comuns da União, dos Estados, do Distrito Federal e dos Municípios, a de *"proteger o meio ambiente e combater a poluição em qualquer de suas formas"* (inciso VI) e a de *"preservar as florestas, a fauna e a flora"* (inciso VII). De forma coerente, o artigo 24 outorga competência concorrente à União, aos Estados e ao Distrito Federal para legislarem sobre *"florestas, caça, pesca, fauna, conservação da natureza, defesa do solo e dos recursos naturais, proteção do meio ambiente e controle da poluição"* (inciso VI); e o artigo 20 dá aos Municípios competência para suplementar a legislação federal e a estadual no que couber (art. 30, II).

Também o artigo 225 da Constituição Federal dá ao Poder Público o dever de *defender e preservar* o meio ambiente, para as presentes e futuras gerações. O seu § 1º prevê uma série de providências a cargo do Poder Público, todas elas com o objetivo de assegurar a efetividade do direito ao meio ambiente ecologicamente equilibrado e todas elas correspondendo a medidas de preservação, de definição, de controle, de repressão, que se enquadram muito mais no conceito de *regulação* do que no de prestação de serviços prestados diretamente à coletividade.

Nem no âmbito da legislação ordinária consta a atribuição dessa atividade ao Poder Público. Na Lei nº 9.985/00, no rol dos objetivos e diretrizes previstos em seus artigos 4º e 5º, não se encontra a atividade de *"manejo florestal sustentável para exploração de produtos e serviços"* outorgada ao Poder Público, como atribuição a ser por ele exercida. Tampouco na Lei nº 11.284/06 encontra-se essa atribuição de competência ao Poder Público. Tem-se que entender que a *gestão direta* referida no artigo 5º diz respeito às atividades abrangidas na *gestão de florestas para produção sustentável*, a saber, criação de florestas nacionais, estaduais e municipais, destinação de florestas às comunidades locais e concessão florestal.

Para isso, o órgão gestor exerce as competências previstas no artigo 53 da Lei, só podendo terceirizar as atividades-meios.

Se se pretende enquadrar a concessão florestal em uma das modalidades de concessão conhecidas, teríamos que considerá-la como *concessão de uso e exploração de bem público*. No item 5.3, fizemos uma classificação das modalidades de concessão de uso de bens públicos, com base em ensinamento de Raimundo Nonato Fernandes, distinguindo as *concessões de uso* das *concessões de exploração*, conforme sejam, ou não conferidos ao concessionário poderes de gestão dominial. Na concessão de exploração, o Poder Público outorga ao particular, não só *poder de usar o bem*, mas também o poder de *explorá-lo comercialmente*, diminuindo, às vezes, paulatinamente, a sua quantidade, como ocorre na concessão para exploração de minas; além do mais, nessa modalidade de concessão ocorre, às vezes, delegação de poderes públicos ao concessionário.

Outra classificação que costuma ser mencionada, inspirada no direito italiano e adotada, no direito brasileiro, por Oswaldo Aranha Bandeira de Mello,[58] é entre a concessão *translativa* e a *constitutiva*. Segundo o autor, "*corresponde a ato administrativo translativo de direito a concessão pela qual o concedente atribui ao concessionário inalterados os poderes e deveres que lhe cabem para exercê-los e cumpri-los em seu lugar, a fim de praticar ato jurídico, como os de serventuário de ofício público, ou de construir obra pública, como de retificação de rio, ou de prestar serviço público, como de fornecimento de energia elétrica*"; "*corresponde a ato administrativo constitutivo de direito a concessão pela qual o concedente delega ao concessionário poderes para utilizar ou explorar bem público, mas os atribui em qualidade inferior e quantidade menor dos que os tem, relativos à exploração de jazidas e fontes minerais, à utilização de terrenos nos cemitérios como túmulos de família, à instalação de indústrias de pesca às margens dos rios*".

A concessão florestal é da segunda modalidade: o Poder Público exerce fundamentalmente a atividade de regulação das florestas (indelegável ao particular) e delega a empresas privadas o poder de utilizá-las e explorá-las economicamente, estabelecendo a forma como poderão fazê-lo. Os poderes delegados são de natureza diversa daqueles exercidos pelo poder concedente.

7.7.6.3 Exigência de prévia aprovação legislativa

Uma questão que se discute diz respeito à necessidade ou não de autorização legislativa para a concessão florestal, à vista do disposto no artigo 49, XVII, da Constituição, que dá ao Congresso Nacional competência exclusiva para "*aprovar,*

---

[58] *Princípios gerais do direito administrativo*, 2007, v. I, p. 557-558.

previamente, a alienação ou concessão de terras públicas com área superior a dois mil e quinhentos hectares". A exigência repete-se no artigo 188, § 1º (inserido no capítulo da Política Agrícola e Fundiária e da Reforma Agrária), segundo o qual *"a alienação ou a concessão, a qualquer título, de terras públicas com área superior a dois mil e quinhentos hectares a pessoa física ou jurídica, ainda que por interposta pessoa, dependerá de prévia aprovação do Congresso Nacional".* Pelo § 2º, excetuam-se da proibição as alienações ou concessões de terras públicas para fins de reforma agrária.

A dúvida que esses dispositivos ensejam decorre do emprego do vocábulo *concessão*, que, como visto, abrange vários tipos de contratos administrativos, que podem ter diferentes objetos. É evidente que, no caso, a expressão somente abrange as concessões que tenham por objeto as terras públicas e não as que tenham por objeto a prestação de serviço público ou de obra pública.

Hely Lopes Meirelles[59] (em entendimento repetido pelos atualizadores de seu livro) fazia referência à chamada "concessão de domínio", que seria *"uma forma de alienação de terras públicas que teve sua origem nas concessões de sesmarias da Coroa e foi largamente usada nas concessões de datas das Municipalidades da Colônia e do Império. Atualmente só é utilizada nas concessões de terras devolutas da União, dos Estados e dos Municípios, consoante prevê a Constituição da República (art. 188, § 1º)."* Depois acrescentava o autor que *"a concessão de domínio de terras públicas não deve ser confundida com a concessão administrativa de uso de bem público, nem com a concessão de direito real de uso de terrenos públicos[...] porque importa alienação do imóvel, enquanto estas – concessões de uso, como direito pessoal ou real – possibilitam apenas a utilização do bem concedido, sem a interferência de sua propriedade".*

Os atualizadores da obra,[60] embora mantendo intocado o pensamento do jurista, advertem, em nota de rodapé, que *"atualmente, as terras rurais de qualquer das entidades estatais ficam sujeitas, para concessão de domínio ou de uso a particulares, às limitações constitucionais (art. 188 e §§).....".* Vale dizer: entendem que o dispositivo constitucional abrange as concessões de uso de terras públicas situadas na zona rural.

Na realidade, não se encontra no direito positivo qualquer referência à *concessão* como transferência de domínio. O mais próximo que se chega do instituto seria a enfiteuse, disciplinada pelo Decreto-lei nº 9.760, de 5.9.46, com alterações posteriores. Nesse instituto, ocorre a bifurcação do domínio, ficando a União com o domínio direto, e o enfiteuta, com o domínio útil. Mesmo assim, a legislação não utiliza o vocábulo *concessão* para referir-se à transferência do domínio útil. Seria

---

[59] *Direito administrativo brasileiro*, 2009, p. 547.
[60] Eurico de Andrade Azevedo, Délcio Balestero Aleixo e José Emmanuel Burle Filho.

absolutamente irrazoável supor que o constituinte tivesse utilizado o vocábulo *concessão* com um sentido não mais admitido no direito positivo brasileiro.

E não teria sentido que a *concessão*, nos dispositivos constitucionais citados, tivesse o mesmo significado que *alienação*, a menos que se quisesse admitir que o constituinte utilizou vocábulo inútil, o que contraria importante princípio de exegese das leis. Além disso, o artigo 188, § 1º, fala em alienação ou *concessão a qualquer título*. Tem-se que interpretar o dispositivo adotando-se o sentido usual do vocábulo, de modo a abranger todos os tipos de concessões que tenham por objeto a transferência de uso de bem público, ou seja, a concessão de uso, a concessão de direito real de uso, a concessão de exploração de bem público (que implica a utilização do bem).

No entender de José Afonso da Silva, a concessão a que se refere o artigo 49, XVII, é a de uso de bem público, que não transfere o domínio, mas a utilização do bem.[61]

No caso da concessão florestal, poder-se-ia argumentar que o seu objeto não é concessão de uso de terras públicas, mas a delegação onerosa do direito de praticar o manejo florestal sustentável na área. Foi o entendimento adotado por Rafael Véras de Freitas, no artigo já referido,[62] citando decisão do Ministro Gilmar Mendes, que permitiu a retomada do processo de concessão da Floresta Nacional do Jamari, em Rondônia, ao cassar uma decisão do Tribunal Regional Florestal da 1ª Região que obrigava a União a interromper a licitação já iniciada. Segundo o Ministro, *"não se pode confundir concessão florestal com concessão dominial. A concessão florestal não implica em transferência da posse da terra pública, mas sim a delegação onerosa do direito de praticar o manejo florestal sustentável na área"*.

Fica a seguinte questão: como é possível fazer o manejo florestal sustentável sem utilizar as terras públicas nas quais as florestas estão localizadas? A concessão florestal implica a construção de toda uma infraestrutura necessária ao exercício das atividades da concessionária. Veja-se que o Decreto nº 6.063, de 30.3.07, que regulamenta a Lei nº 11.284/07, no artigo 43, faz referência aos bens reversíveis que tornam ao titular da floresta pública após a extinção da concessão, e que deverão incluir, pelo menos: "I – a demarcação da unidade de manejo; II – infraestrutura de acesso; III – cercas, aceiros e porteiras; IV – construção e instalações

---

[61] *Comentário contextual à constituição*, 2005, p. 408. Nas palavras do jurista, "concessão é uma forma de contrato administrativo pelo qual o Poder Público outorga a terceiros a prestação de serviço público ou atribui a particular a utilização de bem de seu domínio. A primeira é chamada 'concessão de serviço público'; a segunda, 'concessão de uso'. Está claro que é desta última que trata o inciso em comentário. A concessão de uso, por seu turno, pode ser administrativa ou real. Em qualquer desses casos de alienação ou de concessão, a aprovação do ato pelo Congresso Nacional é condição de sua validade".

[62] p. 115.

permanentes". Tudo indica que a concessão florestal implica não só o exercício de uma atividade (manejo sustentável) como também o uso e posse de bem público. Difícil é imaginar que a empresa concessionária possa exercer a atividade de exploração concedida, sem ter a posse das áreas onde está localizada a floresta. Isso ocorrendo, não é possível dispensar a autorização legislativa para a concessão que envolva área superior a dois mil e quinhentos hectares, conforme o exige o artigo 49, XVII, da Constituição.

Conclusão

Os bens públicos das três modalidades – de uso comum do povo, de uso especial e dominical – podem ser utilizados pela pessoa jurídica de direito público que detém a sua titularidade, ou por outros entes públicos aos quais sejam cedidos, ou ainda, por particulares.

Estes últimos podem, por sua vez, exercer sobre os bens públicos diferentes formas de uso, que dão lugar a dupla classificação: pelo critério da exclusividade ou não exclusividade do uso, combinado com o da necessidade ou não de título jurídico para o seu exercício, o uso pode ser *comum* ou *privativo*; e pelo critério da conformidade ou não conformidade da utilização com o destino principal a que o bem está afetado, o uso pode ser *normal* ou *anormal*.

O *uso comum* é aberto a todos os membros da coletividade, independendo de consentimento individualizado por parte da Administração; caracteriza-se, em regra, por ser anônimo, gratuito, igual para todos e exercido livremente, o que não dispensa a sujeição dos usuários às normas impostas pelo poder de polícia do Estado, com vistas à conservação do bem e à proteção do usuário.

O uso comum pode ser *ordinário* ou *extraordinário*, correspondendo, este último, às utilizações sujeitas a maiores restrições, como o pagamento de prestação pecuniária ou manifestação de vontade da Administração, expressa por meio de ato de polícia, sob forma de licença ou autorização. Tais restrições, impostas pelo Poder Público, consagram exceções às regras da gratuidade, da liberdade, da igualdade e da generalidade, que caracterizam o uso comum ordinário.

Uso privativo é o que se exerce, com exclusividade, por pessoas determinadas, mediante título jurídico conferido individualmente pela Administração.

Tanto o uso privativo como o comum podem ser *normais* ou *anormais*.

Normal é o que se exerce de conformidade com a destinação principal do bem e *anormal*, o que atende a finalidades diversas ou acessórias, às vezes em contraste com aquela destinação. Atualmente, há uma tendência para considerar normal toda forma de utilização compatível com a destinação do bem, ainda que exercida em contraste com ela. Processou-se uma evolução na noção tradicional de normalidade do uso (conforme à destinação do bem), para admitir-se como tal todas as modalidades de utilização compatíveis com a conservação e a destinação do bem, ao mesmo tempo em que se ampliaram as possibilidades e as formas de participação do particular, de modo a extrair do domínio público o máximo de utilidades.

O *uso privativo*, seja normal ou anormal, apresenta duas notas características fundamentais: depende de título jurídico constitutivo expedido pela Administração e é exercido com exclusividade, ou seja, com possibilidade de excluir terceiros do direito de utilização da mesma parcela dominial.

Seu conteúdo pode ser a simples *ocupação*, como pode incluir poderes de *transformação* da coisa e, até mesmo, *direitos de disposição* de uma quantidade da matéria para apropriação pelo particular.

Aquele que pretende obter a outorga do uso privativo não é titular de direito subjetivo, mas de mero *interesse*, ao qual se contrapõe o poder discricionário da Administração de optar pela expedição do título ou pela sua recusa, segundo razões exclusivamente de mérito. O particular terá apenas direito de exigir observância do princípio da legalidade administrativa, quando for diretamente lesado por ato ilegítimo do Poder Público.

A *precariedade* pode ser apontada como um dos traços característicos do uso privativo desde que entendida como possibilidade de revogação, a qualquer momento, do ato ou contrato constitutivo do poder de utilização privativa, mesmo nas hipóteses em que se tenha estipulado prazo.

Se for considerada a precariedade no sentido de outorga sem prazo estabelecido, nem todo uso privativo é precário; ele pode ser *estável* (com prazo) e *precário* (sem prazo).

Dessa distinção decorrem importantes consequências no que diz respeito à natureza jurídica e à tutela do uso privativo.

O uso precário, embora apareça frente ao particular como direito subjetivo perfeito, não tem esse caráter perante a pessoa jurídica pública titular do bem sobre que incide a ocupação, pois, nessa modalidade, o poder de uso do particular e o poder de revogação da autoridade pública resultam do mesmo ato de outorga;

o usuário dispõe de um poder de utilização ao qual não se contrapõe qualquer obrigação do Poder Público, mas sim, desde as origens do ato, a faculdade discricionária de revogação por motivo de interesse público.

No uso estável, ao contrário, a Administração, no instrumento de outorga, obriga-se a garantir o uso privativo por determinado período de tempo. É verdade que, mesmo nessas hipóteses, a revogação extemporânea é sempre possível, uma vez que os interesses públicos sofrem constantes mutações, renovam-se, assumem novas feições, podendo determinar mudança na orientação administrativa, não prevista originariamente. Nesse caso, o interesse coletivo, a ser atendido prioritariamente, impõe o sacrifício do direito de uso do particular, convertendo-o, contudo, em direito à reparação pecuniária.

O direito do usuário privativo, no uso estável, pode ser de natureza pessoal ou real, sujeitos ambos a regime jurídico de direito público, em especial quando se trate de bens de uso comum e de bens do patrimônio indisponível do Estado. O direito real administrativo, somente admissível em hipóteses previstas em lei, assim se caracteriza: seu conteúdo é o direito de uso; esse direito cria uma relação entre o seu titular e a coisa, podendo ser exercido e defendido independentemente da intermediação do Poder Público; é transmissível; é oponível a terceiros e até mesmo à Administração quando esta atue com ilegalidade ou abuso de poder; é resolúvel, no sentido de que a Administração pode revogá-lo quando o uso privativo se revelar incompatível ou prejudicial ao destino principal do bem; sua tutela é feita por meio de ações judiciais, inclusive a possessória.

A *tutela* do uso privativo é exercida perante terceiros e perante a própria pessoa jurídica titular do bem. No caso de ser perturbado por terceiros, no exercício de seus direitos, o usuário pode recorrer à Administração para que esta adote as medidas de polícia administrativa cabíveis para pôr fim aos atos lesivos, ou pode recorrer ao Judiciário pleiteando a proteção do uso, com indenização por perdas e danos.

Em face da pessoa jurídica que outorgou o uso, o particular não pode, em nenhuma hipótese, opor-se à revogação legítima, pois domina nessa matéria, como em todo o direito público, o princípio da predominância do interesse público sobre o particular. Poderá, no entanto, opor-se à revogação ilegítima, perante a Administração, já que esta dispõe do poder de autotutela administrativa, que lhe permite rever e anular os próprios atos, quando eivados de ilegalidade; essa oposição pode ser feita, também, diretamente perante o Poder Judiciário, uma vez que mesmo os atos discricionários estão sujeitos ao seu controle, quanto aos aspectos vinculados (forma, competência e finalidade) e quanto aos limites legais da própria discricionariedade.

A tutela do uso privativo estável é mais ampla do que a do uso privativo precário, com duas diferenças a assinalar: (a) o titular do uso estável, beneficiado pela fixação de prazo, embora não possa opor-se à revogação legítima, fará jus à indenização por perdas e danos sofridos como consequência de revogação extemporânea; no uso precário, não havendo direito subjetivo oponível à Administração, a revogação, a qualquer momento, não impõe qualquer sacrifício de direitos ao usuário, nada havendo a ser compensado pecuniariamente; (b) somente o titular de uso estável pode utilizar a via possessória para defender seus direitos perante terceiros; a defesa possessória é incompatível com o uso precário.

O *regime jurídico* a que se subordina o uso privativo é de direito público, derrogatório e exorbitante do direito comum, o que se revela pela *constituição* do uso (mediante ato ou contrato administrativo, em que a Administração se situa em posição de supremacia sobre o particular, dispondo de poder discricionário para consentir ou recusar o uso e para fixar as condições em que o mesmo se exercerá), pelo seu *exercício* (sujeito à fiscalização do Poder Público e às alterações unilaterais impostas por exigências de interesse público) e pela sua *extinção* (que pode dar-se pelo término do prazo; pela caducidade, em caso de não utilização por determinado período de tempo; pela rescisão unilateral, como forma de sanção pelo descumprimento de obrigações impostas ao usuário; e pela revogação por motivo de interesse público).

O uso privativo pode ser *gratuito* ou *remunerado*; neste último caso, a contribuição paga pelo usuário como contraprestação pela ocupação do bem público tem a natureza de receita originária, resultante da exploração econômica do patrimônio público.

Os *instrumentos estatais de outorga* têm necessariamente natureza publicística, em se tratando de uso privativo de bens de uso comum do povo e de uso especial, pois, sendo estes incluídos na categoria de coisas *extra commercium*, não podem ser objeto de quaisquer relações regidas pelo direito privado; os bens dominicais não têm essa natureza e podem, em consequência, ser objeto de contratos privatísticos, observadas, no entanto, as derrogações e limitações impostas pelo direito público.

Há determinadas normas de direito comum, como as que impedem a rescisão unilateral dos contratos, que são incompatíveis com o uso de bens públicos, mesmo os dominicais, pois os interesses coletivos não são estáticos; eles se renovam constantemente em face do surgimento de novas exigências e impõem a revisão de decisões administrativas com a consequente imposição de limitações ou de sacrifícios de direitos individuais, em benefício do interesse público predominante. Um bem público posto no comércio jurídico privado pode vir, a qualquer momento, a tornar-se necessário ao atendimento de outro fim, que exija a sua afetação.

No Direito brasileiro, os instrumentos publicísticos de outorga do uso privativo aos particulares são a *autorização*, a *permissão* e a *concessão*, as duas primeiras como atos administrativos unilaterais, discricionários e precários, e a última como contrato.

A *autorização* é conferida para fins de interesse particular do usuário; reveste-se de maior precariedade do que a permissão; é outorgada, em geral, em caráter transitório; dispensa licitação e autorização legislativa; não cria para o usuário dever de utilização, mas simples faculdade; pode ser estipulada sem prazo (autorização simples) ou com prazo (autorização qualificada). Pelo fato de destinar-se à outorga de usos de interesse particular, revela-se como instrumento inadequado para utilização privativa de bens de uso comum do povo, que só podem ser objeto de ocupações que proporcionem benefícios de caráter geral.

A *permissão* é outorgada para usos privativos de interesse coletivo, em geral para o exercício de atividade considerada de utilidade pública; cria para o permissionário um *dever* de utilização, sob pena de caducidade do ato; segundo parte da doutrina, pode ser conferida sem prazo (permissão simples), hipótese em que a precariedade afasta a possibilidade de reconhecimento de direito subjetivo em benefício do usuário; ou com prazo (permissão qualificada), o que confere certa estabilidade ao uso e direito subjetivo ao permissionário, compensável pecuniariamente em caso de revogação extemporânea. A permissão pode ter por objeto bens públicos de qualquer natureza.

A precariedade, que pode ser imprimida ao ato desde sua constituição, e a inexistência de direito subjetivo em benefício do permissionário tornam a permissão o instituto mais adequado para outorga dos usos anormais, ou seja, daqueles que são exercidos em contraste com a destinação principal do bem e, por isso mesmo, mais sujeitos a se revelarem a qualquer momento incompatíveis com essa destinação; é o que ocorre, comumente, na utilização de bens de uso comum do povo.

A *concessão* é contrato de direito público, sinalagmático, oneroso ou gratuito, comutativo e realizado *intuitu personae*. É a forma mais recomendável na utilizações privativas *com empresa* e naquelas que exigem empreendimentos de grande vulto, por isso mesmo mais adequada para os usos normais, exercidos em consonância com a finalidade precípua a que o bem está afetado, o que abrange principalmente os bens de uso especial (como mercados, cemitérios, abatedouros, aeroportos, parcialmente afetados ao uso privativo) e os bens dominicais postos no comércio jurídico para fins de moradia, cultivo da terra, exploração agrícola ou industrial.

Relativamente aos bens dominicais, a lei refere-se à *cessão* (como instituto de direito público aplicável em casos de outorga de imóveis da União aos Estados, Municípios, entidades educacionais, culturais ou de finalidades sociais e, em se tratando de aproveitamento econômico de interesse nacional, a pessoa física ou jurídica), preferindo, em outras hipóteses, empregar institutos de direito privado, como *locação, arrendamento, enfiteuse, concessão de direito real de uso* e *comodato*, embora com inúmeras derrogações impostas por normas publicísticas e, às vezes, dando aos contratos um regime jurídico tipicamente de direito público, em perfeita correspondência com a concessão de uso, mantida a imprópria denominação emprestada do direito privado.

Apêndices

Appendix

Apêndice 1

Função social da propriedade pública

Sumário: 1. É possível falar em função social da propriedade pública? 2. Classificação dos bens públicos. 3. Função social dos bens de uso comum do povo e de uso especial. 4. Função social dos bens dominicais. 5. Conclusões.

1 É possível falar em função social da propriedade pública?

A questão inicial que se coloca é a seguinte:

É possível falar em função social da propriedade pública?

A dúvida tem sua razão de ser. É que, estando o poder público vinculado a fins de interesse público, mais especificamente ao bem comum – que é a própria finalidade que incumbe ao Estado garantir –, não há dúvida de que todo o patrimônio público tem que ser utilizado com esse objetivo.

Desse modo, falar em função social da propriedade pública soa como um pleonasmo. No entanto, em artigo publicado nos Cadernos FUNDAP (ano 9, nº 17, dez/89), referente ao patrimônio imobiliário do poder público, dedicamos um item ao tema da função social da propriedade pública, quando procuramos demonstrar em que sentido é possível aplicar esse princípio ao patrimônio público.

Voltamos agora ao assunto pelo menos por duas razões: em primeiro lugar, porque a questão de repente se tornou relevante pelas frequentes controvérsias surgidas em decorrência da utilização de bens públicos por empresas concessionárias de serviços públicos; em segundo lugar, porque o próprio Estatuto da Cidade, aprovado pela Lei nº 10.257, de 10.7.01, veio dar novo alento ao referido princípio ao falar, com base em dispositivo constitucional (art. 182, *caput*), em função social da cidade.

Em relação à propriedade privada, o princípio da função social, inspirado na doutrina social da Igreja, representa uma reação contra a concepção individualista do direito de propriedade privada e corresponde às concepções ideológicas que veem na propriedade não apenas um direito individual, mas também uma função – a de servir de instrumento para a consecução do bem comum.

Essa doutrina foi desenvolvida com relação à propriedade privada. Foi a esta que se quis acrescer o aspecto social ao lado do individual. Na propriedade pública o aspecto social já prevalece pelo só fato de tratar-se de bens do domínio das pessoas jurídicas de direito público.

Quando o princípio da função social começou a aplicar-se à propriedade privada, na Constituição de Weimar de 1919, já estava em pleno desenvolvimento a concepção doutrinária que atribui os bens públicos à titularidade das pessoas jurídicas estatais, sem prejuízo da finalidade pública que lhes é inerente.

Enquanto à época das monarquias absolutas todos os bens públicos pertenciam à Coroa, no momento em que se desenvolveu a ideia de Estado como pessoa jurídica, passou-se a entender que ele é o proprietário das coisas públicas. A grande dificuldade enfrentada pelos doutrinadores foi enquadrar como direito de propriedade a relação de pertinência dos bens públicos ao Estado, pessoa jurídica. E a dificuldade decorria precisamente de serem, grande parte dos bens, destinados ao uso de todos – daí a expressão *bens do domínio público* –, cumprindo, portanto, uma função social. Com o Estado Moderno e o desenvolvimento da ideia de Estado como pessoa jurídica, este assumiu a propriedade dos bens públicos, em substituição ao príncipe. A ideia que hoje se adota é a de que as pessoas jurídicas públicas detêm o domínio sobre os bens públicos, os quais ficam sob regime jurídico público, precisamente com o objetivo de garantir a sua utilização para fins de interesse geral.

No direito brasileiro é possível afirmar que a Constituição adota, expressamente, o princípio da função social da propriedade privada e também agasalha, embora com menos clareza, o princípio da função social da propriedade pública, que vem inserido de forma implícita em alguns dispositivos constitucionais que tratam da política urbana.

O princípio da função social da propriedade privada, que serviu de inspiração para a inclusão de nova modalidade de desapropriação (por interesse social) na Constituição de 1946, apareceu pela primeira vez na Constituição de 1967. Antes disso, já estava consagrado no Estatuto da Terra, de 1964. Na Constituição atual, ele está previsto em vários dispositivos: (a) no artigo 5º, XXIII, está prescrito que "a propriedade atenderá a sua função social"; ao mesmo tempo em que impõe um dever ao proprietário, protege o interesse coletivo; (b) no artigo 170, III, está inserido entre os princípios da ordem econômica que têm por objetivo "assegurar a todos existência digna, conforme os ditames da justiça social"; no artigo 182, está definida a função social da propriedade urbana (§ 2º) como aquela que "atende às exigências fundamentais de ordenação da cidade expressas no plano diretor", impondo ao proprietário do solo urbano não edificado, subutilizado ou não utilizado, que promova seu adequado aproveitamento, sob pena de sujeitar-se às medidas previstas no § 4º (parcelamento ou edificação compulsórios, IPTU progressivo no tempo e desapropriação com pagamento em títulos da dívida pública); (d) no artigo 186, define-se a função social da propriedade rural, sujeitando os proprietários que a descumprirem à desapropriação para reforma agrária, nos termos do artigo 184.

Vale dizer que a função social da propriedade privada cria para o particular um dever de utilização de seu patrimônio. Cria um ônus para o particular.

O princípio da função social da propriedade pública não está consagrado com tanta clareza na Constituição. Ele não é definido senão por meio de diretrizes a serem observadas pelo poder público. Ele está sintetizado no artigo 182. O dispositivo coloca como objetivo da política de desenvolvimento urbano "o pleno desenvolvimento das funções sociais da cidade e garantir o bem-estar de seus habitantes".

Como demonstra Carlos Ari Sundfeld,[1] falando sobre a constitucionalização do direito urbanístico, em obra coletiva organizada por Adilson de Abreu Dallari e Sérgio Ferraz, "a ligação constitucional entre as noções de 'direito urbanístico' e de 'política urbana' (política pública) já é capaz de nos dizer algo sobre o conteúdo desse direito, que surge como o direito de uma 'função pública' chamada urbanismo, pressupondo finalidades coletivas e atuação positiva do Poder Público, a quem cabe fixar e executar a citada política".

O objetivo da política urbana – voltada para a função social da cidade – está praticamente resumido no artigo 2º, I, do Estatuto da Cidade, quando repete, no *caput*, a norma do artigo 182, determinando que "a política urbana tem por objetivo ordenar o pleno desenvolvimento das funções sociais da cidade e da propriedade urbana, mediante as seguintes diretrizes gerais: I – garantia do direito a cidades sustentáveis, entendido como o direito à terra urbana, à moradia, ao saneamento ambiental, à infraestrutura urbana, ao transporte e aos serviços públicos, ao trabalho e ao lazer, para as presentes e futuras gerações". Os demais incisos do artigo 2º são meros instrumentos para consecução desse objetivo fundamental.

Desse modo, enquanto o princípio da função social da propriedade privada impõe um dever ao proprietário (e, de certo modo, exige a atuação do poder público para garantir o cumprimento do princípio), o princípio da função social da cidade impõe um dever ao poder público e cria para os cidadãos direito de natureza coletiva, no sentido de exigir a observância da norma constitucional.

---

[1] *O estatuto da cidade e suas diretrizes gerais*, 2002, p. 49.

Carlos Ari Sundfeld, na obra citada, comentando o artigo 2º, I, mais especificamente a expressão *cidade sustentável* que nele se contém, observa que "a população tem o direito coletivo a uma cidade sustentável, o que deve levar à fruição individual das vantagens dela decorrentes". E indaga: "qual é a repercussão prática, no campo do Direito, dessas afirmações de princípios? São três: por um lado, possibilitar a sanção jurídica da inércia do Poder Público (omissão em ordenar o emprego do solo e proteger o patrimônio coletivo); por outro, fornecer parâmetros normativos para controle das orientações seguidas pela política urbana, com isso viabilizando a invalidação das normas e atos a eles contrários; ainda, permitir o bloqueio dos comportamentos privados que agridam o equilíbrio urbano". Concluindo, o jurista observa que, "tratando-se de direitos coletivos, sua adequada proteção depende da disponibilidade de instrumentos de tutela dessa classe de direitos. Isso explica a preocupação do Estatuto em, de modo expresso, incluir a ordem urbanística como bem suscetível de defesa pela ação civil pública (arts. 53-54). O direito à cidade sustentável – primeira diretriz do art. 2º do Estatuto – é, portanto, o direito a uma certa ordem urbanística, passível de tutela judicial coletiva".

A chamada cidade sustentável exige planos urbanísticos, leis de zoneamento, limitações administrativas, servidão administrativa, tombamento, concessão de direito real de uso e tantas outras medidas previstas no Estatuto da Cidade, muitas delas incidindo ou podendo incidir sobre o patrimônio público, em qualquer das modalidades de bens públicos, como ruas, praças, estradas, edifícios públicos etc.

Para demonstrar como o princípio da função social pode atingir a propriedade pública, é necessária uma breve exposição sobre as modalidades de bens públicos.

2 Classificação dos bens públicos

O direito brasileiro adota, desde o Código Civil de 1916, uma classificação tripartite dos bens públicos que até hoje se mantém: bens de uso comum do povo, bens de uso especial e bens dominicais. No Código Civil vigente, a mesma classificação consta do artigo 99; porém o artigo 98 deixa claro que são públicos os bens do domínio nacional pertencentes às pessoas jurídicas de direito público interno; todos os outros são particulares, seja qual for a pessoa a que pertencerem. Vale dizer que são públicos os bens pertencentes à União, Estados, Distrito Federal, Municípios, autarquias e fundações com personalidade de direito público. A estas últimas é que quis se referir o legislador quando, no artigo 99, parágrafo único, veio determinar que "não dispondo a lei em contrário, consideram-se dominicais os bens pertencentes às pessoas jurídicas de direito público a que se tenha dado estrutura de direito privado".

Temos realçado que o critério da classificação adotado pelo Código Civil é o da destinação ou afetação dos bens: os da primeira categoria são destinados, por natureza ou por lei, ao uso coletivo; os da segunda, ao uso da Administração, para consecução de seus objetivos, tais como os imóveis onde estão instaladas as repartições públicas, os bens móveis utilizados na realização dos serviços públicos (veículos oficiais, materiais de consumo, navios de guerra), os mercados municipais, os teatros públicos, os cemitérios públicos; os da terceira categoria não têm destinação pública definida, razão pela qual podem ser aplicados pelo Poder Público para obtenção de renda ou outra finalidade de interesse público; é o caso das terras devolutas, dos terrenos de marinha, dos imóveis não utilizados pela Administração, dos bens móveis que se tornem inservíveis.[2]

E temos demonstrado que, no que diz respeito ao regime jurídico, não obstante a classificação em três categorias, só existem duas modalidades: os bens do domínio público que se submetem a regime jurídico de direito público (bens de uso comum do povo e bens de uso especial) e os bens do domínio privado, que se sujeitam a regime jurídico de direito privado, parcialmente derrogado pelo direito público (bens dominicais). A principal diferença diz respeito à inalienabilidade dos primeiros (que os coloca entre as coisas *extra commercium*, insuscetíveis de relações jurídicas regidas pelo direito privado, como locação, comodato, prescrição etc.) e à alienabilidade dos últimos (que os coloca entre as coisas *in commercium*, portanto suscetíveis de relações jurídicas regidas pelo direito privado, embora parcialmente derrogado pelo direito público).

No atual Código Civil, a inalienabilidade dos bens de uso comum do povo e dos bens de uso especial e a alienabilidade dos bens dominicais está expressa, respectivamente, nos artigos 100 e 101.

Daí a pertinência da classificação feita pelo Regulamento do Código de Contabilidade Pública (Decreto nº 15.783, de 8.11.22), que, no artigo 807, fala em bens patrimoniais indisponíveis (abrangendo os bens de uso comum do povo e os de uso especial) e bens patrimoniais disponíveis (abrangendo os bens dominicais). Essa classificação é a mesma adotada no direito italiano e baseia-se no critério da natureza, patrimonial ou não, do bem.

Dessa distinção resultam importantes consequências quanto aos modos de utilização por particulares e quanto à própria aplicação do princípio da função social da propriedade, na dupla faceta já apontada. É o que se passará a analisar.

---

[2] Maria Sylvia Zanella Di Pietro, *Direito administrativo*, 2009, p. 667.

3 Função social dos bens de uso comum do povo e de uso especial

Não é demais repetir que a destinação pública é inerente à própria natureza jurídica dos bens de uso comum do povo e de uso especial, porque eles estão afetados a fins de interesse público, seja por sua própria natureza, seja por destinação legal. Certamente pensando nessas categorias de bens é que Jambrenghi tenha afirmado que, à diferença da propriedade privada, "a propriedade pública é e não tem função social".[3] A frase é relevante e merece ser lembrada para destacar a função social como inerente aos bens do domínio público. Falar em função significa falar em dever para o poder público: dever de disciplinar a utilização dos bens públicos, de fiscalizar essa utilização, de reprimir as infrações, tudo de modo a garantir que a mesma se faça para fins de interesse geral, ou seja, para garantir uma cidade sustentável.

Não obstante essas duas modalidades de bens tenham uma destinação pública específica (porque ou servem ao uso coletivo ou se destinam ao uso da Administração para consecução de seus fins), essa afetação não impede que se amplie a sua função, seja para outros usos da própria Administração, seja para assegurar aos administrados a possibilidade de utilização privativa, desde que seja compatível e não prejudique o fim principal a que o bem se destina.

A partir da tese sobre "Uso Privativo de Bem Público por Particular", temos, em inúmeras oportunidades, salientado que os bens públicos, precisamente pela função social que desempenham, devem ser disciplinados de tal forma que permitam proporcionar o máximo de benefícios à coletividade, podendo desdobrar-se em tantas modalidades de uso quantas forem compatíveis com a destinação e com a conservação do bem.[4]

A ideia que se defende é a de que existem determinados bens que comportam inúmeras formas de utilização, conjugando-se o uso comum do povo com usos privativos exercidos por particulares para diferentes finalidades. Ruas, praias, praças, estradas, estão afetadas ao uso comum do povo, o que significa o reconhecimento, em cada pessoa, da liberdade de circular ou de estacionar, segundo regras ditadas pelo poder de polícia do Estado; porém, se a ampliação dessa liberdade em relação a algumas pessoas, mediante outorga de maiores poderes sobre os mesmos bens, trouxer também alguma utilidade para a população, sem prejudicar o seu direito de uso comum, não há por que negar-se à Administração que detém a gestão do domínio público o poder de consentir nessa utilização, fixando as condições em que a mesma se exercerá. Concilia-se o uso comum do povo, que é a destinação

---

[3] *Premesse per una teoria dell'uso dei beni pubblici,* 1979, p. 6-7, nota 7.
[4] Cadernos FUNDAP, cit., p. 58, e parecer no livro *Parcerias na administração pública,* 7. ed., p. 395 ss.

precípua do bem, com o uso privado das vias públicas para realização de feiras livres, de exposições de arte, de venda de combustíveis, de distribuição de jornais, de comércio de flores e frutas; trata-se de usos privados, porque exercidos por particulares em seu próprio interesse, mas que também proporcionam alguma utilidade para os cidadãos. Por isso pode ser consentido.

Do mesmo modo, as águas públicas podem atender a inúmeros objetivos, alguns de uso comum, como a navegação, outros de uso privativo, como a derivação para fins agrícolas ou industriais, ou para execução de serviço público, como a produção de energia elétrica e o abastecimento da população, como também podem atender simplesmente às primeiras necessidades da vida.

Cabe ao poder público disciplinar, por lei, a forma como o uso dos bens públicos pode ser ampliado ou restringido, bem como conciliar as múltiplas formas de uso, compatibilizando-as com o fim principal a que o bem está afetado. O interesse público constitui a baliza que orienta suas decisões; outorgará e extinguirá, discricionariamente, os usos privativos, bem como imprimir-lhes-á maior ou menor precariedade, à medida que atendam ao interesse da coletividade.

Note-se que o poder público tanto pode restringir como pode ampliar o uso de bens públicos. Quando restringe, está exercendo o poder de polícia sobre o patrimônio público. Tais restrições abrangem medidas de diferentes modalidades, como regras sobre circulação, sobre tráfego, sobre remuneração. Quando amplia, está atendendo ao princípio da função social da propriedade pública, uma vez que está cumprindo o dever de garantir que a utilização dos bens públicos atenda da forma mais ampla possível ao interesse da coletividade.

Pode-se afirmar que o poder público dispõe de certa margem de discricionariedade na ampliação das modalidades de uso privativo. Porém, essa discricionariedade não é ilimitada: além das limitações que decorrem expressamente da lei, há pelo menos duas ordens de considerações que devem ser levadas em conta necessariamente: (a) a compatibilidade entre o uso privativo e a destinação principal do bem; e (b) o interesse público (ideia que também está implícita no primeiro requisito apontado).

Assim é que a Administração Pública não pode consentir que particulares utilizem os bens públicos de uso comum por forma que prejudique a circulação de pedestres e de veículos (como é frequente acontecer com a ocupação de vias públicas por camelôs ou por favelas); se o permitir, por ação ou omissão, estará causando lesão ao patrimônio público, dando ensejo a medidas judiciais, como ação popular, ação civil pública, inclusive para fins de aplicação das penalidades previstas para os atos de improbidade administrativa.

Mesmo em se tratando de bens de uso especial, a Administração pode permitir o uso privativo por particulares, para fins de interesse público, como instalação de restaurantes, livrarias, postos bancários ou outros fins congêneres, porém com a mesma condição de que essa utilização não conflite com a destinação principal do bem, que é a de servir ao uso da Administração Pública, para a consecução de fins estatais. As mesmas consequências apontadas com relação ao uso indevido de bens de uso comum do povo aplicam-se à hipótese de outorga indevida de uso privativo de bem de uso especial.

Em todas as hipóteses até aqui mencionadas, a utilização do bem público se faz por particulares, para consecução de fins que, se são de interesse público, não são atribuídos ao Estado como atividade estatal. Não se incluem no conceito de serviço público. Os atos de outorga – autorização, permissão ou concessão de uso – não têm por objeto a delegação de atividade própria do Estado, mas tão somente a utilização e, às vezes, a exploração de bem do patrimônio público.

No entanto, existem hipóteses em que a utilização do bem público se faz por outras entidades com personalidade de direito privado que prestam serviço público por delegação do Estado (empresas públicas, sociedades de economia mista ou concessionárias, permissionárias ou autorizatárias de serviços públicos). Se tais entidades utilizam um bem público, o ato de outorga – autorização, permissão ou concessão de serviço público – acaba tendo pelo menos dois objetos: a delegação da execução de serviço público e a utilização de bem público. Se esse bem pertence a outro ente da federação, que não o titular do serviço público, haverá dois atos de outorga praticados por entes diversos: o titular do serviço delega a sua execução e o titular do bem outorga o direito à sua utilização.

Neste último caso, a discricionariedade da Administração Pública diminui consideravelmente. Se uma empresa prestadora de serviço público depende da utilização de bens públicos de outro ente para a execução da atividade pela qual é responsável, a utilização de bem público não pode ser negada. O titular do bem pode apenas exercer o seu poder de polícia sobre essa utilização, de modo a assegurar que a mesma se faça pela forma menos prejudicial ao fim principal a que se destina o bem. Não pode negar o direito à utilização, sob pena de causar dano à prestação do serviço público delegado.

Essa questão tem surgido especificamente em hipóteses nas quais a concessionária depende do uso de faixas de domínio de rodovias ou de bens de uso comum do povo, de propriedade do Município, para fins de instalação dos equipamentos necessários à prestação de serviço público.

Tivemos oportunidade de tratar do assunto em parecer publicado no livro Parcerias na Administração Pública.[5] Ali demonstramos a diferença de tratamento conforme se trate de uso de bens públicos por particular, para fins de interesse

---

[5] 7ª ed., p. 395/420; v. também Apêndice 4, neste livro.

privado ou público, ou de uso de bens públicos por prestadoras de serviço público. No primeiro caso, o particular não é titular de direito subjetivo à utilização; ele não dispõe de meios para exigir que a Administração outorgue o seu consentimento, emitindo o título jurídico hábil para esse fim, uma vez que se trata de matéria de mérito, que se inscreve na órbita de atuação discricionária do Poder Público. Pela mesma razão, o particular que obtém o instrumento jurídico para fins de uso de bem público não pode opor-se à revogação do ato (autorização ou permissão de uso) ou à rescisão do contrato (concessão de uso) quando a Administração o faça por razões de interesse público devidamente motivadas.

As mesmas conclusões não se aplicam quando o particular necessita do bem público para instalação de equipamentos indispensáveis à prestação de serviço público. A menos que haja razões de interesse público, especialmente impedimentos de ordem técnica, o uso tem que ser consentido e deve perdurar pelo prazo necessário para atendimento do serviço público. Pode haver alguma discricionariedade quanto à escolha do melhor local ou do meio menos oneroso, mas não quanto ao deferimento ou indeferimento do uso pretendido.

No referido parecer, salientamos também que "no caso de uso de bem público por particular, para fins predominantemente de interesse privado, o ato de autorização, permissão ou concessão amplia os benefícios do interessado, investindo-o numa possibilidade de uso quantitativamente maior do que aquela que é exercida pelos demais membros da coletividade; ocorre uma ampliação dos próprios fins a que se destina o bem, desde que o uso privado seja compatível com os mesmos. No caso do uso do bem público por concessionária para prestação de serviço público, o ato de consentimento é mero ato de polícia, a ser exercido pela autoridade responsável pela administração do bem, para verificar se o uso pretendido está conforme às normas legais. Não há contraposição entre interesse privado e interesse público, mas entre dois interesses públicos. Não pode ser negado, sob pena de dano ao interesse público inerente a todos os contratos de concessão de serviços públicos".

No uso de bens públicos por particulares, a discricionariedade é justificável porque existe um interesse privado a ser analisado em confronto com o interesse público predominante; trata-se de aplicação do princípio de que o interesse público predomina sobre o interesse particular. Por outras palavras, o princípio da função social da propriedade pública autoriza ou exige (quando se considera que função é dever) que a Administração amplie as possibilidades de uso de bem público; e o princípio da supremacia do interesse público fundamenta a discricionariedade nos atos de outorga e extinção do uso.

No uso de bens públicos por concessionárias para execução de serviços públicos, não há contraposição entre interesse privado e interesse público, mas entre dois interesses públicos, a serem atendidos obrigatoriamente. E esses interesses nem sempre se colocam no mesmo nível, já que algumas concessionárias exercem serviço de competência da União e, portanto, de interesse nacional, não podendo ceder diante de interesses locais. Desse modo, a menos que haja descumprimento de exigência legal expressa ou motivo de interesse público devidamente demonstrado, não há como o titular do bem público negar o uso de bem público pelas concessionárias de serviços públicos. O ato de outorga tem a natureza de ato vinculado e não discricionário. A sua recusa injustificada pode dar ensejo à desapropriação e à instituição de servidão. Além disso, a precariedade, que constitui característica do uso de bem público por particular, praticamente desaparece quando o uso se faça para fins de prestação de serviço público. Não se pode conceber que o ente titular do bem tenha discricionariedade para extinguir o ato de outorga, que deve perdurar enquanto permanecer a sua necessidade para fins de prestação do serviço público.

Vale dizer que a ampliação das modalidades de uso de bem público de uso comum do povo e de uso especial, com maior ou menor discricionariedade, está inserida no próprio conteúdo da função social da propriedade pública, sempre lembrando que falar em função é falar em dever, no caso, dever do poder público de disciplinar a matéria (observado o princípio da legalidade), fiscalizar e reprimir.

Ainda com relação aos bens de uso comum do povo e aos bens de uso especial, cabe lembrar que, sendo coisas *extra commercium*, não podem ser objeto de relações jurídicas regidas pelo direito privado, como compra e venda, locação, comodato, usucapião etc., razão pela qual os títulos jurídicos para outorga do uso privativo têm que ser de direito público. Eles abrangem a autorização, a permissão e a concessão de uso.

As duas primeiras são atos unilaterais, discricionários e precários; enquanto a autorização é dada para usos de interesse privado, a permissão é outorgada quando o uso, embora de interesse privado do permissionário, proporciona alguma utilidade para o cidadão. A precariedade, no caso, significa o poder de revogação unilateral do ato, a qualquer momento, pelo poder público, por razões de interesse público devidamente demonstrado, sem assegurar ao particular qualquer direito a indenização.

Já a concessão de uso tem natureza contratual e, por isso mesmo, confere maior garantia ao concessionário. Tratando-se de contrato administrativo, está sujeito às normas da lei de licitações e contratos.[6] A precariedade, no caso, existe, embora em menor grau, porque a Administração sempre tem o poder de rescindir unilateralmente os seus contratos por motivo de interesse público (arts. 58, II, e 78, XII, da Lei nº 8.666). Mas, como os contratos administrativos têm prazo determinado (conforme art. 57, § 3º, da mesma lei), a sua rescisão antes do prazo estabelecido confere ao particular direito a indenização, se não foi ele que deu causa à extinção

---

[6] Lei nº 8.666, de 21.6.93.

contratual. Exatamente por isso, a concessão de uso somente deve ser outorgada quando o uso concedido exigir maiores investimentos do concessionário e se der para fins compatíveis com o destino principal do bem.

4 Função social dos bens dominicais

Bens dominicais, conforme define o artigo 99, III, do Código Civil, são os que "constituem o patrimônio das pessoas jurídicas de direito público, como objeto de direito pessoal, ou real, de cada uma dessas entidades".

Eles compõem o patrimônio público disponível. O Regulamento Geral de Contabilidade Pública faz referência a eles como "os bens do Estado, qualquer que seja a sua proveniência, dos quais se possa efetuar venda, permuta ou cessão, ou com os quais se possam fazer operações financeiras em virtude de disposições legais especiais de autorização". Costuma-se dizer que o poder público age em relação a eles da mesma forma que o particular; a sua gestão corresponderia a atividade privada da Administração. Tais afirmações devem ser aceitas com reservas, porque existem normas de direito público que derrogam parcialmente o direito privado. É o caso das normas que impedem a penhora, o usucapião, ou exigem licitação para a celebração de contratos que tenham por objeto os bens públicos. Não há como fugir inteiramente ao direito público quando o patrimônio esteja envolvido em uma relação jurídica de qualquer natureza.

Também está superada a tese que atribuía aos bens dominicais uma função puramente patrimonial ou financeira. Essa função permanece e pode até constituir importante fonte de recursos para o erário público. No entanto, não há dúvida de que aos bens dominicais pode e deve ser dada finalidade pública, seja para aplicação do princípio da função social da propriedade, seja para observância do princípio da função social da cidade.

Com efeito, não há por que excluir os bens dominicais da incidência das normas constitucionais que asseguram a função social da propriedade, quer para submetê-los, na área urbana, às limitações impostas pelo Plano Diretor, quer para enquadrá-los, na zona rural, aos planos de reforma agrária.

Ainda que silenciando quanto à primeira, a Constituição contém norma expressa sobre a segunda, ao determinar, no artigo 188, que a destinação de terras públicas e devolutas será compatibilizada com a política agrícola e com o plano nacional de reforma agrária. Além disso, exclui da exigência de aprovação do Congresso Nacional a concessão de terras públicas com área superior a 2.500 ha, prevista no § 1º, quando a alienação ou concessão se faça para fins de reforma agrária.

Cabe salientar também que, sendo a União sujeito ativo do poder de desapropriar para fins de reforma agrária (art. 184 da Constituição), nada impede que exerça o seu poder sobre bens públicos estaduais e municipais.

No que diz respeito aos instrumentos da política urbana previstos no Estatuto da Cidade, não há dúvida de que grande parte deles se aplica aos bens dominicais e, às vezes, mesmo aos bens de uso comum do povo e aos bens de uso especial. Não se pode esquecer que esse Estatuto tem fundamento constitucional. Assim, embora a competência para adoção das medidas de política urbana seja do Município, ela pode alcançar inclusive bens públicos estaduais e federais, desde que inseridos na área definida pelo plano diretor. Trata-se de competência municipal que decorre diretamente da Constituição (art. 182) e que pode ser exercida desde que em consonância com as "diretrizes gerais fixadas em lei". Desse modo, se algum bem público, de qualquer ente governamental, estiver situado na área definida pelo plano diretor, ele está sujeito às "exigências fundamentais de ordenação da cidade", indispensáveis para o cumprimento da função social da propriedade urbana, nos termos do § 2º do mesmo dispositivo constitucional.

Dentre os instrumentos indicados no artigo 4º do Estatuto da Cidade, alguns podem incidir sobre bens públicos, como é o caso do zoneamento, da desapropriação, das limitações administrativas, do tombamento, da concessão de direito real de uso, da concessão de uso especial para fins de moradia (esta incidindo especificamente sobre bens públicos, com base na Medida Provisória nº 2.220, de 2001), do parcelamento, edificação ou utilização compulsórios, dentre outros.

5 Conclusões

Pelo exposto se conclui que a ideia de função social, envolvendo o dever de utilização, não é incompatível com a propriedade pública. Esta já tem uma finalidade pública que lhe é inerente e que pode e deve ser ampliada para melhor atender ao interesse público, em especial aos objetivos constitucionais voltados para o pleno desenvolvimento das funções sociais da cidade e à garantia do bem-estar de seus habitantes.

Com relação aos bens de uso comum do povo e bens de uso especial, afetados, respectivamente, ao uso coletivo e ao uso da própria Administração, a função social exige que ao uso principal a que se destina o bem sejam acrescentados outros usos, sejam públicos ou privados, desde que não prejudiquem a finalidade a que o bem está afetado.

Com relação aos bens dominicais, a função social impõe ao poder público o dever de garantir a sua utilização por forma que atenda às exigências fundamentais de ordenação da cidade expressas no plano diretor, dentro dos objetivos que a Constituição estabelece para a política de desenvolvimento urbano.

Se a função social da propriedade pública impõe para o poder público um dever, significa para os cidadãos um direito de natureza coletiva exigível judicialmente, em especial pela via de ação popular e ação civil pública.

Apêndice 2

Patrimônio público e social. Conceito e abrangência

> Sumário: 1. O vocábulo *patrimônio* no direito privado. 2. O vocábulo *patrimônio* no direito público. 3. Patrimônio público e patrimônio social. 4. O meio ambiente ecologicamente equilibrado como bem de uso comum do povo. 5. Proteção do patrimônio cultural.

1 O vocábulo *patrimônio* no direito privado

O vocábulo *patrimônio* tem significados diferentes no direito privado e no direito público.

No *Novo Dicionário Jurídico Brasileiro*, de José Náufel, patrimônio "é o complexo das relações jurídicas de uma pessoa, que tiverem valor econômico". Segundo o autor, que se socorre da lição de Clóvis Beviláqua, incluem-se no patrimônio: "(a) a posse; (b) os direitos reais; (c) os obrigacionais; (d) as relações econômicas do direito de família; (e) as ações correspondentes a esses direitos". E excluem-se: "(a) os direitos individuais à existência, à honra e à liberdade; (b) os direitos pessoais entre os cônjuges; (c) os direitos de autoridade entre pai e filho; (d) os políticos".

Sílvio de Salvo Venosa,[1] escrevendo já na vigência do novo Código Civil, define o patrimônio como "*o conjunto de direitos reais e obrigacionais, ativos e passivos, pertencentes a uma pessoa*". E acrescenta que "*os direitos obrigacionais, quando referidos ao patrimônio de alguém, são vistos em relação à titularidade, à apreciação de valor que possui para o sujeito. Cuida-se de bens incorpóreos que, como vimos, também integram o conceito de domínio. Daí por que o patrimônio engloba tão somente direitos avaliáveis em pecúnia. Compreende um complexo de*

---

[1] *Direito civil*. v. 2, São Paulo: Atlas, 2002, p. 162-163.

bens e direitos. Apenas por extensão semântica e figura de linguagem se pode falar em patrimônio moral ou patrimônio da humanidade. Os direitos puros da personalidade não têm repercussão patrimonial imediata. A honra, a boa fama, a liberdade, são valores que terão repercussão patrimonial apenas quando violados e derem margem a indenização por danos morais. No patrimônio, considera-se a universalidade de direitos e obrigações".

2   O vocábulo *patrimônio* no direito público

A primeira definição de *patrimônio público* talvez conste da Lei nº 4.717, de 29.6.65 (que regula a ação popular), embora as Constituições atribuam ao Tribunal de Contas, desde longa data, a função de fiscalização *patrimonial* da União, Estados, Distrito Federal e Municípios, bem como os da administração direta e indireta.

Só que, em relação à fiscalização exercida pelo Tribunal de Contas, a preocupação é com o patrimônio público em sentido econômico, porque abrange os bens que integram o domínio das pessoas jurídicas públicas, inclusive o dinheiro público, ainda que estejam sob posse e gestão de entes com personalidade de direito privado.

Na Lei de Ação Popular, o vocábulo aparece em sentido mais amplo do que o do direito privado. Eis a redação de seu artigo 1º, § 1º:

"*§ 1º Consideram-se patrimônio público, para os fins referidos neste artigo, os bens e direitos de valor econômico, artístico, estético, histórico ou turístico.*"

Pela redação do *caput*, percebe-se que há referência ao patrimônio da União, Estados, Distrito Federal e Municípios, de entidades autárquicas, de sociedades de economia mista, de sociedades de seguro nas quais a União representa os segurados ausentes, de empresas públicas, de serviços sociais autônomos, de instituições ou fundações para cuja criação ou custeio o tesouro público haja concorrido ou concorra com mais de 50% do patrimônio ou da receita anual de empresas incorporadas ao patrimônio da União, do Distrito Federal, dos Estados e dos Municípios, e de quaisquer pessoas jurídicas ou entidades subvencionadas pelos cofres públicos.

A Constituição Federal de 1988 fez nova ampliação porque incluiu entre os fundamentos da ação popular a lesão ao patrimônio público ou de entidade de que o Estado participe, à moralidade administrativa, ao meio ambiente e ao patrimônio histórico e cultural (art. 5º, LXXIII).

Diante desse dispositivo, não mais vigora a parte do artigo 1º da Lei de Ação Popular quando falava de entidades de que o Estado participe *com mais de 50% do patrimônio ou da receita anual*. Perante a Constituição, basta que o Estado *participe* da entidade, independentemente do montante dessa participação. Nem teria sentido proteger o patrimônio público apenas parcialmente. Para os fins de proteção pela ação popular, não é relevante a natureza jurídica da entidade, mas a natureza dos bens que administra. Desse modo, mesmo que se trate de entidade privada, a proteção é possível se ela administrar bens do patrimônio público.

Além disso, verifica-se, pelo conceito legal, que a expressão *patrimônio público* já recebeu um sentido um pouco maior, porque passou a abranger os bens de valor histórico e cultural, embora estes não integrem necessariamente o domínio público. Além disso, pela norma constitucional, é possível deduzir que a proteção, pela ação popular, estende-se também ao patrimônio moral, representado por princípios éticos, como os da boa-fé, moralidade, interesse público.

Não há dúvida de que a expressão *patrimônio público* tem sentido muito mais amplo do que o vocábulo *patrimônio* no direito privado. Neste, a ideia de patrimônio é inerente à de propriedade, domínio, titularidade; todas as pessoas físicas e jurídicas têm um patrimônio. E também é inerente a ideia de valor econômico, embora haja quem inclua no conceito de patrimônio, mesmo no direito privado, os atributos morais da pessoa humana.[2] A verdade é que esses atributos somente passam a interessar ao direito privado no momento em que sejam lesados, dando direito a indenização por dano moral.

No direito público, o patrimônio abrange:

a) o patrimônio no mesmo sentido do direito privado, já que todas as pessoas jurídicas políticas (União, Estados, Distrito Federal e Municípios) e administrativas (entidades da administração indireta) têm bens materiais e imateriais, corpóreos ou incorpóreos de que são titulares;

b) o patrimônio moral, representado por princípios éticos inerentes à atividade pública e sintetizados no princípio da moralidade administrativa, referido no artigo 37, *caput*, da Constituição;

c) o patrimônio cultural, sem valor econômico, como os bens de valor histórico, artístico, turístico e paisagístico e demais bens referidos no artigo 216 da Constituição;

d) o patrimônio constituído por bens necessários à preservação ambiental, conforme artigo 225 da Constituição.

A segunda categoria, representada pelo chamado patrimônio moral, não designa bens e direitos do poder público, mas direito ou interesse da coletividade. A esta interessa que a moralidade impere na atuação estatal. Por sua vez, as duas últimas categorias abrangem bens que, em grande parte, integram o patrimônio

---

[2] Conforme Fernando Rodrigues Martins, *Controle do patrimônio público*, 2000, p. 16.

dos particulares, mas que, pelo seu interesse para a coletividade, ficam sujeitos a normas especiais de proteção do poder público. Aí a expressão *patrimônio público* designa *patrimônio da coletividade* e não patrimônio dos entes públicos. Nesses bens se distinguem, nitidamente, o patrimônio privado, que é do particular, e o patrimônio público, que pertence a toda a coletividade. Para a coletividade, esse patrimônio equivale a *direitos* ou *interesses difusos ou coletivos*; para o poder público, equivalem ao poder-dever de protegê-los.

Daí poder-se falar em (a) patrimônio público em sentido restrito, representado pelo primeiro sentido assinalado e que muito se assemelha ao patrimônio privado dos particulares; (b) patrimônio da coletividade, representado pelas três últimas categorias; e (c) patrimônio público em sentido amplo, que abrange todas as hipóteses suprarreferidas.

3 Patrimônio público e patrimônio social

O tema proposto fala em *patrimônio público e social*, expressão contida no artigo 129, III, da Constituição, quando prevê o inquérito civil e a ação civil pública "para a proteção do patrimônio público e social, do meio ambiente e de outros interesses difusos e coletivos".

Para distinguir o patrimônio público e social, é preciso distinguir inicialmente os vocábulos *público* e *social*. Ambos são vocábulos equívocos, porque abrangem diferentes significados. *Público*, para os fins deste trabalho, pode significar *do povo* e *para o povo*. *Social* é relativo à sociedade.

Esses vocábulos aparecem em várias expressões, como, por exemplo: interesse público e interesse social; serviço público e serviço social; patrimônio público e patrimônio social.

Nas três expressões verifica-se que a qualificação de *público* dá uma conotação mais ampla que engloba a qualificação *social*.

Quando se fala em *interesse público*, leva-se em consideração: (a) o interesse público primário, que é o da coletividade; e (b) o interesse público secundário, que é o interesse do aparelhamento estatal. Já quando se fala em interesse social, a referência é ao interesse da sociedade. Portanto, o interesse social está embutido na ideia de interesse público.

Do mesmo modo, quando se fala em *serviço público*, considera-se a atividade assumida pelo Estado para atender a necessidades coletivas. Abrange: (a) os serviços administrativos; (b) os serviços comerciais e industriais do Estado, como energia elétrica, transportes, comunicações; e (c) os serviços sociais, como saúde, educação, assistência, cultura. Isso equivale a dizer que a expressão *serviço social* está inserida na ideia de serviço público como uma de suas modalidades.

Com relação ao patrimônio público e social, é possível chegar à mesma conclusão. Já foi visto que o patrimônio público, em sentido amplo, abrange tanto os bens materiais e imateriais que integram o domínio dos entes públicos, como o patrimônio da coletividade, representado pelo patrimônio moral, o patrimônio cultural e o patrimônio ambiental.

Desse modo, patrimônio social é o patrimônio da sociedade ou da coletividade. Como a sociedade ou coletividade não possui personalidade jurídica, não se pode dizer que a sociedade seja titular de bens de valor econômico, no sentido de propriedade do direito privado. Mas não há dúvida de que a ela interessa a proteção do patrimônio público, do meio ambiente, do patrimônio histórico e artístico nacional, do patrimônio cultural.

Pode-se, portanto, dizer que a expressão *patrimônio social* designa os bens e valores sem valor econômico e cuja proteção é de interesse da coletividade, como a proteção do meio ambiente e do patrimônio cultural, no qual se insere a proteção do patrimônio histórico e artístico nacional.

4   O meio ambiente ecologicamente equilibrado como bem de uso comum do povo

O artigo 225 da Constituição estabelece que *"todos têm direito ao meio ambiente ecologicamente equilibrado,* **bem de uso comum do povo** *e essencial à sadia qualidade de vida, impondo-se ao Poder Público e à coletividade o dever de defendê-lo e preservá-lo para as presentes e futuras gerações"*.

Esse preceito afeiçoa-se ao que se contém na Declaração do Meio Ambiente, de Estocolmo, ditada pela ONU e pela UNESCO em 1972, segundo a qual "o homem tem direito fundamental à liberdade, à igualdade e ao desfrute de condições de vida adequada em um meio cuja qualidade lhe permite levar uma vida digna e gozar de bem-estar e tem a solene obrigação de proteger e melhorar esse meio para as gerações presentes e futuras" (princípio I, primeira parte). Proclama, ainda, a mesma Declaração, no princípio 2, que "os recursos naturais da Terra, incluídos o ar, a água, a terra, a flora e a fauna e especialmente as amostras representativas dos ecossistemas naturais devem ser preservados em benefício das gerações presentes e futuras, mediante uma cuidadosa planificação ou regulamentação, segundo seja mais conveniente".

Conforme escrevemos em trabalho sobre *Polícia do Meio Ambiente*,[3] no artigo 225 da Constituição se contém verdadeira declaração de princípios:

a) define como *bem de uso comum do povo* o direito ao meio ambiente ecologicamente equilibrado;

b) coloca esse bem sob a proteção do Poder Público, aspecto em que entra na área do poder de polícia do Estado;

c) firma a ideia de que a proteção desse bem não é privativa do Poder Público; incumbe também a toda a coletividade, já que se trata de interesse de todos, hoje representado pela noção de interesse difuso; isto significa que a todos cabe o dever de zelar pelo meio ambiente, ficando cada qual sujeito às medidas de polícia, inclusive sancionatórias, em caso de inobservância das exigências pertinentes a essa finalidade; e significa também que a coletividade pode tomar a iniciativa de provocar os poderes instituídos para alcançar aquele objetivo, ora denunciando irregularidades perante a autoridade competente (como é o caso do Ministério Público, a quem incumbe apurá-las, conforme art. 129, III, da Constituição), ora utilizando-se do instituto específico para essa finalidade, que é a ação popular, prevista no artigo 5º, LXXIII, da Constituição.

Ao definir o direito ao meio ambiente ecologicamente equilibrado como "*bem de uso comum do povo*", o constituinte usou de linguagem emprestada ao Código Civil Brasileiro de 1916 que, no artigo 66, ao classificar os bens públicos, falava em "bens de uso comum do povo, tais como os mares, rios, estradas, ruas e praças", em redação mantida no artigo 99 do atual Código Civil.

Doutrinariamente, bem de uso comum do povo é aquele que está aberto ao uso de todos, indistintamente; daí alguns preferirem falar em bem do domínio público e até negarem que estejam eles em relação de propriedade com o Poder Público. Embora essa tese esteja superada, ela dá bem o sentido que interessa a este tema do meio ambiente: trata-se de direito de que todos devem usufruir como condição essencial para melhoria da qualidade de vida; não é um patrimônio do Estado, mas um patrimônio público ou social (da sociedade), no sentido de que pertence a todos.

Essa ideia já se continha na Lei nº 6.938, de 31.1.81, que estabelece a Política Nacional do Meio Ambiente. No artigo 3º, I, define o meio ambiente como "*o conjunto de condições, leis, influências e interações de ordem física, química e biológica, que permite, abriga e rege a vida em todas as suas formas*". E no artigo

---

[3] In *Revista Forense* 317/179-187.

2º, I, o meio ambiente é considerado como "*um patrimônio público a ser necessariamente assegurado e protegido, tendo em vista o uso coletivo*".

A expressão *uso comum do povo*, quando aplicada a bens públicos, refere-se a uma coisa de que o poder público é titular, vinculando-se à ideia de propriedade; quando aplicada ao meio ambiente, refere-se a uma coisa incorpórea que pertence a toda a coletividade. Em um e outro caso, trata-se de coisas insuscetíveis de avaliação patrimonial. Em um e outro caso, trata-se de coisas cuja proteção ultrapassa a esfera dos direitos individuais para entrar na categoria dos interesses difusos. Em um e outro caso, o uso do bem está sujeito a normas especiais de proteção, de modo a assegurar que o exercício dos direitos de cada um se faça sem prejuízo do interesse de todos.

É nesse sentido, de bem incorpóreo, que o artigo 225, § 4º, da Constituição determina que "a Floresta Amazônica brasileira, a Mata Atlântica, a Serra do Mar, o Pantanal Mato-Grossense e a Zona Costeira são *patrimônio nacional*, e sua utilização far-se-á, na forma da lei, dentro de condições que assegurem a preservação do meio ambiente, inclusive quanto ao uso dos recursos naturais".

Não se pode interpretar esse dispositivo no sentido de que tenha incorporado ao domínio da *nação* (mesmo porque esta não tem personalidade jurídica e corresponde a uma ideia de coisa também incorpórea) todos os bens situados nas florestas referidas; isto equivaleria a verdadeiro confisco, já que significaria incorporar ao patrimônio público grande quantidade de terras particulares situadas naquelas áreas, sem previsão de indenização. O objetivo do constituinte foi, evidentemente, o de colocar referidos bens, ainda que pertencentes ao particular, sob a proteção do Poder Público, sujeitando-os a disciplina normativa específica, com vistas à proteção do meio ambiente. O dispositivo nada mais é do que um prolongamento ou uma aplicação da ideia maior, contida no *caput* do artigo 225, de colocar como bem de uso comum do povo o direito ao meio ambiente ecologicamente equilibrado.

Além disso, já constava do Código Florestal (Lei nº 4.771, de 15.9.65), de forma muito semelhante. Seu artigo 1º determina que "as florestas existentes no território nacional e as demais formas de vegetação, reconhecidas de utilidade às terras que revestem, são *bens de interesse comum a todos os habitantes do país*, exercendo-se os direitos de propriedade com as limitações que a legislação em geral e especialmente esta Lei estabelecerem".

5 Proteção do patrimônio cultural

A expressão *patrimônio cultural brasileiro* aparece no artigo 216 da Constituição, *in verbis*:

"Artigo 216. Constituem patrimônio cultural brasileiro os bens de natureza material e imaterial, tomados individualmente ou em conjunto, portadores de referência à identidade, à ação, à memória dos diferentes grupos formadores da sociedade brasileira, nos quais se incluem:

I – as formas de expressão;

II – os modos de criar, fazer e viver;

III – as criações científicas, artísticas e tecnológicas;

IV – as obras, objetos, documentos, edificações e demais espaços destinados às manifestações artístico-culturais;

V – os conjuntos urbanos e sítios de valor histórico, paisagístico, artístico, arqueológico, paleontológico, ecológico e científico."

Nas palavras de José Afonso da Silva, em excelente comentário feito a esse dispositivo constitucional,[4] patrimônio cultural *"é expressão mais adequada e mais abrangente do que 'patrimônio histórico e artístico'. Menos adequado, embora não menos abrangente, é falar-se em 'patrimônio histórico, artístico ou cultural', porque o 'cultural' já inclui o 'histórico' e o 'artístico'. Por isso, a Constituição andou bem empregando a expressão sintética 'patrimônio cultural' no art. 216, embora já não o tenha feito tão bem quando se refere a 'bens de valor histórico, artístico ou cultural, nos arts. 23, III e IV, e 24, VII. A terminologia ainda imprecisa é responsável por essas vacilações do texto constitucional. O que se tem são bens culturais históricos, bens culturais artísticos, bens culturais arqueológicos, paleontológicos, etnográficos, folclóricos, paisagísticos – porque todos são manifestações de cultura. Superada fica a concepção puramente histórica do patrimônio cultural, em favor de uma concepção abrangente de todas as expressões simbólicas da memória coletiva, constitutivas da identidade de um lugar, uma região e uma comunidade"*.

Especificamente com relação ao *patrimônio histórico e artístico* (que é parte integrante do patrimônio cultural), existe conceito legal no artigo 1º do Decreto-lei nº 25, de 30.11.37 (que organiza a proteção do patrimônio histórico e artístico nacional). Nos termos do dispositivo, *"constitui patrimônio histórico e artístico nacional o conjunto dos bens móveis e imóveis existentes no país e cuja conservação seja de interesse público, quer por sua vinculação a fatos memoráveis da história do Brasil, quer por seu excepcional valor arqueológico ou etnográfico, bibliográfico ou artístico"*. Por sua vez, o § 2º determina que *"equiparam-se aos bens a que se refere o presente artigo e são também sujeitos a tombamento os monumentos naturais, bem como os sítios e paisagens que importe conservar e proteger pela feição notável com que tenham sido dotados pela natureza ou agenciados pela indústria humana"*.

---

[4] *Comentário contextual à Constituição*, 2005, p. 807-813.

A proteção do patrimônio cultural pode ser feita, na esfera administrativa, pela forma indicada no artigo 216, § 1º, da Constituição, segundo o qual "*o Poder Público, com a colaboração da comunidade, promoverá e protegerá o patrimônio cultural brasileiro, por meio de inventários, registros, vigilância, tombamento e desapropriação e de outras formas de acautelamento e preservação*".

Na esfera judicial, a sua proteção pode ser feita por ação popular (disciplinada pela Lei nº 4.717/65) e ação civil pública (disciplinada pela Lei nº 7.347, de 24.7.85).

Apêndice 3

Regime jurídico de exploração dos portos organizados e dos terminais portuários. Uso público e uso privativo[1]

> Sumário: 1. Direito positivo. 2. Do arrendamento e da autorização na Lei nº 8.630/01. 3. Do uso público e do uso privativo. 4. Da concessão e da autorização na Lei nº 10.233/01. 5. A Resolução nº 517, de 18.10.05, da ANTAQ. 6. Inovações introduzidas pela Resolução nº 517/05. 7. Ilegalidades na Resolução nº 517/05. 8. Da inaplicabilidade da Resolução nº 517 às autorizações anteriormente outorgadas. 9. Da licitação para exploração de atividades portuárias. 10. Conclusões.

1 Direito positivo

A Constituição Federal atribui à União competência para *explorar, diretamente ou mediante autorização, concessão ou permissão, os portos marítimos, fluviais e lacustres* (art. 21, XII, "f"). Vale dizer que se trata de **serviços públicos** de titularidade da União. Embora a Constituição não diga que se trata de serviço público, é possível chegar a essa conclusão pelo fato de o dispositivo falar em concessão e permissão (além de autorização), que pressupõem a existência de um serviço público de titularidade da União. Ainda que não se considerem as atividades indicadas no inciso XII do artigo 21 como serviço público, não se pode dizer que se trata de atividade aberta livremente à iniciativa privada, porque a decisão quanto a concessão, permissão ou autorização foi dada à União, que exerce, no caso, competência discricionária.

Ao disciplinar a matéria, a legislação ordinária (Lei nº 8.630, de 25.2.93, e a Lei nº 10.233, de 5.6.01), como se verá, restringiu o conceito de **porto** para fins

---

[1] O texto corresponde, parcialmente, a parecer proferido em janeiro de 2007; antes, portanto, da nova Lei de Portos (Lei nº 12.815, de 5.6.13).

de aplicação do dispositivo constitucional, dando um tratamento para a *área do porto organizado* (concedido, explorado ou mantido pela União ou por suas concessionárias, sob regime de direito público, dependente de licitação) e outro para a área que esteja *fora do porto organizado* (cuja exploração é apenas autorizada pela União, independentemente de licitação). Na vigência da Lei nº 8.630, as duas hipóteses estavam sujeitas a regime jurídico de direito público. A partir da Lei nº 10.233, passou-se a considerar a exploração do porto organizado como *serviço público*, e a exploração dos terminais portuários situados fora do porto organizado como *atividade a ser exercida em regime de liberdade de preços, tarifas e fretes e em ambiente de livre e aberta competição* (art. 43, II), o que não autoriza a conclusão de que se trata de atividade regida inteiramente pelo direito privado. Isto porque o artigo 33 da Lei nº 10.233 assim determina:

> *"Artigo 33. Os atos de outorga de autorização, concessão ou permissão a serem editados e celebrados pela ANTT e pela ANTAQ obedecerão ao disposto na Lei 8.987, de 13 de fevereiro de 1995, nas subseções II, III, IV e V desta Seção e nas regulamentações complementares a serem editadas pelas Agências."*

Se a autorização, da mesma forma que a permissão e a concessão, se rege pelas normas da Lei nº 8.987/95 (que disciplina os contratos de concessão e de permissão de serviços públicos), é porque o legislador subordinou a atividade ao regime de direito público, porém sujeitando-a a determinados princípios da ordem econômica, como o da liberdade de preços e de competição.

O regime de exploração de tal atividade, para os fins deste parecer, tem que considerar dois momentos:

a) o da Lei nº 8.630/93, que prevê o *arrendamento* e a *autorização*, ambos formalizados por meio de contrato administrativo regido pelo direito público;

b) o da Lei nº 10.233/01, que, sem revogar a Lei nº 8.630/93, trouxe algumas inovações, prevendo a *concessão* e *autorização*, a primeira como contrato administrativo, e a segunda, como ato unilateral.

O tema objeto deste trabalho, portanto, tem que ser analisado à luz da Lei nº 8.630, de 25.2.93, que dispõe sobre o regime jurídico da exploração dos portos organizados e das instalações portuárias, sendo conhecida como Lei dos Portos (ainda em vigor), e da Lei nº 10.233, de 5.6.01, que dispõe sobre a reestruturação dos transportes aquaviário e terrestre, cria o Conselho Nacional de Integração de Políticas de Transporte, a Agência Nacional de Transportes Aquaviários e o Departamento Nacional de Infra-Estrutura de Transportes. Em cotejo com essas leis, tem que ser analisada a Resolução ANTAQ nº 517, de 18.10.05, que trata do tema do uso privativo.

Uma primeira observação é no sentido de que a Lei nº 8.630 exige árduo trabalho de interpretação, tendo em vista que revela insegurança quanto aos aspectos conceituais e às características dos institutos a que se refere.

Essa lei prevê, como instrumentos de outorga, o *arrendamento* (às vezes confundido com a *concessão de serviço público*) e a *autorização*. Além disso, prevê duas modalidades de uso: o *uso público* e o *uso privativo*, que, por sua vez, compreende o *uso exclusivo* (para movimentação de carga própria), o *uso misto* (para movimentação de carga própria e de terceiros), o *uso de turismo* (para movimentação de passageiros) e o *uso para Estação de Transbordo de Cargas* (acrescentado pela Lei nº 11.318/07).

A Lei nº 10.233/01, sem revogar ou alterar expressamente dispositivos da Lei de Portos, introduziu normas que implicaram alguma inovação no que diz respeito aos instrumentos de outorga, passando a falar em *concessão* e *autorização*, sem referência ao arrendamento. Não alterou as modalidades de uso, que continuam a reger-se pelas normas da Lei de Portos.

2 Do arrendamento e da autorização na Lei nº 8.630/93

Nos termos do artigo 4º da Lei nº 8.630/93, a exploração das instalações portuárias pode ser feita sob a forma de *arrendamento* ou de *autorização*; o dispositivo está assim redigido:

> *"Artigo 4º Fica assegurado ao interessado o direito de construir, reformar, ampliar, melhorar, arrendar e explorar instalação portuária, dependendo:*
>
> *I – de contrato de arrendamento, celebrado com a União no caso de exploração direta, ou com sua concessionária, sempre através de licitação, quando localizada dentro dos limites da área do porto organizado;*
>
> *II – de autorização do órgão competente, quando se tratar de Instalação Portuária Pública de Pequeno Porte, de Estação de Transbordo de cargas ou de terminal de uso privativo, desde que fora da área do porto organizado, ou quando o interessado for titular do domínio útil do terreno, mesmo que situado dentro da área do porto organizado."*

A diferença de tratamento entre as duas hipóteses tem justificativa: o **porto organizado**, tal como definido pelo artigo 1º, § 1º, I, da Lei nº 8.630, é o *"construído e aparelhado para atender às necessidades da navegação e de movimentação e armazenagem de mercadorias, concedido ou explorado pela União, cujo tráfego e operações portuárias estejam sob a jurisdição de uma autoridade portuária"*; a Lei nº 11.314/06, alterou o dispositivo apenas para incluir a referência à *"movimentação de passageiros"*. Por sua vez, o inciso IV do mesmo dispositivo define "área do porto organizado" como "a compreendida pelas instalações portuárias[...] *mantidas pela Administração do Porto*", assim entendida a "*exercida diretamente pela União ou pela entidade concessionária do porto organizado*" (conforme art. 33 da Lei nº 8.630).

Vale dizer que a exploração de atividades dentro da área do porto organizado ou é feita diretamente pela União (por meio da Administração Direta ou Indireta), ou é feita por meio de arrendamento, celebrado com a União ou com sua **concessionária**; excepcionalmente, pode ser feita por empresa **autorizada**, se a mesma for titular do domínio útil. A exploração da atividade na área do porto organizado tem a natureza de *serviço público* de titularidade da União, a ser explorado, em regra, mediante contrato de arrendamento, que bem poderia ser chamado de concessão de serviço público; tal contrato não é regido pelo direito privado, mas pelo direito administrativo. Nos termos do § 2º do artigo 1º, a concessão será sempre precedida de licitação realizada de acordo com a lei que regulamenta o regime de concessão e permissão de serviços públicos. A licitação só não é exigida no caso de o terreno estar no domínio útil do particular, porque, nesse caso, a licitação é inexigível, por inviabilidade de competição; também nesse caso a outorga não se faz por arrendamento, mas por autorização.

Note-se que a lei fala em *arrendamento*, porém em alguns dispositivos fala em *concessão* (como ocorre no referido § 2º do art. 1º) e em *concessionária* (como ocorre no art. 4º, I, e no art. 33). É que o arrendamento envolve a transferência do uso e gozo do bem, tal como ocorre com a locação; e a concessão pode ter vários objetos: o uso de bem público, a exploração comercial de bem público, a execução de serviço público. No caso, se a exploração do terminal portuário for considerada serviço público de titularidade da União, o contrato cabível seria a concessão de serviço público; se for considerada atividade econômica de natureza privada, o contrato cabível seria a concessão de uso e exploração de bem público (tal como ocorre com a exploração de petróleo e com a exploração de rodovias). Contudo, no mesmo contrato, pode haver os dois objetos: a cessão do bem e a exploração da atividade. Daí o legislador falar ora em arrendamento, ora em concessão, mostrando a sua confusão ou indefinição sobre a matéria. Como se verá, na Lei nº 10.233/01, fala-se em **concessão**, sem especificar a modalidade (de uso ou de serviço público), a demonstrar que a indefinição diminuiu mas não terminou completamente; no entanto, por alguns dispositivos, pode-se perceber que se trata de concessão de serviço público.

É possível que o vocábulo *arrendamento*, na Lei de Portos, tenha o mesmo significado adotado no Decreto-lei nº 9.760, de 5.9.46, que dispõe sobre bens imóveis da União. No artigo 64, § 1º, está dito que a locação será considerada arrendamento "*mediante condições especiais, quando objetivada a exploração de frutos ou prestação de serviços*". Na Lei de Portos o arrendamento tem por objeto a utilização do porto organizado para fins de prestação de atividade portuária, considerada serviço público da União. A diferença está em que no Decreto-lei nº 9.760/46, a exploração de frutos ou prestação de serviços não envolve necessariamente *serviço público*, enquanto na Lei de Portos o arrendamento tem que ter por objeto necessariamente a execução de serviço público que a Constituição Federal, no artigo 21, XII, "f", atribuiu à União. Daí o arrendamento, no caso, corresponder ao instituto da concessão de serviço público.

Se a exploração se der *fora da área do porto organizado*, em terminais de uso privativo exclusivo (em que a empresa movimenta apenas carga própria, em seu exclusivo interesse), ela será consentida pela União por meio de ato de *autorização*. A justificativa para a diferença de tratamento decorre do fato de que, estando fora do porto organizado e não sendo prestadas a terceiros, as atividades exercidas não são exploradas, nem concedidas, nem mantidas pela União, quer direta, quer indiretamente. A exploração da atividade, nesse caso, não é considerada serviço público, no sentido de atividade estatal prestada para atender a necessidades coletivas.

A autorização também é o instrumento adequado quando, mesmo dentro da área do porto organizado, o bem está no domínio útil do particular. Nessa hipótese, não se justifica o arrendamento ou a concessão, já que, embora situado na área do porto organizado, o bem não integra o patrimônio público. Seria inteiramente irrazoável e absurdo que a União pudesse fazer o arrendamento para exploração de uma área que não lhe pertence. Daí a preferência do legislador pelo instituto da autorização.

Portanto, pela Lei nº 8.630, são duas as hipóteses de autorização:

a) aquela em que o terminal estiver fora da área do porto organizado;

b) aquela em que o interessado for titular do domínio útil do terreno, mesmo que situado dentro da área do porto organizado.

Vale dizer que, salvo na hipótese em que o titular do uso privativo movimente apenas carga própria (quando é possível excluir a atividade do conceito de serviço público, porque não prestada a terceiros), em todas as demais hipóteses, seja no arrendamento, seja no uso misto, em que existe a prestação de serviços a terceiros, a atividade tem a natureza de serviço público, porque é atribuída à União, para atender a necessidades coletivas, no regime jurídico de direito público. A diferença de instrumentos (arrendamento e autorização) encontra justificativa na diferente titularidade do bem.

Embora a autorização seja, doutrinariamente, considerada como *ato unilateral*, discricionário e precário, a sua formalização, nos casos previstos na Lei de Portos, se faz por meio de *contrato de adesão*. O artigo 6º da Lei nº 8.630 confirma o caráter unilateral do ato de autorização, porém, no § 1º do mesmo dispositivo, estabelece que "*a autorização de que trata este artigo será formalizada mediante contrato de adesão, que conterá as cláusulas a que se referem os incisos I, II, III, V, VII, VIII, IX, X, XI, XII, XIV, XV, XVI, XVII e XVIII do § 4º do artigo 1º desta lei".* Essa é outra confusão conceitual do legislador (que não soube distinguir o ato unilateral de autorização do contrato de adesão), mas que não muda o fato de que se trata de atividade exercida sob regime de direito público, especialmente no que diz respeito ao vínculo com a Administração Pública.

Isso significa que, embora o instrumento de outorga seja a *autorização*, a atividade ainda é tratada como serviço público explorado no regime de direito público, bem semelhante ao da concessão. Isso, provavelmente, foi feito à vista do disposto no artigo 21, XII, da Constituição, que dá o elenco das atividades que podem ser exploradas diretamente pela União, ou mediante concessão, permissão ou autorização. Seria, no caso, a chamada *autorização de serviço público*. Essa conclusão decorre do § 1º do artigo 6º, já transcrito, que manda aplicar ao contrato de adesão a quase totalidade dos incisos do § 4º do artigo 4º, que indicam as cláusulas essenciais do contrato de arrendamento celebrado com a concessionária de serviço público. Esse contrato de adesão tem, portanto, a natureza de contrato administrativo, embora sua cláusula primeira expressamente afirme que "*a AUTORIZAÇÃO, da União, para a exploração do TERMINAL constitui ato administrativo unilateral, devendo a continuidade da sua operação ser realizada à conta e risco exclusivo da AUTORIZADA*".

Também é oportuno ressaltar, mais uma vez, que a Lei de Portos exige licitação para o arrendamento (art. 1º, § 2º), mas silencia quanto à autorização, o que permite concluir que, nesta última hipótese, a licitação não é exigida. Esse aspecto será objeto de aprofundamento um pouco além.

3 Do uso público e do uso privativo

Outra distinção feita pela Lei nº 8.630 e que não foi alterada pela Lei nº 10.233/01 foi quanto às modalidades de uso para fins de exploração da instalação portuária, seja mediante arrendamento, seja mediante autorização. É o que dispõe o § 2º do artigo 4º, nos seguintes termos:

> "§ 2º A exploração da instalação portuária de que trata este artigo far-se-á sob uma das seguintes modalidades:
>
> I – uso público;
>
> II – uso privativo:
>
> a) exclusivo, para movimentação de carga própria;
>
> b) misto, para movimentação de carga própria e de terceiros;

c) *de turismo, para movimentação de passageiros."* (hipótese acrescentada pela Lei nº 11.314/06).

A lei não define essas modalidades de uso, exigindo esforço de interpretação.

No âmbito do direito administrativo, *uso privativo* é aquele que se exerce sobre bem público, com exclusividade, por pessoa ou grupo de pessoas determinadas, mediante título jurídico individual outorgado pelo Poder Público. Conforme demonstramos nos livros *Uso privativo de bem público por particular* (São Paulo: Revista dos Tribunais, 1983, p. 19 ss) e *Direito administrativo* (19. ed., São Paulo: Atlas, 2006, p. 656), o uso privativo caracteriza-se pela *exclusividade* (porque o titular pode excluir outras pessoas do direito de exercer igual utilização sobre a mesma parcela do domínio público) e pela necessidade de *título jurídico individual* para que seja exercido (autorização, permissão ou concessão de uso, locação, arrendamento, comodato ou outros títulos previstos em lei).

Por esse conceito doutrinário, tanto a autorização como o arrendamento dão ao beneficiário o direito de utilizar e explorar o bem com exclusividade. Por isso, mais uma vez, o legislador da Lei de Portos afastou-se de conceitos já consagrados no direito brasileiro. Não se pode opor o conceito de **uso privativo** (exercido com exclusividade, mediante autorização) ao conceito de **uso público** (também exercido com exclusividade, mediante contrato de arrendamento). Também não se pode diferenciar as duas modalidades de uso pelo local onde é exercido – dentro ou fora do porto organizado – porque, se o arrendamento é sempre concedido dentro dessa área, a autorização pode ser concedida dentro ou fora.

O que se pode afirmar é que o **uso público** sempre envolve a prestação de serviços a terceiros e se exerce sempre dentro da área do porto organizado, pela União ou por suas concessionárias. E o uso privativo pode envolver atividade de interesse exclusivo do autorizatário (quando ele movimenta apenas carga própria) ou prestação de atividade a terceiros (dentro ou fora da área do porto organizado, quando haja movimentação de carga própria e de terceiros).

Senão vejamos.

O artigo 4º, I, prevê o contrato de arrendamento com a União, no caso de exploração direta, ou com suas concessionárias localizadas dentro dos limites da área do porto organizado. E o § 3º do mesmo dispositivo determina que *"a exploração de instalação portuária de uso público fica restrita à área do porto organizado"*. Por essas normas, tiram-se as seguintes características do uso público:

a) pode ser exercido pela União ou pelas concessionárias;

b) é exercido sempre dentro da área do porto organizado;

c) envolve sempre a prestação de serviços a terceiros (serviço público), seja quando prestado pela União, seja quando prestado por suas concessionárias;

d) o instrumento de outorga adequado é o arrendamento.

Em relação ao denominado *uso privativo*, o artigo 4º, II, prevê **autorização** quando se tratar de terminal de uso privativo, desde que fora da área do porto organizado, ou quando o interessado for titular do domínio útil do terreno, mesmo que situado dentro da área do porto organizado. O § 2º do mesmo dispositivo estabelece que o uso privativo pode ser **exclusivo** (quando se destinar à movimentação de carga própria), **misto** (quando se tratar de movimentação de carga própria e de terceiros) e **de turismo** (quando se destinar à movimentação de passageiros). O artigo 6º, § 1º, prevê o contrato de adesão como instrumento adequado à formalização da autorização, devendo observar quase integralmente as cláusulas essenciais próprias do contrato de arrendamento. E o § 2º do mesmo dispositivo estabelece que "os contratos para movimentação de cargas de terceiros reger-se-ão, exclusivamente, pelas normas de direito privado, sem participação ou responsabilidade do poder público". Vale dizer que o contrato de adesão obedece ao regime próprio dos contratos administrativos, porém os contratos do autorizatário com terceiros regem-se pelo direito privado. Por essas normas, podem ser extraídas as seguintes características do uso privativo:

a) é exercido, em regra, fora da área do porto organizado, nos terminais de uso privativo, podendo ser dentro da área do porto se a empresa autorizada for titular do domínio útil do terreno;

b) é sempre outorgado mediante autorização, que se formaliza por meio de contrato de adesão, com regime jurídico de direito administrativo;

c) pode envolver a movimentação de carga própria (no uso exclusivo), ou a movimentação de carga própria e de terceiros (no uso misto) ou a movimentação de passageiros (no uso de turismo).

4 Da concessão e da autorização na Lei nº 10.233/01

Já foi realçado que a Lei nº 10.233/01 não alterou nem revogou expressamente dispositivos da Lei nº 8.630, porém introduziu normas que implicam alteração parcial desta última. As principais inovações foram as seguintes:

a) passou a falar em **concessão** e não mais em arrendamento, como instrumento de outorga na área do porto organizado (arts. 13 e 14), embora admitindo que a concessão possa estar vinculada a um contrato de arrendamento de ativos e a contratos de construção com cláusula de reversão ao patrimônio da União (art. 14, § 3º); isto significa que fez a distinção, que não constava da lei anterior, entre **arrendamento** (cujo objeto é a transferência do uso e gozo de área pública dentro do porto organizado) e **concessão** (cujo objeto é a exploração de área dentro do porto organizado, com prestação de serviço público a terceiros);

b) manteve a autorização como instrumento de formalização da autorização; segundo o artigo 14, II, "c", depende de autorização "*a construção e operação de terminais de uso privativo, conforme disposto na Lei 8.630, de 25.2.93*"; como se verifica, manteve o conceito e as normas da Lei de Portos sobre uso privativo;

c) exigiu licitação para as outorgas de concessão, fazendo remissão ao artigo 175 da Constituição Federal (art. 14, § 1º, e art. 34-A, acrescentado pela Medida Provisória 2.217-3, de 2001), e dispensou a licitação para as autorizações (art. 43, I);

d) criou a Agência Nacional de Transportes Aquaviários (ANTAQ) como agência reguladora dos portos organizados e dos terminais portuários de uso privativo (art. 23) e a ela atribuiu a competência para autorizar a construção e a exploração de terminais portuários de uso privativo, conforme previsto na Lei nº 8.630/93 (art. 27, XXII); a referência à Lei de Portos está a indicar que as modalidades de uso nela previstas não foram alteradas, continuando a existir os usos públicos e os usos privativos, nas três espécies previstas no artigo 4º, § 2º, já analisado;

e) deixou expresso que a autorização não está sujeita a prazo de vigência, extinguindo-se pela sua plena eficácia, por renúncia, anulação ou cassação (art. 43, III), ao contrário da Lei nº 8.630, que, no artigo 4º, XI, fixava o prazo máximo de 50 anos, incluindo a prorrogação; esse prazo era aplicado às autorizações, conforme decorria do artigo 6º, § 1º.

Quanto às outorgas anteriores, feitas com base na Lei nº 8.630, o artigo 50 da Lei nº 10.233 previu a sua ratificação e adaptação aos artigos 13 e 14 (que estabelecem os casos de concessão e autorização).

5 A Resolução nº 517, de 18.10.05, da ANTAQ

A Resolução nº 517-ANTAQ, de 18.10.05, estabelece normas específicas sobre a exploração e a ampliação de terminal portuário de uso privativo. Assim estabelece o seu artigo 1º:

"*Art. 1º Esta Norma tem por objeto estabelecer critérios e procedimentos para a outorga de autorização para a construção, a exploração e a ampliação de terminal portuário de uso privativo, na conformidade do disposto no art. 4º, inciso II, da Lei nº 8.630, de 25 de fevereiro de 1993, e arts. 27, 43 e 44, da Lei nº 10.233, de 5 de junho de 2001, observado o disposto na legislação que confere competência pertinente à matéria a outros órgãos e entidades das administrações públicas federal, estaduais e municipais."*

Como se vê, a norma indica os dispositivos legais que tratam do uso privativo de terminais portuários, não podendo, evidentemente, contrariá-los, sob pena de ilegalidade.

A ANTAQ, como todas as agências reguladoras que vêm sendo instituídas, dispõe de competência regulatória, que compreende, fundamentalmente, a edição de *atos normativos*, o exercício do *poder de polícia* (que envolve fiscalização e repressão) e o *fomento*. Todas essas competências estão especificadas no artigo 27 da Lei nº 10.233/01. À Agência incumbe ainda a realização de licitação para celebração dos contratos de concessão (art. 27, XV, da Lei nº 10.233) e a outorga dos atos de autorização para construção e exploração de terminais portuários de uso privativo (inciso XXII do mesmo dispositivo).

Com relação à competência para editar atos normativos, não é demais ressaltar que está sujeita à observância do princípio da legalidade, o que exige seja exercida sem contrariar a legislação citada, pertinente à exploração dos portos organizados. O princípio da legalidade, referido no artigo 37, *caput*, da Constituição, encontra aplicação em vários dispositivos, dentre eles o artigo 5º, II, segundo o qual *"ninguém será obrigado a fazer ou deixar alguma coisa senão em virtude de lei"*. Vale dizer que as obrigações, proibições e restrições têm que ter fundamento em lei.

Temos entendido que, no direito brasileiro, as agências não podem *"baixar regras de conduta, unilateralmente, inovando na ordem jurídica, afetando direitos individuais, substituindo-se ao legislador. Esse óbice constitui-se no mínimo indispensável para preservar o princípio da legalidade e o princípio da segurança jurídica. Principalmente, não podem as agências baixar normas que afetem os direitos individuais, impondo deveres, obrigações, penalidades, ou mesmo outorgando benefícios, sem previsão em lei. Trata-se de matéria de reserva de lei, consoante decorre do artigo 5º, II, da Constituição"* (in Parcerias na administração pública. São Paulo: Atlas, 2005, p. 213).

O que entendemos cabível na competência normativa das agências é:

 a) baixar normas que resultem de negociação, de consenso, de participação dos interessados, desde que observadas as normais estatais de nível superior;

 b) baixar *atos normativos de efeitos concretos*, ou seja, atos que, formalmente, se apresentam como atos normativos, mas que, quanto ao conteúdo, são verdadeiros atos administrativos, porque não têm caráter de generalidade e abstração, já que se limitam a decidir casos concretos; nessas situações, "à medida que as agências vão se deparando com situações irregulares, com atividades que quebram o equilíbrio do mercado, que afetam a concorrência, que prejudicam o serviço público e seus usuários, que geram conflitos, elas vão baixando atos normativos para decidir esses casos concretos; trata-se, na realidade, da atividade mais típica da função regulatória: a agência vai organizando determinado setor que lhe está afeto, respeitando o que resulta das normas superiores (e que garantem o aspecto de estabilidade, de continuidade, de perenidade) e adaptando as normas às situações concretas, naquilo que elas permitem certa margem de flexibilidade ou de discricionariedade" (ob. cit., p. 213);

c) exercer a chamada *discricionariedade técnica*, baixando atos normativos que tenham por objetivo interpretar ou explicitar os chamados conceitos legais indeterminados; trata-se de competência que se insere na ideia de especialização das agências, permitindo-lhes a definição mais precisa de conceitos contidos nas leis, porém sem inovar na ordem jurídica;

d) definir as cláusulas regulamentares dos contratos de concessão, com a possibilidade de alterá-las unilateralmente; mas essa competência também se exerce com observância de parâmetros definidos na lei e em seus regulamentos.

A definição dos limites da competência normativa das agências reguladoras constitui tema complexo cuja análise mais aprofundada não se comporta no âmbito deste parecer. Por isso, o tema será analisado levando em conta a situação concreta exposta na consulta e os dispositivos da Resolução pertinentes aos quesitos formulados pelas empresas consulentes.

As dúvidas maiores envolvem empresas que exploram terminais portuários de uso privativo, na modalidade de **uso misto**, ou seja, aquele que abrange a movimentação de **cargas próprias e cargas de terceiros**, consoante conceito que decorre do artigo 4º, II, da Lei nº 8.630/93. Todas elas têm o domínio útil do terreno, razão pela qual, conforme expusemos, não é possível o arrendamento, que pressupõe que o bem integre o patrimônio da União. Nesse caso, para fazer o arrendamento, teria a União que desapropriar previamente o domínio útil do terreno.

6 Inovações introduzidas pela Resolução nº 517/05

As principais normas da Resolução nº 517/05, da ANTAQ, que interessam ao tema, serão a seguir analisadas em confronto com a legislação pertinente.

Nota-se que, logo no artigo 2º, a agência preocupou-se em dar o conceito de determinadas expressões e vocábulos empregados na Lei nº 8.630/93 e na Lei nº 10.233/01. Dentre esses conceitos, o de *terminal portuário de uso privativo misto* e o de *carga própria*. Ela estaria, em princípio, exercendo a competência, suprarreferida, consistente em definir conceitos contidos na lei (os chamados *conceitos jurídicos indeterminados*, que nem sempre são tão indeterminados, porque envolvem regras de experiência ou aspectos técnicos que podem ser facilmente elucidados por especialistas da área). Na realidade, essa definição, no caso, seria desnecessária, porque a própria Lei nº 8.630/93 define o **uso privativo misto** como sendo aquele em que ocorre *"movimentação de carga própria e de terceiros"*; e a expressão *carga própria* não constitui conceito indeterminado que dependa de definição, porque o seu sentido decorre facilmente de uma interpretação puramente literal.

No que diz respeito ao conceito de **terminal portuário de uso privativo misto**, duas normas são relevantes: o artigo 2º, III, e o artigo 3º.

O primeiro dá o conceito de terminal portuário de uso privativo misto, para os fins da Resolução, nos seguintes termos:

> "*III – terminal portuário de uso privativo misto: a instalação, não integrante do patrimônio público, construída ou a ser construída por empresa privada ou entidade pública para a movimentação ou movimentação e armazenagem, além da carga própria, de carga de terceiros, destinadas ou provenientes de transporte aquaviário, na forma do disposto nesta Norma;*"

O segundo assim determina:

> "*Artigo 3º Somente será autorizada a implantação de terminal portuário de uso privativo dentro da área do porto organizado quando o interessado for o titular do domínio útil do terreno.*"

Essas normas, na realidade, confirmam as características do uso privativo que já decorriam da lei e analisadas no item 3: ele é outorgado mediante *autorização*; é outorgado, em regra, fora da área do porto organizado, salvo quando o interessado for titular do domínio útil, hipótese em que o uso privativo pode ser exercido dentro da área do porto organizado; em se tratando de uso misto, a exploração é autorizada para movimentação de carga própria e de terceiros. É o que decorre do artigo 4º, II e § 2º, "b", da Lei nº 8.630/93. Até aí a Resolução não inova nada. Limita-se a repetir, com outras palavras, aquilo que já decorre da legislação em vigor.

Contudo, na parte final do inciso III do artigo 2º, supratranscrito, com a referência à *"forma do disposto nesta Norma"*, a agência quis dar abertura à imposição de normas que não decorrem da lei, mas da própria Resolução. Isso não pode significar que possam ser estabelecidas restrições que já não decorram da própria lei regulamentada. É verdade que a regulamentação não pode limitar-se a repetir as normas da lei. Mas não é menos verdade que tudo o que a agência pode estabelecer tem que decorrer de parâmetros, diretrizes, princípios, já contidos na lei.

Um primeiro ponto duvidoso diz respeito ao conceito de *carga de terceiros*, que não se contém na Resolução 517. Por essa razão, o seu sentido tem que ser extraído, por exclusão, do conceito de *"carga própria"*.

Com efeito, carga própria, nos termos do artigo 2º, IV, é *"a que pertença a pessoa jurídica autorizada ou a pessoa jurídica que seja sua subsidiária integral ou controlada, ou a pessoa jurídica de que a autorizada seja subsidiária integral ou controlada ou, ainda, que pertença a pessoas jurídicas que integrem grupo de sociedades de que a autorizada seja integrante, como controladora ou controlada, na forma do disposto nos arts. 265 a 268 da Lei nº 6.404, de 15 de dezembro de 1976"*.

A Resolução não define *"carga de terceiro"*. No entanto, a partir do conceito de carga própria, já transcrito, pode-se concluir, por exclusão, que cargas de terceiros serão todas as que não entrem no conceito de carga própria. Até porque o vocábulo *terceiro*, no âmbito jurídico, designa *"a pessoa estranha a uma relação ou ordenação jurídica"* (conforme *Novo Dicionário Jurídico Brasileiro*, de José Náufel, Editora Parma). Por outras palavras, tudo o que não for carga do próprio titular do uso privativo nem das empresas mencionadas no inciso III do artigo 2º da Resolução, será carga de terceiro, para fins do uso privativo misto.

No entanto, a Resolução prevê outras normas que implicam maiores restrições aos titulares de uso privativo:

a) o artigo 5º, ao especificar a documentação que deverá ser apresentada juntamente com os pedidos de autorização, inclui, no inciso II, referente à habilitação técnica, a exigência de *"declaração da requerente especificando as cargas próprias que serão movimentadas no terminal, com movimentação anual mínima estimada que justifique, por si só, de conformidade com estudo técnico especializado, a sua implantação, e, com relação às cargas de terceiros, se houver, a natureza destas"* (alínea c); além disso, o artigo 12, XV, inclui entre as obrigações da empresa autorizada a de *"realizar a movimentação mínima anual de carga própria na conformidade do especificado na declaração de que trata o artigo 5º, inciso II, alínea c.*

b) o § 2º do artigo 3º da Resolução determina que *"não se considera como carga própria o seu meio de embalagem e de transporte, tais como contêineres e veículos transportadores"*.

Diante de tais normas, as empresas que receberam ou vierem a receber autorização para o **uso misto** (carga própria e de terceiros) passaram a sofrer uma limitação que não consta da Lei nº 8.630/93 nem da Lei nº 10.233/01: qualquer que seja o volume de carga de terceiros, as empresas têm que movimentar um *mínimo de carga própria* (ou seja, um volume que justifique, por si só, a sua implantação, volume esse a depender de estudo técnico especializado), sob pena de praticarem infração definida no artigo 16, XIV, e ficarem sujeitas a multa de até R$ 50.000,00, sem prejuízo das penalidades previstas no artigo 13 (advertência, multa, suspensão, cassação e declaração de inidoneidade); é o que decorre do artigo 15 da Resolução.

Tais normas ensejam pelo menos duas dúvidas:

> a) essas exigências são lícitas, por se inserirem na competência normativa da ANTAQ ou ultrapassam os limites dessa competência, infringindo o princípio da legalidade?
>
> b) se forem lícitas, podem tais exigências atingir as empresas que tenham obtido autorização antes da Resolução?

Quanto a essa segunda indagação, a resposta pronta que ocorre é que as empresas que já haviam obtido autorização antes da Resolução não foram afetadas por essas restrições. Ocorre que a Resolução, nas disposições transitórias, estabeleceu normas que atingem também essas empresas, nos artigos 17 e 18, a serem analisados no item 8.

Quanto à possibilidade de imposição de um mínimo de carga própria, Marçal Justen Filho a defende em trabalho sobre "*o regime jurídico dos operadores de terminais portuários no Direito brasileiro*", publicado na *Revista de Direito Público da Economia – RDPE*, Belo Horizonte: Fórum, ano 4, n. 16, out./dez. 2006, p. 77-123, sob o argumento de que a exploração de atividades portuárias tem predominantemente a natureza de serviço público de titularidade da União, podendo ser concedida mediante *arrendamento*; segundo o jurista, no caso da *autorização* não há movimentação de carga de terceiros, a não ser de forma complementar, para aproveitar a capacidade ociosa do terminal portuário de uso privativo.

O autor, com a costumeira precisão e acuidade, parte de alguns pressupostos que merecem ser aqui resumidos:

> a) a exploração dos portos constitui serviço público, a ser prestado no regime público, podendo ser facultada à iniciativa privada a exploração dessas atividades sob o regime privado (p. 92);
>
> b) existe uma predominância do regime de direito público, porque o artigo 1º da Lei 8.630 só fala em concessão e não em autorização; vale dizer, a opção do legislador foi a de submeter todo e qualquer porto organizado ao regime de direito público (p. 95);
>
> c) as operações realizadas no âmbito dos terminais de *uso público* são subordinadas ao regime de serviço público, vigorando os princípios da

indisponibilidade, da continuidade, da universalidade; as instalações de *uso privativo* apresentam-se como manifestação de atividade econômica em sentido próprio, subordinada ao princípio da livre iniciativa, disciplinada pelo direito privado e não se sujeitando aos princípios da continuidade e da universalidade (p. 101);

d) a lei não define uso privativo misto, não podendo, a omissão, significar que a expressão não teria qualquer sentido normativo e que o terminal poderia ser utilizado para qualquer fim, segundo melhor aprouver ao operador (p. 101-102);

e) a expressão *carga própria* tem um conteúdo muito mais econômico do que jurídico, porque afastado da ideia de domínio ou posse para abranger empresas vinculadas entre si em vista da titularidade de participações societárias; daí ser possível incluir no conceito as cargas pertencentes a empresas subsidiárias, controladas ou controladoras da titular do domínio; precisamente pelo conteúdo econômico de carga própria, não pode ser aceita a *"integração totalmente acessória e economicamente irrelevante da carga na atividade do operador portuário"*, o que ocorreria *"nas hipóteses em que o operador (ou empresa a ele vinculada) assume obrigação sem maior relevância (tal como a atividade de embalagem)"* (p. 103-104);

f) o terminal de uso privativo misto é aquele que conjuga operações com cargas próprias e com cargas que não o sejam; *"a movimentação de cargas de terceiros em terminais de uso privativo apresenta necessariamente um **cunho de excepcionalidade**"* (grifo nosso); a *"movimentação de carga alheia num terminal de uso privativo propicia uma certa desnaturação da figura"*, porque se produz *"atuação aberta a terceiros, sem aquele vínculo de integração empresarial vertical"* que permite a inclusão no conceito de *carga própria* da carga pertencente a empresas subsidiárias, controladas e controladoras (p. 104);

g) *"o fundamental para a compreensão do modelo instituído pelas Leis nºs 8.630 e 10.233 é que **não há a estipulação de concorrência entre os terminais de uso público e os de uso privativo misto**"* (p. 105); a possibilidade de movimentação de carga de terceiros, possível nos terminais de uso misto, destina-se a garantir o aproveitamento econômico da capacidade ociosa dos terminais privativos; *"contudo, isso não pode dar margem à frustração da finalidade legal, permitindo-se que terminais de uso privativo misto destinem-se, na realidade, a uma atividade primordialmente dirigida à movimentação de cargas de terceiros"* (p. 105); *"a movimentação de cargas de terceiros não é um elemento essencial da configuração de um terminal de uso privativo misto. Pressupõe-se que todos os terminais de uso privativo (sejam exclusivos, sejam aqueles mistos) têm* *a finalidade de* **movimentar carga própria***. A diferença apenas é a de que o terminal de uso privativo misto admite, acessoriamente, a movimentação de carga de terceiros"* (p. 106).

Essas premissas levam o autor a afirmar a correção das normas contidas na Resolução nº 517; a seu ver, a Resolução não é inovadora, porque a definição de carga própria não é mais severa nem mais restritiva do que se poderia interpretar a partir da Lei nº 8.630; do mesmo modo, também é correta a exigência de um mínimo de carga própria no uso privativo misto, pois seria um despropósito afirmar que o uso misto poderia dispensar a existência de carga própria, já que, se possível, não haveria como justificar a distinção entre terminal de uso privativo e terminal de uso público; daí a correção da regra de que a ausência de carga própria conduzirá à extinção da autorização (p. 109-110).

A menção ao trabalho de Marçal Justen Filho pareceu oportuna, não só pela autoridade e competência do jurista, como porque surpreendeu a signatária deste trabalho no momento em que se debruçava sobre o estudo do tema. Mas essa referência não significa concordância com todos os aspectos por ele expostos.

Não nos foi possível concordar com algumas das premissas colocadas pelo autor e, em consequência, com suas conclusões, como se verá no item subsequente.

7 Ilegalidades na Resolução nº 517/05

A Resolução nº 517/05, da ANTAQ, apresenta algumas normas inovadoras que ultrapassam o âmbito de competência normativa da Agência, estando, portanto, eivadas de ilegalidade e inconstitucionalidade.

A primeira observação é no sentido de que não é correto afirmar que a autorização implique a submissão a regime de direito privado. Na vigência da Lei nº 8.630/93, a autorização, conforme demonstrado, se formalizava por meio de contrato de adesão, que obedecia, quase inteiramente, às normas impostas para o contrato de arrendamento; as cláusulas essenciais eram praticamente as mesmas (art. 6º, § 1º).

Isso significa que, antes da Lei nº 10.233, o direito privado somente se aplicava subsidiariamente à autorização para exploração de terminal portuário. O contrato de adesão pelo qual a mesma se formalizava era um contrato administrativo. Em virtude disso, as empresas que obtiveram a autorização por essa forma ainda mantêm contrato de adesão com o poder público, já que este não poderia ser afetado por norma superveniente, sob pena de infringência ao artigo 5º, XXXVI, da Constituição.

Somente com a Lei nº 10.233/01 é que as autorizações deixaram de ser formalizadas por meio de contrato de adesão. Isso, contudo, não significa que as autorizações tenham passado a submeter-se ao direito privado, já que, conforme demonstrado, todas as modalidades de outorga de exploração de atividade portuária (concessão, permissão e autorização) submetem-se às normas da Lei nº 8.987/95, conforme norma expressa contida no artigo 33 da Lei nº 10.233. Por isso, não pode ser aceita a afirmação de que a atividade desenvolvida pelas empresas autorizatárias seja inteiramente regida pelo direito privado; elas se submetem predominantemente às normas da Lei de Concessões (nº 8.987/95), salvo quanto à inexigência de licitação e à liberdade de preço e de livre e aberta competição, ressalvadas no artigo 43 da Lei nº 10.233. Note-se que o dispositivo fala em *livre competição* e não em livre iniciativa. Nada impede a competição na área dos serviços públicos.

Também não me parece aceitável que o legislador, ao prever a possibilidade de uso misto (carga própria e de terceiro), tenha tido por objetivo aproveitar a capacidade ociosa dos terminais portuários.

Em primeiro lugar, não existe nas duas leis já mencionadas qualquer norma que permita essa conclusão; não havendo distinção feita na lei, não cabe ao intérprete fazê-la, conforme antigo e conhecido princípio de exegese das leis. Em segundo lugar, é mais provável que o legislador tenha previsto as duas modalidades de uso privativo (exclusivo e misto) porque não tenha tido outra alternativa: se o domínio útil do terreno onde está instalado o terminal portuário pertence ao particular, a União não teria como fazer o seu arrendamento a terceiros (já que o arrendamento supõe que o bem esteja integrado no patrimônio público), nem poderia delegar a execução da atividade a terceiros, mediante concessão de serviço público, o que também pressupõe que o concessionário tenha a posse do terminal. Se a União quisesse fazer o arrendamento e a concessão de serviço público, teria que, previamente, desapropriar o domínio útil do terreno. Tanto isso é verdade que, embora o *porto organizado* seja explorado ou concedido pela União na modalidade de *uso público* (a indicar que abrange bens integrantes do patrimônio público), o legislador previu que, mesmo dentro do porto organizado, o terreno que esteja no domínio útil do interessado fica sujeito ao *uso privativo* e não ao uso público.

Por essa razão, não se pode dizer que o porto organizado seja do domínio total da União, sempre sujeito ao uso público e à delegação por concessão. Dentro do porto organizado existem áreas que estão no domínio útil de particulares e que, não podendo ser objeto de arrendamento nem concessão, são meramente autorizadas na modalidade de uso privativo.

Não é por outra razão que a lei fez a distinção entre *porto organizado*, explorado mediante contrato administrativo, e *terminal portuário de uso privativo*, explorado mediante autorização, um e outro no regime de direito público.

Também não parece verdade que o terminal de uso privativo misto esteja primordialmente vocacionado à movimentação de carga própria e, apenas complementarmente, à carga de terceiros. Nenhuma norma existe na lei que permita chegar a essa conclusão; mais uma vez cabe lembrar o princípio segundo o qual não é dado ao intérprete distinguir onde a lei não distingue. Eu diria até que, tendo a empresa o domínio útil do terreno, a ela cabe decidir se pleiteia, perante a União, o uso privativo exclusivo (só para movimentação de carga própria) ou o uso privativo de uso misto (para movimentação de carga própria e de terceiros). Ela tem o domínio útil do terreno; ela é que vai decidir a forma de sua exploração, até porque, sob o ponto de vista do regime jurídico, não existe nenhuma distinção entre as duas modalidades de uso privativo. As regras da autorização são exatamente as mesmas, tanto na Lei nº 8.630/93 (art. 6º) como na Lei nº 10.233/01 (arts. 14, III, *c*, e 43 a 49). O particular é que tem que escolher as cargas que pretende movimentar, ao pleitear a autorização; uma vez que a Lei nº 10.233 considerou a atividade *autorizada* como aberta à **livre competição**, a escolha de determinadas cargas só pode ser vedada ou restringida pela ANTAQ se houver justificativa de interesse público, como a proteção à segurança, à saúde, ao meio ambiente.

Isso não significa que o interessado fique dispensado de obter a autorização da União, seja no uso privativo exclusivo, seja no uso privativo misto, até porque a exigência consta do artigo 22, XII, *f*, da Constituição. Na hipótese em que há movimentação de carga própria e de terceiros, sendo a atividade considerada serviço público, a exploração depende da delegação da União, feita por autorização, como previsto na Lei nº 8.630; mesmo que considerada como atividade privada, também depende de autorização, como medida inserida no poder de polícia do Estado.

Nem se pode afirmar que, no uso misto, a movimentação de carga própria tem que predominar sobre a movimentação de carga de terceiros. Pelo contrário, sendo a exploração dos terminais portuários de uso privativo misto tratada como atividade sujeita a regime de direito público na Lei nº 8.630, a prestação de serviços a terceiros é que deve prevalecer e não a movimentação de carga própria, que é de interesse exclusivo do titular do domínio. Isso porque, pela Constituição, a titularidade da exploração dos portos é exclusiva da União. A importância dessa atividade levou o Estado a atribuí-la ao Poder Público porque isto implica a existência de serviço público a ser prestado em caráter obrigatório, contínuo, universal, por preço acessível ao usuário. Diante da Constituição, a prestação de serviços públicos a terceiros é que constitui a regra; a exploração de portos como atividade privada aberta à livre iniciativa (para quem a aceita) é que constitui exceção, justificável pelo fato de o terreno estar fora da área do porto organizado ou estar no domínio útil do interessado.

Mesmo na vigência da Lei nº 10.233, em que o regime de exploração dos terminais portuários é o da liberdade de competição (conforme art. 43, II), não tem qualquer sentido afirmar que deve prevalecer a movimentação de carga própria, pois, quanto a esta, não existe competição. A competição existe exatamente com relação às cargas de terceiros. Esta é que é prestigiada pelo legislador, porque ela é que propicia competição entre as empresas.

Também não é aceitável, sob o ponto de vista jurídico, afirmar que a legislação tenha afastado a competição entre o uso público e o uso privativo. Não há qualquer norma em nenhuma das duas leis que permita essa conclusão, até porque isto significaria caminhar na contramão de direção da reforma do Estado, que tem como metas, entre outras, a privatização, a parceria com a iniciativa privada para a gestão de serviços públicos e, principalmente, a quebra de monopólios e a desregulação, tudo com o objetivo de restabelecer o equilíbrio entre a intervenção estatal e a liberdade individual. No que diz respeito ao desempenho de atividades econômicas pelo Estado, a Constituição adotou duas ideias fundamentais: (a) a prestação de atividade econômica pelo Estado se faz subsidiariamente, porque só é permitida *"quando necessária aos imperativos da segurança nacional ou a relevante interesse coletivo, conforme definidos em lei"* (art. 173); (b) o Estado, ao invés de executar diretamente as atividades econômicas, deverá atuar como agente normativo e regulador da atividade econômica, exercendo, na forma da lei, as funções de fiscalização, incentivo e planejamento (conforme art. 174).

Além disso, se o legislador da Lei nº 10.233 optou por tratar a exploração dos terminais portuários de uso privativo como atividade a ser exercida em ambiente de livre e aberta competição, não há como restringir a competição apenas às empresas autorizadas. O princípio da competição decorre de vários dispositivos da lei:

    a) no artigo 20, II, *b*, foi incluído entre os objetivos das Agências Nacionais de Regulação dos Transportes Terrestre e Aquaviário o de *"harmonizar, preservado o interesse público, os objetivos dos usuários, das empresas concessionárias, permissionárias, autorizadas e arrendatárias, e de entidades delegadas, arbitrando conflitos de interesses e impedindo situações que configurem competição imperfeita ou infração da ordem econômica"*. Veja-se que o dispositivo fala em harmonia entre os interesses dos usuários e das empresas, sem distinguir se as mesmas atuam no regime público ou privado; e afasta a *competição imperfeita*, fazendo presumir que, se a competição for "perfeita", ela é válida, ainda que estabelecida entre empresas de natureza diversa (como as concessionárias, autorizadas ou arrendatárias, expressamente referidas no dispositivo);

    b) o artigo 5º atribui ao Conselho Nacional de Integração de Políticas de Transporte a atribuição de propor ao Presidente da República políticas nacionais de integração dos diferentes modos de transporte de pessoas e bens, em conformidade com determinadas diretrizes, dentre elas, no inciso III, "*a promoção da <u>competitividade</u>, para redução de custos, tarifas* *e fretes, e da descentralização, para melhoria da qualidade dos serviços prestados*";

c) o artigo 43, que trata especificamente da *autorização*, como instrumento de outorga do uso privativo misto, estabelece que a mesma é exercida em regime de liberdade de preços dos serviços, tarifas e fretes, e em **ambiente de livre e aberta competição** (inciso II). O próprio fato de falar em preços dos serviços pressupõe a prestação de serviços a terceiros, pois ninguém impõe preços para o transporte de carga própria;

d) o artigo 45 estabelece que os preços dos serviços autorizados serão livres, reprimindo-se toda prática prejudicial à **competição**, bem como o abuso do poder econômico.

Diante desses dispositivos, reafirma-se que não existe qualquer fundamento para concluir, como o fez Marçal Justen Filho, que não existe competição entre as empresas que exercem *uso público* e as que exercem *uso privativo misto*. Não somente a lei prevê e incentiva a competição, sem distinguir a natureza jurídica, pública ou privada, da empresa e da atividade, como a competição é inerente à prestação de atividade econômica; existindo duas empresas que prestam o mesmo tipo de atividade, a competição aparece como decorrência natural e inevitável. O fato de ser a exploração de portos exercida sob regime público, como ocorre na concessão, não afasta a ideia de competição, porque a natureza pública não afasta a natureza econômica da atividade. Trata-se de atividade que, quanto à sua natureza, é tipicamente econômica, porque enseja exploração comercial, e que somente é considerada como serviço público porque o Estado a assumiu como tal (art. 21, XII, *f*, da Constituição). Por outras palavras, existe atividade econômica tanto na exploração do porto organizado como na exploração dos terminais de uso privativo. Assim sendo, não há como impedir a competição, seja internamente, entre as empresas que atuam no mesmo porto, seja externamente, entre as empresas que atuam em portos diversos.

A competição é saudável não só para as empresas, como também e principalmente para o usuário, que tem a possibilidade de contratar com a empresa que forneça o serviço com melhor qualidade e menor preço.

Por essas razões, a Resolução nº 517 contraria os objetivos da legislação mencionada, quando pretende impor limitações ao titular de uso privativo misto quanto ao transporte de terceiros. A ANTAQ, por essa Resolução, realmente caminha na contramão de direção da Reforma do Estado e dos princípios da ordem econômica, quando restringe a possibilidade de competição (ao invés de fomentá-la), na medida em que só permite ao titular de uso privativo a movimentação de carga de terceiros em caráter complementar à movimentação de carga própria, além de restringir a natureza da carga.

Vale dizer que a ANTAQ, com tais restrições, quer reduzir ao mínimo a liberdade de preços e serviços, tarifas e fretes e o ambiente de livre e aberta competição, ao contrário do que estabelece o artigo 43 da Lei nº 10.233. Diminuindo as atividades sujeitas ao princípio da liberdade tarifária, a competição também diminui e o usuário passa a ficar cada vez mais sujeito às tarifas fixadas pela ANTAQ nos contratos de concessão.

Com efeito, a ideia de competição vem sendo introduzida nos vários serviços de titularidade do Poder Público, como ocorreu com os serviços de telecomunicações e de energia elétrica, dentre outros. Não há qualquer razão aceitável para que, em relação aos portos, a ANTAQ queira afastar a livre concorrência, ao contrário do que determina expressamente a Lei nº 10.233/01, em vários dispositivos.

A Resolução nº 517, ao instituir restrições ao uso privativo misto, para fazer prevalecer a movimentação de carga própria, para definir a natureza das cargas e para excluir desse conceito os contêineres e veículos transportadores, contraria o princípio da livre concorrência, previsto na Lei nº 10.233/01. E o faz com a agravante de que não há qualquer justificativa técnica para tanto, já que tais restrições não têm qualquer relação com as diretrizes impostas pela mesma lei, o que as torna irrazoáveis. A razoabilidade e a proporcionalidade (mencionadas entre os princípios a que se submete a Administração Pública Federal no art. 2º da Lei nº 9.784, de 29.1.99) exige relação, adequação, proporção entre meios e fins, entre as limitações ao exercício de direitos e os objetivos de interesse público a atingir. No caso, os interesses dos usuários ficam melhor protegidos com o ambiente de livre competição. Mais especificamente, a Resolução contraria frontalmente a Lei nº 10.233, uma vez que se afasta dos objetivos nela fixados, voltados para a proteção do usuário, o desenvolvimento, a modicidade dos preços, a competição, dentre outros. O princípio da razoabilidade permite que restrições sejam impostas à livre concorrência apenas quando tais restrições sejam necessárias para atender às diretrizes que decorrem da lei.

Há um último argumento aplicável às hipóteses em que o terminal de uso privativo estiver no domínio útil da empresa autorizada. O poder público não pode impor restrições que esvaziem o conteúdo do direito de propriedade (ainda que se trate apenas do domínio útil), sob pena de caracterizar-se a desapropriação indireta, que dará ensejo ao titular de pleitear indenização pelo valor total do imóvel e de suas benfeitorias, tudo calculado pela mesma forma prevista para a desapropriação direta.

À vista do exposto, pode-se afirmar que são ilegais as normas contidas nos artigos 2º, § 2º, 5º, II, c, e 12 da Resolução nº 517/05, da ANTAQ. Em decorrência de sua ilegalidade, não podem ser aplicadas nem mesmo às autorizações outorgadas após a data de sua entrada em vigor.

8 Da inaplicabilidade da Resolução nº 517 às autorizações anteriormente outorgadas

Não poderia a lei nova atingir contratos celebrados na vigência da lei anterior, sob pena de infringência ao artigo 5º, XXXVI, da Constituição, em cujos termos *"a lei não prejudicará o direito adquirido, o ato jurídico perfeito e a coisa julgada"*.

A exigência de adaptação contida no artigo 50 da Lei nº 10.233 provavelmente teve em vista a mudança de terminologia, porque, enquanto a Lei de Portos falava em **arrendamento** como forma de exploração do porto organizado, a Lei nº 10.233 passou a falar em **concessão**. Nada se alterou com relação à **autorização**, que continua a ser feita nos termos da Lei nº 8.630/93, salvo quanto às normas inseridas nos artigos 43 a 49, muitas delas referentes ao serviço de transportes.

Ainda que se admita a possibilidade de alteração do contrato de adesão (como é possível em todos os contratos administrativos), as alterações feitas unilateralmente pela ANTAQ, que impliquem rompimento do equilíbrio econômico-financeiro originalmente estabelecido, darão à empresa o direito à recomposição desse equilíbrio, conforme consta expressamente da Lei nº 8.987, no artigo 9º, § 4º.

Por essas razões, não têm fundamento as normas transitórias contidas nos artigos 17 e 18 da Resolução 517. Ambos os dispositivos exigem adaptação com fundamento no artigo 50 da Lei nº 10.233, inaplicável à autorização.

O artigo 17 assim estabelece:

> *"Artigo 17. A titular de terminal portuário de uso privativo, autorizada mediante contrato de adesão celebrado anteriormente à entrada em vigor da Lei nº 10.233, de 2001, observará, no que não conflitar com os termos do referido contrato de adesão, o estabelecido nesta Norma."*

O artigo 18 exige a expedição de **novo termo de autorização, na forma do disposto no artigo 50 da Lei nº 10.233**, quando a empresa anteriormente autorizada:

> *a) pleitear, quando não prevista no respectivo contrato de adesão, a ampliação da área física do terminal, ou propor qualquer alteração no referido contrato de adesão de que resulte ampliação, modificação ou qualquer forma de alteração do objeto inicialmente pactuado;*
>
> *b) pleitear, quando não previsto no respectivo contrato, a prorrogação do prazo de vigência da autorização."*

A hipótese de inexistência de prazo nos contratos de adesão praticamente não existe, porque uma das cláusulas essenciais era exatamente a pertinente *"ao início, término e, se for o caso, às condições de prorrogação do contrato, que poderá ser feita uma única vez, por prazo máximo igual ao originalmente contratado, desde que prevista no edital de licitação e que o prazo total incluído o da prorrogação, não exceda a cinquenta anos*" (art. 4º, XI, combinado com art. 6º, § 1º, da Lei nº 8.630).

Quanto à hipótese prevista na alínea "a" do artigo 18, também parece inaceitável que seja expedido novo termo de autorização, a menos que se trate de outro terminal ou de objeto totalmente diverso; se as alterações solicitadas forem vinculadas ao contrato original, para ampliação da área física, ampliação do objeto ou alteração no projeto de execução, não tem fundamento a exigência de novo termo de Resolução. A alteração dos contratos administrativos constitui uma cláusula que lhes é implícita e que não exige novo ato de outorga, mas apenas aditamento ao contrato original. A própria Lei nº 8.666, de 21.6.93, aplicável aos contratos de concessão por força de seu artigo 124, prevê as hipóteses de alteração dos contratos administrativos, por decisão unilateral da Administração e por acordo das partes. Essas alterações não exigem a celebração de novo contrato. Pelo contrário, um dos limites unanimemente apontado para as alterações contratuais diz respeito ao objeto e à natureza do contrato. Com muito mais razão, as alterações não justificam a substituição de um contrato administrativo por um ato unilateral e precário, como a Resolução.

Mesmo a *ratificação* dos contratos de adesão é inteiramente descabida e inaceitável, porque a ratificação constitui forma de convalidação de atos inválidos. Se o contrato de adesão foi celebrado validamente na vigência da Lei nº 8.630, nada há a ratificar. Se existe prazo de duração estipulado em cláusula contratual, o contrato não pode ser alcançado por legislação superveniente, porque isto é vedado pelo artigo 5º, XXXVI, da Constituição. Pela mesma razão, não há fundamento para a imposição de tipos de cargas, mínimo de cargas próprias ou mesmo definição de cargas próprias, de forma diferente do que constava do contrato original. As alterações unilaterais, pela ANTAQ, somente seriam possíveis nas hipóteses previstas no artigo 65, I, da Lei nº 8.666/93.

Na realidade, o que pretende a ANTAQ é, sob o pretexto de ratificar o contrato de adesão, substituí-lo por nova autorização a ser outorgada a título precário. A precariedade é incompatível com um contrato que tenha prazo estipulado pelas partes, em conformidade com o que permitia a lei vigente ao tempo em que o mesmo foi celebrado.

Também não tem fundamento a norma da Resolução nº 517, contida no artigo 17, que manda que os titulares de autorizações anteriores observem os termos dessa Resolução no que não conflitar com os termos do contrato de adesão. Em primeiro lugar, porque essa Resolução está "regulamentando" um ato de outorga de natureza unilateral e precária, de natureza diversa do contrato de adesão; em segundo lugar, porque, se nem mesmo a lei pode atingir atos jurídicos perfeitos, muito menos uma Resolução baixada por Agência reguladora pode ter esse efeito.

9 Da licitação para exploração de atividades portuárias

A concessão para exploração de portos organizados é feita mediante licitação, conforme consta expressamente do artigo 34-A da Lei nº 10.233. Nem poderia ser diferente diante do artigo 175 da Constituição que exige esse procedimento na concessão e permissão de serviço público.

Com relação à autorização para exploração de terminal portuário de uso privativo, o artigo 43, I, da Lei nº 10.233, estabelece que *independe de licitação*.

A norma é válida tendo em vista que, embora o artigo 21, XII, fale em autorização, permissão e concessão para exploração de serviços de titularidade da União, o artigo 175 da Constituição, ao exigir licitação, somente se refere à concessão e à permissão.

Por sua vez, o artigo 37, XXI, da Constituição, ao exigir licitação, faz ressalva quanto às hipóteses previstas em lei; ou seja, a lei pode indicar os casos de dispensa de licitação.

Por isso, é amplamente reconhecida a possibilidade de ser dispensada a licitação nos casos previstos em lei; a Lei nº 8.666, de 21.6.93, que rege as licitações e contratos, contém inúmeras hipóteses de licitação dispensada (no art. 17) e de licitação dispensável (no art. 24). Não há por que outras leis não possam prever também hipóteses em que a licitação não é exigida.

Além disso, o artigo 37, XXI, da Constituição, ao exigir licitação, só faz referência aos contratos de compras, alienações, obras e serviços. Não abrange as hipóteses de contratos e atos administrativos que tenham por objeto a exploração de atividade portuária, que estão sujeitos a legislação própria.

No caso do uso privativo outorgado por quem seja titular do domínio útil, outra razão existe: a licitação é inexigível por inviabilidade de competição. Com efeito, não poderia o poder público abrir a qualquer interessado a possibilidade de concorrer à exploração de bem não integrado no patrimônio público.

10 Conclusões

À vista do exposto, podem-se apresentar as seguintes conclusões:

I – A Lei nº 8.630/93 foi elaborada dentro de um novo contexto histórico, rompendo com o antigo modelo de quase monopólio na administração dos portos; seus objetivos foram os de atrair investimentos privados para o sistema portuário brasileiro, descentralizar sua administração e gerar um ambiente concorrencial tanto internamente, em cada porto, como entre portos localizados em locais diversos.

II – A Lei nº 8.630 permite a um terminal privativo de uso misto movimentar cargas próprias e cargas de terceiros, sem qualquer relação entre elas, cabendo ao titular do uso decidir livremente sobre o tipo de carga que pretende operar em seu terminal, sem sofrer limitações ou embaraços que não decorram da lei.

III – Não é legal e constitucional a parte final do artigo 2º, III, da Resolução nº 517-ANTAQ, ao pretender restringir o uso privativo misto, já definido pelo artigo 4º, § 2º, da Lei nº 8.630/93, mediante normas contidas na mesma Resolução.

IV – É ilegal e inconstitucional o estabelecimento, mediante regulamento baixado pela ANTAQ, de definição de carga própria que exclua os seus meios de embalagem e de transporte, tais como contêineres e veículos transportadores, nos moldes do artigo 2º, § 2º, da Resolução nº 517-ANTAQ.

V – É ilegal e inconstitucional o estabelecimento da obrigação imposta ao autorizado de especificar, *a priori*, as cargas próprias que serão movimentadas, bem como a imposição da obrigação de movimentar cargas próprias em quantidade "anual mínima estimada que justifique, por si só", a implantação do terminal, além da "natureza destas", conforme consta dos artigos 5º, II, *c*, 12, XV, e 13, XIV, da Resolução nº 517.

VI – Mesmo que fosse legal e constitucional o estabelecimento das exigências mencionadas no item anterior, não poderiam as mesmas, sob pena de ilegalidade e inconstitucionalidade, ser impostas aos titulares de autorizações outorgadas anteriormente à edição da Resolução 517, com a exigência de adaptação nas hipóteses previstas em seu artigo 18, I, ou seja, quando o titular do uso privativo misto pleitear, se não prevista no contrato de adesão, "*a ampliação da área física do terminal ou propor qualquer alteração no referido contrato de adesão de que resulte ampliação, modificação ou qualquer forma de alteração do objeto inicialmente pactuado*"; a mesma conclusão se aplica se o titular do uso privativo fizer alterações dos projetos de engenharia do terminal, sem modificação da natureza jurídica de sua exploração.

VII – É ilegal e inconstitucional a exigência, contida no artigo 17 da Resolução 517, de que os titulares de autorizações anteriores observem as normas dessa Resolução no que não conflitar com os termos do contrato de adesão.

VIII – Mesmo que se considerasse legal a Resolução nº 517, seria ilegal impor limitações aos titulares de autorizações anteriores quanto ao volume da movimentação de cargas de terceiros e quanto às espécies de carga.

IX – Não há qualquer incompatibilidade entre o modelo de outorga de autorização para exploração de terminal de uso privativo misto, previsto no artigo 4º, II, da Lei nº 8.630/93, e o artigo 43, I, da Lei nº 10.233/01, *independentemente de licitação*, e o regime do artigo 37, XXI, da Constituição da República, que prevê a obrigatoriedade de licitação.

X – É correto identificar nas restrições estabelecidas pela Resolução nº 517 uma barreira à entrada dos titulares de uso privativo misto em mercados que o legislador entendeu que deveriam ser necessariamente competitivos; por outras palavras, as restrições impostas ao uso privativo misto contrariam o princípio da livre e aberta competição assegurado pelo artigo 43, II, da Lei nº 10.233/01.[2]

---

[2] Após a elaboração deste parecer, o Decreto nº 6.620, de 29.10.08, veio estabelecer normas sobre concessão de portos, arrendamento e autorização de instalações portuárias. E a Resolução nº 1.660-ANTAQ, de 8.4.10, aprovou a norma para outorga de autorização para a construção, a exploração e a ampliação de terminal portuário de uso privativo, revogando a Resolução nº 517/05.

Apêndice 4

Da cobrança de taxa ou preço público pela ocupação e uso do solo urbano e das faixas de domínio de rodovias para instalação de rede de energia elétrica

Sumário: 1. Da consulta. 2. Parecer. 3. Conclusões. 4. Resposta aos quesitos.

1 Da consulta

Trata-se de consulta envolvendo várias questões atinentes à cobrança de contribuição pecuniária, a título de taxa ou preço público, pela ocupação e uso do solo urbano e das faixas de rodovias para instalação de rede de energia elétrica.

Justifica-se a consulta tendo em vista que as empresas concessionárias do serviço público de transmissão e distribuição de energia elétrica vêm sendo oneradas pela cobrança das importâncias referidas, com base em leis municipais, que preveem a cobrança pelo uso e ocupação do solo urbano. Em relação às faixas de domínio das rodovias, aponta-se como fundamento o artigo 11 da Lei nº 8.987, de 13.2.95 (Lei de Concessões e Permissões de Serviços Públicos), que autoriza o poder concedente a prever, em favor da concessionária, outras fontes provenientes de receitas alternativas, complementares, acessórias ou de projetos associados, com ou sem exclusividade, com vistas a favorecer a modicidade das tarifas.

Em alguns Estados, existe lei prevendo a cobrança pelo uso ou ocupação da faixa de domínio das rodovias. Em Minas Gerais, a Lei nº 14.938, de 29.12.03, fala em *taxa de licenciamento* para uso ou ocupação da faixa de domínio das rodovias. No Ceará, a Lei nº 13.327, de 15.7.03, fala em *remuneração anual.* No Rio Grande do Sul, a Lei nº 12.238, de 14.1.05, fala em exploração da utilização e comercialização, a título oneroso, das faixas de domínio e das áreas adjacentes às rodovias estaduais e federais delegadas ao Estado, deixando para o Executivo a regulamentação da matéria; dando cumprimento à Lei, o Decreto nº 43.787, de 12.5.05, fala em *remuneração anual*. No Município de São Paulo, a Lei nº

14.054, de 20.9.05, autoriza o Poder Executivo a fixar e cobrar *preço público* pela ocupação de rede de energia elétrica e de iluminação pública, de propriedade da concessionária de energia elétrica que os utiliza.

Em razão dessas leis, que criam um ônus para as concessionárias do serviço de transmissão e distribuição de energia elétrica, são formulados os seguintes quesitos:

1. Qual a natureza jurídica e fundamento da ocupação de faixas de rodovias, bem como do uso do solo urbano, para instalação de rede de energia elétrica?

2. Qual afetação deve prevalecer em caso de conflito?

3. Decorrentes desse instituto, quais os direitos dos concessionários de energia elétrica, estradas e rodovias e dos Municípios?

2 Parecer

Inicialmente, cabe ressaltar que já manifestamos opinião contrária à cobrança pela utilização de faixas de domínio de rodovias em trabalho publicado no livro *Temas polêmicos sobre licitações e contratos* (5. ed., São Paulo: Malheiros, 2001, p. 358). E também manifestamos a mesma opinião em parecer sobre uso de faixas de domínio e de bens públicos municipais para instalação de serviços públicos concedidos, publicado em apêndice do livro *Parcerias na administração pública* (5. ed., São Paulo: Atlas, 2005, p. 395-418).[1]

Em razão disso, muitos dos argumentos utilizados neste parecer constituem repetição do que foi escrito anteriormente, uma vez que o nosso entendimento permanece o mesmo, salvo quanto à instituição de taxa pelo exercício do poder de polícia.

2.1 *Natureza jurídica das vias públicas municipais e das faixas de domínio de rodovias*

Com relação às vias públicas, não há qualquer dúvida de que são bens públicos de uso comum do povo. É o próprio Código Civil que o diz no artigo 99, I, ao incluir entre os bens públicos "*os de uso comum do povo, tais como rios, mares, estradas, ruas e praças*".

Quanto às faixas de domínio das rodovias, cabe lembrar que, nos termos do Anexo I a que se refere o artigo 4º do Código de Trânsito Brasileiro (Lei nº 9.503,

---

[1] Na 7ª edição, o parecer encontra-se também nas p. 395-418.

de 23.9.97), as *faixas de domínio* correspondem à *"superfície lindeira às vias rurais, delimitada por lei específica e sob responsabilidade do órgão ou entidade de trânsito competente com circunscrição sobre a via"*.

O mesmo Anexo define *rodovia* como *"via rural pavimentada"*, significando, em decorrência, que a faixa de domínio não integra a rodovia. No entanto, sua existência se justifica em razão da necessidade de imprimir segurança ao uso da rodovia.

As faixas de domínio constituem parte do sistema rodoviário da entidade (União, Estado ou Município) titular da rodovia. Quando a exploração da rodovia é delegada por meio de contratos de concessão, elas passam a integrar o sistema rodoviário administrado pelas concessionárias.

As faixas de domínio não integram necessariamente o patrimônio público, dependendo da legislação de cada ente político. É possível que o poder público inclua nos decretos de desapropriação para construção de rodovias não só a área destinada à rodovia, como também a área destinada às faixas de domínio; e também é possível que essas áreas permaneçam na propriedade privada, porém oneradas com servidões administrativas ou, como preferem alguns, simples limitações administrativas incidindo sobre bens particulares.

Nos contratos de concessão para exploração de rodovias normalmente as faixas de domínio são transferidas para a concessionária, revertendo ao patrimônio público ao término da concessão.

Sendo do patrimônio público, não há dúvida de que as faixas de domínio são bens públicos, não sendo pacífica a doutrina sobre a sua inclusão na categoria de bens de uso comum do povo ou de uso especial. Entendemos que se trata de *bens de uso comum do povo*, da mesma forma que as rodovias, em relação às quais constituem parte acessória. O fato de estarem as estradas sob administração de empresa privada, tendo seu uso submetido a preço público, não altera a natureza jurídica do bem, já que ele continua aberto ao uso coletivo, na modalidade prevista no inciso I do artigo 99 do Código Civil.

Mesmo que se entendesse que as faixas de domínio são bens de uso especial, em nada se alteraria a fundamentação a ser feita neste parecer, tendo em vista que o regime jurídico aplicável aos bens de uso comum do povo e aos bens de uso especial é absolutamente idêntico, pelo fato de estarem ambos afetados a fins públicos: os de uso comum do povo estão destinados ao uso coletivo; e os de uso especial são os aplicados a *"serviço ou estabelecimento federal, estadual ou municipal"* (art. 99, II, do Código Civil).

Precisamente pelo fato de estarem afetados a fins públicos, ambas as modalidades de bens são inalienáveis, conforme o determina o artigo 100 do Código Civil e, portanto, coisas fora do comércio, significando isto que não podem ser objeto de quaisquer relações regidas pelo direito privado. Por outras palavras, todas as relações jurídicas que incidam sobre os bens de uso comum do povo e sobre os bens de uso especial são regidas pelo direito público.

2.2 Do uso remunerado de bens públicos por particulares

Em princípio, nada obsta o uso remunerado de bem público **por particular**. Mesmo em relação aos bens de uso comum do povo essa possibilidade existe, até porque o próprio Código Civil a prevê no artigo 103, assim redigido:

> *"Artigo 103. O uso comum dos bens públicos pode ser gratuito ou retribuído, conforme for estabelecido legalmente pela entidade a cuja administração pertencerem."*

Uso comum, referido no dispositivo, é aquele que se exerce por toda a coletividade, independentemente do consentimento do poder público, ao contrário do **uso privativo**, que se exerce, com exclusividade, por pessoas determinadas, mediante título jurídico conferido individualmente pela Administração. O uso comum pode incidir sobre qualquer das três modalidades de bem público: ele incide necessariamente sobre os bens de uso comum do povo, porque essa característica faz parte da própria natureza dessa modalidade; mas pode incidir também, por exemplo, sobre bens de uso especial, como um cemitério, um aeroporto, um museu, por onde circulam as pessoas.

Vale dizer que a expressão *uso comum* contida no artigo 103 do Código Civil tem um sentido mais amplo do que a contida na expressão *bem de uso comum do povo*, que somente se refere a uma das modalidades de bens previstas no artigo 99.

O **uso comum** de que usufrui a coletividade pode ser gratuito ou remunerado. Por exemplo, a circulação pelas estradas, a entrada em um museu, a visita a um balneário, podem ser gratuitas ou remuneradas, dependendo do que dispuser a legislação sobre a administração desses bens.

Ao lado do uso comum, existe o chamado **uso privativo**, que se caracteriza pela **exclusividade de uso** garantida a um usuário e pela necessidade de **título jurídico** de outorga pelo poder público. É o caso da outorga para a instalação de bancas de jornais, realização de feiras livres, exposições, desfiles, exploração de atividade comercial etc. Ele também pode incidir sobre qualquer modalidade de bem público: uma pessoa pode obter o consentimento para uso privativo de parcela definida de bem de uso comum do povo, como ocorre com as bancas de jornal; pode incidir sobre um bem de uso especial, como é o caso dos postos bancários, livrarias, lanchonetes, instalados em repartições públicas; pode incidir sobre um bem dominical, como é o caso da outorga de um terreno para fins de urbanização, industrialização, cultivo etc.

O *uso privativo*, embora o Código Civil não trate dessa matéria, também pode ser gratuito ou remunerado, dependendo da legislação pertinente ao bem.

Essa utilização com caráter de exclusividade pode ser feita para fins privados do próprio usuário ou para fins de interesse público. E pode ser *discricionariamente* consentida ou não pelo poder público, com base em critérios de oportunidade e conveniência; deve ser avaliado, em cada caso, se a utilização não prejudica a finalidade a que o bem se destina ou se não é contrária ao interesse público. Vale dizer que a outorga do uso privativo, por meio de concessão, permissão ou autorização de uso, constitui uma decisão discricionária do titular do bem.

Tanto o uso comum como o uso privativo se inserem no tema da utilização de bens públicos *por particulares*. Bem diversa é a situação quando o uso se faz para fins de prestação de serviços públicos.

2.3 Da natureza do uso exercido pelas empresas concessionárias de energia elétrica

A primeira observação é no sentido de que as concessionárias de energia elétrica (e de outros serviços que impliquem instalação de infraestrutura semelhante, como luz, gás, telefone) não exercem sobre os bens públicos o chamado *uso comum* a que se refere o artigo 103 do Código Civil, mas o *uso privativo*, exercido com exclusividade (ressalvadas as hipóteses de compartilhamento de infraestrutura previstas em lei). E não é um uso que possa ficar dependendo de decisão discricionária do titular do bem, seja este um particular ou uma pessoa jurídica pública. Se esta criar embaraços, a concessionária pode instituir servidão para esse fim.

No caso da energia elétrica, esse poder está previsto no artigo 151 do Código de Águas (aprovado pelo Decreto nº 24.643, de 10.7.34), assim redigido:

> "*Artigo 151. Para executar os trabalhos definidos no contrato, bem como para explorar a concessão, o concessionário terá, além das regalias e favores constantes das leis fiscais e especiais, os seguintes direitos:*
>
> *a) utilizar os terrenos de domínio público e estabelecer as servidões nos mesmos e através das estradas, caminhos e vias públicas, com sujeição aos regulamentos administrativos;*
>
> *b) ....*
>
> *c) estabelecer as servidões permanentes ou temporárias exigidas para as obras hidráulicas e para o transporte e distribuição da energia elétrica;*

d) construir estradas de ferro, rodovias, linhas telefônicas ou telegráficas, sem prejuízo de terceiros, para uso exclusivo da exploração;

e) estabelecer linhas de transmissão e de distribuição."

O Código de Águas, embora aprovado por Decreto (nº 24.643, de 10.7.34), continua em vigor, tendo sido recepcionado pelas Constituições que o sucederam, salvo com relação aos dispositivos que foram sendo tácita ou expressamente revogados por legislação posterior. O fato de a energia elétrica constituir hoje matéria de lei (art. 22, IV, da Constituição) em nada altera a conclusão, pois já se firmou o entendimento de que as novas exigências constitucionais quanto às espécies normativas não afetam a legislação anterior. Se assim não fosse, criar-se-ia um vazio legislativo em matérias relevantes, até que as mesmas fossem novamente objeto de disciplina legal. Foi o entendimento que levou à aceitação do Código Tributário Nacional como lei complementar, embora tivesse sido promulgado como lei ordinária. Também pela mesma razão foi aceito o Estatuto dos Funcionários Públicos Civis do Estado de São Paulo, que foi promulgado como lei ordinária (Lei nº 10.261, de 28.10.68), embora a Constituição paulista de 1989 exija lei complementar. Pela mesma razão, as matérias referentes a tombamento e desapropriação estão disciplinadas respectivamente pelos Decretos-leis nº 25, de 30.11.37, e nº 3.365, de 21.6.41, ainda em vigor, embora não mais exista a figura do decreto-lei na Constituição de 1988. Para citar exemplo envolvendo Decreto, poder-se-ia citar o de nº 20.910, de 6.1.32, que regula a prescrição quinquenal contra a Fazenda Pública, também em vigor.

Aliás, mesmo que se considerasse o Código de Águas como revogado, isto seria irrelevante em relação à possibilidade de instituição de **servidão administrativa** para a prestação de serviços públicos concedidos, pois ela está prevista também no artigo 40 do Decreto-lei nº 3.365/41 (sobre desapropriação), e no artigo 31, VI, da Lei nº 8.987/95 (lei de concessões). O primeiro estabelece que "*o expropriante poderá constituir servidões, mediante indenização na forma desta Lei*", norma que nada mais é do que aplicação do princípio de que quem pode o mais, que é desapropriar, pode o menos, que é instituir servidão. O segundo dispositivo outorga às concessionárias o poder de "*promover as desapropriações e constituir servidões autorizadas pelo poder concedente, conforme previsto no edital e no contrato*".

Desse modo, não há fundamento para considerar revogado o artigo 151 do Código de Águas nem os Decretos que o regulamentaram, dentre os quais se insere o de nº 84.398, de 16.1.80, que trata da servidão instituída sobre bens públicos. Ele é inteiramente compatível com a legislação em vigor, mesmo que se considerasse revogado o Código de Águas.

Diante do poder outorgado às concessionárias para constituição de servidão administrativa sobre bens públicos, o uso privativo para fins de prestação de energia elétrica (ou outro serviço concedido) pode ser consentido pelo titular do bem ou, na falta de consentimento, vai ser compulsoriamente imposto por meio de instituição de servidão administrativa. A empresa concessionária passa a ser titular de um direito real que, pela lei, pode ser temporário ou permanente, regido por normas de direito público e não pelo Código Civil.

Trata-se de *uso privativo*, porque na área sobre a qual se institui a servidão incidirão restrições ao uso de bens por terceiros, inclusive para Estados e Municípios, já que se trata de serviço público privativo da União. Atendendo ao interesse nacional, não pode ser impedido ou restringido por normas estaduais ou municipais. Ao uso privativo não se aplica o artigo 103 do Código Civil.

2.4 Da natureza jurídica da autorização de uso para energia elétrica

A ocupação de faixas de domínio de rodovias e de terrenos de domínio público e a travessia de hidrovias, rodovias e ferrovias, por linhas de transmissão, subtransmissão e distribuição de energia elétrica está disciplinada pelo Decreto nº 84.398, de 16.1.80, alterado pelo Decreto nº 86.859, de 19.1.82.

Esses decretos preveem *autorização* da ocupação, a ser dada pelo órgão público federal, estadual ou municipal ou entidade competente, sob cuja jurisdição estiver a área a ser ocupada ou atravessada. Embora a autorização seja normalmente tratada pela doutrina como ato discricionário e precário, na realidade, no caso, ela tem a natureza de *ato vinculado*, só podendo ser recusada por razões de ordem técnica, devidamente motivadas, que tornem aconselhável a ocupação em área diversa.

Nem poderia ser diferente.

No caso de uso privativo exercido por particular, já demonstramos em item anterior, que depende de decisão discricionária do poder público, porque se trata de analisar o interesse privado do particular diante do interesse público.

No caso de uso privativo exercido para fins de prestação de serviço público, não há como negar a autorização, a não ser diante de interesse público mais relevante. A empresa concessionária, ainda que exerça sua atividade com objetivo de lucro, utiliza o bem público para fins de interesse público que está *obrigada* a atender, por força do contrato de concessão.

A toda evidência, não pode a concessionária de rodovia, nem o poder concedente, impedir que as demais concessionárias de serviços públicos se utilizem da faixa de domínio para instalação de seus equipamentos; eles podem apenas zelar pela segurança da rodovia, estabelecendo critérios para essa utilização de modo a compatibilizar esse interesse público com o outro, concernente à prestação de serviços públicos essenciais. Pela mesma razão, os Municípios também não podem negar a utilização para os referidos fins.

No caso de uso de bem público por particular, para fins predominantemente de interesse privado, o ato de autorização, permissão ou concessão amplia os benefícios do interessado, investindo-o numa possibilidade de uso quantitativamente maior do que aquela que é exercida pelos demais membros da coletividade; ocorre uma ampliação dos próprios fins a que se destina o bem, desde que o uso privado seja compatível com os mesmos. No caso de uso de bem público por concessionária para prestação de serviço público, a autorização não constitui ato de polícia, mas apenas ato pelo qual o titular do bem manifesta o seu consentimento, tornando-se desnecessária a instituição de servidão ou a desapropriação. Não há contraposição entre interesse privado e interesse público, mas entre dois interesses públicos. Não pode ser negada a autorização, sob pena de dano ao interesse público inerente a todos os contratos de concessão de serviços públicos. Se a Constituição elevou à categoria de serviços públicos os serviços de telecomunicações, energia elétrica, gás etc., é porque considerou que todas essas atividades são essenciais à coletividade e sua prestação não pode ser obstada, dificultada ou onerada por outras concessionárias de serviços públicos ou por outras entidades públicas, como é o caso dos Municípios.

No uso de bens públicos por *particulares*, a discricionariedade é justificável porque existe um interesse privado a ser analisado em confronto com o interesse público predominante; trata-se de aplicação do princípio de que o interesse público predomina sobre o interesse particular.

No uso de bens públicos por concessionárias para execução de serviços públicos, não há contraposição entre interesse privado e interesse público, mas entre dois interesses públicos. E esses interesses nem sempre se colocam no mesmo nível, já que algumas concessionárias, como a de energia elétrica, exercem serviço de competência da União e, portanto, de interesse nacional, não podendo ceder diante de interesses locais.

Desse modo, a menos que haja descumprimento de exigência legal expressa ou motivo de interesse público devidamente demonstrado, não há como uma concessionária de rodovia ou um Município negar o uso de bem público pelas concessionárias de energia elétrica (ou de outros serviços públicos). Por isso mesmo, o ato de outorga, ainda que chamado de autorização, tem a natureza do **ato vinculado** pelo qual a Administração reconhece o direito à utilização do bem público, desde que preenchidos os requisitos legais e regulamentares. Em caso de recusa, cabe a desapropriação ou a instituição de servidão.

Também cabe ressaltar que as autorizações não podem ser dadas em caráter precário, como se fossem simples autorizações de bem público outorgadas a particulares, para fins de seu interesse exclusivo. As autorizações têm que ser dadas sem limitação de tempo, devendo perdurar enquanto perdurar a necessidade do serviço público, a menos que ocorram razões de interesse público, devidamente demonstradas, a justificar o cancelamento da autorização. Aliás, o artigo 2º do Decreto nº 84.398/80 estabelece que as autorizações serão dadas por *prazo indeterminado*.

É importante lembrar também que o fato de o Decreto não falar em instituição de servidão não impede a concessionária de instituí-la, se for necessário para a prestação do serviço, tendo em vista a previsão contida na lei de concessões. Vale dizer que, mesmo se cogitando eventualmente da revogação do Decreto nº 84.398/80, permaneceria para a concessionária a possibilidade de instituir servidão.

De qualquer forma, seja consentida por meio de autorização, seja imposta por meio da instituição de servidão, a ocupação das faixas de domínio e dos bens públicos em geral investe o concessionário em direito real sobre coisa alheia, perdurando enquanto necessária para a prestação do serviço. As alterações introduzidas nas linhas por iniciativa da concessionária correm por sua conta; as feitas para atender ao interesse do titular do bem correm por conta deste, como se verá adiante.

Conclui-se, portanto, neste item, que a autorização de uso para fins de prestação de serviços de energia elétrica constitui *ato administrativo vinculado e não precário*.

2.5 Do uso gratuito de bens públicos por concessionárias de energia elétrica

No que diz respeito à gratuidade ou onerosidade da servidão, existem duas normas diferentes que regulamentam o artigo 151 do Código de Águas:

   a) o Decreto nº 35.851, de 16.7.54, regulamenta a alínea *c* do referido dispositivo, que trata das servidões instituídas sobre propriedades privadas, conclusão a que se chega pelo fato de que as servidões sobre o domínio público estão referidas na alínea *a* do artigo 151; essas servidões dão ao proprietário o direito a "*indenização correspondente à justa reparação dos prejuízos a eles causados pelo uso público das mesmas e pelas restrições estabelecidas ao seu gozo*" (art. 6º).

   b) o Decreto nº 84.398, de 16.1.80, alterado pelo Decreto nº 86.859, de 19.1.82, regulamenta a alínea *a* do artigo 151, que trata especificamente da utilização dos terrenos de domínio público e das servidões instituídas sobre os mesmos; essa ocupação se faz *sem ônus* para as concessionárias, conforme está expresso no artigo 2º do aludido decreto.

Com efeito, esse dispositivo assim estabelece:

"*Artigo 2º Atendidas as exigências legais e regulamentares referentes aos respectivos projetos, as autorizações serão por prazo indeterminado e **sem ônus** para os concessionários de serviços públicos de energia elétrica.*"

A diferença de tratamento é inteiramente justificável. Quando a servidão incide sobre propriedade particular, o proprietário sofre uma restrição no seu direito em benefício da coletividade; impõe-se a indenização pela mesma justificativa que existe na desapropriação e na responsabilidade civil do Estado por danos causados ao particular: o particular que sofre restrição em seu direito para beneficiar a coletividade deve receber a indenização correspondente para ser compensado pelo prejuízo sofrido em benefício do interesse da coletividade; trata-se de aplicação do princípio da repartição dos encargos sociais.

Quando a servidão incide sobre bem público que, por sua própria natureza, atende ao interesse público, não há justificativa para a indenização, porque o ônus beneficia a própria coletividade. Não há restrição a ser objeto de compensação pecuniária. Existe, na realidade, uma ampliação de benefícios. Aliás, se instituída a remuneração, é sobre o usuário do serviço público que ela recairá, já que o seu valor acabará por refletir no montante da tarifa. O titular do bem público não sofre qualquer restrição no exercício do seu direito de propriedade (que é de natureza pública e não privada); e a coletividade que exerce o direito de uso comum sobre aquele bem não vai sofrer qualquer tipo de limitação; pelo contrário, ela se beneficiará com a ampliação de utilidades a serem prestadas pela concessionária de serviço público.

Note-se que o referido Decreto não trata da ocupação como servidão administrativa. Ele fala em *autorização* a ser dada no prazo de 30 dias, pelo órgão ou entidade competente, sob cuja jurisdição estiver a área a ser ocupada ou atravessada; ultrapassado o prazo de 30 dias, prorrogável por mais 30, a não manifestação do órgão ou entidade competente implicará na outorga tácita da autorização pretendida, para execução da obra (art. 3º).

E a autorização tem que ser dada sem custo para a concessionária de energia elétrica.

Portanto, diante do aludido Decreto, não há dúvida de que a ocupação das faixas de domínio e de terrenos de domínio público para instalação de linhas de transmissão, subtransmissão e distribuição de energia elétrica tem a característica da *gratuidade*.

Na realidade, o já referido Decreto federal nº 84.398/80 adotou normas adequadas, que devem servir de parâmetro para a utilização de faixas de domínio de rodovias e de terrenos de domínio público por concessionárias de energia elétrica:

    a) a autorização é dada pelo órgão federal, estadual ou municipal ou entidade sob cuja jurisdição estiver a área a ser ocupada (art. 1º);

b) as autorizações são dadas por prazo indeterminado e sem ônus para as concessionárias de serviços públicos (art. 2º);

c) o órgão ou entidade competente deve manifestar-se sobre os projetos, restringindo-se, na apreciação, ao trecho de ocupação da área sob sua jurisdição (art. 3º);

d) no ato de autorização compreendem-se os deveres do concessionário de **manter** e **conservar** as linhas, custear ou reparar os danos causados e as modificações de linha (art. 5º);

e) cabe ao órgão ou entidade competente custear as modificações de linhas já existentes, sempre que estas se tornem exigíveis em decorrência de extensão, duplicação e implantação de nova rodovia, ferrovia ou hidrovia, bem como os danos causados à linha de energia elétrica que tenha sido afetada por obras de sua responsabilidade (art. 6º); vale dizer que se a mudança da linha tiver que ser feita em decorrência de obra realizada por outra concessionária ou por outro ente político, a estes últimos incumbe responder pelo ônus correspondente.

2.6 Da remuneração instituída por leis estaduais ou municipais a título de preço público

Verificado que a legislação federal em vigor não permite a remuneração para a instalação de transmissão e distribuição de energia elétrica, resta verificar se é possível aos Estados e Municípios instituí-la, a título de preço público, seja em seu próprio benefício, seja em benefício das concessionárias de rodovias.

Em nosso entender, várias razões existem para uma resposta negativa.

1) A competência para instituir cobrança que reflita sobre o valor da tarifa é da União

À primeira vista, poder-se-ia argumentar que, embora a legislação sobre energia elétrica seja de competência privativa da União, cada ente da federação tem competência própria para legislar sobre os bens que integram o seu patrimônio.

No entanto, a competência da União, no caso, tem que prevalecer porque, tratando-se de serviço público exclusivo da União, todos os valores a serem embutidos no valor da tarifa têm que ser definidos pelo poder concedente, para garantir a observância do princípio da isonomia. O serviço é prestado no nível federal. A fixação da tarifa tem que obedecer a critérios uniformes. Não é possível que cada ente da federação institua cobranças pelo uso de seus bens para fins de instalação das linhas de transmissão de energia elétrica, cada qual segundo seus próprios critérios, refletindo inclusive sobre o equilíbrio econômico-financeiro do contrato.

Isso sem falar que os entes políticos que instituírem a cobrança terão receita não usufruída pelos demais. Por outro lado, a remuneração instituída por um ou alguns Estados e Municípios vai repercutir no valor da tarifa de todos os usuários.

Haveria, no caso, infringência ao princípio do devido processo legal em sentido substantivo (que corresponde ao princípio da razoabilidade das leis), na medida em que todos os usuários seriam onerados com o aumento da tarifa, embora o acréscimo de receita beneficiasse apenas os entes políticos que instituíram a remuneração.

Se a remuneração pelo uso do bem vai repercutir sobre o valor da tarifa de energia elétrica, ela só pode ser estabelecida pela União. Os Estados e Municípios, embora tenham competência para legislar sobre bens públicos, não podem instituir cobranças que vão onerar uma tarifa de serviço público federal.

Em consequência, cabe ação direta pleiteando a declaração de inconstitucionalidade das leis estaduais e municipais que instituírem cobrança de remuneração pelo uso de bem público, refletindo sobre o valor da tarifa do serviço de energia elétrica ou outro serviço público de competência da União.

2) Os bens públicos de uso comum do povo e de uso especial têm uma função social que lhes é inerente

Já foi visto supra que não há como deixar de distinguir, de um lado, o uso de bens públicos por particulares que usufruem o bem em seu próprio benefício ou mesmo para prestar atividade de utilidade pública, e, de outro, o uso de bens públicos por entidades públicas ou mesmo por entidades privadas que prestem serviços públicos por delegação do poder público.

Quando o particular utiliza privativamente um bem público em seu próprio benefício, é justo que remunere o poder público pelo uso desse bem, já que usufrui de benefício maior que os demais membros da coletividade. Mesmo assim, em grande quantidade de casos, o poder público cede gratuitamente o uso de bens públicos a particulares, por autorização, permissão ou mesmo concessão de uso.

No caso das faixas de domínio das rodovias ou dos bens de uso comum do povo sob administração dos Municípios (ruas, praças, logradouros públicos de qualquer espécie), quando utilizados por concessionárias de serviços públicos, as instalações incidem sobre um bem público em benefício de todos os que se utilizam desses serviços. Todos se beneficiam e a utilização se insere entre os fins a que o bem se destina. Os bens de uso comum do povo, como as ruas, praças, estradas, faixas de domínio de rodovias, estão abertos ao uso comum de todos; porém, também servem ao fim de instalação de infraestrutura indispensável para a prestação de serviços públicos essenciais à coletividade. Não se poderia conceber a prestação dos serviços de fornecimento de água, gás, telefone, energia elétrica, sem a utilização dos bens públicos de uso comum do povo.

Essas instalações, quando feitas em faixas de domínio de rodovias ou no solo urbano municipal, em princípio, não geram qualquer despesa, custo ou dano para as concessionárias de rodovias nem para o Município. E, se implicarem danos, aí sim haverá a reposição correspondente aos custos ou prejuízos causados.

É inerente à própria natureza dos bens do domínio público (bens de uso comum do povo e bens de uso especial) servir a finalidades públicas diversas, quantas sejam possíveis e necessárias para ampliar as utilidades oferecidas à coletividade. Cada bem público atende a inúmeros fins.

Os bens de uso comum do povo e os de uso especial são, ou por sua própria natureza ou por destinação legal, destinados a fins públicos. Pode-se dizer que desempenham, em decorrência de sua afetação, uma *função social* que lhes é inerente. Talvez fosse pensando nessas modalidades de bens que Vincenzo Caputi Jambrenghi afirmou que, à diferença da propriedade privada, "*a propriedade pública é e não tem função social*" (In: *Premesse per una teoria dell'uso dei beni pubblici*. Nápolis: Jovene Napoli, 1979, p. 6-7, nota 7).

Precisamente pela função social que desempenham, devem ser disciplinados de tal forma que permitam proporcionar o máximo de benefícios à coletividade, podendo desdobrar-se em tantas modalidades de uso quantas forem compatíveis com a destinação e com a conservação do bem. Existem determinados bens que comportam inúmeras formas de utilização, conjugando-se o uso comum do povo com usos privativos exercidos por particulares ou pelo próprio poder público para diferentes finalidades.

Se é possível ampliar a utilidade do bem em benefício de particulares que desempenhem atividades privadas, com muito mais razão essa possibilidade (ou obrigatoriedade, como se demonstrará adiante) existe com relação a entidades prestadoras de serviços públicos. Se, no primeiro caso, a remuneração pode ser exigida, pelo fato de o particular usufruir de benefício maior do que o garantido à coletividade em geral, no segundo, a remuneração exclui-se pelo fato de o uso ser usufruído por toda a coletividade.

Certamente não é por outra razão que o Decreto-lei nº 9.760, de 5.9.46, que dispõe sobre bens imóveis da União, permite, no artigo 125, sejam os mesmos cedidos, *gratuitamente*, a entidades educacionais, culturais ou de finalidades sociais, e, em se tratando de aproveitamento econômico de interesse nacional que mereça tal favor, a pessoa física ou jurídica. É o interesse público proporcionado pelo uso privativo o inspirador da gratuidade.

Também não é por outra razão que o Decreto federal nº 84.398, de 16.10.80, que dispõe sobre a ocupação de faixas de domínio de rodovias e de terrenos de domínio público e a travessia de hidrovias, rodovias e ferrovias, por linhas de transmissão, subtransmissão e distribuição de energia elétrica, expressamente estabelece, em seu artigo 2º, que, "atendidas as exigências legais e regulamentares referentes aos respectivos projetos, as autorizações serão por prazo indeterminado e *sem ônus para os concessionários de serviços públicos de energia elétrica*".

Esse Decreto continua em vigor. Não há por que invocar o artigo 11 da Lei nº 8.987, de 13.2.95 (Lei de Concessões e Permissões de Serviços Públicos), para concluir que o Decreto foi revogado. Assim dispõe o artigo 11:

> "*Artigo 11. No atendimento às peculiaridades de cada serviço público, poderá o poder concedente prever, em favor da concessionária, no edital de licitação, a possibilidade de outras fontes provenientes de receitas alternativas, complementares, acessórias ou de projetos associados, com ou sem exclusividade, com vistas a favorecer a modicidade das tarifas, observado o disposto no artigo 17 desta Lei.*
>
> *Parágrafo único. As fontes de receita previstas neste artigo serão obrigatoriamente consideradas para a aferição do inicial equilíbrio econômico-financeiro do contrato.*"

A norma limita-se a permitir a remuneração da concessionária por outras fontes de receitas, além da tarifa, sem especificar as modalidades possíveis. Há que se entender que essas fontes de receitas têm que se ajustar ao direito positivo vigente. Assim, não há qualquer impedimento a que as concessionárias de rodovias cobrem de particulares que se instalem na faixa de rodovia para exploração de atividades comerciais ou outros fins compatíveis. Aí sim tem aplicação o artigo 11 da Lei nº 8.987/95. Mas não há fundamento para cobrar pelo uso exercido por outras concessionárias de serviços públicos. As mesmas razões que justificavam a gratuidade antes da privatização das empresas estatais que prestavam serviços públicos permanecem agora quando os mesmos serviços são assumidos por empresas privadas que agem por delegação do poder público e recebem prerrogativas públicas semelhantes às do poder concedente.

Além disso, seria irrazoável que as fontes de receitas previstas no artigo 11 para permitir a modicidade da tarifa viessem a provocar o aumento da tarifa de outras concessionárias públicas, como a de energia elétrica.

3) A remuneração vai refletir sobre o valor da tarifa de energia elétrica, na medida em que provocar o desequilíbrio econômico-financeiro do contrato de concessão

Com efeito, a remuneração instituída pelo simples uso do solo para instalação de linhas de transmissão, subtransmissão e distribuição de energia elétrica, com toda certeza, vai provocar o desequilíbrio econômico-financeiro do contrato de concessão correspondente. Tome-se como exemplo a Lei nº 14.054/05, do Município de São Paulo, que institui *remuneração mensal*, a título de preço público, pela simples ocupação e uso do solo municipal pelos postes fixados em calçadas e logradouros. Pelo artigo 4º da lei, o Poder Público Municipal levantará o número de postes existentes no Município e seus respectivos proprietários e usuários, para efeito da apuração da área total de solo ocupado e respectiva cobrança do preço público. Basta imaginar o número de postes existentes no Município para deduzir o montante a ser pago pelas concessionárias. O Decreto nº 46.650, de 21.11.05, que regulamentou a lei, fixou em R$ 22,00 por metro quadrado de área utilizada o preço público mensal pela ocupação e uso do solo municipal pelos postes existentes em calçadas e logradouros.

A própria Lei nº 8.666, de 21.6.93, aplicável subsidiariamente às concessões de serviços públicos (conforme art. 124) dá o fundamento legal para o pedido de revisão das cláusulas financeiras para restabelecer o equilíbrio econômico-financeiro do contrato, ao estabelecer que *"quaisquer tributos ou encargos legais criados, alterados ou extintos, bem como a superveniência de disposições legais, quando ocorridas após a data da apresentação da proposta, de comprovada repercussão nos preços contratados, implicarão a revisão destes para mais ou para menos, conforme o caso"* (art. 65, § 5º).

Trata-se, na realidade, de aplicação da *teoria da imprevisão*, que corresponde a um acontecimento externo ao contrato, estranho à vontade das partes, imprevisível e inevitável, que causa um desequilíbrio muito grande, tornando a execução do contrato excessivamente onerosa para o contratado. Baseia-se na cláusula *rebus sic stantibus*, significando que o contrato não permanece em vigor, nas mesmas condições originariamente estabelecidas, se as coisas não permanecerem como eram no momento da celebração. No caso de encargo criado por lei, a teoria seria a do fato do príncipe, se a lei fosse do mesmo nível de governo daquele que firmou o contrato. De qualquer forma, seja por uma ou por outra teoria, o fato é que o preço público instituído pelo Município de São Paulo, repercutindo comprovadamente sobre o contrato, dará direito à revisão da tarifa.

Também a Lei nº 8.987/95, no artigo 9º, dá fundamento ao pedido de revisão das cláusulas financeiras, ao determinar que *"a tarifa do serviço público concedido será fixada pelo preço da proposta vencedora da licitação e preservada pelas regras de revisão previstas nesta Lei, no edital e no contrato"*. E o § 3º do mesmo dispositivo contém norma semelhante à da lei de licitações, ao determinar que *"ressalvados os impostos sobre a renda, a criação, alteração ou extinção de quaisquer tributos ou encargos legais, após a apresentação da proposta, quando comprovado seu impacto, implicará a revisão da tarifa, para mais ou para menos, conforme o caso"*.

Por outras palavras, o usuário do serviço público é que vai pagar pela remuneração decorrente do uso e ocupação do solo pelas concessionárias de energia elétrica. Imagine-se o acréscimo da tarifa de energia elétrica se todos os municípios baixarem lei semelhante à do Município de São Paulo.

Sendo de competência da União toda a regulação do serviço de energia elétrica, inclusive a respectiva política tarifária, não é admissível que essa regulação tenha que sofrer os reflexos de medidas adotadas nos âmbitos estadual e municipal. Se isso fosse possível, os Estados e Municípios estariam, por via indireta, restringindo a competência que a Constituição Federal reservou à União.

4) A remuneração vai infringir o princípio da modicidade da tarifa

O artigo 6º, § 1º, da Lei nº 8.987/95 inclui entre as condições para que o serviço seja considerado o da ***modicidade das tarifas***.

Tarifa módica é a que é vantajosa para a empresa concessionária, no sentido de que tem que cobrir o custo do empreendimento e o lucro, mas ao mesmo tempo tem que ser acessível para o usuário, o que pode deixar de ocorrer com a inclusão da remuneração pelo uso de bem público no valor da tarifa. Com a agravante de que o uso e a ocupação do solo urbano e das faixas de domínio se faz às custas da concessionária. Não é o titular do bem que arca com o custo das instalações.

Vale dizer que os Estados e Municípios estão instituindo remuneração por modalidade de uso privativo de bem público que se insere entre as inúmeras utilidades públicas que já são inerentes à própria natureza do bem.

Tarifa módica é tarifa razoável para a concessionária (por isso não pode ser tarifa deficitária) e para os usuários (por isso não pode ser confiscatória).

5) A instituição da remuneração fere o princípio do interesse público e caracteriza hipótese de desvio de poder na elaboração da lei

Como o uso e ocupação do solo para fins de prestação de serviços públicos não acarreta qualquer ônus para o titular do bem, a previsão de remuneração é contrária ao interesse da coletividade, que terá que suportar o acréscimo no valor da tarifa. O que pretendem Estados e Municípios é, na realidade, ampliar as suas receitas, desvirtuando o instituto da concessão.

Temos alertado para os inúmeros desvirtuamentos da concessão de serviços públicos, decorrentes da cobiça do poder público em ampliar as suas receitas (in

Parcerias na administração pública. 5. ed., São Paulo: Atlas, 2005, p. 138-142).[2] Naquela obra, dissemos que *"o apontado desvirtuamento vem institucionalizando-se, em prejuízo do usuário e em desprestígio da Constituição e de princípios fundamentais do ordenamento jurídico. Cabe aos próprios usuários e aos órgãos de defesa do consumidor impugnar perante os órgãos de controle, inclusive o Poder Judiciário, esse tipo de cobiça do poder concedente, que constitui apenas uma a mais ao lado de tantas outras medidas utilizadas pelo poder público para tentar fugir à crise financeira que vem empobrecendo os cofres públicos. Trata-se de conduta que vem em prejuízo dos destinatários dos serviços públicos, caracterizando-se como hipótese de desvio de poder na utilização do instituto da concessão, já que os fins financeiros não se inserem entre seus objetivos institucionais"*.

No caso da remuneração, o objetivo de obtenção de receitas extras não é do poder concedente, mas dos Estados e Municípios, ao tornarem mais onerosa a prestação de serviço público de titularidade da União. E, se o objetivo é a simples obtenção de receitas, não há dúvida de que caracteriza medida contrária ao interesse público e, em consequência, desvio de poder. Isso porque, se essas receitas podem trazer algum benefício para a coletividade, porque serão utilizadas para atender a alguma finalidade pública pretendida pelo instituidor da cobrança, por outro lado, trazem prejuízo, porque implicarão aumento do valor da tarifa.

6) A importância cobrada pelo uso de bem público não tem a natureza de preço público

Muitos critérios costumam ser utilizados pelos doutrinadores para distinguir preço público e taxa pela prestação de serviços públicos. Não vem ao caso entrar nessa discussão, tendo em vista que a dificuldade na diferenciação entre as duas modalidades decorre exatamente do fato de terem um ponto em comum: **ambas são cabíveis no caso de prestação de serviços públicos**. Ora, no caso de uso de faixa de domínio de rodovias ou de vias públicas, o titular do bem (a concessionária de rodovia ou o Município) não presta qualquer tipo de serviço público à concessionária de energia elétrica ou de outro serviço público concedido.

O fato gerador da cobrança é tão somente o uso do bem público. Comparando-se com instituto de direito privado, poder-se-ia equiparar essa remuneração com o aluguel cobrado do locatário que celebra contrato de locação com o proprietário do imóvel. Por todas as razões expostas nos itens anteriores, entendemos que essa cobrança não é possível em relação ao uso de bem público de uso comum do povo para prestação de serviço público à coletividade.

---

[2] Na 7ª edição, a referência encontra-se nas p. 122-128.

Não tem fundamento legal a instituição de preço público pelo uso de bem público.

Esse é o entendimento do Superior Tribunal de Justiça, conforme se demonstrará adiante.

2.7 Da instituição de taxa pelo uso de bem público

No item anterior, demonstrou-se a impossibilidade de Estados e Municípios instituírem remuneração, a título de preço público, pelo uso e ocupação de bens de uso comum do povo.

Neste item, será analisada a viabilidade de instituição de taxa.

O artigo 155, § 3º, da Constituição Federal, com a redação dada pela Emenda Constitucional nº 3/93, determinava que *"à exceção dos impostos de que tratam o inciso II do caput deste artigo e o art. 153, I e II, nenhum outro **tributo** poderá incidir sobre operações relativas a energia elétrica, serviços de telecomunicações, derivados de petróleo, combustíveis e minerais do País".*

A norma constitucional era muito sábia, na medida em que limitava a instituição de tributos que incidissem sobre os serviços públicos nela referidos. Com isso, impedia a excessiva onerosidade para os usuários, com a instituição de outros impostos senão os expressamente autorizados ou de taxas pelo exercício do poder de polícia.

Ocorre que a Emenda Constitucional nº 33, de 11.12.01, alterou a redação do dispositivo, nos seguintes termos:

> "§ 3º À exceção dos impostos de que tratam o inciso II do caput deste artigo e o art. 153, I e II, nenhum outro **imposto** poderá incidir sobre operações relativas a energia elétrica, serviços de telecomunicações, derivados de petróleo, combustíveis e minerais do País."

Vale dizer que, enquanto na redação anterior, era vedada a instituição de qualquer outro **tributo** (abrangendo a taxa), a nova redação proíbe a incidência de qualquer **imposto**. Não há proibição para a instituição de taxa.

Com toda certeza a abertura para a instituição de taxa ocorreu para dar validade jurídico-constitucional às taxas de fiscalização sobre serviços públicos previstas nas leis instituidoras de agências reguladoras, com o objetivo de garantir-lhes certa margem de autonomia financeira. No caso da energia elétrica, a Lei nº 9.427, de 26.12.96, que instituiu a Agência Nacional de Energia Elétrica (ANEEL), previu, no artigo 11, I, entre as receitas da Agência, *"recursos oriundos da cobrança da taxa de fiscalização sobre serviços de energia elétrica, instituída por esta Lei".*

Resta indagar se a possibilidade de instituição de taxa incidente sobre os serviços de energia elétrica existe para os Estados e Municípios.

Sabe-se que, pelo artigo 145, II, da Constituição, as taxas só podem ser instituídas *"em razão do exercício do **poder de polícia** ou pela utilização, efetiva ou potencial, de **serviços públicos** específicos e divisíveis, prestados ao contribuinte ou postos a sua disposição"*.

Com relação à taxa pela prestação de serviço público de energia elétrica, evidentemente não há a possibilidade por parte dos Estados e Municípios, uma vez que se trata de competência exclusiva da União, conforme artigo 21, XII, *b*, da Constituição.

Quanto à taxa pelo exercício do poder de polícia, havíamos manifestado a opinião de que a sua instituição é possível, tendo em vista que os Estados e Municípios podem estabelecer determinados critérios para a utilização de faixas de domínio e das vias públicas, de modo a conciliar o interesse público a que as mesmas se destinam prioritariamente, com o interesse público a ser atendido pelas concessionárias. E o atendimento das exigências legais exige a fiscalização, pelos órgãos competentes; trata-se de atividade que se enquadra como manifestação do poder de polícia, dando ensejo à instituição de taxa (parecer publicado no livro *Parcerias na administração pública*, ob. cit., p. 411).

Foi o que fez o Estado de Minas Gerais, que criou a taxa de licenciamento para uso e ocupação da faixa de domínio das rodovias, conforme artigo 120-A da Lei Estadual nº 14.938, de 29.12.03. No inciso II do dispositivo está incluída a taxa pela ocupação de faixa transversal ou longitudinal ou de área para a instalação de linha ou rede de transmissão ou distribuição de energia elétrica.

Permitimo-nos reformular parcialmente o entendimento anterior, pelas razões a seguir expostas.

Em primeiro lugar, não é demais salientar que não cabe a instituição de taxa que tenha por fato gerador o uso de bem público. Essa modalidade não se enquadra nas hipóteses previstas no artigo 145, II, da Constituição.

Resta indagar se caberia a instituição em função de eventual poder de polícia que o Município exerça sobre a instalação das redes de energia elétrica.

O poder de polícia, em sentido amplo, constitui-se em atividade do Estado que tem por objetivo limitar o exercício dos direitos individuais em benefício do interesse público. Em sentido restrito, corresponde, nas palavras de Celso Antônio Bandeira de Mello, às *"intervenções, quer gerais e abstratas, como os regulamentos, quer concretas e específicas (tais as autorizações, as licenças, as injunções), do Poder Executivo destinadas a alcançar o mesmo fim de prevenir e obstar ao desenvolvimento de atividades particulares contrastantes com os interesses sociais"* (in *Curso de direito administrativo*, 19. ed., São Paulo: Malheiros, 2005, p. 758).

A instituição de taxa pelo exercício do poder de polícia pressupõe o exercício de uma atividade estatal que se insira no conceito de poder de polícia, como a regulamentação, a fiscalização, a punição, os alvarás de autorização ou licença.

A exploração dos serviços e instalações de energia elétrica é de competência da União (art. 21, XII, *b*, da Constituição), como também é de sua competência a legislação sobre energia (art. 22, IV). Em consequência, toda a regulação da matéria incumbe à União. E também lhe incumbe o poder de polícia sobre os serviços concedidos.

A polícia administrativa é de competência da Agência Nacional de Energia Elétrica (ANEEL), a quem incumbe, nos termos da Lei nº 9.427, de 26.12.96, a *"fiscalização da produção, transmissão, distribuição e comercialização de energia elétrica, em conformidade com as políticas e diretrizes do governo federal"*, conforme artigo 2º da Lei que instituiu a entidade (Lei nº 9.427/96). A mesma atribuição é prevista no artigo 3º, IV, abrangendo a competência para *"gerir os contratos de concessão ou de permissão de serviços públicos de energia elétrica, de concessão de uso de bem público, bem como fiscalizar, diretamente ou mediante convênios com órgãos estaduais, as concessões, as permissões e a prestação dos serviços de energia elétrica"*.

Pelo exercício dessa atividade de polícia, a mesma lei, no artigo 12, instituiu a Taxa de Fiscalização de Serviços de Energia Elétrica, *"que será anual, diferenciada em função da modalidade e proporcional ao porte do serviço concedido, permitido ou autorizado, aí incluída a produção independente de energia elétrica e a autoprodução de energia"*.

Trata-se, no caso, de taxa pelo exercício do poder de polícia que a agência exerce sobre as concessionárias e permissionárias dos serviços de energia elétrica. Tratando-se de atividade exclusiva da União, somente ela pode instituir a taxa correspondente. É verdade que a Lei nº 9.427/96 prevê a possibilidade de descentralização das atividades de regulação, controle e fiscalização dos serviços e instalações de energia elétrica para os Estados e Municípios, mediante convênio de cooperação (art. 20). Nesse caso, a Taxa de Fiscalização de Serviços de Energia Elétrica arrecadada na respectiva unidade federativa será a esta transferida para custeio de seus serviços, na forma do convênio celebrado (art. 22).

Isso significa que, mesmo ocorrendo a descentralização, a taxa pelo exercício do poder de polícia exercido por Estados e Municípios é a instituída pela União.

Resta indagar se a autorização prevista no Decreto nº 84.398/80 para utilização de vias públicas e faixas de domínio de rodovias caracteriza ato de polícia que justificasse a instituição de taxa pelo ente federativo titular do bem. A meu ver, a resposta só pode ser negativa, seja diante do artigo 151, *a*, do Código de Águas, seja diante do artigo 31, VI, da Lei de Concessões, que preveem, em favor das concessionárias de serviços públicos, o poder de promoverem as desapropriações e constituírem as *servidões* autorizadas pelo poder concedente. Esses dispositivos demonstram que o poder concedente não depende de autorização do titular do bem, seja este público ou particular. O uso do bem necessário às instalações de energia elétrica (e de outros serviços públicos) é compulsório.

A vantagem da autorização é apenas e tão somente a de evitar o procedimento de instituição de servidão. Essa autorização não caracteriza ato de polícia, mas simples meio de formalizar o consentimento para a instalação das linhas de transmissão, com o que se transforma um ato compulsório e autoexecutório, como a servidão administrativa, em ato meramente negocial. Aliás, se fosse ato de polícia, as cobranças efetuadas pelas concessionárias de rodovias e pelos Municípios teriam que ser previstas em lei, com a natureza de taxa, e não de preço público, cobrado sem previsão legal, como ocorre no Estado de São Paulo.

Note-se que é comum os próprios particulares autorizarem a instalação de linhas de transmissão sobre terrenos de sua propriedade, sem necessidade de instituição de servidão pela concessionária. Não se pode, só por isso, dizer que os particulares estejam praticando ato de polícia, que é atividade típica de Estado, indelegável aos particulares.

Os argumentos utilizados para negar a possibilidade de cobrança de preço público aplicam-se também à instituição de taxa: ela vai refletir sobre o equilíbrio econômico-financeiro do contrato, provocando a elevação das tarifas de energia elétrica; vai interferir com a política tarifária de serviços sujeitos à regulação, controle e fiscalização da União; vai infringir os princípios da modicidade das tarifas e do interesse público; vai ferir o princípio da razoabilidade das leis; e, principalmente, vai ferir o artigo 145, II, da Constituição, uma vez que no caso de uso de bem público pelas concessionárias de energia elétrica (ou de outros serviços públicos concedidos ou permitidos), não existe nenhum dos fatos geradores previstos no dispositivo constitucional.

A conclusão é, portanto, no sentido da impossibilidade de serem instituídas taxas pelos Estados e Municípios pelo exercício de poder de polícia do uso de bens públicos para instalação de linhas de transmissão de energia elétrica.

Nesse sentido tem sido o entendimento do Superior Tribunal de Justiça. Pela sua relevância, esse aspecto será tratado no item subsequente.

2.8 *Jurisprudência do Superior Tribunal de Justiça*

Em vários acórdãos o Superior Tribunal de Justiça firmou o entendimento de que cobranças pelo uso de bens públicos para instalação de infraestrutura necessária à prestação de serviços públicos não têm a natureza de preço público nem de taxa.

No Recurso Ordinário em MS nº 12.081 – SE (2000/0053957-9), interposto pela Empresa Energética de Sergipe S/A, assim ficou decidido:

> "1. A intitulada 'taxa', cobrada pela colocação de postes de iluminação em vias públicas não pode ser considerada como de natureza tributária porque não há serviço algum do Município, nem o exercício do poder de polícia.
>
> Só se justificaria a cobrança como PREÇO se tratasse de remuneração por um serviço público de natureza comercial ou industrial, o que não ocorre na espécie.
>
> 3. Não sendo taxa ou preço, temos a cobrança pela utilização das vias públicas, utilização esta que se reveste em favor da coletividade."

A Ministra Eliana Calmon, Relatora do acórdão, assim se manifestou em trecho que merece ser transcrito, pela sua precisão:

> "Como define Hugo de Brito Machado, 'taxa é espécie de tributo cujo fato gerador é o exercício regular do poder de polícia, ou o serviço público, prestado ou posto à disposição do contribuinte' (Curso de Direito Tributário 19ª).
>
> Na espécie de que cuida os autos, não há serviço algum prestado pelo Município, nem o exercício do poder de polícia, o que descarta a ideia de que se trata de uma taxa, muito embora assim tenha sido nominada.
>
> A cobrança pela utilização de postes pela companhia de energia elétrica, para o Tribunal de Justiça, é uma espécie de aluguel pelo uso do solo e, como tal, situa-se no terreno do direito administrativo, constituindo-se em uma espécie de servidão, eis que se insurge no campo da tolerância do proprietário pela limitação que passa a sofrer em razão do encargo a suportar, levando a uma limitação das faculdades inerentes ao direito de propriedade.
>
> Ocorre que as vias públicas, bem comum do povo, não podem ser negociadas pela sua utilização, quando a mesma se dirige ao atendimento de um serviço de utilidade pública.
>
> Ora, a cobrança da pseudo taxa, fugindo da classificação de tributo, cairia na classificação de PREÇO. Este, para o STF, seria a remuneração por um serviço público não especificamente estatal, de natureza comercial ou industrial.
>
> Temos, com nitidez de entendimento, que o Município, ao ceder o espaço aéreo e o solo para a instalação de postes e passagem de linhas transmissoras de energia elétrica, não estaria desenvolvendo atividade comercial ou industrial, o que também tira de foco a natureza administrativa da cobrança, nos moldes que lhe deu o TJ/SE."

Essa decisão ficou sendo uma espécie de *leading case*, uma vez que foi mencionada em acórdãos posteriores.

No Recurso Ordinário em MS nº 11.412 – SE (1999/0113894-9), em que foi relatora a Ministra Laurita Vaz (com voto vencido), prevaleceu o mesmo entendimento anteriormente adotado no Recurso supramencionado.

A Ministra Eliana Calmon, cujo voto foi vencedor, depois de mencionar o citado precedente, acrescenta:

"Com a devida venia, entendo que de taxa não se cuida, não sendo possível tratar a questão a nível tributário.

Temos, na espécie, uma cobrança mensal pela passagem de condutores hidráulicos, a qual deve ser solucionada à luz do Direito Administrativo.

Não se trata de aluguel, por não ser possível a devolução do bem locado. Temos em verdade uma servidão de passagem, em que o proprietário decidiu, após vinte anos, cobrar pelo encargo, o que me parece ilegal, se considerada a destinação dos condutores suportados pela propriedade pública municipal: serviço de utilidade pública.

Com efeito, subsolo é bem de uso dominial. Ademais, não pode ser fonte de receita visto advir de serviço essencial à saúde da população."

No mesmo Recurso, o Ministro Franciulli Neto manifestou o seu voto, lembrando que, *"em verdade, o que pretende o Município de Lagarto é a instituição de uma servidão administrativa às avessas, pois que, se é conferido ao Estado, por meio da empresa concessionária, instituir a servidão de bem particular para a passagem de aquedutos, em benefício do público em geral e, eventualmente, indenizar o particular pelos prejuízos causados; in casu, reclama o Município preço pela utilização de bens de domínio público, para a execução de serviço público, que é seu dever prestar"*.

Decisão no mesmo sentido foi proferida pelo Superior Tribunal de Justiça no Recurso Ordinário em MS nº 12.258-SE (2000/0071235-3), sendo relator o Ministro José Delgado, que adotou inteiramente as razões da Ministra Eliana Calmon, transcrevendo o seu voto na íntegra.

Diante desses acórdãos, pode-se afirmar que o Superior Tribunal de Justiça firmou o entendimento de que, pelo uso de bens públicos para fins de prestação de serviços públicos, não cabe a cobrança de preço público nem a instituição de taxa, tendo em vista que o titular do bem não presta serviço público nem exerce poder de polícia sobre as referidas instalações.

3 Conclusões

À vista do exposto, é possível apresentar as seguintes conclusões:

1. As vias públicas municipais e as faixas de domínio de rodovias são bens de uso comum do povo.

2. A expressão *uso comum*, referida no artigo 103 do Código Civil, para permitir a sua remuneração, não se confunde com a mesma expressão utilizada em relação aos bens de uso comum do povo.

3. O uso exercido pelas concessionárias de serviços públicos para instalação de linhas de transmissão e distribuição de energia elétrica não tem a natureza do chamado *uso comum* referido no artigo 103 do Código Civil, mas a de uso privativo regido por normas de direito público.

4. O uso privativo, no caso, não depende de decisão discricionária do titular do bem público, porque tem por objetivo possibilitar a prestação de serviço público essencial à coletividade; a autorização tem, portanto, a natureza de ato vinculado.

5. Em caso de óbices criados por Estados e Municípios, o uso privativo pode ser imposto compulsoriamente por meio da constituição de servidão administrativa, com fundamento no artigo 151, *a*, do Código de Águas, e no artigo 31, VI, da Lei de Concessões (Lei nº 8.987/95).

6. A servidão de energia elétrica constituída sobre bens particulares, prevista no artigo 151, *c*, do Código de Águas, dá direito a indenização e está regulamentada pelo Decreto nº 35.851, de 16.7.54; e a constituída sobre bens públicos, prevista no artigo 151, *a*, do mesmo Código, não pode acarretar ônus para as concessionárias e está regulamentada pelo Decreto nº 84.398, de 16.1.80.

7. O custeio da instalação e conservação das linhas de energia elétrica incumbe às concessionárias, salvo no caso de modificações decorrentes de obras realizadas por outras concessionárias (como as de rodovias) ou por ente político.

8. Não podem Estados e Municípios instituir remuneração, a título de preço público, decorrente do uso de bens públicos, porque:

    a) a competência para definir a política tarifária de energia elétrica é da União, não podendo sofrer interferência de normas estaduais e municipais;

    b) os bens públicos de uso comum do povo e de uso especial têm uma função social que lhes é inerente, o que justifica o seu uso gratuito pelas concessionárias de serviços públicos usufruídos pela coletividade;

    c) o Decreto nº 84.398/80 não foi revogado pelo artigo 11 da Lei nº 8.987/95, que permite, nas concessões, a possibilidade de outras fontes provenientes de receitas alternativas, complementares, acessórias ou de projetos associados, com ou sem exclusividade, com vistas a favorecer a modicidade das tarifas;

d) as fontes de receitas previstas no artigo 11 da Lei nº 8.987/95 têm por objetivo permitir a modicidade das tarifas, sendo irrazoável que produzam efeito contrário;

e) a instituição de preço público ou de taxas por Estados e Municípios iria refletir sobre o valor da tarifa de energia elétrica, por provocar desequilíbrio econômico-financeiro do contrato de concessão, interferindo na regulação de competência privativa da União;

f) a instituição de preço público, além de somente ser possível quando haja a prestação de serviço público pelo beneficiário da remuneração, infringe o princípio da modicidade da tarifa e o princípio do interesse público, caracterizando desvio de poder por parte do legislador estadual e municipal;

g) a instituição de taxa de fiscalização dos serviços de energia elétrica é de competência da União, podendo ser arrecadada por Estados e Municípios, se houver descentralização da atividade de fiscalização.

4 Resposta aos quesitos

1. A ocupação de faixas de domínio das rodovias e do solo urbano para instalação de rede de energia elétrica, tem a natureza de uso privativo, criando para a concessionária um direito real sobre coisa alheia (servidão administrativa), com fundamento no artigo 151, *a*, do Código de Águas e no artigo 31, VI, da Lei nº 8.987/95.

2. Em caso de conflito entre o interesse público defendido por Estados e Municípios e o interesse público defendido pela União, para prestação de serviço público de sua competência exclusiva, este último deve prevalecer, razão pela qual a legislação prevê a possibilidade de desapropriação e de instituição de servidão administrativa inclusive sobre bens públicos.

3. As concessionárias de energia elétrica têm o direito de utilizar as faixas de domínio das rodovias e o solo urbano municipal sem qualquer ônus, para fins de instalação das redes necessárias à prestação do serviço público concedido; as concessionárias de rodovias podem cobrar remuneração dos particulares que exercerem uso privativo das faixas de domínio; os Municípios não podem instituir qualquer tipo de cobrança pelo uso das vias públicas para instalação das redes de energia, podendo pleitear ressarcimento pelos danos ocasionados pelas concessionárias.

É o parecer.

São Paulo, dezembro de 2005.

MARIA SYLVIA ZANELLA DI PIETRO
Advogada – OAB/SP 19.844

Bibliografia

ALESSI, Renato. *Instituciones de derecho administrativo*. Barcelona: Tradução da 3ª ed. italiana por Buenaventura Pellise Prats. Barcelona: Bosch, 1970. t. I e II.

_____. *Sistema istituzionale del diritto amministrativo italiano*. Milano: Giuffrè, 1957.

ALMEIDA, Fernando Henrique Mendes de. Concessão perpétua de terrenos de cemitério. *RT*, 252/22, 253/17, 254/3, 255/19 e 257/43.

ÁLVAREZ-GENDIN, Sabino. *Tratado general de derecho administrativo*. Barcelona: Bosch, 1958. t. I.

_____. *El domínio público*: su naturaleza jurídica. Barcelona: Bosch, 1956.

AMARAL, Diogo Freitas do. *A utilização do domínio público pelos particulares*. São Paulo: Juriscredi, 1972.

ARAÚJO, Edmir Netto de. *Curso de direito administrativo*. 4. ed. São Paulo: Saraiva, 2009.

AUBY, Jean-Marie; DUCOS-ADER, Robert. *Droit administratif*. Paris: Dalloz, 1977.

AZEVEDO JÚNIOR, José Osório. Considerações sobre a nova lei de loteamentos. Tese apresentada na 1ª Reunião de juristas realizada em Serra Negra, set. 1968, publ. do Centro de Estudos e Pesquisas de Administração Municipal – CEPAM, da Secretaria do Interior do Estado de São Paulo, v. I, p. 49-66.

BEVILÁQUA, Clóvis. *Código civil comentado*. 7. ed. Francisco Alves, 1944. v. I.

BIELSA, Rafael. *Derecho administrativo*. 6. ed. Buenos Aires: La Ley, 1964. t. III.

BOZZI, Aldo. *Istituzione di diritto pubblico*. Milano: Giuffrè, 1966.

BURDEAU, Georges. *Manuel de droit public*. Paris: Librairie Générale de Droit et de Jurisprudence, 1948.

BUZAID, Alfredo. Bem público de uso comum. *RT* 353/46-62.

CAETANO, Marcello. *Manual de direito administrativo*. 8. ed. Lisboa: Coimbra Editora, 1969. t. II.

CAIO TÁCITO. Bens públicos: cessão de uso. *RDA* 32/482.

CAMPOS, Francisco. *Direito administrativo*. Rio de Janeiro-São Paulo: Freitas Bastos, 1958. v. I.

CARVALHO SANTOS, J. M. de. *Código civil brasileiro interpretado*. Rio de Janeiro-São Paulo: Freitas Bastos, 1944. v. II.

CASSESE, Sabino. *I beni pubblici*: circolazione e tutela. Milão: Giuffrè, 1969.

CAVALCANTI, Themistocles Brandão. *Tratado de direito administrativo*. Rio de Janeiro-São Paulo: Freitas Bastos, 1942. v. II.

COSTA, Ignácio Loyola. Terras da união: ocupação. *RDA* 117/390.

COTRIM NETO, A. B. Da utilização privada dos bens públicos de uso comum do povo. *RDA* 90/470.

CRETELLA JÚNIOR, José. *Bens públicos*. 2. ed. São Paulo: Universitária de Direito, 1975.

_____. *Dicionário de direito administrativo*. 2. ed. São Paulo: José Bushatsky, 1972.

_____. *Do ato administrativo*. São Paulo: José Bushatsky, 1972.

_____. *Tratado de direito administrativo*. Rio de Janeiro-São Paulo: Forense, 1966, v. I e II, v. III, 1967.

_____. *Teoria e prática do direito administrativo*. Rio de Janeiro-São Paulo: Forense, 1979.

_____. *Curso de direito romano*. 5. ed. Rio de Janeiro: Forense, 1973.

_____. Definição da autorização administrativa. *RT* 486/11.

_____. Princípios informativos do direito administrativo. *Revista da Faculdade de Direito da USP*, ano LXIII, p. 263-285, 1968.

_____. Regime jurídico das permissões de uso de bens públicos. *RDA* 101/24.

_____. Da autotutela administrativa. *RDA* 100/57.

_____. A via de fato em direito administrativo. *RDA* 76/10-14.

_____. *Tratado do domínio público*. Rio de Janeiro: Forense, 1984.

DIEZ, Manuel Maria. *Domínio público*: teoria general y régimen jurídico. Buenos Aires: Valério Abeledo, 1940.

DI PIETRO, Maria Sylvia Zanella. *Uso privativo de bem público por particular*. São Paulo: Revista dos Tribunais, 1983; *Uso privativo de bem público por particular*, São Paulo: Atlas, 2013.

_____. *Direito administrativo*. 27. ed. São Paulo: Atlas, 2013.

DI PIETRO, Maria Sylvia Zanella. *Parcerias na administração pública*: concessão, permissão, franquia, terceirização e outras formas. 7. ed. São Paulo: Atlas, 2009.

_____. *Discricionariedade administrativa na Constituição de 1988*. 3. ed. São Paulo: Atlas, 2012.

_____. Direito de superfície. In: DALLARI, Adilson Abreu; FERRAZ, Sérgio (Org.). *Estatuto da Cidade*: Comentários à Lei Federal 10.257/2001. São Paulo: Malheiros, 2002.

_____. Concessão de uso especial para fins de moradia. In: DALLARI, Adilson Abreu; FERRAZ, Sérgio (Org.). *Estatuto da cidade*. Comentários à Lei Federal 10.257/2001. São Paulo: Malheiros, 2002.

_____. A gestão do patrimônio imobiliário do Estado. In *Cadernos Fundap*, ano 9, nº 17, p. 55-65, 1989.

_____. Função social da propriedade pública. In: WAGNER JÚNIOR, Luiz Guilherme da Costa (Org.). *Direito público*: estudos em homenagem ao Prof. Adilson Abreu Dallari. Belo Horizonte: Del Rey, 2004.

_____. Polícia do meio ambiente. *RF* 317/179-188.

DUEZ, Paul; DEBEYRE, Guy. *Traité de droit administratif*. Paris: Dalloz, 1952.

FAGUNDES, Miguel Seabra. *O controle dos atos administrativos pelo poder judiciário*. 4. ed. Rio de Janeiro: Forense, 1968.

FERNANDES, Raimundo Nonato. Da concessão de uso de bens públicos. *RDA* 118/1-11.

FERREIRA FILHO, Manoel Gonçalves. *Comentários à constituição brasileira*. 2. ed. São Paulo: Saraiva, 1977. v. 1.

FORSTHOFF, Ernst. *Tratado de derecho administrativo*, Tradução de Legaz y Lagambra, Garrido Falla e Gómez de Ortega y Junge. Madri: Instituto de Estudios Políticos, 1958.

FRAGOLA, Umberto. *Gli atti amministrativi*. Torino: Unione Tipografico-Editrice Torinese, 1952.

FRANCO SOBRINHO, Manoel de Oliveira. *Contrato administrativo*. São Paulo: Saraiva, 1961.

FREITAS, Rafael Véras. A concessão de florestas e o desenvolvimento sustentável. *Revista de Direito Público da Economia*, v. 26, ano 7, p. 107-133. abr./jun. 2009.

FULGÊNCIO, Tito. *Da posse e das ações possessórias*. Rio de Janeiro: Forense, 1959 e 1978. v. I.

GRANZIERA, Maria Luiz Machado. *Direito de águas*: disciplina jurídica das águas doces. São Paulo: Atlas, 2001.

GRINOVER, Ada Pellegrini. A tutela jurisdicional dos interesses difusos. *Revista da Procuradoria Geral do Estado de São Paulo*, 12/111-114.

GUICCIARDI, Enrico. *Il demanio*. Padova: CEDAM, 1934.

HAURIOU, Maurice. *Précis de droit administratif et de droit public*. Paris: Sirey, 1919.

JAMBRENGHI, Vincenzo Caputi. *Premesse per una teoria dell'uso dei beni pubblici*. Napoli: Jovene Napoli, 1979.

JANSSE, Lucien. *Les traits principaux du regime des biens du domaine public*. Paris: Domat-Montchréstien, 1938.

JÈZE, Gaston. *Principios generales del derecho administrativo*. Tradução espanhola por Julio N. San Millán Almagro. Buenos Aires, 1949. v. 3.

JUNQUEIRA, Messias. *As terras públicas no Estatuto da Terra*. Ibra, 1966.

LAUBADÈRE, André de. *Traité élémentaire de droit administratif*. 5. ed. Paris: Librairie Générale de Droit et de Jurisprudence, 1970.

LIMA, Ricardo Pereira. *Elementos de direito urbanístico*. Rio de Janeiro: Renovar, 1997.

LIMA, Ruy Cirne. *Princípios de direito administrativo brasileiro*. Porto Alegre: Globo, 1939.

LIMBERGER, Têmis. *Atos da administração lesivos ao patrimônio público*. Porto Alegre: Livraria do Advogado, 1998.

LIRA, Ricardo Pereira. *Elementos de direito urbanístico*. Rio de Janeiro: Renovar, 1997.

MARIENHOFF, Miguel S. *Domínio público:* protección jurídica del usuário. Buenos Aires: Valerio Abeledo, 1955.

MARQUES NETO, Floriano de Azevedo. *Bens públicos*: função social e exploração econômica. O regime jurídico das utilidades públicas. Belo Horizonte: Fórum, 2009.

MARRARA, Thiago. *Bens públicos*: domínio urbano – infraestruturas. Belo Horizonte: Fórum, 2007.

MARTINI, Gastone. *Del beni pubblici destinati alle comunicazione*. Milão: Giuffrè, 1969.

MARTINS, Fernando Rodrigues. *Controle do patrimônio público*. São Paulo: Revista dos Tribunais, 2000.

MASAGÃO, Mário. *Natureza jurídica da concessão de serviço público*. São Paulo: Saraiva, 1933.

MAYER, Luiz Rafael. Bens imóveis da União: alienação – cessão gratuita. *RDA* 120/425.

MAYER, Otto. *Derecho administrativo alemán*. Buenos Aires: Depalma, 1951. t. III.

MAZZILI, Hugo Nigri. *A defesa dos interesses difusos em juízo*. São Paulo: Saraiva, 1966.

MEIRELLES, Hely Lopes. *Direito administrativo brasileiro*. 8. ed. São Paulo: Revista dos Tribunais, 1981; 35. ed. São Paulo: Malheiros, 2009.

_____. *Estudos e pareceres de direito público*. São Paulo: Revista dos Tribunais, 1971.

MELLO, Celso Antônio Bandeira de. Os terrenos de marinha aforados e o Poder Municipal. Tese apresentada na 1ª Reunião de Juristas realizada em Serra Negra, set. 1968, publ. do Centro de Estudos e Pesquisas de Administração Municipal – CEPAM, da Secretaria do Interior do Estado de São Paulo, v. I, p. 15.

_____. *Curso de direito administrativo*. 26. ed. São Paulo: Malheiros, 2009.

MELLO, Oswaldo Aranha Bandeira de. *Princípios gerais de direito administrativo*. 3. ed. São Paulo: Malheiros, 2007. v. I.

MENEGALE, J. Guimarães. *Direito administrativo e ciência da administração*. 3. ed. Rio de Janeiro: Borsoi, 1957.

MENEZES, Rodrigo Otávio de Lagard. *Do domínio da união e dos estados segundo a constituição federal*. São Paulo: Saraiva, 1924.

MIRANDA, Pontes. *Tratado de direito privado*. Rio de Janeiro: Borsoi, 1954. t. II.

MONTEIRO, Washington de Barros. A defesa possessória do patrimônio imobiliário do Estado. *Revista da Procuradoria Geral do Estado de São Paulo*, 12/433-444.

MOREIRA NETO, Diogo de Figueiredo. *Curso de direito administrativo*. Rio de Janeiro: Forense, 2006.

MOTA, Eduardo Viana. A ocupação de bem de uso comum. *RDA* 65/393.

PÉREZ, Jesus Gonzalez. *Los derechos reales administrativos*. Madri: Civitas, 1975.

POMPEU, Cid Tomanik. Regime jurídico da concessão de uso das águas públicas. *RDP* 21/160.

PRESUTTI, Enrico. *Istituzioni di diritto amministrativo italiano*. Nápoles: Aurélio Tocco, 1904.

RANELLETTI, Oreste. *Teoria degli atti amministrativi speciali*. 7. ed. Milão: Giuffrè, 1945.

RÁO, Vicente. Bens públicos municipais. *RT* 37/41.

REALE, Miguel. *Revogação e anulamento do ato administrativo*. Rio de Janeiro: Forense, 1968.

_____. *Direito administrativo*: estudos e pareceres. Rio de Janeiro-São Paulo: Forense, 1969.

RESTA, Raffale. *La revoca degli atti amministrativi*. Milão: Giuffrè, 1939.

ROLLAND, Louis. *Précis de droit administratif*. 9. ed. Paris: Dalloz, 1947.

ROMANO, Santi. *Corso di diritto amministrativo*. 3. ed. Pádua: Cedam, 1937.

SANDULLI, Aldo. *Manuale di diritto amministrativo*. Nápoles: Eugenio Jovene, 1952.

SILVA, Carlos de Arnaldo. Terrenos de Marinha. Tese apresentada na 1ª Reunião de Juristas realizada em Serra Negra, set. 1968, publ. do Centro de Estudos e Pesquisas de Administração Municipal – CEPAM, da Secretaria do Interior do Estado de São Paulo, v. I, p. 9.

SILVA, José Afonso da. *Comentário contextual à constituição*. São Paulo: Malheiros, 2005.

SUNDFELD, Carlos Ari. O estatuto da cidade e suas diretrizes gerais. In: DALLARI, Adilson Abreu; FERRAZ, Sérgio (Org.). *Estatuto da cidade*: comentários à Lei Federal 10.257/2001. São Paulo: Malheiros, 2002.

TEIXEIRA, José Guilherme Braga. *Direito real de superfície*. São Paulo: Revista dos Tribunais, 1993.

_____. *Direito real de superfície*. São Paulo: Revista dos Tribunais, 1993.

TEIXEIRA, J. H. Meirelles. Permissão de concessão de serviço público. *RDP* 6/100 e 6/114.

TROTABAS, Louis. *Manuel de droit public et administratif*. 6. ed. Paris: Librairie Générale de Droit et de Jurisprudence, 1948.

VASCONCELOS, José Matos de. *Direito administrativo*. Rio de Janeiro: Imprensa Nacional, 1937. v. II.

VENOSA, Sílvio de Salvo. *Direito civil*. 2. ed. São Paulo: Atlas, 2002. v. 5.

VIGNOCCHI, Gustavo. *La natura giuridica dell'autorizzazione amministrativa*. Pádua: Cedam, 1944.

VITTA, Cino. *Diritto amministrativo*. 3. ed. Turim: Unione Tipográfico-Editrice Torinese, 1948.

WALINE, Marcel. *Manuel élémentaire de droit administratif*. 4. ed. Paris: Sirey, 1946.

ZANOBINI, Guido. *Corso di diritto amministrativo*. Milão: Giuffrè. v. I, 1950; v. IV, 1958.

Formato	17 x 24 cm
Tipografia	Charter 11/13
Papel	Offset Sun Paper 75 g/m² (miolo)
	Supremo 250 g/m² (capa)
Número de páginas	344
Impressão	Geográfica Editora

Sim. Quero fazer parte do banco de dados seletivo da Editora Atlas para receber informações sobre lançamentos na(s) área(s) de meu interesse.

Nome: _____
_____ CPF: _____ Sexo: ○ Masc. ○ Fem.
Data de Nascimento: _____ Est. Civil: ○ Solteiro ○ Casado

End. Residencial: _____
Cidade: _____ CEP: _____
Tel. Res.: _____ Fax: _____ E-mail: _____

End. Comercial: _____
Cidade: _____ CEP: _____
Tel. Com.: _____ Fax: _____ E-mail: _____

De que forma tomou conhecimento deste livro?
☐ Jornal   ☐ Revista   ☐ Internet   ☐ Rádio   ☐ TV   ☐ Mala Direta
☐ Indicação de Professores   ☐ Outros: _____

Remeter correspondência para o endereço: ○ Residencial   ○ Comercial

Indique sua(s) área(s) de interesse:

○ Direito Civil / Processual Civil
○ Direito Penal / Processual Penal
○ Direito do Trabalho / Processual do Trabalho
○ Direito Financeiro Tributário / Processual Tributário
○ Direito Comercial
○ Direito Administrativo
○ Direito Constitucional
○ Direito Difusos e Coletivos
○ Outras Áreas _____

Comentários

_____
_____
_____

ISR-40-2373/83

U.P.A.C Bom Retiro

DR / São Paulo

CARTA - RESPOSTA
Não é necessário selar

O selo será pago por:

01216-999 - São Paulo - SP

REMETENTE:
ENDEREÇO: